NOUVEAUX LUNDIS

NOUVEAUX
LUNDIS

PAR

C.-A. SAINTE-BEUVE

DE L'ACADÉMIE FRANÇAISE

SIXIÈME ÉDITION REVUE

TOME DEUXIÈME

PARIS

CALMANN LÉVY, ÉDITEUR

ANCIENNE MAISON MICHEL LÉVY FRÈRES

3, RUE AUBER, 3

1883

NOUVEAUX LUNDIS

Lundi 3 février 1862.

M. DE PONTMARTIN

CAUSERIES LITTÉRAIRES, CAUSERIES DU SAMEDI, LES SEMAINES LITTÉRAIRES, ETC.

Contes et Nouvelles, etc. (1)

Délassons-nous un peu à parler de M. de Pontmartin ; ce n'est pas un sujet difficile. J'ai eu, il y a quelque temps, maille à partir avec lui ; je ne viens pas réveiller la querelle, mais il m'est difficile d'éviter de parler d'un écrivain qui se fait lire du public et que nous rencontrons à chaque moment. Mon désir serait de le faire dans un parfait esprit d'impartialité ; car cette impartialité, cette neutralité même que M. de Pontmartin m'a si souvent reprochée, devient, je l'avoue, un de mes

(1) Michel Lévy, 2 bis, rue Vivienne.

derniers plaisirs intellectuels. Si c'est un dilettantisme, je confesse que j'en suis atteint. Ne rien dire sur les écrivains même qui nous sont opposés, rien que leurs amis judicieux ne pensent déjà et ne soient forcés d'avouer et d'admettre, ce serait mon ambition dernière.

M. de Pontmartin appartient à la génération littéraire qui a suivi immédiatement la nôtre, et qui a été la première à nous faire apercevoir que nous n'étions plus très-jeunes. Il est du même âge, de la même année qu'Alfred de Musset (1811). Il avait dix-huit ans quand nous en avions vingt-cinq. Il est du Comtat; il fit ou termina ses études à Paris, au collége Saint-Louis. Il était par sa mère cousin germain d'un jeune homme également distingué, Henri de Cambis, mort trop tôt avant son digne père, le marquis de Cambis, que nous tous, qui sous la Restauration suivions les cours de MM. Guizot, Cousin et Villemain, avions vu assis à côté de nous sur les bancs de la Sorbonne, et qui même (sa modestie avait peine à en convenir) avait autrefois, en compagnie de deux amis, traduit l'*Iliade* d'Homère. Après la révolution de 1830, M. de Pontmartin retourna passer quelques années dans son pays d'Avignon, avant de venir chercher la réputation littéraire à Paris.

A ceux qui en douteraient à voir la sévérité de sa doctrine, je dirai (ce qui n'est jamais une injure pour un galant homme) qu'il eut de la jeunesse. La ville d'Avignon s'en est longtemps souvenue, me dit-on, et les échos l'ont répété.

Quand je le vis arriver à Paris et s'adresser pour ses

premiers essais critiques à la *Revue des Deux Mondes*
où un compatriote de Castil Blaze avait naturellement
accès, c'était un homme qui n'était plus de la première
jeunesse, spirituel, aimable, liant, point du tout into-
lérant, quoique dans la nuance légitimiste. Il avait déjà
écrit quelques contes ou nouvelles (*Contes d'un Planteur
de choux*); il s'était essayé dans la presse de province,
et il aspirait à faire des articles critiques plus en vue.
J'avoue que mon premier pronostic lui fut aussitôt favorable. Il avait la plume facile, distinguée, élégante, de
cette élégance courante, qui ne se donne pas le temps
d'approfondir, mais qui sied et suffit au compte rendu
de la plupart des œuvres contemporaines. Il avait pour
ami particulier le plus sage et le plus doux des catho-
liques restés fidèles à Lamennais, Joseph d'Ortigue.
M. de Pontmartin dut voir souvent là, à ce foyer hospitalier et intime, le Lamennais dès longtemps déchu et
non pas moins intéressant à entendre ; et je suis étonné
qu'il se soit plu depuis à nous représenter « la société
polie, sans acception de culte ou de croyance, laissant
M. de Lamennais tomber de chute en chute dans *le trou
à fumier de l'impiété démagogique.* » Cette société polie
n'est pas polie du tout dans ses expressions. Le Lamennais que nous rencontrions chez M. d'Ortigue, et qui
semblait m'avoir tout à fait pardonné, je dois le dire,
certains articles polémiques sévères, causait à ravir,
parlait art, musique, immortalité de l'âme, et ne sentait
pas du tout le fumier.

Ce fut la Révolution de Février qui donna à l'esprit
et à ce qu'on peut appeler le talent de M. de Pontmartin
une impulsion et une direction décidées. Elle lui conféra
son baptême et le lança dans la littérature et la critique
politiques. Il s'est étonné plus tard que, lorsqu'il fut
possible et convenable de reparler en public de la littérature proprement dite, c'est-à-dire à la fin de 1849,
quelques critiques et moi-même tout le premier, nous
ayons paru oublier cette Révolution de Février si voisine, et que nous ne nous soyons pas mis à cheval sur
les grands principes pour combattre à tout bout de
champ, dès le lendemain, cette affreuse ennemie déjà
en retraite, et presque en déroute. Il a cru que cela
tenait à une absence de hautes croyances dont il s'est
plu à s'attribuer l'honneur. D'abord, s'il y veut bien
regarder, les critiques littéraires dont il parle ne se sont
pas tenus si isolés des événements publics, et on pourrait en suivre le *ressentiment* et quelquefois le *pressentiment* jusque dans leurs études, publiées chaque
semaine en ce temps-là. Mais, de plus, je ne crois pas
que la bonne façon de juger des livres et des auteurs
soit de les voir sous l'éclair des tempêtes publiques. Il
est trop aisé de déclamer alors dans un sens ou dans un
autre ; le thème est tout donné, on n'a qu'à le suivre ;
mais l'appréciation véritable et distincte des œuvres de
l'esprit demande plus de précaution et l'emploi d'un

art tout différent, qui a ses principes aussi sans les afficher.

En présence des nombreux volumes de critique, publiés par M. de Pontmartin, et dans lesquels je désirerais, pour m'orienter, une date au bas de chaque article, je suis forcé de commencer mon examen par ce qui me paraît le plus défectueux ; s'il s'agissait d'attaque, je dirais que j'attaquerai la place par son côté le plus faible, c'est-à-dire par l'espèce de programme et de manifeste que le critique a mis en avant. Dans le chapitre intitulé *la Critique et les Honnêtes Gens,* titre qui rappelle à dessein l'épigraphe de l'ancien recueil périodique *le Conservateur* et sa célèbre devise : *le Roi, la Charte et les Honnêtes Gens,* M. de Pontmartin expose ses principes et plante son drapeau. Il se représente dès l'abord comme l'organe de la société polie, de ses dégoûts et de ses révoltes contre les œuvres du temps, où tout ce qu'elle aime et ce qu'elle honore est sacrifié et insulté : « Même « dans la bourgeoisie, ajoute-t-il, *dans ces milieux un* « *peu inférieurs* qui n'ont pas toujours montré autant de « sagacité et de prévoyance, la littérature est suspecte « et discréditée comme le contraire de ce raisonnable « et substantiel esprit de conduite nécessaire à qui veut « prendre la vie du côté positif et productif. » Comme si cela n'avait pas été de tout temps ! Les trois ordres de la société, selon lui, « la *société* chrétienne au nom de sa foi, le *monde* aristocratique au nom de son honneur et de son orgueil, la *classe* bourgeoise au nom de ses intérêts, tous s'accordent dans un sentiment de répulsion et d'alarme à l'endroit de la littérature. »

Recherchant les causes de cet abaissement général, de
ce désaccord de la littérature avec la société, il en
demande compte à la critique ; il partage celle-ci en
trois catégories, et toutes les trois également impuis-
santes ou stériles, sous lesquelles il ne tient qu'à nous
de mettre des noms : la critique dogmatique et immobile (Gustave Planche, probablement) ; la critique
qui se joue en de fantasques arabesques (apparemment
Janin, ou Gautier, ou Saint-Victor) ; et celle qui se
réfugie dans le passé pour n'avoir pas à se déjuger et à
se contredire dans le présent (c'est moi-même, je le
crois). Tout cela est dit en termes d'une fausse élégance,
avec des tons demi-poétiques, des inversions d'adjectifs,
« les *délétères* parfums, les *monotones* draperies... » Il
ne lui reste plus, les autres mis ainsi de côté, qu'à
inaugurer sa propre critique, à lui, la seule salutaire et
la seule féconde, la seule propre à réconcilier l'art avec
la religion, le monde et les honnêtes gens : « Telles sont,
« dit-il, après avoir posé quelques points, les questions
« que je veux effleurer ici, comme on plante un jalon
« à l'entrée d'une route. » *Effleurer une question*, de
même qu'on *plante un jalon,* c'est drôle ; il n'y a guère
de rapport naturel entre *effleurer* et *planter* ; qui fait
l'un ne fait pas l'autre, et fait même le contraire de
l'autre. Est-il donc besoin de rappeler ces choses à
l'écrivain qui se présente en redresseur de tous ses confrères ; et est-ce au moment où le critique élève la voix
pour parler de haut, qu'il lui est permis à ce point de
détonner ? Le style agréable et naturellement élégant de
M. de Pontmartin ne se reconnaît plus dans ces grands

morceaux qui demanderaient, même le thème étant donné, une main plus sobre et plus ferme.

Il fait un tableau rapide et fort incomplet de la littérature en France depuis la Révolution. Il le simplifie beaucoup trop en n'y voyant que la lutte du bien et du mal, cette lutte éternelle, dit-il, qui est vieille comme le monde. Le mal, pour lui, est tout du côté du xviiie siècle. Il le maudit en masse, ce malheureux siècle, sans le bien connaître et faute d'y avoir habité. Il faut l'entendre parler des Garat, des Ginguené, des Morellet, « consolateurs attardés de cette philosophie *douairière*; » mais si la philosophie du xviiie siècle n'était que *douairière,* ce ne serait pas, à un homme poli comme lui, une raison suffisante pour s'en moquer et la proscrire. Le mot est mal choisi ; et, en général, dès que M. de Pontmartin veut élever son style, il lui arrive de manquer de propriété dans les termes. C'est un amateur qui force ses moyens. Voyez un peu comment et dans quel jargon métaphorique il retrace l'état des esprits au sortir du régime de la Terreur, qu'il impute à la philosophie : « Cette philosophie à la fois si « destructive et si stérile, cette révolution si radicale et « si impuissante, avaient, dit-il, montré l'homme réduit « à lui-même dans un état de misère, de crime et de « nudité; *il ramenait sur sa poitrine les lambeaux de ces « croyances, déchirées à tous les angles du chemin qui « l'avait conduit des bosquets du paganisme-Pompadour « aux marches de l'échafaud.* » Non, que M. de Pontmartin renonce à ces grands morceaux philosophiques : son genre de talent, son agrément n'est pas là.

Enfin, après une vague et partiale peinture de l'état des Lettres sous les divers régimes qui se sont succédé depuis cinquante ans, et encore sous le coup de la Révolution de Février, qui le préoccupe extraordinairement, et qui n'a été, après tout, qu'une révolution plus ou moins comme une autre, il en vient à établir son principe et à proclamer son *spécifique* littéraire, — le mot peut paraître assez naïvement choisi : « Il fallait, « s'écrie-t-il, il fallait (au lendemain de cette Révolution) « proclamer le *spiritualisme chrétien dans l'art,* comme « le seul spécifique assez puissant pour le guérir (pour « guérir l'art, entendons-nous bien), comme la seule « piscine assez profonde pour le laver de ses souillures. » Remarquez-vous comme ces esprits chastes, sitôt qu'ils se mêlent de critique, sont continuellement préoccupés et remplis d'*immondices* et de *souillures?* Je rencontre, en effet, à tout instant, de ces vilains mots dans les pages que je suis en train de parcourir.

Au lieu de cette guérison réclamée et qu'assurait l'emploi du merveilleux spécifique, qu'a-t-on fait, au contraire? Au surlendemain de la Révolution de Février, quand « tout ce qu'il y avait encore d'énergique, de viril, de passionné dans les cœurs, se réveillait, se réchauffait au feu de la lutte, et marchait au secours d'une société éperdue ; » quand « tout s'agitait, se heurtait, s'escrimait dans cette mêlée formidable d'où partait, de temps à autre, un cri de rage ou d'épouvante, où chaque vérité pouvait être le salut, chaque sophisme la perte, chaque blessure l'agonie, » il y a eu des esprits modérés et de sang-froid qui se sont fait

scrupule de déclamer à satiété contre M. Proudhon ou
M. Louis Blanc, et qui se sont remis à l'étude comme
si de rien n'était; on a pratiqué et mis en lumière
(chose horrible!) le *principe de la neutralité* : « La neu-
« tralité! est-elle possible? s'écrie M. de Pontmartin,
« et n'est-ce pas déjà y manquer que d'y prétendre?
« Rien n'est neutre en ce monde, excepté vous; le jour
« n'est pas neutre envers la nuit; la vie n'est pas neutre
« envers la mort...» Et il continue sur ce ton déclamatoire.

Je ne mettrai pas d'insistance à me défendre, car
c'est bien moi qui représente cette *neutralité* que j'aimerais aussi entendre appeler tantôt *impartialité*, et
tantôt *curiosité* d'intelligence et d'observation. Mais
laissant de côté ce qui me regarde, je demande si cette
sorte d'exaltation dans laquelle se place tout d'abord
M. de Pontmartin, cette sorte de ferveur guerroyante
d'un chevalier armé et croisé pour la défense de la
société, est une disposition favorable pour juger saine-
ment de l'œuvre d'un artiste, d'un romancier, d'un
auteur dramatique. Aristote, je le pense, était un grand
critique, et Lessing, et Schlegel, et Gœthe et Schiller
lui-même : dites-leur donc d'appliquer dans l'art pour
règle et pour mesure le principe du *spiritualisme chrétien,* c'est-à-dire un principe ascétique et qui appartient
à un ordre tout différent!

Essayez donc vous-même d'appliquer ce principe à
l'étude des deux poëtes les plus grands qu'ait produits
la nature humaine, Homère et Shakspeare!

Ce Shakspeare *par lequel prophétise la nature,* et

dont un critique souverain a dit qu'il nous conduit à travers le monde tel qu'il est, bien et mal, lumière et ténèbres, grandeurs et abîmes, tous aspects différents et nécessaires: « Mais nous, hommes raffinés et sans expérience, nous nous écrions, à chaque sauterelle que nous rencontrons : *Elle va nous dévorer !* »

Mon Dieu! que M. de Pontmartin, si l'on en juge par le manifeste alarmiste que je viens de citer, a donc rencontré dans sa vie de ces sauterelles qui lui ont paru de formidables dragons!

Comme variante ou supplément au *principe spiritua- liste chrétien* appliqué à la critique des livres, M. de Pontmartin fait usage d'un autre principe encore plus singulier, qui peut s'appeler *purement monarchique*. Ainsi, parlant de l'ouvrage de M. Mignet sur Charles-Quint, il dira : « Si l'on me demandait quel est, « parmi les ouvrages de l'esprit, celui que je préfère « à tous les autres, je répondrais hardiment: *Un bon* « *livre écrit en l'honneur d'un grand roi.* » Singulière préférence à ériger ainsi en article de foi littéraire! Pourquoi pas un livre en l'honneur d'un *grand peuple,* — ou en l'honneur d'un *grand saint?* Ah! Messieurs les hommes à principes, comme vous êtes de votre couvent!

Heureusement pour M. de Pontmartin, sa pratique vaut souvent mieux que sa théorie, et la préface n'est pas ce qu'il y a de meilleur dans ses volumes. Il a de l'esprit de détail, du piquant et du naturel, quand il oublie son grand rôle.

Est-ce un critique pourtant dans la justesse et la

sévérité du terme? Je le nie. Être critique, c'est tout
soumettre à l'examen, et les idées et les faits, et même
les textes; c'est ne procéder en rien par prévention et
enthousiasme. Sur cette simple définition du critique,
se demander si M. de Pontmartin en remplit les conditions, c'est déjà avoir répondu. Pour cela, il est trop à
la merci de son courant général d'opinion ; ou, quand
ce courant l'abandonne, il est trop à la merci de son
auteur; il ne réagit pas contre lui, il ne lui résiste pas.
Sur la plupart des sujets qui s'éloignent de ce temps-
ci, il n'a pas d'études antérieures, originales, personnelles, et il part des données que lui fournit le livre
même qu'il a à juger : il ne les contrôle pas. Il en
croira, par exemple, M. Oscar de Vallée sur Antoine
Le Maître, et il supposera qu'on a dit à ce pieux solitaire des injures quand on ne lui a rendu que des hommages. Charmé de l'éloquence de M. Cousin, il lui
accorde toutes les prétentions et presque toutes les conclusions de ses brillants ouvrages, et, après avoir proclamé le chef-d'œuvre, il n'apporte dans le compte
rendu aucun de ces correctifs de détail qui seraient
nécessaires à chaque instant pour remettre le lecteur
dans le vrai; car, selon la parole d'un des hommes qui
connaissent le mieux l'illustre auteur, « c'est un des
esprits qui ont le plus besoin de garde-fou; et quand
ce n'est pas dans le fond, c'est dans la forme, il excède
toujours. » Mais M. de Pontmartin, une fois qu'il a
pris parti pour quelqu'un, n'est pas homme à mettre
des garde-fous d'aucun côté; il les ôterait plutôt; il lui
suffit qu'un courant général de spiritualisme élevé le

rapproche de M. Cousin et qu'ils aient chanté ensemble
en chœur un *Sursum corda !* dès lors, l'alliance est
faite, tout contrôle de détail sur les Scudéry, les
Mᵐᵉ d'Hautefort, les Jacqueline Pascal, cesse de droit;
tout est accordé.

Il y a du chevalier chez M. de Pontmartin ; sa sensibilité, sa générosité parfois l'entraînent un peu loin
quand il se réconcilie avec les gens. Ainsi, à l'égard de
M. Cuvillier-Fleury, ancien adversaire orléaniste, il s'est
laissé aller au delà du juste depuis le rapprochement
qui s'est opéré entre eux, ce qui a fait dire à quelqu'un : « Cuvillier-Fleury et Pontmartin sont deux politiques sous forme littéraire, qui, même quand ils ont
l'air de se faire des chicanes, se font des avances et
des minauderies, et qui tendent sans cesse à la *fusion*
sans y arriver jamais. » Tous deux hommes d'ancien
régime, c'est à qui désormais rivalisera de courtoisie
avec l'autre, pour montrer qu'il n'est pas en reste et
qu'il sait vivre. Or, cela est triste à dire, le critique
est un juge, il n'est pas un homme de qualité ni un
chevalier.

Le critique a des amis, je l'espère, mais il ne doit
pas avoir d'amitiés littéraires *quand même,* et qui le
déterminent ou l'enchaînent d'avance à un jugement
trop favorable. M. de Pontmartin en est encore où nous
en étions autrefois : il plaide. Il donne gain de cause à
ses amis. Ainsi a-t-il fait pour Mᵐᵉ Swetchine qu'il a
déclarée d'emblée un *classique.* Ainsi il admire comme
éloquente chez M. Nettement une page sur Paul-Louis
Courier assassiné, que je trouverais, moi, odieuse et

empreinte d'un cachet de fanatisme, si je n'y voyais
plutôt un cachet de rhétorique.

De tout critique, surtout de celui qui affiche des
doctrines plus ou moins classiques, on a droit de se
demander : Quelles sont ses études premières? Quel
est son fonds, son point d'appui du côté de l'Antiquité?
Je doute que, de ce côté, il y ait chez M. de Pontmartin
solidité et profondeur. Il cite sobrement du latin, quelquefois de l'Horace; mais aux moindres citations, pour
peu qu'on en fasse, le bout de l'oreille s'aperçoit. Quand
il cite le vers, *Urit* ENIM *fulgore suo...*, il oublie l'*enim:*
par où je soupçonne qu'il ne scande pas très-couram-
ment les vers latins. Un jour, à une fin de chronique
littéraire (1), parlant de *la Dame aux Camélias* et lui
opposant la vertu des bourgeoises et des chastes
Lucrèce, il a dit : DOMUM *mansit, lanam fecit;* d'où je
conclus qu'au collège il était plus fort en discours français qu'en thème (2).

Un critique, qui est encore plus légitimiste que religieux, tel que M. de Pontmartin, devrait être, ce

_____

(1) *Revue des Deux Mondes,* Chronique de la quinzaine, 1er janvier 1854.

(2) On m'assure qu'il en était autrement et que M. de Pontmartin, écolier, a réussi au contraire dans les facultés latines.
Alors il faut conclure qu'il les a terriblement négligées depuis. Les
amis de M. de Pontmartin (et il en a de bien maladroits) ont
essayé de s'égayer de ce passage, comme si je lui avais fait un reproche de pédant. Qu'ai-je prétendu en relevant ces misères? Que
M. de Pontmartin est faible dans les Lettres anciennes, et qu'il est
même médiocrement familier avec Horace. Je n'ai pas voulu indiquer autre chose, et je suis persuadé que pas un de céux qui
entendent ces matières ne rira de moi.

semble, plus courtois qu'un autre, et M. de Pontmartin
l'est en effet souvent ; il raconte lui-même agréablement qu'on lui a reproché trop de facilité et de complaisance de jugement, et de se montrer trop coulant à
dire : « Beau livre, charmant livre, excellent livre ! »
On l'aurait même appelé le *Philinte* de la littérature. Il
n'en est pas moins vrai que d'autres fois (notamment
contre les écrivains dits *réalistes,* et dont le seul tort.
est de chercher peut-être outre mesure la vérité), il a eu
des invectives violentes, excessives, des qualifications.
personnelles, flétrissantes ou légères, et que le prétexte
de la morale n'excuse pas. C'est une remarque que
d'autres que moi ont faite depuis longtemps : comment
se peut-il que ces gens du monde qui se piquent de
politesse, ces gentilshommes qui se flattent de sortir de
bon lieu, dès qu'ils se mettent à écrire et qu'ils font
de la critique ou de la politique, enveniment si aisément leur plume et en viennent, dès les premiers mots,
à dire des choses auxquelles les écrivains bourgeois ne
descendent qu'à la dernière extrémité ? J'ai en ce
moment sous les yeux un livre qui m'est envoyé par
un des disciples de M. de Pontmartin en province (1),
et qui, au nom des mêmes principes aristocratiques,
contient des amas d'invectives sur tous les écrivains du
moment ; et l'auteur, assure-t-on, est un homme bien
né, un marquis. M. de Pontmartin, qui s'est chargé
plus d'une fois de venger marquis et marquises contre
les railleries et les trivialités des auteurs modernes de-

---

(1) *Essais de critique en province,* par M. Louis de Laincel, 1861.

romans et de comédies , serait fort embarrassé des
grossièretés de style de ce marquis-là. Pour le coup, ce
serait le cas ou jamais de s'écrier : *la critique et les
honnêtes gens !* M. de Pontmartin me dira qu'il ne répond
pas de ces disciples mal appris. Mais, lui-même, ne lui
arrive-t-il point, à tout moment, de nous rendre solidaires les uns des autres plus que nous ne le sommes
en effet, dans une littérature si dispersée?

Je n'ai jamais lu, sans en chercher l'application
autour de moi, ce beau passage de l'*Essai sur la Critique*
de Pope : « *But where the man...* Où est-il l'homme
« qui peut donner un conseil sans autre attrait que le
« plaisir d'instruire , et sans être orgueilleux de son
« savoir; bien élevé, quoique savant; et quoique poli,
« sincère...? » Lorsque Gustave Planche vivait, il
m'était impossible de le lire sans me rappeler aussitôt
le modèle du critique que rêvait Pope : je m'en souviens, et par contraste également, lorsque j'en lis
d'autres aujourd'hui.

Je ne pouvais en dire moins sur les défauts et les
lacunes de M. de Pontmartin comme critique sans me
mentir à moi-même; j'en viens avec plaisir aux qualités. Elles sont immédiates, sans rapport nécessaire avec
ses grandes théories, et tiennent à la personne même
de l'écrivain : il est ce qu'on appelle un homme d'esprit. La plupart de ses débuts d'articles sont heureux;
sa plume a de l'entrain. Sur maint sujet moderne, il
reste dans une moyenne de jugement très-bonne, très-
suffisante. Quand il parle de ce qu'il sait bien et de ce
qu'il ne se croit pas tenu d'anathématiser au nom d'un

principe, — des romans de Charles de Bernard, des
nouvelles de M. Octave Feuillet, des vers de M. Autran,
des poésies de Brizeux, du *Constantinople* de Théophile
Gautier, des œuvres de Mme Émile de Girardin, etc., etc.,
— il est très-agréable; il a, chemin faisant, quantité de
choses fort bien dites : ce sont celles qui lui échappent
et qui ressemblent à des saillies. Il a de la gaieté dans
la moquerie. Son esprit très-prompt, très-délié, a une
grande activité de lecture, une grande facilité d'assimilation. Je le suppose entrant dans un salon ; un livre
nouveau vient de paraître, personne ne l'a lu encore ;
on l'interroge : Qu'en pense-t-il? qu'en dit-il? Et il le
raconte, il l'analyse avec vivacité, bonne grâce, une
veine de malice ; il glisse et n'appuie pas. Ce n'est pas
précisément un critique que M. de Pontmartin, et j'ai
dit pourquoi ; mais c'est un aimable *causeur* et *chroni-
queur* littéraire à l'usage du beau monde et des salons.

Dans les derniers temps, ses amis, en étant assez de
l'avis que j'exprime, ont essayé de lui accorder davantage ; on a dit qu'il avait fait des progrès en sérieux, en
solide, en fermeté. M. Veuillot le lui a dit; mais c'était
peut-être de sa part un conseil déguisé en éloge. Pour
mon compte, je dois cependant convenir, sans prétendre faire le généreux, que sa plaidoirie en faveur de
Chateaubriand, à l'occasion et à l'encontre d'un livre
que j'ai publié, m'a frappé comme très-spirituelle, très-
bien menée, très-soutenue d'haleine, fort juste en bien
des points; et il me coûte d'autant moins de le reconnaître, qu'au fond ses conclusions à lui (sauf le ton de
la chanson) ne sont pas si différentes des miennes,

et qu'un *abîme,* quoi qu'il en dise, ne nous sépare-pas.

Ce qui nous sépare, c'est l'idée différente que nous nous faisons de l'excellence d'un portrait. M. de Pontmartin veut le portrait embelli, ennobli, au point de vue du rôle public et des illusions de la perspective ; il appelle minutie et commérage tout ce qui y déroge. Je crois, au contraire, que, quand on le peut, et quand le modèle a posé suffisamment devant vous, il faut faire les portraits le plus ressemblants possible, le plus étudiés et réellement vivants, y mettre les verrues, les signes au visage, tout ce qui caractérise une physionomie au naturel, et faire partout sentir le nu et les chairs sous les draperies, sous le pli même et le faste du manteau. En cela je serais de l'école anglaise et hollandaise. Je crois que la vie y gagne et que la grandeur vraie n'y périt pas.

Il est toujours délicat de toucher aux convictions de quelqu'un. Si j'imitais pourtant M. de Pontmartin, qui tranche dans le vif quand il s'agit de nos admirations et de nos amours, je dirais hardiment qu'il a, en littérature, des opinions de *position* encore plus que de *conviction :* quand il écrit à la *Revue des Deux Mondes,* par exemple, ce n'est plus le même homme que quand il écrit dans *l'Union* ou dans *le Correspondant.* Lui aussi, il est *plusieurs.* Mais je le préfère et je le souhaite, dans son intérêt autant que dans le nôtre, écrivant à la *Revue des Deux Mondes.* Ce n'est pas mauvais pour lui d'être un peu dépaysé et de ne pas se sentir trop poussé du côté où il penche. Moins il sera tenté de se livrer aux thèmes tout faits de l'esprit de coterie et de parti, plus il sera lui-même, jugeant des ouvrages de l'esprit par la pratique et le sentiment immédiat, et mieux il vaudra.

Sa réputation s'est faite par quelques-uns de ses excès mêmes : sa croisade contre Béranger et contre George Sand l'a désigné aux colères des uns et aux applaudissements·des autres; il a désormais à justifier tout ce bruit, en devenant plus équitable, s'il le peut, et en restant spirituel.

M. de Pontmartin n'est pas seulement une plume fertile en articles critiques; il est auteur de nombreux romans, et de romans qui ont la prétention de reproduire les mœurs et le ton du monde, et de respecter la saine morale. Je ne puis le suivre en détail sur ce terrain, où il n'est pas le plus à son avantage; je veux cependant le prendre dans une de ses productions les plus goûtées de ses amis, pour lui montrer que je l'ai lu.

II.

Aurélie est une nouvelle qui débute d'une manière agréable et délicate. Il y a une première moitié qui est charmante. Cette jeune enfant de dix à onze ans, amenée un matin au pensionnat par une mère belle, superbe, au front de génie et à la démarche orageuse; le peu d'empressement de la maîtresse de pension à la recevoir, la froide réserve de celle-ci envers la mère, son changement de ton et de sentiment quand elle a jeté les yeux sur le front candide de la jeune enfant, les conditions qu'elle impose ; puis les premières années de pension de la jeune fille, ses tendres amitiés avec ses compagnes, toujours commencées vivement, mais bientôt refroidies et abandonnées sans qu'il y ait de sa faute et sans qu'elle se rende compte du mystère ; l'amitié plus durable avec une seule plus âgée qu'elle et qui a dans le caractère et dans l'esprit plus d'indépendance que les autres ; tout cela est bien touché, pas trop appuyé, d'une grande finesse d'analyse. On devine bientôt le secret : la mère d'Aurélie, séparée de son mari par incompatibilité d'humeur et par ennui de se voir incomprise, est une personne célèbre, qui a fait le contraire de ce que Périclès recommandait aux veuves athéniennes, qui a fait beaucoup parler d'elle, qui a demandé à ses talents la renommée et l'éclat, à ses passions les émotions et l'enivrement à défaut de bonheur. La pauvre enfant qui ne sait rien, qui ne voit que rarement cette mère capricieuse et inégale, pour laquelle, du plus loin qu'elle s'en souvienne, elle s'est pourtant autrefois prononcée dans le cabinet du magistrat, lorsqu'il lui fut demandé de choisir entre elle et son père, la pauvre Aurélie arrive à l'âge de dix-sept ans, sans s'être rendu compte des difficultés de sa destinée. Elle aime le frère de son intime amie Laurence, Jules Daruel, un gentil sujet, qui vient d'autant plus régulièrement visiter sa sœur qu'il ne la trouve jamais sans Aurélie. Ce jeune homme est avocat, il a des succès et voit déjà s'ouvrir devant lui une honorable et brillante carrière. Il a pour tuteur M. Marbeau, un grave conseiller à la Cour royale, celui même dans le cabinet

duquel, bien des années auparavant, s'est consommée
à l'amiable la séparation du père et de la mère d'Aurélie. Un jour, un soir d'été, que M. Marbeau est venu
à la pension, il y rencontre Jules, son pupille, qui s'y
trouvait déjà en compagnie de Laurence et d'Aurélie ; ils
sont tous, dans une allée du jardin, à jouir de la beauté
et des douceurs de la saison en harmonie avec les sentiments de leurs cœurs. Aurélie n'a jamais été plus
belle ; Jules n'a jamais été plus amoureux ; M. Marbeau
semble lui-même sourire et prendre part à leurs espérances. Tout d'un coup, au tournant d'une allée, Aurélie pousse un cri de joie ; elle vient d'apercevoir sa
mère, qui, ne l'ayant pas trouvée au parloir, s'est diri-
gée vers le jardin ; mais la présence de Mme d'Ermancey apporte à l'instant du trouble dans tout ce bonheur.
Elle a d'abord reconnu M. Marbeau, l'arbitre de la
séparation conjugale ; celui-ci a repris son front de juge ;
la contrainte succède, un froid mortel a gagné tous·ces
jeunes cœurs. Ce jour sera le dernier beau jour de la
vie d'Aurélie.

Jusqu'ici, j'en conviens, la nouvelle est parfaite ; elle
se gâte à partir de ce moment, et elle se gâte par suite
d'un parti pris et sous l'empire d'une fausse idée morale. Je dois insister, car c'est sur la morale que M. de
Pontmartin lui-même insiste le plus souvent quand il
juge les romans des autres. Eh bien ! sa morale à lui,
dans cette nouvelle, l'a égaré grandement.

Qu'y a-t-il, en effet ? Une difficulté sans doute. Avant
de permettre à Jules de choisir pour compagne de sa
vie Aurélie, que doit faire un homme sage, prudent,

éclairé, comme on nous peint M. Marbeau? Il doit faire des observations à son jeune pupille, lui représenter les inconvénients d'une belle-mère qui est sortie des voies sociales communes, et qui s'est fait un nom admiré des uns, insulté des autres :

> . . . . Onerat celeberrima *natam*
> Mater. . . . .
> La *gloire* d'une mère est un pesant fardeau !

Ces observations faites pour l'acquit de sa conscience, il doit, avant tout, homme pratique et de bon sens, porter un regard scrutateur sur l'âme et sur la nature d'Aurélie, afin de bien voir si cette apparence candide et calme ne recèle point un foyer de trouble et d'orage. Mais après cela, je le demande, si le résultat est favorable à la charmante et pure jeune fille, y a-t-il dans nos mœurs modernes bourgeoises (il faut le dire à leur honneur) un obstacle raisonnablement invincible à ce que Jules Daruel, le jeune avocat distingué, épouse cette belle enfant si bien élevée, Aurélie, et qu'elle devienne la plus honorée comme la plus aimable des épouses et des mères? Voilà ce que la vraie morale humaine conseille au XIXe siècle. Vous faut-il des exemples pris dans la société actuelle? Je serais vraiment tenté d'être indiscret et d'en donner.

Au lieu de cela, M. de Pontmartin se reporte à une morale vraiment arriérée, inhumaine et dure. Quelques jours après la scène du jardin, M. Marbeau appelle Aurélie dans son cabinet; elle s'y rend accompagnée de la maîtresse de pension : la pauvre enfant reconnaît avec un peu d'effort de mémoire ce même cabinet où son père et sa mère se sont vus pour la dernière fois. On lui apprend le secret et l'embarras de son existence ; et quant au mariage avec Jules Daruel qui l'aime, qu'elle aime, et à qui elle serait heureuse d'apporter, dans les épreuves de la vie, les trésors de son cœur et de ses affections, on lui signifie nettement qu'il y faut renoncer : « Vous voulez être, lui dit M. Marbeau, un en- « couragement et un auxiliaire dans la destinée de « M. Daruel; vous y serez une entrave. Vous voulez le « rapprocher du but; vous l'en éloignerez. Vous voulez « être son bon ange; vous seriez son mauvais génie... »

Et avec cette antithèse de *bon ange* et de *mauvais génie*, avec cette métaphore qu'il paraît prendre tout à fait au pied de la lettre, le magistrat brise le rêve de bonheur des deux jeunes gens; et la jeune fille, acceptant à l'instant cette solution extrême et s'y résignant, ne pense plus qu'à aller au plus vite chercher son père, qui vit retiré depuis des années dans une terre en Dauphiné, et qu'elle se reproche d'avoir méconnu jusquelà dans son ingratitude, comme si, ignorant tout, elle était en rien coupable.

J'appelle cela de la fausse morale ; ce conseiller à la Cour royale n'est pas de ce temps-ci ; il est dur comme un Appius Claudius, comme un Caton l'Ancien. Il est évidemment de ceux qui, autrefois, auraient voulu que les peines infamantes rejaillissent des pères et des mères au front des enfants et de toute une postérité.

A partir de ce moment, on est dans le faux. Il n'est pas naturel d'abord qu'Aurélie renonce si vite, et du

premier coup, à l'ami et au compagnon qu'elle s'était
donné en idée. Il n'est pas naturel non plus qu'elle
sacrifie à l'instant et si complétement sa mère, laquelle,
après tout, ne lui a donné que des marques un peu
inégales, mais pourtant des marques de tendresse.
Qu'elle songe à réparer un tort involontaire et un oubli,
si pardonnable d'ailleurs, à l'égard de son père, c'est
bien; mais il y a excès. Et ce père, de la part de qui
le magistrat lui remet une lettre cachetée et de très-
ancienne date, qui était en dépôt chez lui, une lettre
à grandes phrases et passablement déclamatoire, est-il
naturel qu'il en ait voulu pendant dix ans à sa fille (car
il a beau dire, il lui en veut), pour un mouvement
d'enfant qui, entre les deux, lui a fait choisir sa mère;
que, pendant dix ans, il ne lui donne aucun signe
d'affection et qu'il la mette, quand elle reviendra à lui,
dans cette alternative cruelle de *tout ou rien?* Un vrai
père, moins altier, moins égoïste, devait venir à la
pension au moins une ou deux fois l'an, quand il était
sûr de ne pas rencontrer sa femme. Voilà comment les
choses se passent dans la réalité et sans tant de solennel.

Mais ce qui suit est encore plus dur à accepter. Aurélie
se met en route incontinent pour aller embrasser son
père : elle s'embarque à Châlons et va jusqu'à Lyon par
la Saône. Elle rencontre sur le bateau un marquis et
son fils; c'est précisément un ami de son père, qui, la
voyant seule et triste, lie conversation avec elle. M. de
Pontmartin a bien soin, en passant, de nous faire
remarquer que c'est là un marquis véritable et comme
on n'en rencontre pas au théâtre et dans les romans du

jour. M. d'Auberive est un type d'honneur et de politesse. Son fils, Emmanuel, un jeune homme charmant,
se montre, au premier coup d'œil, touché de la beauté
d'Aurélie, comme elle-même est touchée de ses attentions. Mais cette jeune fille si pure, si candide, oublie
bien vite ce Jules, son ami, presque son fiancé d'hier;
il paraît complétement mis de côté par elle en moins de
trois jours. C'est prompt. Est-ce naturel? Est-ce donc
si moral? Pour moi, cette petite Aurélie se conduit très-
mal en ce moment, et si je faisais comme M. de Pontmartin et que je montasse sur mes grands chevaux, je
dirais qu'il est affreux, qu'il est indécent de nous montrer une jeune fille si pure, qui paraît justifier par son
procédé ce vilain propos d'un poëte : « Toute femme a
le cœur libertin. »

Le voyage s'achève, on arrive chez le père : scène
touchante. Mais les assiduités de ces deux messieurs et
leurs attentions pour Aurélie sur le bateau ont été
remarquées, commentées. Une châtelaine voisine, des
plus méchantes, qui a jeté ses vues sur le fils du marquis, Emmanuel, pour en faire son gendre, et qui entrevoit une rivale à sa fille dans la jeune Parisienne,
sème les propos, les calomnies; pour les faire cesser,
le marquis, accompagné de son fils, vient demander
Aurélie en mariage à son père. Mais le père, informé
de tout, la refuse; et par quelles raisons?

« Penses-tu, dit-il à son ami le marquis, que la calomnie
s'arrêterait après qu'Emmanuel aurait épousé Aurélie? Crois-
tu qu'elle ne se retremperait pas éternellement à cette source
funeste? Tu le sais, d'Auberive, notre Dauphiné est fier de

vous : dans ce temps où tout s'en va, votre race a conservé intact cet honneur, ce vieil et pur honneur qui est le premier des biens... Si jamais tu pouvais l'oublier, je m'en souviendrais pour toi... Quand je regarde ton Emmanuel, si enthousiaste, si beau, si digne de sa sainte mère, je retrouve en lui cette fleur de noblesse que notre siècle ne connaît plus, qui bientôt, peut-être ne sera plus qu'un nom, mais que nous ne devons pas laisser périr, nous qui en sommes les gardiens... Quoi! tu voudrais que ton ami d'enfance, que ce pauvre comte d'Ermancey, qui t'aime depuis cinquante ans, fût cause qu'on pût dire un jour quelque chose d'offensant pour un d'Auberive? Non, mille fois non... Abandonnez-nous, Aurélie et moi, à notre solitude et à notre misère, nous aurons la force de les supporter. »

Quelle pose théâtrale et quelle tirade ! — Et en conséquence de ce beau raisonnement et de cette idolâtrie superstitieuse pour le renom et le blason immaculé des d'Auberive, voilà le bonheur de deux êtres sacrifié à un honneur faux et à un préjugé de race.

Ce père qui refuse sa fille (1), qui fait si bon marché de son bonheur, qui la déclare *punie pour les fautes d'une autre*, et la réduit de gaieté de cœur à l'état de paria pour toute sa vie, M. de Pontmartin l'estime sans doute sublime d'honneur et de délicatesse; à mes yeux il ne vaut pas mieux que la mère, et il fait pis à sa manière : il fait le mal par préjugé et par orgueil, comme l'autre par abandon.

(1) On épilogue (toujours les amis de M. de Pontmartin); on m'oppose que, même après ces paroles du marquis, ce n'est pas lui qui refuse sa fille et que c'est elle seule ensuite qui, étant consultée, refuse sa main. Mais Aurélie a entendu les paroles de son père; et après cela, je le demande, est-elle libre?

Odieuse et horrible moralité aristocratique ! Pauvre
Aurélie, qui devrait s'appeler *l'enfant maudit !* la fatalité
plane, en vérité, sur elle comme au temps d'Œdipe,
la malédiction comme au temps de Moïse et d'Aaron.
Dans quel siècle l'auteur croit-il donc vivre ? Nous ne
vivons plus sous la loi, mais sous la grâce. Le talion est
dès longtemps aboli. Bénies soient les révolutions qui
ont brisé ces duretés et ces férocités antiques, sacer-
dotales, féodales et patriciennes ! C'est une de ces dernières que M. de Pontmartin a préconisée dans ce petit
roman, dont franchement la morale me paraît détes-
table, parce qu'elle est inhumaine. Il y faudrait mettre,
en le réimprimant, ce nouveau titre : *Aurélie ou le
Triomphe du Préjugé et du Qu'en-dira-t-on.*

Grâce à Dieu, cette moralité de convention est chaque
jour démentie dans la réalité et dans la pratique : les
filles de femmes célèbres et même trop célèbres, de
celles qui ont été le plus bruyamment admirées ou critiquées, ont chance, si elles sont belles et pleines de
mérite, de devenir, selon les rangs et les fortunes, ou
femmes d'avocats distingués, ou marquises et même
duchesses. Cela s'est vu.

Ma conclusion bien sincère sur l'ensemble du talent
de M. de Pontmartin, et malgré toutes ces critiques auxquelles je me suis vu forcé, ayant à combattre avec lui
pied à pied et me trouvant réduit à la défensive, est
qu'il y a de la distinction, de l'élégance, que c'est un
homme d'esprit et d'un esprit délicat, auquel il n'a
manqué qu'une meilleure école, et plus de fermeté dans

le jugement et dans le caractère, pour sortir de la morale de convention et pour atteindre à la vraie mesure humaine, sans laquelle il n'est pas de grand goût, de goût véritable.

UNE

MONARCHIE EN DECADENCE

MÉMOIRES DE LA COUR D'ESPAGNE SOUS LE RÈGNE DE CHARLES II,

PAR LE MARQUIS DE VILLARS

LETTRES DE LA MARQUISE DE VILLARS.

Les père et mère de l'illustre maréchal de Villars étaient gens de mérite et d'esprit. Son père qui, dans sa jeunesse, était très-beau, qu'on surnommait *Orondate* parce qu'il ressemblait à un héros de roman, qui avait eu des duels brillants au temps de la mode des duels, et avait mérité par là la faveur du prince de Conti, ce qui fut le point de départ de sa fortune, s'é-

---

(1) Un beau volume, avec portrait, imprimé à Londres, — 100 exemplaires seulement sont en vente; — Paris, Klincksieck, rue de Lille. Prix, 40 fr. On lit en tête une bonne préface de l'éditeur.

tait depuis distingué à la guerre et y serait probablement arrivé jusqu'aux emplois les plus considérables,
s'il n'avait rencontré en chemin l'inimitié de Louvois,
qui lui barra tout avancement. Devant un tel obstacle,
il dut se détourner et se rejeta sur la carrière diplomatique, que lui ouvrait l'amitié de M. de Lyonne. Il débuta par des missions secondaires en Allemagne et en
Italie. Envoyé une première fois en Espagne (1672-1673)
en qualité d'ambassadeur extraordinaire, il y retourna
en cette même qualité au mois d'août 1679, et y demeura jusqu'en 1681. C'est le récit, malheureusement
inachevé, de ce second séjour en Espagne, qu'on vient
de publier.

Sa femme, Mlle de Bellefonds, sœur du maréchal de
ce nom, l'un des militaires les plus opposés aux réformes et règlements de Louvois, et que ce ministre dut
briser, était une personne du meilleur esprit et du plus
fin. Elle avait été fort jolie dans sa jeunesse et aimait
tendrement son mari. Elle était de la société particulière
de Mme de La Fayette, de M. de La Rochefoucauld, de
Mme de Sévigné, de Mme de Coulanges. Les lettres qu'elle
écrivait à cette dernière, pendant son voyage d'Espagne,
étaient lues de tout ce monde délicat; on se les montrait discrètement, et Mme de Sévigné les goûtait fort:
« Ce sont, disait-elle à sa fille, des relations qui font la
joie de beaucoup de personnes. M. de La Rochefoucauld
en est curieux : Mme de Vins et moi, nous en attrapons
ce que nous pouvons. » Mme de Villars avait un premier
mérite auprès de Mme de Sévigné, c'était d'admirer
beaucoup Mme de Grignan. Mais les lettres en elles-

mêmes justifiaient toutes les louanges. Quelques-unes
se sont perdues; il s'en est conservé trente-sept, publiées
pour la première fois il y a une centaine d'années, et
qu'on a réimprimées en 1806 : il n'est rien de plus
agréable dans cette branche de littérature du xvııe siècle.
Quant à la personne même qui les a écrites, Saint-
Simon, si sévère, si injuste pour l'illustre maréchal,.
son fils, a tracé d'elle, dans sa vieillesse, un portrait
unique :

« Cette marquise, nous dit-il, était une bonne petite
femme sèche, vive, méchante comme un serpent, de l'esprit
comme un démon, d'excellente compagnie, qui avait passé sa
vie jusqu'au dernier bout dans les meilleures et les plus choisies de la Cour et du grand monde, et qui conseillait toujours
e son fils de ne point donner de scènes au monde sur sa
femme, *de se vanter au roi tant qu'il pourrait,* mais *de
jamais ne parler de soi à personne.* »

Le glorieux Villars, remarque-t-on, ne manqua pas
de suivre la première partie du conseil de sa mère,
mais il négligea la seconde : il parla de lui et au roi et
à l'univers. — Mᵐᵉ de Sévigné nous a montré également
la marquise de Villars dans sa vieillesse, et jouissant
discrètement de la renommée victorieuse de son fils :

« Sa mère est charmante par ses mines, et par les petits
discours qu'elle commence et qui ne sont entendus que des
personnes qui la connaissent. »

On possède donc maintenant les doubles Relations du
marquis et de la marquise de Villars, de l'ambassadeur
et de l'ambassadrice de France à Madrid en 1679 ; toutes

deux se complètent et nous offrent de cette monarchie
en décadence et en ruine le plus curieux, le plus instructif tableau.

Philippe IV était mort en 1665, léguant le fardeau de
la monarchie à son fils Charles II, âgé de quatre ans,
sous la régence de la reine mère, Allemande, gouver-
née elle-même par un confesseur allemand, le Père Ni-
tard, jésuite. A cette influence du confesseur, et combi-
née avec elle, se joignit bientôt celle de Valenzuela,
amant de la reine. Don Juan, bâtard reconnu du dernier
roi, soutenu des vœux de la noblesse, lutta contre l'un
et l'autre de ces favoris et contre la reine mère,
au mauvais gouvernement desquels on imputait tous les
maux de l'État et les désastres de la monarchie dans
les guerres avec la France. Il était parvenu à triompher
d'eux tous au moment de la majorité du jeune roi qui
se déclara pour lui : devenu à son tour premier ministre (1677), maître de la personne du roi et du gouvernement de l'État, il ne sut pas justifier les espérances
qu'avait fait concevoir son élévation.

L'intérêt de don Juan était de retarder le mariage du
jeune roi ; un premier mariage avec une archiduchesse
avait déjà été rompu par lui. Cependant, dit le marquis de Villars, « le roi ayant dix-sept ans et une santé
qui s'affermissait avec l'âge, commença à souhaiter
d'être marié. Il était seul de la branche espagnole de la
Maison d'Autriche, et tout son royaume avait intérêt
qu'il fût en état d'avoir des enfants. »

La paix de Nimègue était conclue ; on pensa à la fille
de Monsieur, nièce de Louis XIV, pour la demander en

mariage. Elle était presque du même âge que le roi, et celui-ci l'aimait déjà sur ses portraits et sur le rapport de quelques seigneurs qui avaient vu en France la jeune princesse.

Don Juan aurait bien voulu que la négociation manquât; mais il n'osa l'entraver ouvertement, et le mariage se conclut. Il fut célébré en France par procuration, et l'on y régla le départ de la nouvelle reine, de même qu'en Espagne on réglait point par point le départ et le voyage du roi pour aller à sa rencontre. C'est sur ces entrefaites que le marquis de Villars, nommé ambassadeur de France, fit son entrée publique à Madrid, le 9 août 1679. Il avait déjà été ambassadeur à Madrid avant la dernière guerre; il s'y était acquis de l'estime et de la considération par sa mesure et sa probité. Il avait eu de bonnes relations avec la reine mère, et à ce retour, il se fit un devoir de l'aller saluer à Tolède où elle était exilée. La cabale considérable, qui était alors opposée à don Juan, crut voir arriver dans l'ambassadeur de France un puissant auxiliaire, et il eut besoin de toute sa modération et de sa délicatesse pour ne pas se laisser entraîner à une opposition qui sortait de son rôle.

Don Juan voyant l'orage grossir, la cabale des grands s'enhardir et s'étendre, le cri des peuples y répondre, entendant demander de toutes parts le rappel des exilés et celui de la reine mère, sachant que le roi lui-même, encouragé par son confesseur, avait proféré ces mots, à propos du retour d'un exilé : « *Qu'importe que don Juan s'y oppose, si je le veux?* » don Juan sentant que la partie était perdue et que tout lui échappait, fut pris de désespoir et d'une mélancolie profonde, qui devint une maladie pleine d'incidents inconnus :

« Les médecins, qui traitaient son corps d'un mal qui était dans son esprit, lui firent souffrir durant trois semaines assez de tourments pour achever sa vie; il mourut le 17 septembre 1679, âgé de cinquante ans. Son corps fut porté à l'Escurial, dans la sépulture des Princes à côté du Panthéon. »

On le traitait jusqu'au bout en fils de roi, bien qu'il y eût fort à dire sur l'authenticité et la légitimité de cette bâtardise; mais Philippe IV l'avait reconnu. — Le marquis de Villars a tracé de lui le portrait suivant, qui, dans un ton simple, est d'une belle langue :

« Sa naissance lui avait donné un grand rang et de grands emplois, mais on ne vit point la suite de sa vie répondre à cette éducation : on le vit malheureux dans la plupart de ses entreprises, souvent battu à la guerre, toujours éloigné de la Cour; son dernier malheur fut d'être devenu enfin la première personne de l'État.

« Jamais personne ne monta au premier poste avec tant d'avantage; la grandeur de son rang, l'attente des peuples, la faveur des grands, la jeunesse du roi, tout semblait contribuer à l'élever et à l'affermir; lui seul se manqua à lui-même, et on peut dire de lui comme autrefois d'un empereur, qu'il ne parut digne de gouverner que tant qu'il ne gouverna point.

« C'était un homme composé d'apparence, d'un génie plus brillant que solide, plein d'une gloire présomptueuse, tout à lui, sans confiance et sans estime pour les autres, trop occupé des petites choses, souvent sans étendue et sans résolution dans les grandes; capable cependant de les précipiter par entêtement. Ces défauts étaient revêtus de plusieurs belles qualités : il était bien fait, il avait les manières agréables et polies, il parlait bien diverses langues; il avait de l'esprit, du savoir, de la valeur, et tous les dehors du mérite, sans mérite même. »

Huit jours avant sa mort, était arrivée la nouvelle du mariage de Mademoiselle, qui s'était fait à Fontainebleau par procuration, le Prince de Conti y représentant le roi d'Espagne. La joie qu'on en eut à Madrid, et qui se manifesta par des illuminations et des feux d'artifice « médiocrement beaux, mais d'un bruit épouvantable,» éclata jusque sous les fenêtres de don Juan, déjà presque à l'agonie. On attendait avec impatience la jeune reine. Cependant la reine mère était revenue de son exil de Tolède à Madrid, et le roi, y mettant un empressement extraordinaire, avait même été au-devant d'elle jusqu'à Tolède, « où il parut bien de la tendresse et bien des larmes entre la mère et le fils. »

Ce jeune roi, qui n'était ni bon ni méchant, était nul, fait pour être gouverné. Il était d'une parfaite ignorance, d'un tempérament mélancolique, maladif, parlant peu, pensant encore moins, un de ces individus-exemplaires marqués d'un signe, et au front desquels il est manifestement écrit : *Comment les races royales finissent*, tellement soumis à son confesseur, qu'il n'y avait pas moyen de lui faire prendre une détermination quelconque, sans que le confesseur en décidât : aussi ceux qui avaient intérêt à agir sur lui usaient-ils de ce secret ressort, qui ne manquait jamais son effet; quand on voulait lui faire changer d'idée, on lui changeait son confesseur, et il en eut jusqu'à sept en cinq ans.

Au moment où la jeune arrivait, toutes les créatures de don Juan étaient encore en place, et elles essayèrent de s'y maintenir. La camarera-mayor, la duchesse de Terranova, en allant au-devant de la reine, et en la recevant à la frontière, s'appliqua à l'instant même à établir son empire, à assiéger ce jeune esprit d'inquiétudes, à le remplir de préventions, et à multiplier autour de la personne royale les barrières de l'étiquette, pour que rien d'étranger ni de contraire à ses desseins n'y pénétrât. Dès que la reine eut traversé la rivière de Bidassoa, et qu'elle eut été remise aux mains des Espagnols dans l'île des Conférences, célèbre par le traité des Pyrénées, la jeune princesse, fille de cette aimable Madame, Henriette d'Angleterre, et jusque-là habituée à toutes les douceurs et « les manières aisées dont on vit en France, » passa sous un régime tout nouveau. Les Espagnols, devenus les maîtres de sa personne, voulurent, dès les premiers jours, l'assujettir aux moindres formalités dont se composait alors en Espagne l'esclavage des femmes et des reines. « La camarera-mayor, naturellement rigide, ajoutait de nouvelles peines à cette contrainte, et semblait vouloir effacer tout d'un coup jusqu'aux moindres choses qui auraient pu lui laisser quelque souvenir de la douceur et des agréments de son pays. »

On essaya de lui inspirer d'abord une entière aversion pour la reine mère, dont cette camarera-mayor craignait l'influence qui s'annonçait comme prête à renaître. On la prévint aussi tant qu'on put contre l'ambassadeur de France, M. de Villars, pour qu'elle se méfiât de ses conseils. Il y eut même, dès ces premiers jours et pendant le voyage, un religieux théatin, le Père Vintimiglia, qui travailla dans le même sens, et qui avait déjà ses plans politiques en poche, avec un premier ministre (le duc d'Ossuna) à proposer. Dès les premiers pas que la jeune reine fit en Espagne, elle était donc tombée dans les filets d'une cabale, qui espérait se faire d'elle un point d'appui et de défense près du roi ; et, chose étrange et peu digne de la prudence de Louis XIV, on avait complétement négligé de placer auprès d'elle une personne prudente, une bonne tête pour la guider dans les commencements : « Entre nous, écrivait quelques mois après Mme de Villars à Mme de Coulanges, ce que je ne comprends pas, c'est qu'on ne lui ait pas cherché par mer et par terre, et au poids de l'or, quelque femme d'esprit et de mérite, et de prudence, pour servir à cette princesse de consolation et de conseil. Croyait-on qu'elle n'en eût pas besoin en Espagne ? »

La jeune reine échappa d'abord au danger, au moins en partie, par son inexpérience même et par l'insouciance de son âge.

Le roi l'attendait à Burgos. La première entrevue eut lieu à un village près de là. La cabale avait même arrangé les choses pour que le mariage se célébrât à ce pauvre petit village de Quintana-Palla, sans que l'ambassadeur de France qui était à Burgos fût prévenu. Un secrétaire d'État resté en place et très-habile à profiter des intérim pour pousser son crédit, don Jeronimo d'Eguya, avait concerté ce coup, avec la camarera-mayor. Le marquis de Villars, qui découvrit leur intention, parla haut, maintint son droit, et eut raison de leur procédé malhonnête ; il assista à la cérémonie :

« Le roi arriva sur les onze heures du matin au village, composé de neuf ou dix maisons. La reine s'avança pour le recevoir à l'entrée de son appartement, c'est-à-dire d'une chambre de paysan, de la porte à l'escalier ; elle parut se jeter à genoux pour lui baiser la main ; il l'en empêcha et la releva, mais ils se trouvèrent tous deux bien embarrassés de ne se pouvoir entendre. Le marquis de Villars s'avança ; le roi lui permit de servir d'interprète, et il leur fit dire de part et d'autre ce qu'ils auraient pu penser de plus honnête. »

Le voyage de Burgos à Madrid se fit lentement. La reine descendit au *Retiro* aux portes de Madrid, et y resta quelque temps avant de faire son entrée solennelle. Le travail de la cabale continuait, et la camarera-mayor avait, depuis Burgos, imprimé de plus en plus dans l'esprit du roi cette idée que « la reine étant une personne jeune et vive, élevée dans les manières libres de France, entièrement opposées à la sévérité d'Espagne, » il convenait de redoubler les formalités et de bien établir au début les barrières. La camarera-mayor, par les mesures qu'elle prit pendant ce premier séjour au *Retiro,* se conduisait véritablement comme une gouvernante ; le reine était traitée en pupille et vraiment esclave.

C'était au point qu'on refusa d'abord l'autorisation de la voir à l'ambassadrice de France, que cette princesse avait cependant demandée par deux fois :

« Peu après que la reine a été ici, écrit Mme de Villars à Mme de Coulanges (14 décembre 1679), elle a témoigné beau-

coup d'envie de me voir, et me l'envoya dire. Je répondis que
j'étais fort sensible à l'honneur qu'elle me faisait. Elle me fit
dire pour la seconde fois qu'elle avait pri   le roi que j'y
allasse *incognito,* parce que, jusqu'à ce qu'elle ait fait son entrée et qu'elle soit logée dans le palais, personne, homme ni
femme, ne la verra. On envoya à la camarera-mayor pour lui
dire ce que la reine avait mandé, et la permission que le roi
lui avait donnée de me voir *incognito.* La camarera répondit
qu'elle ne savait point cela. Le gentilhomme espagnol, que
nous lui avions envoyé, la supplia de vouloir s'en informer ;
elle répondit qu'elle n'en ferait rien, et que la reine ne ver-
rait personne tant qu'elle serait au *Retiro.* Nous fîmes savo·r
à la reine la diligence que nous avions faite ; on ne pouvait
pas moins après l'envie qu'elle avait témoignée que j'eusse
l'honneur de la voir. Après cela, nous nous sommes tenus en
repos... »

Enfin, la visite a lieu ; nous sommes maintenant entre
les mains du plus aimable guide, et je le laisse parler :

« Je fus hier au *Retiro.* J'entrai par l'appartement de la
camarera-mayor, qui me vint recevoir avec toutes sortes
d'honnêtetés ; elle me conduisit par de petits passages dans
une galérie où je croyais ne trouver que la reine ; mais je
fus bien étonnée quand je me vis avec toute la famille royale.
Le roi était assis dans un grand fauteuil, et les reines sur des
carreaux. La camarera me tenait toujours par la main, m'aver-
tissant du nombre de révérences que j'avais à faire, et qu'il
fallait commencer par le roi. Elle me fit approcher si près du
fauteuil de Sa Majesté Catholique, que je ne comprenais point
ce qu'elle voulait que je fisse. Pour moi je crus n'avoir rien
à faire qu'une profonde révérence ; sans vanité, il ne me la
rendit pas, quoiqu'il ne me parût pas chagrin de me voir.
Quand je contai cela à M. de Villars, il me dit que, sans
doute, la camarera voulait que je baisasse la main à Sa Ma-
esté. Je m'en doutai bien ; mais je ne m'y sentis pas portée...

« Me voilà donc au milieu de ces trois Majestés; la reine mère me disant, comme la veille, beaucoup de choses obligeantes, et la jeune reine me paraissant fort aise de me voir. Je fis ce que je pus pour qu'elle ne le témoignât que de bonne sorte. Le roi a un petit nain flamand qui entend et qui parle très-bien français. Il n'aidait pas peu à la conversation... »

Ce nain est très-essentiel; quelquefois il y en a deux, car le roi ne disant rien et la reine ne disant pas grand' chose en présence du roi, il faut bien des instruments de conversation. A quelque temps de là, à l'occasion de visites que le roi et la reine font dans des couvents et dans lesquelles la reine a voulu absolument que Mme de Villars l'accompagnât, celle-ci nous fait la petite description suivante :

« Comme je n'y connais personne, je m'y suis beaucoup ennuyée, et je crois qu'elle ne voulait que j'y fusse qu'afin de lui tenir compagnie. Le roi et la reine sont assis, chacun dans un fauteuil; des religieuses à leurs pieds, et beaucoup de dames qui viennent leur baiser les mains. On apporte la collation; la reine fait toujours ce repas d'un chapon rôti. Le roi la regarde manger, et trouve qu'elle mange beaucoup. Il y a deux nains qui soutiennent toujours la conversation... »

L'un de ces nains, celui du roi, s'appelait *Luisillo*. Il était né en Flandre, fort joli et bien proportionné dans sa petitesse. « Il a le visage beau, nous dit un témoin autre que Mme de Villars (Mme d'Aulnoy), la tête admirable et de l'esprit plus qu'on ne peut se l'imaginer, mais un esprit sage et qui sait beaucoup. » Il faut rendre justice à tout le monde, même aux nains; et d'ailleurs ici le plus nain des deux n'est pas celui qu'on pense.

La pauvre petite reine, qui est fort jolie, n'a d'autre plaisir, quand elle ne voit pas Mme de Villars seule pour lui parler de la France, que de manger beaucoup, ce qui fait qu'elle engraisse à vue d'œil :

« La reine d'Espagne, bien loin d'être dans un état pitoyable, comme on le publie en France, est engraissée au point que, pour peu qu'elle augmente, son visage sera rond. Sa gorge, au pied de la lettre, est déjà trop grosse, quoiqu'elle soit une des plus belles que j'aie jamais vues. Elle dort à l'ordinaire dix à douze heures. Elle mange quatre fois le jour de la viande; il est vrai que son déjeuner et sa collation sont ses meilleurs repas. Il y a toujours à sa collation un chapon bouilli sur un potage, et un chapon rôti. Je la vois fort rire, quand j'ai l'honneur d'être avec elle. Je suis persuadée que je ne suis ni assez plaisante ni assez agréable pour la mettre en cette bonne humeur, et qu'il faut qu'elle ne soit pas chagrine d'ordinaire. L'on ne peut assurément se mieux gouverner, ni avec plus de douceur et de complaisance pour le roi... »

La duchesse de Terranova a établi une étiquette si maussade que, le repas du soir fini, à huit heures et demie, tous les jours, le roi et la reine se couchent « le moment d'après qu'ils sont sortis de table, ayant encore *le morceau au bec.* » Pour grande distraction, la reine joue trois ou quatre heures par jour aux *jonchets,* qui est le jeu favori du roi. L'ennui du palais et de la vie qu'on y mène est affreux; « et je dis quelquefois à cette princesse, quand j'entre dans sa chambre (c'est toujours Mme de Villars qui parle), qu'il me semble qu'on le sent, qu'on le voit, qu'on le touche, tant il est répandu épais ! »

L'Espagne était alors un pays fermé, bien plus qu'il ne l'a été depuis. On av it en France depuis plus de soixante ans des reines spagnoles et, avec cela, presque toujours la guerre avec l'Espagne. La c sité sur ce pays, à la fois si allié et si ennemi, était donc très-excitée et non satisfaite. Mᵐᵉ de Villars était bien sûre d'être lue avider ent de ses amis de Paris dans tout ce qu'elle écrivait à l'adresse de Mᵐᵉ de Coulanges. Elle raconte avec bien de l'esprit ses rares et chétives distractions, processions, comédies, et les galanteries de la Semaine-Sainte, et le combat de taureaux qui lui fait horreur « dans sa terrible beauté, » et un auto-da-fé, auquel elle ne peut se résigner à assister, et qu'il faut lir , en détail dans la Relation du marquis. Elle est particulièrement agréable à nous parler du Mançanarès, qui a si peu d'eau et sur lequel on a bâti deux énormes ponts, assez larges pour laisser passer le Rhin ou le Danube :

« Je veux vous parler (24 mars 1680) d'une promenade où je fus hier, qui est la plus ordinaire quand il fait chaud, et il en fait déjà beaucoup ici. C'est dans cette rivière si vantée du Mançanarès : au pied de la lettre, la poussière commence à y être si grande, qu'elle incommode déjà beaucoup. Il y a dè petits filets d'eau par-ci par-là, mais pas assez pour qu'on en puisse arroser des sables menus, qui s'élèvent sous les pieds des chevaux; en sorte que cette promenade n'est plus supportable. Ce n'est donc pas pour vous dire une mauvaise plaisanterie, mais une vérité assez extraordinaire; je vous prie, Madame, de conter cela, comme vous savez orner toutes les choses auxquelles vous voulez donner un air; je vous expose seulement celle-ci, qu'on ne peut se promener dans une rivière, parce qu'il y a de la poudre. Mais ce n'est rien; il faut voir le grand et prodigieux pont qu'un roi d'Espagne a fait bâtir sur ce Mançanarès. Il est bien plus large et bien plus long que le Pont-Neuf de Paris : et l'on ne peut s'empêcher de savoir bon gré à celui qui conseilla à ce prince de vendre ce pont ou d'acheter une rivière...

Ce Mançanarès *tout poudreux* est revenu fort à propos en idée au savant et délicat Boissonade dans je ne sais plus quel commentaire, pour lui servir à justifier une expression pareille qu'on rencontre chez les auteurs anciens et qui semblait invraisemblable; ainsi, le *pulverulenta flumina* de Stace est vrai au pied de la lettre. — Un jour qu'un spirituel voyageur français (Dumas fils) était à Madrid, et que, mourant de soif, on lui apporta un verre d'eau, c'est-à-dire ce qu'on a de plus rare : « Allez porter cela au Mançanarès, dit-il, ça pourra lui faire plaisir. »

Dans le courant de cette année 1680, il se fait une petite révolution de palais; la duchesse de Terranova est destituée; on nomme une autre camarera-mayor, la duchesse d'Albuquerque, et le régime intérieur en est modifié :

« L'air du palais est déjà tout autre, et le roi aussi. Sa Majesté a permis à la reine de ne se coucher plus qu'à dix heures et demie, et de monter à cheval quand elle voudra, quoique cela soit entièrement contre l'usage. »

Mais n'allez pas vous figurer pourtant de bien grandes

joies; ne laissez pas courir votre imagination; prêtez l'oreille, écoutez l'ironie fine :

« On se trouve toujours bien du changement de la cama-rera-mayor. L'air du palais en est tout différent. Nous regardons présentement, la reine et moi, tant que nous voulons, par une fenêtre qui n'a de vue que sur un grand jardin d'un couvent de religieuses qu'on appelle *l'Incarnation,* et qui est attaché au palais. Vous aurez peine à imaginer qu'une jeune princesse, née en France, et élevée au Palais-Royal, puisse compter cela pour un plaisir; je fais ce que je puis pour le lui faire valoir plus que je ne le compte moi-même. Il y a neuf jours qu'on soupçonnait encore qu'elle était grosse. Pour moi, je ne le soupçonne pas : le roi l'aime passionnément à sa mode, et elle aime le roi à la sienne. Elle est belle comme le jour, grasse, fraîche: elle dort, elle mange, elle rit; il faut finir là... »

Le roi est jaloux d'une façon étrange; et ceci, ce n'est point la marquise, c'est le marquis de Villars qui nous l'apprend dans sa Relation. La première cama-rera-mayor, la duchesse de Terranova, lui a tellement imprimé dans l'esprit l'aversion pour tout ce qui a nom et apparence de français, elle a tellement cherché et réussi à le rendre jaloux du moindre Français qui paraît devant les fenêtres de la reine, qu'un jour qu'un misérable fou s'était présenté à la portière du carrosse de cette princesse pour en recevoir l'aumône, « le roi en parut tellement ému, qu'à en juger par ce qu'il dit, il semblait que, si ce n'eût été dans le palais, il l'aurait peut-être fait assommer. La camarera-mayor en fit une si grande affaire auprès de la reine, qu'elle l'obligea à faire commander de la part du roi à ce misérable, par l'ambassadeur de France, de sortir de Madrid sous peine de la vie. »

Deux gentilshommes de l'ambassadeur de Hollande, pour s'être arrêtés trop respectueusement devant le carrosse de Leurs Majestés quand elles passèrent, et pour s'être trouvés par hasard du côté de la reine, étant habillés ce jour-là à la française, faillirent en être les mauvais marchands. Il leur fut signifié de la part du roi « qu'il ne leur arrivât plus à l'avenir, quand ils rencontreraient Leurs Majestés, de se ranger du côté de la reine et de la saluer. »

Quand on changea la camarera-mayor et que la reine à bout de patience eut pris sur elle de demander son éloignement au roi, celui-ci lui répondit d'abord : « Qu'on n'avait jamais fait dans le palais un pareil changement; que cependant, si elle le souhaitait absolument, il trouvait bon qu'elle eût une autre camarera-mayor, mais qu'elle devait bien penser au choix qu'elle voulait faire, parce qu'après ce changement, il n'y aurait plus moyen d'en faire un second. »

Cette sorte de stupidité d'un prince sur qui les raisons ne pouvaient rien se tournait en toute occasion contre la France. En même temps qu'il aimait cette reine française, il redoublait de prévention grossière et d'animosité contre notre nation. On affectait de donner mille ennuis et dégoûts au marquis de Villars au sujet des prérogatives attribuées de tout temps à nos ambassadeurs ; et sur les plaintes qu'il en faisait, le roi répondait : « Qu'on fasse partir cet ambassadeur, et

qu'on m'envoie un autre *gavacho !* » *Gavacho* est un
terme de mépris par lequel on désignait les Français,
les gens qui viennent de la montagne.

Le tableau intérieur de cette monarchie, qui depuis
des années manquait d'une tête et d'un bras capables,
et qui devait continuer ainsi de dépérir pendant vingt
années encore, est effrayant. Le marquis de Grana,
homme de grand mérite, qui connaissait l'Espagne de
longue main, et qui y revint alors en qualité d'ambassadeur de l'Empereur, était d'avance tout persuadé de
la misère et de l'accablement de la monarchie; mais,
quand il vit les choses de près, il en fut épouvanté : il
ne souhaitait plus que repartir au plus vite. Il soutenait à la marquise de Villars qu'il n'y avait qu'un ambassadeur de France qui pût présentement trouver
quelque plaisir dans cette Cour, à voir le méchant état
où elle était. Le duc de Medina-Celi, qui avait le titre
et la place de premier ministre, et en qui le public
avait espéré d'abord, personnage considérable par sa
naissance et par ses biens, sept fois Grand d'Espagne,
« d'un génie doux et honnête, et naturellement éloigné
des grands mouvements, » manquait totalement de
vigueur et laissait le mal se faire et s'aggraver autour
de lui. Ce premier ministre n'avait pas plus de crédit,
en réalité, que le roi et les deux reines : chacun le
savait et le disait; c'était le secret de la comédie. Tout
était au pillage; les concussions s'exerçaient effrontément; les membres du Conseil royal avaient, sous d'autres noms, les entreprises de la viande, du charbon, de
l'huile, des blés, et, en qualité de magistrats, arbitres

de la police, ils fixaient eux-mêmes les prix aussi haut qu'il leur plaisait. L'argent manquait absolument; quand le galion arrivait chaque année des Indes, l'or si attendu qu'il apportait était dépensé à l'avance, et aussitôt dévoré et dilapidé. L'État ne pouvait faire face à ses engagements, et l'Électeur de Brandebourg, à qui l'on refusait le payement d'une dette, dut retirer de Madrid son envoyé, et se payer de ses propres mains en faisant saisir un vaisseau espagnol chargé de marchandises, en vue d'Ostende. C'était la banqueroute en permanence. Il y avait de la fausse monnaie en circulation, et, pour y remédier, on avait à la légère démonétisé la bonne. On établissait pour les marchandises des tarifs qui ne servaient qu'à entraver le commerce et qui, d'ailleurs, ne s'exécutaient pas. Les provinces étaient si épuisées qu'en quelques endroits de la Castille on était obligé pour vivre de troquer les marchandises; on en était revenu, comme dans l'enfance des sociétés, à faire les échanges en nature. Le peuple de Madrid ne vivait plus que de l'air du temps, comme nous dirions; et, comme on dit là-bas, il ne vivait plus que de *prendre le soleil*. La maison du roi se ressentait comme les autres de la détresse universelle. On vit, au commencement de 1681, déserter toutes les livrées des écuries royales, parce qu'il leur était dû plus de deux ans de gages. « Les rations que l'on donne à toutes les personnes du palais, jusqu'aux femmes de la reine, manquèrent aussi, et la table des gentilshommes de la Chambre, la seule qu'entretienne le roi, fut un temps sans être servie. » Dans l'été de 1680, un petit voyage que le roi

voulut faire avec la reine à Aranjuez, avant celui de
l'Escurial (par lequel il est de mauvais augure de
commencer un règne, parce qu'on y rencontre les
tombeaux des rois), ne put avoir lieu faute d'argent.
Mais voici le piquant de la circonstance. Le voyage de
l'Escurial, à une certaine époque de l'année, est irrévo-
cablement réglé, infaillible et invariable comme le
cours des astres et des saisons, et il n'y a pas moyen
de l'éluder. Au contraire, le voyage d'Aranjuez, dans le
cas présent, n'était qu'un *extra,* une envie particulière
du roi, embarrassante pour les ministres qui ne savaient
comment y pourvoir :

« Ils parurent néanmoins en faire les préparatifs; ils en
flattèrent le roi, et tandis qu'ils l'amusaient par ces apparences, ils surent faire naître des difficultés qui rompirent
insensiblement le voyage, tantôt à cause des méchants chemins, tantôt pour le mauvais air de ce lieu après les pluies
qui étaient survenues. Ils l'envoyèrent reconnaître par des
médecins affidés· ils allèrent même jusqu'à faire partir quelques mulets pour porte, des équipages par avance, et ne
rompirent le voyage qu'un jour avant celui qu'on avait pris
pour le départ. Jusqu'à ce moment le roi crut y aller, pendant
que tout Madrid savait dix jours auparavant qu'il n'irait
point, et que les ministres l'avaient dit à leurs amis. »

Voilà où ce noble pays était tombé; et cette dissolu-
tion graduelle du gouvernement et de la société ne
dura pas moins de vingt ans encore, autant que la v
de ce morne et languissant monarque, jusqu'à ce qu'
sang dynastique nouveau vînt y apporter quel
remède et quelque rajeunissement.

La jeune reine vécut peu d'années dans ce

d'étouffement et de réclusion, à laquelle elle semblait pourtant s'être si tôt accoutumée. Elle mourut en février 1689, à l'âge de vingt-sept ans, — au même âge à peu près que son intéressante mère. Mme de La Fayette, dans ses *Mémoires de la Cour de France,* affirme sans hésiter qu'elle mourut également par le poison. Sur de si grands crimes, sur des accusations si graves, et d'après de simples soupçons ou même de fortes vraisemblances, on n'ose prononcer.

La passion que Charles II avait pour elle, et dont il garda l'impression profonde, pouvait seule contre-balancer son aversion pour la France. On raconte que, bien des années après, et dans les mois qui précédè-rent sa fin, ce roi mélancolique, infirme, tourmenté de scrupules, ne sachant à qui léguer en conscience ses États, environné d'intrigues inextricables, fuyant les cris du peuple ameuté à Madrid sous son balcon, alla s'enfermer seul dans l'Escurial, et voulut descendre dans le caveau du Panthéon pour visiter les corps de ses ancêtres qui y sont déposés ; il espérait trouver quelque trêve à ses maux de corps et d'esprit par l'in-tercession de leurs âmes. Sous l'empire de cette fantai-sie lugubre, l'arrière-petit-fils de Charles-Quint, comme s'il eût voulu remonter tout le cours de sa race, se fit ouvrir les cercueils : celui de la reine sa mère qui fut ouvert le premier ne fit pas sur lui grande impression ; mais quand ce fut le tour de sa première femme, de cette jeune reine qu'il avait tant aimée, quand il revit ce visage altéré à peine et sa beauté encore reconnais-sable à travers la mort, le cœur lui faillit, il recula en

disant : « J'irai la rejoindre bientôt dans le Ciel. » —
Et cette image suprême ne dut pas être étrangère à sa
pensée, quand, peu après, lui le haïsseur des Français,
il fit son testament en faveur de la France.

La mise en lumière de la Relation du marquis de
Villars vient rendre de l'à-propos et donner comme un
fond historique solide aux récits de la marquise, à ces
jolies Lettres qui, dans leur agréable légèreté, nous
initient au seul moment un peu intéressant de ce règne
imbécile et maussade. Dans cette renaissance, poussée
si loin aujourd'hui, de toutes les productions plus ou
moins distinguées du xviie siècle, les Lettres de Mme de
Villars n'ont pas eu la chance qu'elles méritent. On devrait bien maintenant les réimprimer, en en soignant
le texte, en y joignant quelques extraits choisis de cette
Relation du marquis. Le Journal du *Voyage d'Espagne*,
de Mme d'Aulnoy, une femme de beaucoup d'esprit, qui
était allée à Madrid dans le même temps, et qui raconte
à sa manière les mêmes choses, mériterait aussi (en
tout ou en partie) une réimpression ; ce n'est pas moins
piquant dans son genre que les Lettres du président
de Brosses sur l'Italie. On ferait de tout cela un volume
neuf, original, rassemblant mille anecdotes singulières,
spirituellement contées et dans la meilleure langue. Ce
serait la préparation naturelle à une lecture de *Gil Blas,*
un avant-goût, dans le grand siècle, de ce qui nous
plaît et nous étonne dans les saynètes et les nouvelles
espagnoles de Mérimée (1).

(1) Cette Relation du marquis de Villars a fourni, depuis, à
M. Paul de Saint-Victor, l'occasion de peindre, dans une suite

d'articles insérés dans le journal *la Presse* (20 et 24 mai, 1, 4 et
31 juillet, 2, 28 et 30 août 1862), l'Espagne et sa Cour au XVIIe siècle.
Ce n'est pas l'histoire politique de l'Espagne, c'est sa chronique
intime, le journal de sa décadence, qu'il a voulu raconter ; et, en
portant la splendeur habituelle de son expression sur ces rappe-
tissements et ces misères, l'écrivain de talent les a éclairés et fixés
dans la mémoire en traits ineffaçables. Que, de ces articles non
réunis encore, il fasse donc vite un livre auquel tout le public rat-
tache son nom !

CAMPAGNES

DE LA

RÉVOLUTION FRANÇAISE

DANS LES PYRÉNÉES-ORIENTALES

(1793-1795)

PAR M. J.-N. FERVEL,

chef de bataillon du génie (1).

———————

Dans l'histoire des guerres comme dans celle des littératures, il y a des moments et des heures plus favorisées ; le rayon de la gloire tombe où il lui plaît; il éclaire en plein et dore de tout son éclat certains noms immortels et à jamais resplendissants : le reste rentre peu à peu dans l'ombre et se confond par degrés dans l'éloignement; on n'aperçoit que les lumineux sommets sur la grande route parcourue, on a dès longtemps perdu de vue ce qui s'en écarte à droite et à

(1) 2 volumes in-8° avec atlas, chez Dumaine, rue et passage Dauphine, 30.

gauche, et tous les replis intermédiaires : et ce n'est
plus que l'homme de patience et de science, celui
qu'anime aussi un sentiment de justice et de sympathie humaine pour des générations méritantes et non
récompensées, ce n'est plus que le pèlerin de l'histoire
et du passé qui vient désormais (quand par bonheur il
vient) recueillir les vestiges, réveiller les mémoires
ensevelies, et quelquefois ressusciter de véritables
gloires.

Tel est le sentiment élevé qui a inspiré M. le commandant Fervel dans la remarquable histoire consacrée
par lui aux trois campagnes des armées républicaines
dans les Pyrénées-Orientales, jusqu'à la paix de Bâle
(juillet 1795). L'étude de cette partie de nos guerres
avait été négligée. Je sais bien que cinq beaux chapi-
tres de l'*Histoire militaire* de Jomini nous en présentaient un tableau élevé, sommaire et judicieux. Cet
écrivain si distingué, le premier des critiques de
guerre proprement dits, qui avait produit son ouvrage
de génie à vingt-six ans, et que la nature fit naître par
une singulière rencontre dans le temps où elle venait
d'enfanter le plus merveilleux des guerriers (comme si
elle avait voulu cette fois qu'Aristarque fût le contemporain et le témoin de l'*Iliade*), Jomini a éclairé, en fait
de guerre, tout ce qu'il a traité; mais il n'en est pas
moins vrai que la narration précise, détaillée, de ces
trois campagnes pyrénéennes, l'histoire et la description de chacune des opérations qui les composent, écrite
d'après les pièces et documents originaux, et vérifiée
point par point sur les lieux, restait à faire, et M. Fervel

vient de s'en acquitter avec exactitude et science, avec âme et talent.

Le roi d'Espagne, le faible Charles IV, avait eu une pensée de roi et de parent après le 10 août : une note confidentielle où il offrait de reconnaître la République française, et où il proposait sa médiation près des autres puissances, à la condition de sauver Louis XVI, auquel il aurait donné asile dans le midi de la Péninsule, fut remise à la Convention, qui y répondit par des cris de colère et de menace. Jusqu'au dernier moment du fatal procès, l'Espagne essaya d'intervenir et d'arrêter la sentence de mort : Danton, pour toute réponse, demanda que « sur-le-champ, pour punir l'Espagne de son insolence, on lui déclarât la guerre, et qu'on enveloppât le tyran de Castille dans l'extermination de tous les rois du continent. »

Le régicide du 21 janvier eut son contre-coup en Espagne : une frénésie royaliste éclata, qui ne connut plus, à son tour, que la haine et la vengeance. Les conseils des émigrés y poussaient. La déclaration de guerre par la Convention, le 7 mars 1793, mit l'Espagne au défi : Charles IV, entraîné par le mouvement général, ne se contenta pas de se défendre, il voulut être conquérant et envahir le sol français. Ricardos, nommé général en chef, avait des qualités de prudence et de sagesse, mais de l'incertitude et de l'inexpérience sur le terrain, comme presque tous ceux qui entraient en scène en ce moment. Chargé par sa Cour de reconquérir le Roussillon ou plutôt, comme le prétendait l'Espagne, de *réoccuper une de ses anciennes provinces,* il

résolut d'y procéder pied à pied, avec lenteur. Il avait
trop de lumières pour donner tout à fait tort à la France
dans la lutte qui s'engageait. Il allait se trouver en face
d'ennemis capables de déjouer par leur exaltation l'expérience elle-même, et que le génie de la Révolution
possédait.

Le premier général français qui commandait à Perpignan en l'absence de Servan, général en chef, le vieux
La Houlière, n'avait pas les forces suffisantes pour
garder une frontière si étendue; l'ennemi l'eut bientôt
franchie. L'alarme était déjà dans Perpignan, quand
arrivèrent quatre représentants du peuple, qui prirent
sur-le-champ les mesures les plus vigoureuses. Un de
leurs premiers actes fut de suspendre La Houlière à
cause de son grand âge. Ce brave vieillard, ne pouvant
supporter l'affront fait à ses cheveux blancs, se brûla la
cervelle. A défaut d'une force régulière et toute préparée, il courait alors sur tous les esprits un souffle et une
flamme.

Le général de Flers, nommé ensuite général en chef,
était un homme de trente-six ans, de naissance noble,
qui avait servi sous Dumouriez, et que recommandait
l'honorable capitulation de Bréda; ami de la Révolution, mais froid, renfermé en lui-même, et déjà dé-
bordé, il n'eut que le temps de rendre à l'armée qui
s'essayait un éminent service; puis, destitué, dénoncé
comme traître, il alla périr à Paris sur l'échafaud.

Il avait sous lui, près de lui, un autre général à physionomie singulière, à caractère original, et qui fut
plus heureux : c'était Dagobert de Fontenille, natif du

diocèse de Coutances, noble de condition comme de Flers, mais enthousiaste, mais animé du génie de la guerre, vu de trop loin et imparfaitement connu jusqu'ici, et qui prend dans la suite des récits de M. Fervel une expression de vie et un relief que rien ne saurait plus désormais effacer.

C'est à lui que je m'attacherai surtout et d'abord, au lieu de tenter une analyse presque impossible d'un livre de guerre qui exige tant de précision pour être compris. Encore une belle figure, un grand portrait militaire de plus, que nous possédons, et cette fois non de profil et à demi, mais en pied et tout entier, grâce au travail de M. Fervel. J'essayerai de le découper dans son livre et de le montrer ici.

Chacun appelait alors Dagobert le *vieux* général : il l'était de services et d'aspect ; il avait de longs cheveux blancs et semblait un vieillard très-avancé en âge, au point qu'on lui a généralement donné soixante-quinze ans. Retournez les chiffres. Ancien officier de la guerre de Sept-Ans, comptant déjà quarante années de beaux services, il n'avait de fait que cinquante-sept ans d'âge, ce qui est bien assez pour qui va commencer une carrière toute nouvelle. Plein de zèle et bouillant d'ardeur, aimé des soldats, appelé d'eux tous le *caporal* Dagobert, parce qu'il était toujours le premier au feu, il va faire preuve d'idées hardies, au besoin même de conceptions d'ensemble, mais surtout de qualités spéciales brillantes, et illustrer bien des épisodes de ces premières guerres.

On débuta par un échec : c'était, avec une armée

aussi neuve, en face des troupes solides des Espagnols,
l'entrée en matière presque inévitable. Le combat du
Mas-Deu, dans la presqu'île du Rear, en avant de Perpignan, montra la faiblesse de nos troupes en même temps
que l'énergie courageuse et l'opiniâtreté de Dagobert.
Cette journée du 20 mai, où la perte réelle fut minime,
était pourtant d'un effet moral désastreux. Il y avait
eu fuite et déroute; un bataillon de volontaires, dans
sa panique, avait déclaré « qu'il ne voulait plus servir
contre les Espagnols. » La crise paraissait sans remède.
On avait beau demander à la Convention des secours,
le Nord même de la France était alors découvert et en
péril; et la Convention, en son style figuré et d'une
rhétorique sublime, puisque chacun y mettait sa tête
pour garant des paroles, répondait à ses généraux et à
ses représentants : « Vous demandez du lait à une
mère épuisée ! N'attendez rien que de vous-mêmes.
Votre courage nous paraît une barrière suffisante ; mon-
trez-vous fiers de cet abandon, et que cette fierté soit
votre salut ! »

De Flers rendit alors à cette armée, démoralisée en
quelque sorte avant de naître, le seul service qu'il pût
rendre : il profita des lenteurs du général espagnol pour
former un camp retranché sous Perpignan, et pour y
exercer, pour y aguerrir peu à peu les bataillons de
volontaires. Ce camp est devenu célèbre sous le nom de
Camp de l'Union; il était médiocrement fortifié, excepté
à son front; mais c'était assez pour le but qu'on se proposait. De Flers eut le courage et la constance d'y
maintenir son armée immobile, malgré les motions

téméraires des clubs de Perpignan, malgré les projets des nouveaux représentants du peuple récemment arrivés, qui croyaient que l'enthousiasme suffit à tout, malgré les murmures de son propre État-major et les soupçons de trahison qui circulaient alors si aisément. Il tint bon et attendit que l'ennemi, après avoir pris de petites places de médiocre importance, et Bellegarde même qui était une place très-forte, vînt l'affronter dans sa position retranchée et lui livrer bataille sous Perpignan. Cette bataille, donnée le 17 juillet, célébra dignement pour la France le glorieux anniversaire du 14. Dagobert à l'avant-garde, tantôt battant, tantôt repoussé, mais toujours acharné, l'artillerie du camp surtout par sa bonne position et son tir infatigable, déconcertèrent le général ennemi qui donna le signal de la retraite. C'en était fait : peu importait, de part et d'autre, les pertes peu considérables en elles-mêmes; l'effet moral était produit; la honte du 20 mai était réparée : l'armée française avait acquis conscience d'elle-même, elle existait; l'ennemi le sut et, à dater de ce jour, se mit à la respecter, à la craindre.

« Cette journée du 17 juillet, dit M. Fervel, fut aux Pyrénées le pendant de la canonnade de Valmy. »

Je laisse le malheureux de Flers payer sa fermeté trop froide du prix de sa tête, et un autre général en chef, Barbantane, jactancieux et incapable, le remplacer : je m'attache au brave Dagobert qui, suivant son instinct et aussi afin de se soustraire à l'odieuse tutelle des représentants, se fait donner le commandement séparé de l'expédition de Cerdagne pour défendre cette province

du cœur des Pyrénées contre l'invasion des Espagnols et
pour conserver Mont-Louis (alors appelé *Mont-Libre*),
cette clef des montagnes. Cependant il dut avoir, même
dans cette guerre à part et indépendante, son représentant du peuple à ses côtés. Mais ce député, Cassanyes,
10 me droit et sensé, contraria peu Dagobert, qu'il se
plaisait à appeler *mon général,* supporta ses humeurs
et ses paroles parfois un peu vertes, et lui voua une
amitié respectueuse qui ne se démentit jamais. C'est
dans cette guerre de montagnes à laquelle il était singulièrement propre, malgré son âge, que Dagobert s'il-
lustra véritablement.

Il commence par l'attaque du camp de la Perche, que
les Espagnols avaient établi pour arriver à battre les
remparts de Mont-Louis; il les en chasse, et se jette le
lendemain dans la Cerdagne espagnole. Puycerda, éva-
cué par les troupes ennemies, reçoit avec joie les Français :

« Pour reconnaître ce bon accueil, pour discréditer, autant
que possible, les calomnies que les moines espagnols ne cessaient d'exhaler contre nous, et donner en même temps aux
Catalans un gage de notre respect pour le culte catholique,
le premier soin du représentant fut d'aller, accompagné du
général d'Arbonneau, à l'église principale, rendre grâces à
Dieu du succès de nos armes. »

Honneur à ce représentant Cassanyes pour cet acte
de civilisation et de bon sens!

Dagobert s'empare de Belver, autre place de la Cerdagne espagnole. Mais il en est en toute hâte rappelé, à
la nouvelle que Mont-Louis est menacé par une division

espagnole re nie à Olette : pour peu qu'il tarde, il est lui-même en danger de se voir couper la retraite. Sans hésiter, il prend 1,400 hommes d'élite, raccourt tout d'une traite de Belver à Mont-Louis, qu'il traverse au coucher du soleil, et se porte jusqu'au plateau des Llancades, poste élevé, où il forme sa troupe en trois colonnes, et lui donne, pour se reposer, le reste de la nuit. Au point du jour, au milieu d'un épais brouillard qui enveloppait la montagne, les trois colonnes se précipitent à la fois dans le bassin d'Olette. « Jamais surprise ne fut plus complète; *nous arrivâmes sur eux comme des éperviers,* » dit le Rapport de Cassanyes (4 septembre 1793).

Peu après, l'anarchie régnant dans l'armée principale, réunie et acculée sous Perpignan, le général en chef Barbantane ayant résigné ses fonctions, le peuple appelle à grands cris à la tête des troupes le seul général populaire par ses succès, le vainqueur de la Cerdagne, et l'on expédie sur-le-champ à Dagobert l'ordre de redescendre dans la plaine avec l'élite de sa division.

Ici se rencontre la période la plus pénible de la carrière de Dagobert. « Dans le métier de la guerre comme dans les Lettres, chacun a son genre, » a dit Napoléon. Dagobert a son genre; il est un admirable général de guerre distincte et circonscrite, il n'est pas également un général en chef; il ne saurait l'être surtout dans les conditions d'alors, avec des généraux de division indisiplinés et des représentants du peuple absolus et despotiques. Quand il arrive pour prendre en main le

commandement qui lui est déféré, les dispositions de
crainte et d'alarme qui l'avaient fait paraître nécessaire
sont déjà changées par suite d'un grand succès obtenu
devant Perpignan, la victoire de Peyrestortes, remportée
d'élan et comme de hasard, par un enthousiasme héroïque. Mais l'enthousiasme, qui peut tout à une certaine heure, ne produit que déréglement le lendemain
et dans le *tous-les-jours*. A peine arrivé à cette armée de
Perpignan, Dagobert se trouve en désaccord avec ceux
mêmes qui l'ont appelé ; sa montre n'est plus à l'heure,
il y a du retard ; ce manque de bonne entente et d'ensemble amène la défaite sanglante de Trouillas (22 septembre). Il ne peut faire adopter ses plans, et dégoûté,
irrité, exhalant le sarcasme et l'amertume contre ceux
qui l'ont si mal secondé et qui l'ont compromis, il dépose le commandement pour aller reprendre sa guerre
heureuse et favorite en Cerdagne.

Malgré toutes les fautes commises à l'armée de Perpignan et l'impéritie des chefs qui se succédaient,
Ricardos, le général en chef espagnol, fit, vers cette
époque, un mouvement général en arrière ; l'armée victorieuse (chose étrange!) se retirait devant l'armée
battue. Une des raisons qu'en donne M. Fervel est très-
juste et d'une haute appréciation morale. Ricardos,
militaire éclairé et ouvert aux considérations politiques,
avait compris, à la résistance acharnée des Français les
jours même de revers, et à l'alternative des gains et des
pertes, que « derrière ces bataillons informes était une
grande nation, armée tout entière pour son indépendance :

« Ces sans-culottes de Peyrestortes et de Cerdagne, ces insurgés en guenilles, écrasés à Trouillas, mais non vaincus, c'était donc autre chose que ce qu'avait si dédaigneusement annoncé l'Émigration ! C'étaient, on commençait à le reconnaître, les intrépides soldats d'une Révolution qui allait changer la face du monde...

Il y avait un an, à pareille époque, que le roi de Prusse repliait vers le Rhin une armée qui sortait formidable encore des plaines de la Champagne. On sait les motifs de cette retraite fameuse : c'étaient des motifs analogues, le même désappointement du moins, qui ramenaient l'armée espagnole en arrière au pied des Pyrénées. »

Dagobert signala son retour en Cerdagne par des coups de main audacieux ; pour un manqué, il en inventait dix ; il faisait rage en tous sens, il méditait et exécutait des percées et des pointes soudaines au cœur des vallées voisines, le long des rampes, par delà les cols et les gorges, et les Espagnols ne l'appelaient plus que *le Démon*. Ses soldats avaient fini par le croire invulnérable ; il les traitait un peu en enfants gâtés et leur passait tout ; c'était son seul faible. Original dans sa personne et dans son allure, marchant nu-tête, couronné de ses cheveux blancs, appuyé sur son bourdon de pèlerin, ressemblant autant à un patriarche qu'à un soldat, il enflammait les siens, fascinait les adversaires et semait déjà autour de lui la légende. On peut dire que, sur cet échiquier hérissé, il faisait la guerre pour la guerre, avec passion, avec verve. Plus il y avait de difficultés à vaincre, et plus il était content. Il écrivait à la fin d'un de ses rapports au ministre : « Les généraux sont malades ou absents, les canons me font faux bond, mais *Ça ira !* »

Encore une fois rappelé par un nouveau général en chef, Turreau, du côté de Perpignan, il va cette fois encore y trouver son échec et son écueil. L'un des représentants du peuple, Cassanyes, avait eu sa belle journée de Peyrestortes, due, en effet, à son initiative ; un autre représentant du peuple, Fabre, homme énergique, même violent, coupable de bien des fautes, mais qui devait les expier toutes en finissant glorieusement les armes à la main, Fabre voulait aussi avoir à tout prix *sa victoire,* comme il disait, et, pour y atteindre, il proposait des plans militaires chimériques et insensés. Dagobert ne se gêna pas pour en dire crûment son avis dans le Conseil de guerre ; il railla amèrement le représentant, car au besoin il avait aussi de l'esprit d'ironie et des sourires de pitié. Fabre, qui ne doutait de rien, ayant gravement annoncé qu'il était prêt à accorder une amnistie aux Espagnols s'ils nous rendaient Bellegarde : « A votre place, répliqua Dagobert, *je leur demanderais Barcelone.* » Chargé d'une tâche ingrate dans une expédition absurde, d'une diversion sur Céret pendant l'échauffourée sur Roses, il s'en acquitta selon ses instructions et au pied de la lettre, mais cette fois sans entrain ni verve. Il était déjà dénoncé ; il écrivait de son côté au ministre et demandait : premièrement, un congé temporaire « pour *se tirer des griffes* de ses ennemis ; » en second lieu, « une autre place où il oût verser jusqu'à la dernière goutte de son sang pour le service de la République, *pourvu qu'il n'y eût ni Fabre ni Gaston.* » C'était le nom d'un autre représentant.

De nouveaux plans de campagne aussi absurdes que

les précédents furent encore mis sur le tapis dans un Conseil de guerre réuni le 12 novembre. Sur la question qui y fut posée : « Est-il utile de continuer l'expédition de Catalogne? » un seul officier général sur dix-neuf présents, Dagobert, répondit : « Non; et si Ricàrdos sait son métier, il n'en reviendra pas un seul homme.» Sur quoi Gaston répondit à Dagobert qu'il était un traître, et l'expédition fut maintenue.

Suspendu de ses fonctions et miné à ce moment par la maladie, Dagobert n'hésita pas à demander l'autorisation d'aller soumettre au Comité de salut public sa conduite politique et militaire;.ce qu'on n'osa lui refuser. Les vœux de tous les vrais soldats et de la population elle-même l'accompagnèrent.

Arrivé à Paris, il va nous présenter l'exemple, peut-être unique alors, d'un général dénoncé et suspendu, qui se justifie, trouve grâce aux yeux de la Convention, et, au lieu d'être dévoré par le Sphinx ou le Saturne révolutionnaire, est renvoyé à son armée avec accroissement de confiance et d'honneur.

Il dut cette faveur d'exception aux nombreux témoignages qui arrivèrent en foule du Midi, à la franchise de son langage, à l'originalité de sa personne, et, qui sait? à son nom peut-être, qui, débonnairement populaire, contrastait si bien avec l'idée de héros que réveillait sa présence. Un peu de gaieté, dès qu'il était question de lui, se mêlait involontairement à l'admiration; et, comme le disait un plaisant, ce Dagobert, grâce à la chanson, avait moins à faire qu'un autre pour paraître un bon sans-culotte.

Dagobert, arrivant à Paris pour se justifier auprès du terrible Comité, fit comme au feu (nous dit le commandant Ferve.) : au lieu de s'en tenir à la défensive, il alla en avant et attaqua. Il dénonça avec indignation la dictature des représentants aux armées :

« Eh quoi! s'écriait-il, tandis que, toujours le premier au feu, je fais plutôt le caporal de 'grenadiers que le métier de général, les rep. ésentants me déclarent une guerre implacable! Je n'ai point approuvé le plan de l'expédition de Roses! Mais les plans des représentants sont-ils donc comme l'Arche du Seigneur, qu'on ne puisse les toucher du doigt sans être frappé de mort? J'ai souri en lisant dans un bulletin : *Fabre s'est conduit en héros. Signé, Fabre.* Et je suis un traître! »

Sa protestation éloquente et spirituelle fit son effet; le bon sens, cette fois, eut gain de cause. La Convention, à la suite d'un débat public, apporta des restrictions aux pleins pouvoirs dont avaient été jusqu'alors investis ses commissaires aux armées. Elle donna presque une entière satisfaction au vieux général qui, dans une saillie d'orgueil peu ordinaire aux accusés, osait réclamer d'elle, non-seulement réintégration, mais récompense, et qui lui demandait dans le style emphatique, mais sincère, du temps, « de le tirer du séjour des Mânes, en déclarant qu'il avait bien mérité de la patrie. »

En retournant aux Pyrénées en toute hâte pour y faire son métier et y mourir, Dagobert emportait un plan hardi qu'il avait fait agréer de Carnot, un projet de coup de main sur Gironne, qui aurait forcé les Espagnols, tournés et menacés sur leurs derrières, à rétrograder et à repasser les monts. Mais, arrivé à Perpignan, il y trouva Dugommier, un vrai général en chef, une tête et un bras dignes du commandement, et il se contenta de retourner dans sa Cerdagne y faire le diable à quatre comme devant. Animé d'une plus belle ardeur que jamais, heureux, comme peu d'hommes de son âge le sont, d'avoir trouvé une occasion tardive de déployer ses talents et de consacrer à son pays ses vertus guerrières, il s'apprêtait à frapper quelque coup au centre ou au revers des montagnes, qui eût fait une diversion puissante et opportune aux opérations principales que concertait en ce même temps le brave et habile Dugommier. Il entra même en campagne plus vite qu'il n'était convenu. On lui avait opposé, non sans dessein, et pour tâter sa fidélité (les pauvres gens ! ils le connaissaient bien peu), un émigré français, le comte de Saint-Hilaire ; il le chercha et le battit à Monteilla dans une position fortifiée, gravissant des premiers à pied en tête de la colonne, à travers les neiges ; puis il poussa jusqu'à la Seu d'Urgel qu'il mit à rançon ; mais, faute d'artillerie, il dut s'arrêter devant la citadelle. Là, pour lui, était le terme de sa glorieuse carrière ; se sentant épuisé de forces, en proie depuis le combat de Monteilla à une fièvre dévorante, il revint sur ses pas, porté en litière par ses soldats, fiers de leur fardeau, mais furieux d'être arrêtés dans leur victoire. Il data de Belver, le 13 avril (1794), son dernier bulletin ; et transporté à Puycerda, il y expira le 18, regretté de tous, pleuré de ses troupes dont il avait formé et guidé l'inexpérience avec un dévouement patriotique. Ses frères d'armes portèrent son

4.

corps à Mont-Louis, où il fut enterré « dans une tombe
pareille à celle du pauvre, » mais au pied de l'arbre
de la liberté. — Ses restes furent ensuite transférés à
côté de ceux de Dugommier, dans le cimetière de Perpignan où ils reposent.

Figure attachante, originale, pleine de générosité et
de candeur; vieil officier gentilhomme devenu le plus
allègre et le plus jeune des généraux républicains;
uniquement voué au drapeau, à la patrie; sans arrière-
pensée, sans grand espoir; ne sachant trop où l'on
allait, mais pressé, mais avide comme tous les grands
cœurs de réparer les retards de la fortune et de signa-
ler ses derniers jours par des coups de collier valeureux
et des exploits éclatants! il avait trouvé des troupes
sans instruction, sans lien et sans cadre, de vraies
cohues : il sut les aguerrir en s'en faisant adorer. Il faut
voir, dans les premières pages des *Souvenirs* du général
Pelleport, comment il expliquait à ces nouveaux venus
l'ordre et la marche : « Souvenez-vous, disait-il aux
volontaires dans une retraite où ils accéléraient un peu
trop le pas en entendant siffler les balles espagnoles,
qu'il faut prendre le pas ordinaire quand on tourne le
dos à l'ennemi, et le pas de charge quand on lui présente la poitrine. » Il avait vite électrisé son monde et
obtenu des prodiges; et quand Doppet (un bien triste
général) vint prendre la succession de Dagobert en
Cerdagne, il y trouva des soldats tout faits et dignes
des chefs les plus intrépides. Un jour que ces vaillants
hommes demandaient qu'on les conduisît au canon, un
bataillon entier était, littéralement, pieds nus; on

hésitait à l'employer. Mais craignant d'être laissés en arrière, les soldats à l'instant découpent leurs havre-sacs, s'en enveloppent les pieds, et courent supplier leur chef de leur permettre « d'aller changer de chaussure avec les Espagnols. » Le mépris de la mort en était arrivé chez eux à ce point « qu'il n'en mourait guère, dit une Relation officielle, sans avoir sur les lèvres un bon mot qui renfermait un vœu pour la patrie. » Tels étaient les soldats que Dagobert léguait en mourant à la France.

M. Fervel a mis en relief, plus qu'aucun historien militaire ne l'avait fait encore, ce personnage populaire dans les camps et dans la montagne, et digne d'être connu de chacun ; je ne désirerais, dans les belles et bonnes pages qu'il lui a consacrées, qu'un peu plus de simplicité de ton. Pourquoi ces expressions réputées nobles et qui sont d'une élégance convenue, la *coupe des épreuves,* le *mirage des espérances...?* Ce sont là des broderies de parade, ce n'est point la tenue de combat. La chaleur, l'éloquence militaire elle-même, s'accommodent bien de la simplicité.

Il y aurait maintenant à aborder la principale figure de cette laborieuse armée à son beau moment, Dugommier, le vainqueur de Toulon, le libérateur des Pyrénées. C'est de lui que Napoléon, l'historien de guerre par excellence, a dit dans son récit du siége de Toulon, après avoir parlé des choix ineptes de généraux en chef qui avaient précédé :

« Le vœu du soldat fut enfin exaucé : le brave Dugommier prit, le 20 novembre (1793), le commandement de l'armée; il

avait quarante ans de service; c'était un des riches colons de
la Martinique (1), officier retiré; au moment de la Révolution,
il se mit à la tête des patriotes et défendit la ville de Saint-
Pierre; chassé de l'île, lorsque les Anglais y entrèrent, il
perdit tous ses biens. Il était employé comme général de
brigade à l'armée d'Italie, lorsque les Piémontais, voulant
profiter de la diversion du siége de Toulon, méditèrent de
passer le Var et d'entrer en Provence; il les battit au camp
de Gillette, ce qui les décida à reprendre leur ligne. Il avait
toutes les qualités d'un vieux militaire : extrêmement brave
de sa personne, il aimait les braves et en était aimé; il était
bon, quoique vif, très-actif, juste, avait le coup d'œil militaire, le sang-froid et de l'opiniâtreté dans le combat. »

Dugommier avait, du premier coup d'œil, apprécié le
jeune commandant d'artillerie qui le secondait si bien.
Demandant pour lui le grade de général de brigade, il
écrivit au Comité de salut public ces propres mots :
« Récompensez et avancez ce jeune homme, car, *si on
était ingrat envers lui, il s'avancerait tout seul.* » Arrivé
à l'armée des Pyrénées, il parlait sans cesse de son
commandant d'artillerie de Toulon, et imprimait de lui
la plus haute idée dans l'esprit des généraux et officiers
qui, depuis, passèrent de l'armée d'Espagne à celle
d'Italie; « de Perpignan, *il lui envoyait des courriers à
Nice* lorsqu'il remportait des succès. » C'est encore
Napoléon qui nous l'apprend. Dugommier le traitait
déjà, simple général de brigade, comme on traite un
gouvernement. Voilà ce qui s'appelle connaître les
hommes et les prédire.

(1) Il était de la Guadeloupe, mais il se signala par sa conduite à
la Martinique.

A la tête de sa nouvelle armée, Dugommier justifia l'espoir des gens de cœur comme au siége de Toulon. La combinaison savante par laquelle il abusa, puis rompit les Espagnols, et les rejeta en pleine déroute hors de leurs postes et de leur ligne du Boulou, la précision des manœuvres, la perfection et le concert des mouvements par lesquels cette mémorable victoire fut obtenue, sont exposés par M. Fervel avec une ardeur qui ne nuit en rien à la parfaite lucidité. La mort trop prompte du héros, après la libération définitive du territoire et à l'entrée de la conquête en Catalogne, est éloquemment déplorée. Que le Dugommier vif et franc, brave et simple autant qu'habile, et dont les talents n'éclatèrent également qu'à la fin de la carrière, paraît donc supérieur à ce Dumouriez, qui fut un libérateur aussi à son heure, mais qui ternit sa gloire, de tout temps un peu équivoque, par les intrigues manifestes et les manigances prolongées de sa dernière vie! Comme on aime le guerrier intrépide, intelligent, resté droit et pur ! Comme on est touché de voir Napoléon demeuré à jamais reconnaissant envers Dugommier, le premier général digne de ce nom qu'il ait rencontré, et qui ait deviné son prochain essor et sa grandeur! L'homme du destin, et qui prodiguait si peu les témoignages personnels, semble même y avoir mis une intention, une délicatesse singulière. Devenu Premier Consul, savez-vous quels furent les deux premiers mots d'ordre qu'il donna : *Frédéric II et Dugommier, — Dugommier et Frédéric II!* Quelle plus belle oraison funèbre !

Oh! quand on sort de c tte lecture, et qu'une larme

involontaire que à toute émotion sublime mouille la
paupière, que nos guerres de plume et nos zizanies littéraires nous semblent à bon droit petites, misérables ;
qu'on les voudrait ennoblir ou plutôt effacer ! Vivre et
mourir comme ces hommes du devoir et de la patrie,
cela ne vaudrait-il pas mieux que de se livrer, comme
de nouveaux Byzantins, à des luttes académiques achar-
nées, à des *douzième* et *treizième* tours de scrutin sans
résultat, qui obligent à la nuit tombante les deux armées à dormir en quelque sorte épuisées sur le champ
de bataille ? Un glorieux champ de bataille, en effet !
Cela ne vaudrait-il pas mieux surtout que d'être exposé,
dans ces guerres sans danger, à dépenser plus d'ardeur
qu'il ne faut, à être soi-même injuste en se piquant de
trop de justice sur de minces sujets, à offenser quand
on ne voulait que se défendre, à laisser échapper des
traits d'une vivacité disproportionnée, et qu'ensuite on
regrette, contre tel de ses confrères distingués (1) dont
on a toujours goûté infiniment l'esprit et dont la raillerie elle-même est agréable ? — Heureux qui rencontre, ne fût-ce que tard, de justes occasions, de
dignes et amples matières à déployer son zèle ! Guerre,
art, poésie, philosophie, imagination ou réalité, heureux qui trouve à quoi se prendre une dernière fois
dans sa vie, entre les belles causes qui demandent et
appellent l'étincelle sacrée !

(1) M. Saint-Marc Girardin. — Ceci fait allusion à un incident
de la polémique qui s'était engagée au sujet des élections de l'Académie.

M. BIOT.

—

ESSAI SUR L'HISTOIRE GÉNÉRALE DES SCIENCES

PENDANT LA RÉVOLUTION FRANÇAISE (1).

—

MÉLANGES

SCIENTIFIQUES ET LITTÉRAIRES (2).

———

C'est un grand désavantage d'avoir à parler d'un homme éminent lorsqu'on ne peut se transporter tout d'abord au cœur de son œuvre et au centre de sa supériorité, lorsqu'on est obligé de se tenir dans les dehors en quelque sorte et les accessoires; il est périlleux de prétendre juger d'un pays dont on n'a pas visité la capitale (si capitale il y a) et qu'on n'a traversé et en-

(1) 1803, non réimprimé.

(2) Trois volumes in-8°, 1858; chez Michel Lévy, rue Vivienne, 2 bis.

tamé que par les bords. M. Biot, géomètre et physicien
des plus distingués, nous échappe par ces spects principaux. J'ai dû cependant me faire une première idée du
savant si considérable, avant de me prendre à l'écrivain, et j'ai recueilli les témoignages.

Les hommes compétents auxquels je me suis adressé
se sont généralement accordés à me représenter M. Biot
comme un savant doué au plus haut degré de toutes les
qualités de curiosité, de finesse, de pénétration, d'exactitude, d'analyse ingénieuse, de méthode et de clarté,
de toutes les qualités enfin essentielles et secondaires,
hormis une seule, le génie, je veux dire l'originalité et
l'invention. Succédant à la génération puissante et
féconde des Lagrange, des Laplace, des Monge, venant
aussitôt après en tête des générations qui comptèrent
avec honneur dans leurs rangs les Poisson, les Malus,
les Gay-Lussac, les Ampère, les Poinsot, les Cauchy,
les Fresnel, les Arago, il embrassa par l'étendue et la
curiosité de son esprit la totalité des connaissances et
des découvertes de ses devanciers et de ses contemporains; il prit une part active, incessante, à tous les travaux de la science de son temps par ses recherches,
par ses perfectionnements, par ses applications et ses
allées et venues fréquentes d'une branche à l'autre, par
ses remarques diverses, multipliées, et ses additions
successives, par ses exposés et ses traités généraux que
distinguent la netteté et même l'élégance; mais il inventa peu, moins qu'aucun de tous ceux que je viens
de nommer, et dont quelques-uns n'étaient peut-être
pas appréciés par lui à leur juste valeur. En un mot,

M. Biot était en première ligne, mais dans le second rang des savants ; il venait immédiatement après les héros de la science. Il était de ceux qui arrivent à leur tour au sommet de leur ordre, par le mérite et les services aidés de l'ancienneté. Sa longue et studieuse vieillesse, l'emploi actif, constant, animé, ingénieux, qu'il fit jusqu'à la fin de ses facultés excellentes, achevèrent de mettre tant d'heureuses qualités dans leur plus beau jour, et lui ont justement mérité le titre qui lui a été décerné de vieillard illustre. Ravi au milieu de la carrière et après l'âge des inventions proprement dites, il n'eût été qu'un savant très-distingué de moins, mais sans laisser après lui de phare allumé ni de trace lumineuse. Bien lui prit, comme à Fontenelle, non-seulement de vieillir, mais de savoir vieillir, d'hériter avec habileté et prudence des renommées disparues, de rester le dernier et le seul représentant parmi nous de tout un âge héroïque de la science, dont il discourait volontiers comme un Nestor, d'avoir gardé un vif amour de la pure science en elle-même, de l'avoir cultivée jusqu'à sa dernière heure, et d'avoir su trouver à propos dans l'érudition, dans la littérature, un complément et un prolongement varié qui est venu se confondre peu à peu, en la grossissant, dans sa réputation première.

Quoiqu'il aimât beaucoup à raconter, on sait peu de choses précises sur sa jeunesse et les premiers temps de sa vie ; car les anecdotes contées et écoutées debout, au coin de la cheminée, s'envolent et, il lui répugnait de rie écrire qui ressemblât à une biographie, ou même de répondre aux questions de ce genre, pour peu qu'elles eussent un but. Il me le disait encore tout récemment à l'occasion des Mémoires de M. de Candolle: il ne comprenait pas qu'on occupât ainsi le public de soi; je ne donne pas cette opinion comme juste, mais comme sienne. M. Biot avait bien des opinions personnelles en contradiction avec celles de ses contemporains, et il est possible que cette idée d'être en contradiction avec eux y entrât pour quelque chose.

Né à Paris en 1774, il fit ses études au collége Louis-le-Grand, et les fit bien; puis la Révolution le prit : il fut de la levée en masse de 1793, et servit comme canonnier dans l'armée du Nord. Il assista à la bataille de Hondschoote. Il aimait à parler de ce temps-là, des circonstances qui précédèrent et suivirent la bataille. Quand on ne l'a connu que vieux, on ne se figure guère M. Biot soldat, pas plus que Fauriel ou Droz; ils le furent pourtant, et d'assez bonne grâce. M. Biot, qui se sentait un certain goût pour son métier d'artilleur, avait même inventé un petit instrument, une petite hausse, qu'il adaptait à sa pièce pour mieux pointer. Un jour, au tir, ce fut lui qui renversa le tonneau. Un général qui assistait à l'exercice demanda le nom de l'adroit tireur, et voulut donner au canonnier Biot une pièce de cinq francs qui fut noblement refusée. Voici une autre anecdote que j'ai recueillie de sa bouche; je demande à la répéter ici dans les mêmes termes que je lui ai soumis et que je lui ai fait en quelque sorte adopter, un jour que je m'étais appliqué à reproduire son récit aussi fidèlement que possible :

« M. Biot, à dix-neuf ans, soldat et canonnier, revenait de
la bataille de Hondschoote : fort malade, ayant un commencement de plique, il ne pouvait se traîner. Il résolut pourtant
de traverser le nord de la France avec un billet d'hôpital,
sans passe-port, pour revenir au moins mourir chez sa mère.
Entre Ham et Noyon, sur la grande route, se traînant comme
il pouvait, appuyé sur son sabre, il entend venir une voiture : « Si c'est une charrette, se disait-il, je monterai dessus. » C'était un cabriolet : un jeune homme élégant était dedans, qui lui dit : « Mais, mon camarade, où allez-vous ? vous
ne pouvez vous traîner ? » M. Biot lui dit ce qu'il était et sa
résolution. Le jeune homme lui offre une place dans son cabriolet ; M. Biot accepte, et l'on cause... « Comment êtes-
vous aux armées ? Quel est l'esprit de l'armée en face de l'ennemi ? » — « Ils parlent allemand, et nous français ; ils nous
tirent des coups de fusil, et nous leur répondons par des
coups de canon. On nous envoie un journal, *le Jacobin,* que
nous brûlons régulièrement tous les matins. » — « Mais vous
avez donc reçu de l'éducation ? » — « Mais oui. » — « Où
avez-vous fait vos études ? » — « A *Louis-le-Grand.* » —
« Et moi aussi. » Et là-dessus de causer des professeurs.
Arrivés à Noyon, le jeune homme conduit M. Biot dans sa
famille, très-aimable, et l'y installe ; celui-ci couche dans un
bon lit pour la première fois depuis des mois. Puis le lendemain, son bienveillant introducteur et guide lui offre une
place pour Paris : M. Biot accepte encore. A chaque relais venaient des gendarmes pour demander des papiers ; un simple
mot du jeune homme les satisfaisait, et l'on passait. A Com-
piègne on fut retardé pourtant ; le Comité révolutionnaire, sachant qu'il y avait un militaire dans la voiture, exigea qu'il
comparût. On descendit M. Biot de voiture, et on l'aida à
monter, en lui donnant le bras, dans la salle du Comité. Mais
là le jeune homme s'emporta contre le Comité, qui employait
de tels procédés contre un soldat de la République ; il les
traita comme des misérables, et ils le reconduisirent avec
excuses, très-humblement. Arrivé à Paris, déposé à la porte

de sa mère, M. Biot demande au jeune homme de savoir le
nom de celui à qui il a tant d'obligations. — Il lui fut répondu : *Saint-Just,* — avec l'adresse à un certain hôtel. —
Après un mois et plus de maladie, lorsque le convalescent put
aller à l'adresse indiquée, Saint-Just n'y était plus, et M. Biot
ne l'a jamais revu depuis. »

Lorsqu'on demandait à M. Biot pourquoi il n'avait
jamais écrit lui-même cette particularité curieuse, il répondait que, pour cela, il n'était point assez sûr d'avoir
eu affaire en effet à Saint-Just en personne, au terrible
Saint-Just, qui aurait joué envers lui ce rôle de bien-
faiteur inconnu. L'esprit exact de M. Biot se faisait des
objections : Saint-Just ne paraît point avoir été, même
une seule année, au collége Louis-le-Grand, et le jeune
homme du cabriolet en parlait très-pertinemment et
comme très au fait de la maison. Cependant, à la date
du retour en France de M. Biot, Saint-Just était effectivement en mission dans le Nord, et il a bien pu se rencontrer en route avec le jeune soldat, plus ou moins
déserteur pour cause de maladie. De plus, il a pu se
dire ancien élève de Louis-le-Grand pour mieux gagner
sa confiance. Sans avoir été lui-même à Louis-le-Grand,
il avait eu peut-être dans les élèves quelque ami particulier qui l'avait tenu au courant. Quoi qu'il en soit, il
est difficile de supposer qu'un autre que Saint-Just ait
exercé cette autorité durant le voyage et ait usurpé
son nom au dernier moment. Pourquoi ne pas admettre
que Saint-Just fut humain ce jour-là ? Il y a des heures
pour tout.

M. Biot, rétabli, se retrouve peu après en qualité

d'élève, et des plus zélés, à l'École polytechnique, une belle fondation de la Convention délivrée, et qui, avec l'établissement de l'École normale, honore à jamais le génie de cette première époque restauratrice, où l'esprit humain revenu à peine d'une terrible oppression n'avait pourtant rien perdu encore, comme cela se vit plus tard, de sa hardiesse et de sa grandeur.

Je ne sais si M. Biot sut gré à la Convention, autant qu'il l'aurait dû alors, de ces derniers bienfaits scientifiques ; il paraît bien qu'au 13 vendémiaire il était sur les marches de Saint-Roch avec les Sections insurgées. Arrêté, il se réclama de Monge, qui le reconnut pour un de ses meilleurs élèves, et le sauva.

Quelque chose de l'esprit sinon républicain, du moins philosophique de ces ardentes années, vivait pourtant en lui. Ce n'est point d'ordinaire la chaleur ni aucune inspiration émue ou éloquente qui distingue les écrits littéraires sortis de cette plume de savant; soignés, élé-gants, d'une justesse ornée, parfois d'une simplicité un peu coquette, ils sont en général destitués de mouvement et de vie : un seul de ses écrits fait exception, c'est le précis intitulé : *Essai sur l'Histoire générale des Sciences pendant la Révolution française*, qui avait été composé pour servir de préface à une nouvelle édition du *Journal des Écoles normales*, et qui fut publié séparément (1803). Un souffle généreux y a passé, et ce souffle est celui qui animait l'élite des jeunes générations se remettant en marche avec espérance au lendemain de la Terreur. La doctrine de la perfectibilité dans son sens le moins contestable y est fermement maintenue. L'intelligence humaine en possession des méthodes modernes, de ces méthodes précises et graduelles « qui lui donnent non des ailes pour l'égarer, mais des rênes qui la dirigent, » y reçoit des hommages qui ne sont, à les bien prendre, qu'un juste et fier encouragement. Les sciences, « unies par une philosophie commune, » y sont montrées « s'avançant de front, les pas que fait chacune d'elles servant à entraîner les autres. » Plus de danger sérieux désormais pour l'ensemble des connaissances humaines ainsi liées étroitement et toutes solidaires entre elles, plus de période rétrograde possible depuis la découverte de l'imprimerie :

« Lorsqu'au milieu d'une nuit obscure, perdu dans un pays sauvage, un voyageur s'avance avec peine à travers mille dangers; s'il se trouve enfin au sommet d'une haute montagne qui domine un vaste horizon, et que le soleil, en se levant, découvre à ses yeux une contrée fertile et un chemin facile pour le reste du voyage, transporté de joie, il reprend sa route, et bannit les vaines terreurs de la nuit. Nous, à la vive lumière de la philosophie, oublions donc aussi ces craintes chimériques du retour de l'ignorance, et marchons d'un pas ferme dans l'immense carrière désormais ouverte à l'esprit humain. »

Ainsi parlait le jeune savant; et plein d'un profond sentiment d'horreur pour le régime oppressif et ignare qu'on avait subi, pour ce retour inouï de barbarie en pleine civilisation, il montrait pourtant avec une satisfaction élevée le rôle honorable et indispensable des savants au fort de la crise et leur empressement courageux, à répondre à l'appel de la patrie, tout décimés qu'ils étaient alors par l'échafaud. Il y a là, chez M. Biot, de belles pages et dignes d'être recueillies textuellement par l'histoire ; celle-ci, par exemple :

« La France touchait à sa perte ; Landrecies, le Quesnoy, Condé, Valenciennes, étaient au pouvoir de l'ennemi ; Toulon s'était livré aux Anglais : des flottes nombreuses tenaient la mer et effectuaient des débarquements. Au dedans, la famine et la terreur ; la Vendée, Lyon, Marseille, en état de révolte. Point d'armes, point de poudre, aucun allié qui pût ou qui voulût en fournir ; et, pour toute ressource, un gouvernement anarchique, sans plan, sans moyens de défense, habile seulement à persécuter. Tout annonçait que la République allait périr avant d'avoir eu une année d'existence.

« Dans cette extrémité, on appela au Comité de salut public deux nouveaux membres, que l'on chargea de la partie militaire.

« Ils organisèrent les armées, conçurent des plans de campagne, préparèrent les approvisionnements.

« Il fallait armer neuf cent mille hommes ; et, ce qui était plus difficile, il fallait persuader la possibilité de ce prodige à un peuple méfiant, toujours prêt à crier à la trahison. Pour cela, les anciennes manufactures n'étaient rien : plusieurs, situées sur les frontières, étaient envahies par l'ennemi. On les recréa partout avec une activité jusqu'alors inconnue. Des savants furent chargés de décrire et de simplifier leurs procédés ; la fonte des cloches donna tout le cuivre nécessaire. L'acier manquait, on n'en pouvait tirer du dehors, l'art de le faire était ignoré ; on demanda aux savants de le créer, ils y parvinrent ; et cette partie de la défense publique devint indépendante de l'étranger...

« La poudre était ce qui pressait le plus : le soldat allait en manquer. Les arsenaux étaient vides. On assembla la Régie pour savoir ce qu'elle pourrait faire. Elle déclara que ses produits annuels s'élevaient à trois millions de livres; qu'ils avaient pour base du salpêtre tiré de l'Inde; que des encouragements extraordinaires pouvaient les porter à cinq millions, mais qu'on ne devait rien espérer de plus. Lorsque les membres du Comité de salut public annoncèrent aux administrateurs qu'il fallait fabriquer dix-sept millions de poudre dans l'espace de quelques mois, ceux-ci restèrent interdits : « Si vous y parvenez, dirent-ils, vous avez des moyens que nous ignorons. »

« C'était cependant la seule voie de salut. On ne pouvait songer au salpêtre de l'Inde, puisque la mer était fermée. Les savants offrirent d'extraire tout du sol de la République. Une réquisition générale appela à ce travail l'universalité des citoyens. Une Instruction courte et simple, répandue avec une inconcevable activité, fit, d'un art difficile, une pratique vulgaire. Toutes les demeures des hommes et des animaux furent fouillées. On chercha le salpêtre jusque dans les ruines de Lyon, et l'on dut recueillir la soude dans les forêts incendiées de la Vendée.

« Les résultats de ce grand mouvement eussent été inutiles, si les sciences ne les eussent secondés par de nouveaux efforts. Le salpêtre brut n'est pas propre à faire de la poudre; il est mêlé de sels et de terres qui le rendent humide et diminuent son activité. Les procédés employés pour le purifier demandaient beaucoup de temps; le seule construction des moulins à poudre eût exigé plusieurs mois : avant ce terme, la France était subjuguée. La Chimie inventa des moyens nouveaux pour raffiner et sécher le salpêtre en quelques jours. On suppléa aux moulins en faisant tourner par des hommes des tonneaux où le charbon, le soufre et le salpêtre pulvérisés étaient mêlés avec des boules de cuivre. Par ce moyen la poudre se fit en douze heures. Ainsi se vérifia cette assertion hardie d'un membre du Comité de salut public : « On montrera la terre salpêtrée, et cinq jours après on en chargera le canon. »

Certes, de telles pages, si fermes, si continues, et où

la précision s'allie au mouvement, ne font pas tort à la verte jeunesse de celui dont nous avons si longtemps goûté les beaux, exacts et un peu froids articles dans le *Journal des Savants.* Celui qui écrivait avec ce premier feu n'était pas encore si loin du canonnier de Hondschoote, et n'avait pas oublié l'odeur de la poudre. On n'a pas toujours eu quatre-vingt-huit ans.

Au moment même où la science rendait les éminents services qu'il vient vivement de nous décrire, elle voyait la mort planer sur elle et frapper les plus nobles têtes : Lavoisier, Bailly, Condorcet. Elle n'y regardait pas, non plus que le vaillant soldat ne s'arrête aux morts dans la bataille, et elle continuait de travailler. Un jour, un officier dépêché d'une de nos frontières arrive au Comité de salut public ; il annonce que les armées sont en présence, mais qu'on n'ose envoyer le soldat au feu parce que les eaux-de-vie sont empoisonnées : des malades qui en ont bu dans les hôpitaux sont morts. Il demande qu'on fasse en toute hâte l'expertise, et il n'attend que l'ordre de repartir sur-le-champ. On assemble à l'instant les plus habiles chimistes, et on leur enjoint d'analyser les eaux-de-vie dans la journée même, d'indiquer l'espèce de poison et le remède. Remarquez bien qu'on leur demande d'indiquer le poison ; car, en ces temps de soupçon et de haine, on n'hésite pas, on a besoin de croire à toutes les sinistres rumeurs ; elles font partie de l'exaltation publique et la soutiennent ; et c'est Robespierre, le plus soupçonneux des hommes par tempérament et par système, qui préside le Comité. Les savants, après s'être livrés à l'analyse la plus minu-

tieuse, pour laquelle on leur a laissé à peine le temps
nécessaire, paraissent, — j'allais dire comparaissent,
— Berthollet en tête, devant le Comité assemblé : ils
déclarent dans leur Rapport « que les eaux-de-vie ne
sont point empoisonnées; qu'on y a seulement ajouté
de l'eau dans laquelle se trouve de l'ardoise en suspen-
sion, en sorte qu'il suffit de les filtrer pour leur ôter
toute propriété nuisible :

« Robespierre, qui espérait une trahison, demande aux
commissaires s'ils sont bien sûrs de ce qu'ils viennent d'avancer. Pour toute réponse, un d'eux (Berthollet) fait apporter
un filtre, y passe la liqueur, et n'hésite pas à en boire : tous
les autres suivent son exemple. « Comment, lui dit Robespierre, osez-vous boire de ces eaux empoisonnées? » — « J'ai
bien osé davantage, répondit-il, quand j'ai mis mon nom au
bas du Rapport. »

Le mot, dans son genre, est sublime.

Lorsqu'il s'agit, la Terreur passée, de réorganiser
l'instruction publique, et dans l'instruction publique les
hautes sciences, l'enseignement supérieur, de tout rap-
prendre, de tout recréer à la fois, et d'improviser en
quelque sorte une civilisation, comme on avait tout à
l'heure improvisé la guerre, M. Biot trouve de nobles
paroles pour caractériser ce nouvel effort héroïque d'où
sortirent l'École polytechnique dans sa première forme
plus ouverte et plus libre que depuis, et surtout l'École
normale d'alors qui dura peu, mais qui donna, dans
cette résurrection des esprits, une impulsion puissante
et décisive, — assez pour que sa destinée fût remplie :

« On voulut qu'une vaste colonne de lumière sortît tout à

coup du milieu de ce pays désolé, et s'élevât si haut, que son éclat immense pût couvrir la France entière et éclairer l'avenir... Ce peuple, qui avait vu et ressenti en peu d'années toutes les secousses de l'histoire, était devenu insensible aux impressions lentes et modérées; il ne pouvait être reporté aux travaux des sciences que par une main de géant. »

Ces géants civilisateurs et pacifiques qui remirent alors en peu de mois l'édifice entier sur ses bases, se nommaient Lagrange, Laplace, Monge, Berthollet... moment immortel !

M. Biot s'annonçait alors comme leur héritier; il fut jusqu'au bout leur disciple reconnaissant, respectueux et fidèle.

Après l'enseignement supérieur, on s'occupa de l'enseignement élémentaire, « le plus difficile, dit M. Biot, et le plus important de tous. » Et il en prend occasion d'exprimer à ce sujet ses propres idées et les conditions qu'il estime indispensables au progrès, à savoir : — alliance et union étroite des sciences et des lettres : « Sans les sciences la nation la plus lettrée deviendrait faible et bientôt esclave; sans les lettres la nation la plus savante retomberait dans la barbarie; » — enchaînement des sciences les unes aux autres : « Cette union fait leur force et leur véritable philosophie; elle seule a été la cause de tous leurs progrès; » — une certaine liberté et latitude laissée aux professeurs dans la pratique :

« Il faut, disait-il, que les professeurs soient guidés et non pas asservis. Si tout est fixé, jusqu'aux moindres détails, il n'y a plus d'émulation : que l'objet de l'enseignement soit

déterminé; que la forme générale en soit réglée; qu'il soit
dirigé par une réunion d'hommes éclairés, mais que l'instruction publique soit vivante : que l'on cherche à exciter les esprits plutôt qu'à les enchaîner. Ainsi, point de corporations
enseignantes, *elles ressemblent à ces statues antiques qui
servaient autrefois à guider les voyageurs, et dont le doigt
immobile indique encore, après des milliers d'années, des
routes qui n'existent plus.* »

Voilà du talent.—Je me suis étendu à dessein sur le
plus ancien et le plus chaleureux des écrits de M. Biot,
parce que pour une raison ou pour une autre, et sans
doute parce qu'il l'estimait trop accentué dans le sens
philosophique, dans le sens de Condorcet dont il était
fort revenu, il n'a pas jugé à propos de le recueillir
dans ses trois volumes de *Mélanges.* Il est assez singulier toutefois que, reproduisant avec·autant de soin ses
anciens titres littéraires, il ait précisément omis celui
qui fut et qui est encore le plus vivant, celui qui mérite d'être cité, comme il l'a été, en effet, dans toute
histoire littéraire un peu complète de la Révolution.

Les volumes de *Mélanges* contiennent quelques articles insérés au *Mercure de France,* à ce *Mercure* déjà
mort ou mourant dès le temps de La Bruyère, depuis
lors remourant sans cesse, et qu'on essayait de ressusciter en 1809, sous le titre de *Nouveau Mercure.* Dans
l'un de ces articles intitulé : *De l'influence des idées
exactes dans les ouvrages littéraires,* M. Biot s'en prend
à quelques fausses vues qui ont été la source de fausses
beautés dans les écrits de Bernardin de Saint-Pierre et
de Chateaubriand. Il y dit des choses très-justes. Je fais

une remarque : sa critique principale, qui porte sur le
système des causes finales de Bernardin de Saint-Pierrre,
très-nette, très-franche et sans réserve dans son expression première, est corrigée et atténuée par une note
ajoutée depuis, où l'on trouverait, en y regardant bien,
l'indice d'une certaine timidité de pensée qu'il avait
acquise en vieillissant. M. Biot, en 1809, ne craignait
point d'avoir l'air de parler des causes finales comme
Lucrèce, et de l'intervention de la volonté divine dans
l'ordre physique comme Laplace ; ce genre de scrupule,
du moins, ne lui venait pas. Il semble avoir quelque
peu modifié son point de vue en vieillissant.

Littérateur correct et instruit, il établit dans cet article un principe qu'il pousse un peu loin, et sur lequel
il ne varia jamais : c'est que les grands écrivains et
les grands poëtes du passé, Homère tout le premier et
ensuite Virgile, lequel, dit-il, « *avait plus de goût encore* qu'Homère, » n'ont jamais rien dit, n'ont jamais
employé pour peindre les choses un seul mot qui ne
fût pris dans la nature : « On ne rencontre pas dans les
Géorgiques une seule expression impropre, une seule
épithète oiseuse ou inexacte. » Je me rappelle qu'un
jour, citant ces vers où Virgile nous décrit les signes
extraordinaires qui éclatèrent à la mort de César :
« Combien de fois l'Etna n'a-t-il point vomi des laves et
des flammes ! Toute la Germanie entendit retentir dans
l'air le fracas des armes ; les Alpes ressentirent des
tremblements de terre *inaccoutumés... insolitis tremue-
runt motibus Alpes,* » il insistait sur le mot *insolitis :*
« Ne croyez pas, disait-il, que Virgile l'ait mis au ha-

sard ; *insolitis!* c'est qu'on l'a observé en effet, les
tremblements de terre sont rares dans les Alpes. » Il
eût dit la même chose d'Homère, s'il avait su le grec !
il croyait volontiers que toutes les épithètes d'Homère
ont un sens précis. C'est pousser vraiment trop loin
l'idée d'exactitude, même chez les meilleurs poëtes, et
ne pas accorder assez à la largeur du pinceau. La littérature de M. Biot, toute classique, était fine, délicate,
triée, mais un peu menue et minutieuse. Il attachait
une idée presque superstitieuse au moindre vers d'Horace. Il y voyait encore plus qu'il n'y avait, et y mettait des sous-entendus profonds (1).

Toutes les critiques qu'il adresse à Chateaubriand
dans ce même article sont justes, excepté une seule. Il
se moque en passant d'une des belles descriptions du
Génie du Christianisme, description arrangée et symé-
trique, j'en conviens, dans laquelle l'auteur nous
montre, pendant une traversée de l'Océan, le globe du

---

(1) Un jour qu'il citait de l'Horace à l'homme qui le sait le
mieux et qui n'en n'abuse jamais, à M. Patin, M. Biot, répétant les
vers connus : *Hoc erat in votis... et tecto vicinus jugis aquæ fons,*
y mêlait son petit commentaire, et il laissa voir imprudemment
qu'il prenait *jugis* pour des *sommets* de colline. C'est ainsi qu'un
jour Népomucène Lemercier, dans son Cours de littérature dramatique, traduisit le *nitique cothurno* qu'Horace applique à la tragédie d'Eschyle, par *briller de l'éclat du cothurne.* La quantité, à
défaut de la grammaire, aurait dû les avertir l'un et l'autre. Cette
manie de citer du latin à tout bout de champ, quand on ne le sait
pas aussi bien qu'on le voudrait, amène de ces petites mésaven-
tures. On ne remarquerait pas ces infiniment petites bévues
d'hommes d'ailleurs très-instruits, si elles ne se rattachaient à une
prétention et à un léger travers.

soleil couchant qui apparaît entre les cordages du na-
vire, — la lune, à l'opposite, qui se lève à l'orient, — et
vers le nord, « formant un glorieux triangle avec l'astre
du jour et celui de la nuit, une trombe brillante des couleurs du prisme... » M. Biot se demande comment un
triangle peut être *glorieux*. Mais qui ne voit que *glorieux* est pris ici dans le sens de *gloire* et *splendeur,* de
nimbe éclatant, rayonnant? Quelque jugement qu'on
porte de l'ensemble du tableau, l'expression particulière que M. Biot déclare ne pas comprendre est belle
dans son vague. Tout à l'heure le physicien renchéris-
sait sur *insolitis;* ici le géomètre chicane trop sur le
triangle *glorieux*.

L'*Éloge de Montaigne,* qui obtint une mention dans le
concours ouvert par l'Académie française en 1812, et
où M. Villemain remporta le prix, est le principal titre
littéraire de M. Biot dans le passé. Le début semble un
peu vague, un peu général, même un peu solennel :
l'auteur enfle un peu sa voix en commençant. Montaigne n'a rien d'un *Hercule,* et n'en appelle pas l'idée.
Le portrait de Rabelais, rapproché de Montaigne, a de la
justesse. Montaigne homme et philosophe, est d'ailleurs
très-bien vu, très-bien démêlé dans ses contradictions
tant naïves et involontaires qu'intentionnelles et réfléchies. On y voit se développer ce caractère ondoyant et
complexe « avec toute la progression de ses sentiments,
depuis les premiers mouvements d'une bonté naturelle
jusqu'aux tristes jouissances d'un égoïsme raisonné. »
Le sceptique y est combattu par de bonnes raisons, et
les seules dignes d'un philosophe moderne. Rousseau y

est bien distingué de Montaigne, là même où il l'imite
et où il lui emprunte le plus. Sur le chapitre de la politique, sur celui de l'éducation et de la morale, l'opposition entre leur principe d'inspiration et leur humeur
se marque très-bien, et Rousseau ne paraît pas trop
sacrifié. En un mot, le tout est sensé, judicieux et fin,
bien analysé, bien dit, mais aussi (et voici les défauts)
diffus, un peu prolixe, sans saillie, sans relief, sans rien
qui pénètre ni qui marque, ni qui se grave, sans rien
qu'on retienne et qu'on emporte avec soi, malgré soi.
En voulez-vous la raison? ce savant éclairé, de plus de
sagesse et d'étendue que de vigueur, manque aussi
d'invention dans le style et de nouveauté dans le
discours ; là non plus il n'est pas créateur ; il n'a
pas le *génie* ni même le *talent* de l'*expression*; il
n'en a que la clarté, la netteté et l'élégance connue et
prévue.

Nous le dirons hardiment des morceaux littéraires de
M. Biot, comme peut-être d'autres le diront de toute
son œuvre scientifique elle-même : il s'étendait trop sur
des surfaces indéfinies ; il n'eut pas de sommet capital
ni de cime au loin visible; il manquait de centre et de
foyer.

J'aurai pourtant à faire remarquer plus tard que,
dans ses articles des dernières années au *Journal des
Savants,* sa manière était arrivée à une sorte de perfection et d'excellence ; sa *diction* proprement dite était
accomplie, d'un choix très-pur dans les termes et d'une
délicatesse extrême ; il avait fini par y porter comme
un instrument de précision.

La Notice, qu'il lut à l'Académie des Sciences en 1810, sur les travaux pour la mesure de la terre qu'il avait poursuivis en Espagne avec Arago, renferme des pages tout à fait littéraires et qui visent même au pittoresque, une entre autres qui pourrait se citer et se détacher : « Combien de fois, assis au pied de notre cabane, les yeux fixés sur la mer, n'avons-nous pas réfléchi... etc. ! » C'est une imitation, une inspiration élégante d'après Jean-Jacques ou Bernardin de Saint-Pierre ; mais la nature particulière de l'Espagne, le caractère du paysage ne s'y peint par aucun de ces traits tout à fait distincts, et qu'on ne peut plus oublier. Saussure, dans ses ascensions alpestres, aux rares instants où il s'arrête pour décrire, et où il quitte le baromètre ou le marteau du géologue pour le crayon, est bien autrement original dans sa sobriété; Ramond, le peintre observateur des Pyrénées, avec moins de pureté sans doute, est bien autrement ému et coloré !

Après ces morceaux littéraires qui appartiennent par leur date aux dix premières années du siècle, et si l'on excepte quelques articles insérés dans la *Biographie universelle,* on ne retrouve plus M. Biot littérateur que dans les articles de sa vieillesse au *Journal des Savants.* Que s'était-il passé dans l'intervalle? Quand un homme atteint à ces dernières limites de la vie humaine, il a traversé et enterré plus d'une époque. Si j'avais à écrire la vie scientifique et littéraire de M. Biot, je la diviserais en quatre ou même en cinq périodes : la première, comprenant toute sa jeunesse, ses études d'École polytechnique, et les années qui suivirent, jusqu'à son

entrée à l'Académie des Sciences en 1803 ; — la seconde, depuis 1803 jusqu'en 1822, époque où Fourier
fut nommé secrétaire perpétuel de l'Académie à la place
de Delambre (je dirai pourquoi cette nomination de
Fourier fait époque dans la vie de Biot); — la troisième, durant les dernières années de la Restauration et jusqu'à l'avénement d'Arago au secréta-
riat perpétuel, en remplacement de Fourier; — la
quatrième, sous ce règne et cette dictature d'Arago;
— la cinquième, dans sa vieillesse heureuse et délivrée.

Je ne sais si personne remplira ces cadres et si quelqu'un même est en mesure de le faire aujourd'hui; car
il y a bien des choses dont les souvenirs s'effacent à
cette distance et se confondent. J'aurais aimé à entendre M. Flourens nous exposer avec sa discrétion
ingénieuse et sa finesse habituelle les spectacles académiques intérieurs et les luttes d'influence dont il a été
témoin. Si l'Académie française, comme on peut l'espérer, donne pour successeur à M. Biot M. Littré,
celui-ci nous parlera aussi pertinemment du savant
que du littérateur. Mais les souvenirs, mais les nuances
morales, mais les sympathies et les antipathies, mais la
vie même, la clef secrète de cette nature si complexe et
si pleine de curiosités et d'aptitudes, et d'envies et de
préventions, de plis et de replis de toutes sortes, qui
nous la rendra ?

Après avoir bien causé de lui avec ceux qui l'ont le
mieux connu, je me hasarderai à en parler encore,
sans trop d'ordre et comme à bâtons rompus. En pré-

sence d'une vie si longue et qui atteint presque jusqu'à *nonante,* il est bien permis d'y mettre quelque longueur, et même un peu de *trainerie,* comme dirait Montaigne.

M. BIOT.

MÉLANGES

SCIENTIFIQUES ET LITTÉRAIRES.

SUITE ET FIN.

En me permettant de parler ici avec quelque étendue
d'un savant illustre, et autrement encore que pour lui
rendre un pur et simple hommage, en essayant d'indiquer à l'aide de témoignages recueillis, et par le peu
que j'ai pu moi-même observer, sa vraie portée et sa
mesure, j'ai besoin qu'on ne se méprenne pas un
instant sur ma pensée. A mes yeux, il n'est point
d'honneur plus grand pour une intelligence humaine
que de saisir et d'embrasser l'ensemble de vérités qui
constituent les lois des nombres et des mondes. Après la
gloire de faire des découvertes dans cet ordre élevé et
d'une sublimité sereine, il n'est rien de plus honorable

que de se rendre compte directement de ces découvertes
faites par les premiers génies, et de les pleinement
comprendre. Qu'est-ce, auprès de ces systèmes profonds, rigoureux, enchaînés, et d'une vérité éternelle,
qui occupent la pensée d'un Newton ou d'un Laplace,
que nos faibles observations passagères, nos remarques
d'esprits fins et légers, sans suite, où le fil casse à
chaque instant, nos aperçus rapides et fugitifs, ce que
nous appelons traits d'esprit, saillies, reflets, étincelles
aussitôt nées, aussitôt évanouies? A ceux dont la pensée, subtile et ferme tout ensemble, saisit une fois et ne
lâche plus ces séries et ces enchaînements de vérités
immuables, un juste respect est dû. — Que s'ils joi-
gnaient à la possession de ces hautes vérités mathématiques le sentiment et la science de la nature vivante,
la conception et l'étude de cet ordre animé, universel,
de cette fermentation et de cette végétation créatrice et
continue où fourmille et s'élabore la vie, et qui, tout
près de nous et quand la loi des cieux au loin est connue, recèle encore tant de mystères, ils seraient des
savants plus complets peut-être qu'il ne s'en est vu
jusqu'ici, quelque chose, j'imagine, comme un Newton
joint à un Jussieu, à un Cuvier, à un Gœthe tout à fait
naturaliste et non plus seulement amateur, à un Geof-
froy Saint-Hilaire plus débrouillé que le nôtre et plus
éclairci. — Que s'ils y ajoutaient encore, avec l'instinct
et l'intelligence des hautes origines historiques, du
génie des races et des langues, le sentiment littéraire
et poétique dans toute sa séve et sa première fleur, le
goût et la connaissance directe des puissantes œuvres

de l'imagination humaine primitive, la lecture d'Homère ou des grands poëmes indiens (je montre exprès
toutes les cimes), que leur manquerait-il enfin? Il n'y
aurait plus à leur souhaiter, pour être les plus parfaits
des mortels, que la bonté et la chaleur morale dans la
pratique et les relations de la vie.

M. Biot a eu au moins l'honneur de comprendre et
d'embrasser les vérités mathématiques les plus élevées
qu'avaient découvertes ou perfectionnées les maîtres de
sa jeunesse. Il était du petit nombre de ceux qui ont lu
la *Mécanique céleste* de Laplace. Il a lui-même raconté,
dans quelques pages d'une simplicité un peu cherchée
(*Une anecdote relative à Laplace*), l'origine de ses relations avec le grand géomètre et comment, sur un point
de mathématiques, il trouva lui-même des solutions
dont Laplace, qui les avait obtenues de longue main,
voulut lui laisser tout le mérite devant l'Institut. Cette
passion qu'il eut d'abord pour la géométrie, M. Biot la
portait encore sur bien des objets, astronomie, physique, chimie, agriculture, et les plaisirs actifs, chasse,
pêche, nage; vieux, il disait en souriant : « J'ai aimé
dans ma vie bien des choses. » Faudrait-il en conclure
qu'il s'est trop dispersé, et qu'il ait eu le droit de se
dire à lui-même comme La Fontaine :

> J'irais plus haut peut-être au Temple de Mémoire,
> Si dans un genre seul j'avais usé mes jours...?

Je ne le pense pas, et il me semble que le génie de
l'invention proprement dite ayant fait défaut à M. Biot,
il n'a pu que gagner à cette étendue, à cette variété et

à cette combinaison de connaissances, qui suppléait parfois très-heureusement à ce qu'il avait en moins comme originalité.

Les voyages de curiosité et de science l'occupèrent beaucoup. Le voyage aéronautique qu'il exécuta, en août 1804, avec M. Gay-Lussac, est célèbre. Cependant Gay-Lussac, plus opiniâtre, repartit seul en ballon moins d'un mois après, pour compléter les observations. Nous trouvons M. Biot en 1805 gravissant le Jura et les Alpes en compagnie de Bonpland et de De Candolle; ils coururent même des dangers par l'imprudence de ce dernier qui s'était fait leur guide. En 1806-1807, il est en Espagne avec Arago; celui-ci, dans les pages pleines d'animation où il a raconté les accidents et aventures de cette expédition scientifique (*Histoire de ma jeunesse*), nous fait entrevoir que, vers la fin, Biot le laissa un peu en peine et le quitta peut-être un peu plus tôt qu'il n'aurait dû. Cet esprit actif, ardent, de M. Biot, n'était pas exempt, en effet, d'une certaine mobilité, et était capable de se prendre et de se déprendre assez brusquement.

Il s'était donné, à l'origine de l'Empire, un air d'opposition. Lorsqu'en 1804, l'Institut fut appelé à émettre un vote sur le nouvel établissement impérial, M. Biot s'y refusa, motivant son abstention sur ce qu'un Corps purement savant devait, selon lui, rester étranger à tout acte politique; et il cita à ce propos les vers de Voltaire :

Moi, j'attends dans un coin que l'imprimeur du Roi,
M'apprenne pour dix sous mon devoir et ma loi.

Lagrange, qui n'assistait pas à la séance, ayant appris
ce vote qui fit du bruit, en gronda son jeune confrère
et lui demanda de quoi il se mêlait de faire de l'opposition et de citer des vers de Corneille. — « Ce sont
des vers de Voltaire que j'ai cités, » répondit M. Biot.
La conversation en resta là, et Lagrange lui battit froid
quelque temps.

Ce n'était point que Lagrange mît aucune vivacité à
ces questions, pour lui très-secondaires. M. Biot, dans
la Notice qu'il lui a consacrée, s'est attaché à le justifier
de toute ardeur et de tout enthousiasme en pareille
matière. Le plus grand des mathématiciens, dans
ses habitudes d'abstraction philosophique et de pures
jouissances intellectuelles, estimait que ces détails
d'arrangement et de ménage humain, dont au reste il
savait doucement s'accommoder, ne méritent pas qu'on
y prenne parti ni qu'on s'en émeuve ; et comme le disait
spirituellement M. Biot : « Ses formules, à lui, étaient
plus générales que cela. »

De tout temps M. Biot s'éleva avec vivacité et même
avec une sorte d'amertume contre la participation des
savants à la politique. M. Bertrand, dans l'excellent
discours qu'il a prononcé sur la tombe de son illustre
confrère, a relevé avec raison ce trait caractéristique.
Combien de fois n'avons-nous pas entendu M. Biot
regretter ce temps où M. Cuvier, non encore partagé
par la politique ou par l'administration et tout entier à
la science, à la vie intellectuelle, prolongeait bien avant
dans la nuit avec quelques amis dignes de l'entendre,
sous les grands arbres du Jardin des Plantes, des entre-

tiens « dignes de Platon ! » C'était son mot. Il n'y trouvait
de comparable et d'égal dans ses souvenirs que ces autres entretiens de la petite société d'Arcueil, groupée autour de Laplace et de Berthollet, et qui, active, régulière,
ayant ses jours de réunion et son recueil à elle, tout
armée pour le progrès scientifique le plus avancé, avait
fini par inspirer quelque jalousie à l'Institut lui-même.

Il y aurait bien à répondre sans doute à cette théorie
trop absolue que professait M. Biot sur ce parfait isolement et cet aparté de la science, et je ne vois pas pourquoi, arrivés au sommet de leur ordre et à la plénitude
de leur vie, les savants ne seraient point légitimement
appelés et invités à concourir de leurs lumières à la chose
publique, à résoudre tant de questions pratiques et utiles
qui intéressent la bonne police des sociétés humaines,
et sur lesquelles ils ont qualité, plus que personne, pour
décider. Nous n'aurions qu'à invoquer les services si
éminents et si patriotiques rendus par la science pendant la Révolution, et que M. Biot lui-même nous a
vivement et presque éloquemment exposés. Nous n'aurions qu'à rappeler qu'il lui est arrivé, à lui tout le
premier, en deux occasions (1828 et 1835), de prendre
l'initiative pour proposer les mesures qu'il estimait les
plus avantageuses à l'approvisionnement de la capitale,
tout comme l'aurait pu faire un membre du Conseil
municipal de Paris. Mais enfin, cette opinion exclusive
par laquelle il imposait en thèse générale l'abstention
politique et administrative aux savants, était très-
ancrée chez M. Biot, et nous devions l'indiquer.

Nos opinions, y compris celles que nous estimons les

plus libres et les plus désintéressées, ont presque toujours leur point de départ et d'appui, leur secrète racine dans notre organisation individuelle. Il faut le dire ici de M. Biot : cet homme si distingué n'avait point acquis, même avec les années, ce je ne sais quoi de ferme, de puissant dans la parole, de digne et de majestueux dans l'aspect, qui commande et qui impose, qui confirme au dehors l'autorité de la science, et la personnifie aux yeux de tous dans un de ses grands représentants, — ce qui faisait qu'on écoutait avec tant de respect et de silence un Cuvier, un Arago (malgré ses fautes de goût), et qu'on écoute aujourd'hui avec tant d'intérêt un Dumas. M. Biot n'avait point précisément les moyens et les qualités extérieures d'un rôle politique et public de savant; il n'était point armé extérieurement pour l'attaque et pour la défense; son geste était mince, familier, un peu cassant; sa voix claire, un peu fluette, très-suffisante dans sa jeunesse pour le professorat, s'était brisée d'assez bonne heure, et portait peu hors d'un cercle intime. Mais quand l'homme n'est pas ambitieux d'un côté, il l'est d'un autre. Son ambition, à lui, en se détournant de toute idée de fonction et d'action politique, s'était assigné un autre but. Il aspira, vers le milieu de sa carrière, à être le secrétaire perpétuel de l'Académie des Sciences pour la partie physique et mathématique; il s'y acheminait dès longtemps auparavant, il s'y préparait, et c'est probablement même dans le dessein de montrer son aptitude à ce noble emploi, qu'on le vit, de 1809 à 1812, se livrer à des productions littéraires assez diverses dont on s'expliquerait

peu, sans cela, l'opportunité et la convenance dans une
vie de savant si occupé. Il tenait à prouver à tous qu'il
savait *écrire*. Aussi son désappointement fut-il grand,
lorsqu'en 1822, à la mort de Delambre, Fourier fut
nommé secrétaire perpétuel de l'Académie des Sciences;
on dit même qu'il en garda quelque temps rancune à
l'illustre Compagnie et y parut moins assidûment dans
les années qui suivirent. Il alla vivre à la campagne et
se mit à cultiver une propriété rurale qu'il avait acquise
dans l'Oise. Ce désappointement se changea en un sentiment plus pénible encore, lorsqu'en 1830 Arago suc-
céda en cette même qualité de secrétaire perpétuel à
Fourier, et prit au sein du Corps savant une prépondé-
rance qui dura entière jusqu'à la fin de sa vie (1853).

M. Biot mit dans la suite une certaine coquetterie
bien permise à montrer ce qu'il aurait pu faire s'il
avait été chargé d'écrire les Éloges des savants; ses
morceaux sur *Gay-Lussac* et sur *Cauchy* sont jugés
excellents par ceux qui ont voix au chapitre.

L'histoire des relations de M. Biot et de M. Arago
serait à faire, et, en en retranchant même ce qui ne
paraîtrait pas digne de tous deux, il y aurait lieu d'y caractériser deux natures d'esprit et de tempérament tout
à fait opposées, et qui devaient presque nécessairement
en venir à se contredire et à se combattre : — Arago,
ardent, puissant, robuste, doué de génie et capable
d'invention, mais qui en fut trop distrait par d'autres
qualités qui le tentèrent, par le besoin d'influer, par le
talent d'exposer et d'enseigner, par un zèle aussi qu'on
peut dire généreux à populariser la science, à en ouvrir

à tous les voies et moyens, à en répandre et en propager les résultats généraux ou les applications utiles ;
— Biot, esprit étendu, mais nature plus curieuse et plus
déliée que riche et féconde, au sourire fin, à la lèvre
mince, à la dent aiguë et mordante, dédaigneux du public sur lequel il avait peu de prise, jaloux de garder la
science pour les seuls et vrais savants, pour ceux qu'il
estimait dignes de ce nom. Il ne cessa d'être contraire
à demi-voix à l'influence d'Arago au sein de l'Académie,
aux innovations qui tendaient à faire de plus en plus
large la part du public, à la divulgation régulière et
prompte des discussions et des travaux, telles que l'ont
établie les *Comptes rendus hebdomadaires* des séances.
Quand je dis qu'il s'y opposait *à demi-voix,* je n'ai dans
l'idée que ses paroles à l'intérieur de l'Académie ; car,
par sa plume et dans le *Journal des Savants,* il ne cessa
de faire ouvertement la guerre à cette publicité croissante qui a quelques inconvénients sans doute, mais
qui est dans la loi du siècle, et qu'on peut vouloir ré-
gler, sans plus espérer de l'empêcher. On lit au tome II
des *Mélanges* un morceau étendu dans lequel M. Biot a
pris tous ses avantages en discutant cette question de
publicité pour l'Académie des Sciences. J'y remarque des
appréciations très-exactes et très-bien rendues sur les
mérites inégaux et divers de Delambre, de Cuvier et de
Fourier, à titre de secrétaires perpétuels. Quelque opinion qu'on ait sur les conclusions un peu pessimistes
de l'article, ce sont là de bonnes et très-bonnes pages
de littérature.

Ennemi de la publicité habituelle et fréquente pour

les travaux de l'Académie des Sciences, M. Biot n'était pas moins opposé, dans l'histoire particulière des savants, à ce qui les fait trop connaître par les côtés singuliers et intimes de leur nature. Et ici il y a à distinguer : le premier mouvement de M. Biot était tout à fait contraire et même hostile à ces sortes de publications familières, épistolaires, qui nous révèlent les mœurs, la physionomie et aussi les incertitudes ou les faiblesses des grands hommes. Il n'aimait pas cela. Mais il revenait quelquefois, il réagissait contre son goût et son humeur, et son second mouvement était alors de profiter, à son tour, de ces documents nouveaux pour pousser plus avant lui-même l'étude des savants illustres. C'est ce qu'il n'a cessé de faire à l'occasion des nombreux écrits et témoignages originaux publiés en Angleterre sur Newton, et dont il s'était constitué dans le *Journal des Savants* le rapporteur très-attentif, très-fidèle, en même temps que le critique scrupuleux et sévère : on peut dire qu'en ce qui concerne Newton, il a été, pour la France, son historien de seconde main.

Une fois pourtant, et dans un cas tout pareil, son premier mouvement l'emporta : le professeur Uylenbroek, de Leyde, ayant publié deux volumes inédits de la Correspondance de Huyghens avec Leibniz et avec le marquis de L'Hôpital (1833), M. Biot donna cours, dans l'examen qu'il en fit au *Journal des Savants* (mai 1834), à un sentiment qui, sous sa forme discrète et son expression modérée, ne peut être qualifié au fond que de dénigrant et de malveillant :

« Les éditeurs de semblables recueils, disait-il en com-

mençant, lorsqu'ils n'ont que des intentions honorables, ce
qui est certainement le cas actuel, doivent bien examiner,
avant de les émettre, si la gloire des hommes célèbres qu'ils
ramènent ainsi sur la scène s'accroîtra par ces publications
qu'eux-mêmes n'avaient point prévues; ou si l'expression,
pour ainsi dire surprise, des idées qu'ils n'avaient pas expo-
sées au grand jour, aura une utilité générale, soit en ajoutant
de nouvelles et réelles richesses à la masse des connaissances
déjà acquises, soit en détruisant des erreurs que des hommes
célèbres auraient accréditées; soit, enfin, en redressant des
injustices qui se seraient propagées sous l'influence de leur
nom: car, si aucun de ces résultats ne doit être obtenu, la
gloire de ce nom risque d'en être affaiblie plutôt qu'aug-
mentée, ne fût-ce que par l'évanouissement du prestige de
perfection qui s'y attachait. »

C'est donc au nom d'un *prestige* que M. Biot s'opposait
à ce qu'on pût acquérir une connaissance plus exacte et
plus entière de ces grands hommes de la science. Il
réussit cette fois au delà peut-être de ses vœux : se
voyant accueilli avec cette aigreur et presque censuré au
nom de la morale et de la religion scientifique, au lieu
de recevoir les remercîments auxquels il se croyait des
droits, le professeur de Leyde fut découragé et en resta
là, ne donnant pas la suite de cette Correspondance si
intéressante pour les géomètres. J'ai entendu appeler cet
article de M. Biot « une mauvaise action. » Il y a lieu de
penser qu'il en eut quelque regret, car l'article n'a point
été recueilli par lui dans ses *Mélanges*.

Ses articles sur Galilée, comme ceux qu'il a donnés
sur Newton, forment tout un ensemble qui offre bien
de l'instruction et de l'intérêt, et ils laissent peu à désirer au point de vue de l'exposé et de la netteté de

l'analyse. Je conçois pourtant l'espèce d'impatience qu'ils ont donnée à quelques lecteurs, notamment à sir David Brewster, dont on a pu lire la protestation et la réfutation chaleureuse (*Revue britannique*, juillet 1861). L'effet que produit ce travail de M. Biot, intitulé *la Vérité sur le procès de Galilée*, est singulier à la longue : chaque détail est exact, on l'admet ; chaque réflexion même, amenée chemin faisant, paraît juste, chaque conjecture plausible, et pourtant le tout laisse une impression équivoque. C'est que M. Biot, dans son impartialité froide et calculée, affecte trop de plaider les circonstances atténuantes de la persécution : il n'a pas un moment d'indignation pour tant de bêtise, sinon de cruauté ; il n'a pas un mouvement à la Pascal ! — Allons ! Galilée a été traité avec égard dans son martyre ; il n'a pas été plongé dans un cachot, il n'a pas été soumis à la question rigoureuse ni à la torture pour avoir soutenu et prouvé que la terre tourne : que demandez-vous de mieux ? Allons, Galilée, levez-vous, et, au lieu de dire aux inquisiteurs : *Et pourtant elle tourne !* remerciez ces messieurs de leur bonté grande, et allez publier partout les effets de leur clémence. Car c'est votre faute, après tout, et vous avez bien votre *meâ culpâ* à faire ; vieillard de soixante et dix ans, vous avez été imprudent comme un jeune homme ; vous avez traité, quoique déjà averti, des sujets défendus ; vous y avez mêlé des railleries peu séantes, vous avez prêté à un personnage ridicule de vos Dialogues les opinions du Pape lui-même. Il ne vous est arrivé, en fait de désagréments, que ce que vous vous êtes attiré de gaieté de cœur, et en le voulant bien. — Oh ! certes, quand il écrivait son *Essai sur l'Histoire des Sciences pendant la Révolution*, M. Biot n'aurait point eu de ces froideurs ni de ces *pour et contre* si prolongés et si balancés, dans le duel entre la science et la théologie. C'est, on le devine, même quand M. l'abbé Moigno ne nous l'aurait pas appris (n° du *Cosmos* du 7 février 1862), c'est que le vieillard avait changé, c'est qu'il avait remis depuis des années sa conscience en des mains pieuses, mais en des mains étrangères ; c'est que le Père de Ravignan ou le Père de Pontlevoy, cités avec éloge à un endroit du travail, avaient passé par là, et qu'il y a un petit souffle imperceptible venu du Vatican ou du voisinage, qu'on ne voit pas, mais qu'on sent, et qui, dans ce compte rendu du procès de Galilée, est bien capable à la fin d'irriter les âmes non patelines et grossièrement généreuses (1).

M. Biot eut, dans ses dernières années, une satisfaction des plus vives, une des jouissances les plus sensibles à l'esprit d'un savant. J'ai dit, en me faisant l'écho des voix les plus autorisées, que l'invention n'était pas son fort ; mais il était très-curieux et très-em-

---

(1) Ceci me rappelle, quoique la transition puisse ne point sembler essentiellement logique et rigoureuse, que dans une lettre adressée par M. le comte de Chambord à l'un de ses amis de France, j'ai lu, non sans quelque surprise, l'éloge suivant de M. Biot qui venait de mourir : « C'était un savant du premier ordre, un chrétien des premiers temps, et l'un de mes amis les plus dévoués. » On fait plus qu'entrevoir par là que le savant était resté en relation avec le parti légitimiste, de même qu'il s'était mis en règle avec le parti religieux.

pressé à se porter du côté où s'annonçaient des découvertes nouvelles. A défaut d'initiative, il avait l'ardeur et
une grande faculté d'assimilation. M. Biot s'était de tout
temps occupé de la branche de physique qu'on appelle
Optique, et qui se traite à la fois par l'expérience et par
l'application rigoureuse du calcul. Cependant de ré-
centes découvertes avaient été faites dans cette branche
sur les phénomènes des rayons dits *polarisés,* par Malus, par Fresnel, par Arago ; et M. Biot en était encore
à se hâter sur leurs traces, à tâtonner ou à essayer
de contredire. Le tome Ier des *Mémoires scientifiques*
d'Arago fournit à ceux qui ont le mérite de comprendre
ces hautes discussions la preuve de ces velléités de con-
currence ou de résistance également réfutées. Mais enfin
M. Biot eut, à son tour, sa découverte : il fit une remarque féconde en conséquences, et à l'aide de laquelle
il put indiquer et conseiller l'emploi de la lumière po-
larisée pour étudier diverses questions de mécanique
chimique. Arago paraît bien avoir prédit avant lui que
l'optique apporterait un jour à la chimie des secours
inespérés ; mais M. Biot fit un pas de plus dans cette voie
et donna le moyen de l'application. Je ne puis que courir
sur des sujets où j'ai si peu le droit de parler en mon
nom. C'était, de bons juges me l'affirment, c'était un
des talents de M. Biot « de mettre volontiers en œuvre,
à l'occasion de chaque question, toutes les ressources
dont dispose la science, en employant parfois les plus
étrangères aux savants dont il abordait la spécialité. »
Ainsi, dans le cas présent, il apportait aux chimistes le
secours de l'optique pour démêler certaines qualités

distinctives des molécules dans les produits organisés.
Il était fier, et avec raison, de cette découverte : « Auparavant, disait-il, les chimistes ressemblaient à des
architectes qui, pour connaître un édifice, auraient commencé par le démolir et auraient prétendu ensuite juger
de sa structure intérieure d'après la nature, le nombre
et le poids des matériaux bruts, au lieu que maintenant,
dans bien des cas, on peut saisir la constitution intime
des corps sans les endommager, et distinguer les pro-
priétés essentielles des particules mêmes en situation. »
— Se plaignant que les chimistes tardassent trop à
user de ce nouveau moyen d'investigation délicate :
« Les chimistes ne sont que des cuisiniers, disait-il encore ; ils ne savent pas tirer parti de l'admirable instrument que je leur ai mis entre les mains. » Mais,
enfin, il y eut de jeunes et habiles chimistes qui en essayèrent et qui donnèrent à M. Biot cette satisfaction
suprême de voir qu'il ne s'était pas trompé dans ses
prévisions favorables : je nommerai surtout M. Ber-
thelot et M. Pasteur.

Ce dernier a raconté que le jour où il fut appelé dans
le cabinet de M. Biot que l'Académie lui avait donné
pour commissaire, et sous les yeux duquel il avait à
répéter l'expérience décisive d'un de ses beaux mémoires, au moment où le résultat annoncé se produisit,
M. Biot, visiblement ému, le saisit par le bras et lui
dit : « Mon cher enfant, j'ai tant aimé les sciences dans
ma vie que cela me fait battre le cœur. »

C'est en vertu de l'observation de M. Biot et au moyen
du rayon polarisé, que la médecine a appris à distin-

guer par un diagnostic certain la maladie dite du *dia-bète,* et à reconnaître les moindres traces de sucre dans les sécrétions urinaires. Signalée et dénoncée dès son origine, cette cruelle maladie a chance d'être com-battue avec avantage et encore à temps peut-être pour être guérie. Lui, qui en toute occasion paraissait assez peu se soucier de l'application des sciences et semblait ne mettre de prix qu'à la recherche pure, il était très-sensible à cette application-là.

M. Biot s'est plu à retracer l'historique de sa décou-verte et de toutes ses conséquences dans un dernier travail inséré dans les *Annales de Chimie et de Physique,* et qu'il appelait son testament scientifique (mai-août 1860). Son testament philosophique, ou ce qu'il appe-lait moins justement de ce nom, se trouverait dans le *Journal des Savants* de mars à mai 1852 : c'est une suite d'articles sur Cotes et Newton.

Le dernier travail, pourtant, qui l'ait occupé et pas-sionné, est celui où il traite à fond de l'*Astronomie indienne et chinoise;* se faisant aider de M. Adolphe Re-gnier pour le sanscrit, et pour la partie chinoise de M. Stanislas Julien; animé par le souvenir de son fils enlevé prématurément, et qui s'était occupé de ces mêmes études, il a fait dans l'année qui précéda sa fin une œuvre considérable, tout un livre, qui court risque de ne pas rencontrer un seul contradicteur : car il y a à peine des juges. Que de connaissances il faudrait réunir, en effet, pour le suivre utilement et pour réussir à se former un avis sur un sujet si ardu et si complexe!

M. Biot causait à merveille. Sa conversation était trèspersonnelle, mais on accorde cela à la conversation des vieillards et des hommes célèbres. Les premières fois que j'eus l'honneur de causer avec lui, je crus m'apercevoir que, si on le laissait faire, il aimait assez la méthode de Socrate, c'est-à-dire à vous supposer quelque idée fausse que souvent vous n'aviez pas, et à se donner le plaisir de la réfuter en se faisant naturellement la belle part, — un peu comme Béranger. Je ne m'y suis point prêté. Mais sur les temps anciens, sur la grande époque de sa jeunesse, sur les savants du premier ordre dont il avait gardé le culte, il était très-intéressant à écouter. Sans être très-neuf d'idées en causant ni très-original là pas plus qu'ailleurs, il avait à l'occasion des mots fins et qui ont toute leur valeur et leur agrément dans la vieillesse. Il est d'usage, à l'Académie française, que le directeur ou président en exercice, lorsqu'un membre meurt, préside également la séance et prononce le discours solennel le jour où ce membre est remplacé et où l'on reçoit son successeur : le mort, tout naturellement, y est fort célébré. Un jour que M. Guizot venait d'être élu directeur, M. Biot s'approcha de lui et, pour tout compliment, lui dit : « C'est tentant ! » Fontenelle n'eût pas mieux trouvé.

Une autre fois, à la mort du spirituel géomètre, M. Poinsot (que par parenthèse il n'aimait pas), M. Biot, s'adressant à un jeune confrère, M. Bertrand, plus au fait que lui des travaux modernes de mathématiques, lui demanda quel était le géomètre pur le plus en voie de se distinguer. Il lui fut répondu : « M. Bour ; mais il ne sera en mesure que dans trois ou quatre ans. » —

« Allons, répondit M. Biot, par un brusque retour sur lui-même, je vois qu'il ne faut pas que je me dépêche. » Ce mot est la contre-partie du précédent.

Un jour, sur la même question à peu près qu'il adressa encore à M. Bertrand : « Quel est le jeune géomètre qui vous paraît avoir le plus d'avenir ? » et sur la même réponse qui lui fut faite : « C'est M. Bour, » ce dernier qui était en province reçut, peu après, une caisse contenant six gros volumes, formant un *exemplaire unique* des œuvres de Lagrange, lesquelles n'ont jamais été recueillies et sont éparses dans les mémoires des diverses Compagnies savantes. L'envoi portait cette indication : « Offert par Lagrange à Condorcet, — par Condorcet à Lacroix, — par Lacroix à M. Biot, — par M. Biot à M. Bour, — par M. Bour à... » Le nom en blanc, pour bien marquer l'intention que le legs précieux, ainsi transmis de main en main au plus digne, continuât de l'être encore sans courir la chance d'être divisé et dispersé.

Examinateur à l'École de Saint-Cyr, un jour M. Biot y rencontra parmi les élèves un Montmorency qu'il interrogea et qui répondit fort bien. Il lui exprima son approbation, en ajoutant ces mots qui résument, ce me semble, à merveille le genre d'égards qui restent dus aux anciens noms historiques, dans la juste et stricte mesure des idées de 89 : « On vous doit, monsieur, les occasions de vous distinguer ; mais souvenez-vous bien toute votre vie qu'on ne vous doit que cela.

M. Biot était et demeura jusqu'à la fin un *liseur* infatigable ; on ne se fait pas idée de la quantité de livres

de toutes sortes qu'il essayait et que quelquefois il dé-
vorait d'un bout à l'autre. La Bibliothèque de l'Institut
avait peine à suffire à sa consommation de chaque semaine. Il n'avait guère de patience dans ses prompts
désirs de lecture, et aurait voulu être servi aussitôt. Il
est peu d'esprits qui conservent ainsi jusqu'au terme
toute leur vivacité d'appétit intellectuel. Je dirai presque
qu'il y avait excès chez lui, et que cette curiosité un
peu vague, toujours prête et toujours avide, était en
disproportion avec l'objet et le résultat. Tant et de si
diverses lectures, à cet âge, peuvent distraire et amuser, mais ne nourrissent plus. Ce qui est vraiment beau
pour un savant et ce qui mérite d'être envié en effet de
tous ceux qui ont connu les plaisirs de l'esprit, c'est
qu'il se maintint constamment frais et dispos d'intelligence, et qu'il vécut, presque jusqu'à la dernière heure
de la vie de la pensée.

LOUIS XIV ET LE DUC DE BOURGOGNE

PAR M. MICHELET (1).

———

M. Michelet poursuit sans relâche, à travers les ré-
créations d'histoire naturelle qui le délassent plutôt
qu'elles ne le détournent, la série des études qui ont
pour objet de continuer et de compléter les premiers
volumes de son *Histoire de France*, commencée en 1833,
interrompue en 1844, et qui doivent bientôt la rejoindre
à son *Histoire de la Révolution*, conçue et composée depuis lors dans le feu des agitations sociales et des tempêtes civiles. Il comble ainsi l'intervalle entre les diverses parties de son monument. En se remettant à ce
travail ancien et en reprenant les choses où il les avait
laissées, à dater du xvie siècle, l'historien a un peu
changé de méthode et d'allure. On sent l'homme pressé.
Non pas qu'il étudie moins, qu'il possède et pénètre
moins ses sujets ; mais, dans les nombreux volumes qui

———

(1) Un volume in-8°, chez Chamerot, 13, rue du Jardinet.

se succèdent, sa manière est non-seulement rapide,
mais hachée, saccadée; sa marche est haletante et
comme fébrile. La narration, proprement dite, qui n'a
jamais été son fort, est presque toute sacrifiée. Ne cherchez point de chaussée historique, bien cimentée, solide
et continue : le parti pris des points de vue absolus domine ; on court avec lui sur des cimes, sur des pics, sur
des aiguilles de granit, qu'il se choisit comme à plaisir
pour en faire ses belvédères. On saute de clocher en
clocher. Il semble s'être proposé une gageure impossible
et qu'il a pourtant tenue, d'écrire l'histoire avec une
suite d'éclairs.

Je ne ferai ici ni la critique ni l'éloge de cette manière historique, la plus éloignée, je l'avoue, de mes
goûts et de mes habitudes : qu'il me suffise de dire que
M. Michelet l'a faite sienne à force de volonté et de talent, qu'il l'a portée à un point où elle est unique, qu'il
y est désormais passé maître; et comme les conseils
seraient parfaitement inutiles, j'accepte l'homme de savoir, d'imagination et de cœur pour ce qu'il est ; je le
prends dans les étincelants et hasardeux produits qu'il
nous donne ; je fais mon deuil de ce qui me choque, je
rends justice et hommage à de merveilleux endroits et
j'en profite. En un mot, M. Michelet est une puissance
établie : j'y ai résisté assez longtemps, malgré ma vieille
amitié pour l'homme, je capitule ; je la reconnais enfin,
cette puissance, et je demande seulement de ne pas la
discuter. Dans le volume que j'annonce et que je ne
parcourrai point en détail, je saisis ce qui me paraît le
mieux et le plus vrai, le personnage du duc de Bour-

gogne, de ce petit-fils de Louis XIV, l'objet de tant d'espérances, tant promis au monde, tant regretté et pleuré, et j'en viens parler à mon tour après M. Michelet, d'après lui en partie, et aussi d'après les sources mêmes qui sont les plus agréables et les plus fertiles, puisqu'elles sortent toutes vives des écrits de Fénelon et de Saint-Simon.

M. Michelet n'a pas été injuste, et je lui en sais gré, envers ce jeune prince qui aurait eu bien de la peine à devenir un grand roi et qui, autant qu'on le peut conjecturer, n'aurait jamais réussi qu'à faire un saint roi par anachronisme, ironiquement placé à la tête du xviiie siècle déjà tout formé et avide d'éclater et de déborder. L'historien reconnaît, en effet, ses bonnes intentions, sa tendre pitié pour le peuple et toutes ses vertus chrétiennes, mais il marque en même temps les étroitesses et les limites d'esprit de ce *vénérable enfant,* et il trouve, pour peindre le contraste de cette manière d'être individuelle avec les vertus publiques et les lumières étendues si nécessaires à un souverain, des expressions qui se fixent dans la mémoire et des couleurs qui demeurent dans les yeux.

Le duc de Bourgogne, quand on veut s'en faire une juste idée, ne saurait se séparer un instant de son maître et précepteur Fénelon. Celui-ci avait trente-huit ans, lorsque le duc de Beauvilliers, nommé gouverneur du jeune prince et chargé en chef de son éducation (1689), ne l'accepta qu'à la condition d'avoir cet aimable ami pour collaborateur, et de se l'associer intimement dans cette tâche délicate.

Jamais éducation de prince (et en parlant ainsi, je
me souviens de celle du Dauphin son père, élevé par
Montausier et Bossuet) ne convoqua et ne réunit un
groupe d'hommes plus distingués, plus appropriés à
l'œuvre à laquelle ils se vouaient : M. de Beauvilliers,
gouverneur ; — Fénelon, précepteur ; — l'abbé Fleury,
sous-précepteur, conjointement avec l'abbé de Beaumont, neveu de Fénelon ; l'abbé de Langeron, lecteur ;
et le reste choisi à l'avenant. L'œuvre était difficile. Le
jeune prince qu'il s'agissait d'élever n'était pas une nature ordinaire ; mais ce n'était pas non plus une de ces
natures heureuses qui n'ont besoin que d'être préser-
vées contre le dehors et qui croissent et prospèrent
d'elles-mêmes. On connaîtrait mal le duc de Bourgogne
et ce naturel étrange, même quand on prête l'oreille
de très-près aux paroles de Fénelon, si l'on n'avait en
face ce formidable et trahissant témoin, Saint-Simon :

« Il faut dire tout d'abord, nous apprend cet admirateur
si fervent du même prince corrigé et morigéné, que Mgr le
duc de Bourgogne était né avec un naturel à faire trembler. Il
était fougueux jusqu'à vouloir briser ses pendules lorsqu'elles
sonnaient l'heure qui l'appelait à ce qu'il ne voulait pas, et
jusqu'à s'emporter de la plus étrange manière contre la pluie
quand elle s'opposait à ce qu'il voulait faire. La résistance le
mettait en fureur : c'est ce dont j'ai été souvent témoin dans
sa première jeunesse. D'ailleurs un goût ardent le portait à
tout ce qui est défendu au corps et à l'esprit. Sa raillerie était
d'autant plus cruelle qu'elle était plus spirituelle et plus salée,
et qu'il attrapait tous les ridicules avec justesse. Tout cela
était aiguisé par une vivacité de corps et d'esprit qui allait à
l'impétuosité, et qui ne lui permit jamais dans ces premiers
temps d'apprendre rien qu'en faisant deux choses à la fois.

Tout ce qui est plaisir, il l'aimait avec une passion violente, et tout cela avec plus d'orgueil et de hauteur qu'on n'en peut exprimer, dangereux de plus à discerner et gens et choses, et à apercevoir le faible d'un raisonnement et à raisonner plus fortement et plus profondément que ses maîtres. Mais aussi, dès que l'emportement était passé, la raison le saisissait et surnageait à tout; il sentait ses fautes, il les avouait, et quelquefois avec tant de dépit qu'il rappelait la fureur. Un esprit vif, actif, perçant, se roidissant contre les difficultés, à la lettre transcendant en tout genre. Le prodige est qu'en très-peu de temps la dévotion et la grâce en firent un autre homme, et changèrent tant et de si redoutables défauts en vertus parfaitement contraires... »

Saint-Simon, en d'autres endroits, ajoute des détails encore plus significatifs sur les fougues et les passions du jeune prince, ses instincts précoces de libertinage, ses penchants effrénés pour toute espèce de volupté, son goût même pour le vin, son infatuation de lui-même et de ce qu'il était né, et son parfait mépris de tout ce qui l'entourait : — tout cet *abîme* enfin, d'où il sortit après des années un autre homme au moral, méconnaissable en bien et régénéré.

Comparé à son père, au grand Dauphin, le duc de Bourgogne avait en effet un inappréciable avantage : il offrait bien des prises et des ressources. Chez lui, du moins, il y avait du ressort, tandis que son père, cet élève de Montausier et de Bossuet, n'était que matière, masse épaisse et indolente. Montausier, qui, sous ses vertus de Caton et sous le manteau de duc et pair, avait un arrière-fond de pédant et une dureté de cuistre, eut beau déployer et briser sur son élève le fouet et la fé-

rule, — Bossuet, qui assistait aux coups sans mot dire,
eut beau écrire pour lui les traités les plus relevés et
les plus magnifiques discours, — au lieu de le stimuler
par aucun moyen, on n'était parvenu qu'à l'assommer
et à le rebuter, pour le reste de sa vie, de toute noble
application de la pensée. Le duc de Bourgogne, au
contraire, avait bien *du vice,* comme dit le peuple, ce
qui veut dire aussi qu'il avait bien de l'esprit.

Je ne ferai pas tout à fait comme M. Michelet qui veut
chercher dans les parents du jeune prince, et jusque
dans les mystères de la génération, les éléments et le
secret de cette organisation singulière, ce qui pouvait
lui venir de sa mère dans ses goûts bizarres, ce qu'il ne
tenait certainement pas de son père. Les conjectures de
M. Michelet à ce propos sont spirituelles, mais elles font
sourire; il est des choses que l'histoire ne doit point
prétendre deviner. Les lois qui président aux trans-
missions héréditaires sont à peine entrevues, bien loin
d'être de tout point éclaircies; le seront-elles jamais?
Un aperçu piquant qu'on saisit en l'air et qu'on attrape
à la volée, une anecdote d'alcôve, n'est point une raison
sérieuse, et il faudrait laisser à la porte de la sévère
histoire toutes ces sciences conjecturales et qui sont à
naître ou à peine nées encore.

Ce qui est certain, c'est que lorsque Fénelon reçut
entre les mains, pour l'élever, ce jeune prince âgé de
sept ans, il en fut effrayé à première vue. Il reconnut
aussitôt à quel point la matière sur laquelle il allait
avoir à travailler était bouillante et rebelle, d'autant
plus dangereuse qu'elle était pleine d'esprit et comme

pétrie de salpêtre et de feu. Un Néron, un Domitien pouvait en sortir aussi bien qu'un Titus, si l'on manquait l'œuvre et si l'on se trompait de moule. Par les férocités, le manque d'équilibre et le déchaînement des passions brutales jointes aux vivacités et aux caprices de l'imagination, il y avait l'étoffe d'un monstre. C'était une rude affaire que de tirer de là un roi et un homme. Aussi, avec tous les soins de Fénelon et de ses collaborateurs, on n'en tira finalement qu'un saint, — c'est-à-dire plus et moins qu'un homme. De l'excès du mal, on passa à l'excès du bien. On traversa, on renversa la nature, sans pouvoir y prendre pied et s'y arrêter. On ne trouva pas le milieu ni l'entre-deux.

Quand on n'aurait point Saint-Simon avec son terrible pinceau, on pourrait, rien que par le témoignage de Fénelon, soupçonner quelque chose du naturel équivoque et menaçant du jeune prince. Voici un portrait que son précepteur a fait de lui, et qu'il lui a mis sous les yeux pour lui faire honte de ses défauts. Ce portrait ou *Caractère* dans le goût de La Bruyère, qui aurait pu sembler à quelques égards un jeu d'esprit et un exercice de littérature, aura désormais à nos yeux tout son sens et sa signification, éclairé qu'il est par la peinture flamboyante de Saint-Simon, qui y jette comme de sanglants reflets. Le portrait d'ailleurs, s'il n'a pas les mêmes fureurs de touche, n'est en rien adouci :

LE FANTASQUE.

« Qu'est-il donc arrivé de funeste à *Mélanthe ?* rien au dehors, tout au dedans. Ses affaires vont à souhait : tout le

monde cherche à lui plaire. Quoi donc? c'est que sa rate
fume. Il se coucha hier les délices du genre humain : ce matin
on est honteux pour lui, il faut le cacher. En se levant, le pli
d'un chausson lui a déplu; toute la journée sera orageuse, et
tout le monde en souffrira. Il fait peur, il fait pitié : il pleure
comme un enfant, il rugit comme un lion. Une vapeur maligne et farouche trouble et noircit son imagination, comme
l'encre de son écritoire barbouille ses doigts. N'allez pas lui
parler des choses qu'il aimait le mieux il n'y a qu'un moment : par la raison qu'il les a aimées, il ne les saurait plus
souffrir. Les parties de divertissement qu'il a tant désirées lui
deviennent ennuyeuses, il faut les rompre. Il cherche à contredire, à se plaindre, à piquer les autres; il s'irrite de voir
qu'ils ne veulent point se fâcher. Souvent il porte ses coups
en l'air, comme un taureau furieux, qui, de ses cornes aigui-
sées, va se battre comme les vents (1). Quand il manque de
prétexte pour attaquer les autres, il se tourne contre lui-
même : il se blâme, il ne se trouve bon à rien, il se décourage ;
il trouve fort mauvais qu'on veuille le consoler. Il veut être
seul, et ne peut supporter la solitude. Il revient à la compagnie et s'aigrit contre elle. On se tait, ce silence affecté le
choque. On parle tout bas, il s'imagine que c'est contre lui.
On parle tout haut, il trouve qu'on parle trop, et qu'on est
trop gai pendant qu'il est triste. On est triste, cette tristesse
lui paraît un reproche de ses fautes. On rit, il soupçonne
qu'on se moque de lui. Que faire? Être aussi ferme et aussi
patient qu'il est insupportable, et attendre en paix qu'il revienne demain aussi sage qu'il était hier. Cette humeur
étrange s'en va comme elle vient. Quand elle le prend, on
dirait que c'est un ressort de machine qui se démonte tout à
coup : il est comme on dépeint les possédés; sa raison est

---

(1) C'est par politesse que Fénelon dit de *Mélanthe* qu'il est
comme un taureau qui porte ses coups *en l'air* : le duc de Bourgogne portait souvent ses coups moins à faux et battait son valet
de chambre pendant que celui-ci était en train de l'habiller.

comme à l'envers; c'est la déraison elle-même en personne.
Poussez-le, vous lui ferez dire en plein jour qu'il est nuit;
car il n'y a plus ni jour ni nuit pour une tête démontée par
son caprice. Quelquefois il ne peut s'empêcher d'être étonné
de ses excès et de ses fougues : malgré son chagrin, il sourit
des paroles extravagantes qui lui ont échappé. Mais quel
moyen de prévoir ces orages, et de conjurer la tempête?...
Ce je ne sais quoi veut et ne veut pas; il menace, il tremble;
il mêle des hauteurs ridicules avec des bassesses indignes. Il
pleure, il rit, il badine, il est furieux. Dans sa fureur la plus
bizarre et la plus insensée, il est plaisant, éloquent, subtil,
plein de tours nouveaux, quoiqu'il ne lui reste pas seulement
une ombre de raison. Prenez bien garde de ne lui rien dire
qui ne soit juste, précis et exactement raisonnable : il saurait bien en prendre avantage et vous donner adroitement le
change (1); il passerait d'abord de son tort au vôtre, et deviendrait raisonnable pour le seul plaisir de vous convaincre que
vous ne l'êtes pas. C'est un rien qui l'a fait monter jusques
aux nues, mais ce rien qu'est-il devenu? il s'est perdu dans
la mêlée; il n'en est plus question : il ne sait plus ce qui l'a
fâché, il sait seulement qu'il se fâche et qu'il veut se fâcher;
encore même ne le sait-il pas toujours. Il s'imagine souvent
que tous ceux qui lui parlent sont emportés, et que c'est lui
qui se modère; comme un homme qui a la jaunisse croit que
tous ceux qu'il voit sont jaunes, quoique le jaune ne soit que
dans ses yeux... »

Je ne puis tout citer; la fin encore est à lire, et ceci
ne peut s'omettre :

« Mais attendez un moment, voici une autre scène. Il a
besoin de tout le monde; il aime, on l'aime aussi; il flatte, il

(1) C'est précisément le trait noté par Saint-Simon, dans ce
portrait précédent qui nous montre le prince habile, jusque dans
sa colère, à *apercevoir le faible d'un raisonnement...* Tout cela
concorde.

s'insinue, il ensorcelle tous ceux qui ne pouvaient plus le
souffrir; il avoue son tort, il rit de ses bizarreries, il se contrefait; et vous croiriez que c'est lui-même dans ses accès
d'emportement, tant il se contrefait bien. Après cette comédie, jouée à ses propres dépens, vous croyez bien qu'au moins
il ne fera plus le démoniaque. Hélas! vous vous trompez : il
le fera encore ce soir, pour s'en moquer demain sans se corriger. »

Il était difficile de présenter au jeune prince un portrait de lui en laid plus saillant et plus ressemblant, —
un portrait à faire peur et qui le forçait cependant à
sourire. Voilà de vraies leçons, qui doivent agir et opérer, si jamais les leçons opèrent.

Le cardinal de Bausset, en citant ce Caractère dans
son Histoire de Fénelon, en a retranché, sans avertir,
deux des traits les plus énergiques, la comparaison
avec le *taureau* et l'image de la *jaunisse*. On sent, à ces
suppressions, le goût intimidé et affaibli de ces esprits
polis que la Révolution a effrayés, même en ce qui est
de la littérature : ils émoussent tout ce qui a un accent.
Au reste, l'abbé Proyart, dans son élégante et louable
Histoire du duc de Bourgogne (1782), tout en indiquant
les défauts, ne les avait pas non plus assez gravés et
mis en relief. On croit trop, en lisant cet estimable
écrivain à la Louis XVI, que le duc de Bourgogne n'était
sujet qu'à des accès de colère comme en ont tant
d'autres enfants : il a fallu, pour nous en faire distinguer l'accent tout féroce et en déterminer le caractère
néronien, que parût au jour le moraliste de génie et
le peintre incomparable. A son reflet, comme à une
torche agitée dans l'ombre, toutes ces tièdes peintures

en grisaille s'illuminent et parlent à leur tour. La fine peinture de Fénelon elle-même en reçoit plus de lumière et acquiert tout son prix.

Il faut lire encore *la Médaille,* c'est-à-dire le beau côté et son revers : non plus une simple copie d'après nature, mais une invention ingénieuse de cette imagination charmante et souple qui savait prendre toutes les formes pour s'insinuer et persuader. Fénelon réalise tout à fait pour nous, dans ce joli exemple, une qualité que les Grecs appelaient *Eutrapelia,* la souplesse d'esprit, l'enjouement, l'insulte polie. Il suppose un matin qu'il reçoit à l'instant une lettre de Hollande, une lettre de Bayle ; car Fénelon n'a point d'aversion pour Bayle, comme en avaient Nicole et d'autres esprits prévenus ; il admet tout à fait qu'il puisse être en correspondance avec le calviniste tolérant, et ne se signe point d'horreur à cette idée. Il reçoit donc une lettre par laquelle le savant journaliste l'informe qu'on vient de trouver en Italie une médaille antique, dont on a fait frapper des copies exactes qui courent en Hollande et qui, selon toute apparence, se répandront bientôt dans tous les pays et toutes les cours de l'Europe ; il compte dans peu de jours en envoyer une à celui même à qui il écrit ; mais en attendant il va lui en faire une description aussi fidèle que possible. Représentons-nous Fénelon lisant à haute voix cette lettre qu'il vient d'ouvrir, en présence du duc de Bourgogne et d'une ou deux des personnes attachées à son éducation, un matin, à déjeuner. L'attention est piquée aussitôt par cette annonce : le duc de Bourgogne a l'esprit curieux et très-littéraire, très-tourné aux choses de l'antiquité : il-est tout oreilles. Or, voici la description :

« D'un côté, cette médaille, qui est fort grande, représente un enfant d'une figure très-belle et très-noble : on voit Pallas qui le couvre de son égide ; en même temps les trois Grâces sèment son chemin de fleurs ; Apollon, suivi des Muses, lui offre sa lyre : Vénus paraît en l'air dans son char attelé de colombes, qui laisse tomber sur lui sa ceinture ; la Victoire lui montre d'une main un char de triomphe, et de l'autre lui présente une couronne. Les paroles sont prises d'Horace : *Non sine Dis animosus infans* (Enfant plein de courage, et non déshérité des Dieux). »

Voilà le beau côté ; on sourit, on croit déjà reconnaître une allusion flatteuse ; l'amour-propre est prompt à deviner ce qui le chatouille et déjà disposé à s'épanouir ; mais toute médaille a son revers :

« Le revers est bien différent. Il est manifeste que c'est le même enfant, car on reconnaît d'abord le même air de tête ; mais il n'a autour de lui que des masques grotesques et hideux, des reptiles venimeux, comme des vipères et des serpents, des insectes, des hiboux, enfin des harpies sales, qui répandent de l'ordure de tous côtés, et qui déchirent tout avec leurs ongles crochus. Il y a une troupe de Satyres impudents et moqueurs, qui font les postures les plus bizarres, qui rient, et qui montrent du doigt la queue d'un poisson monstrueux, par où finit le corps de ce bel enfant. Au bas, on lit ces paroles, qui, comme vous savez, sont aussi d'Horace : *Turpiter atrum desinit in piscem.*

« Les savants se donnent beaucoup de peine, continue le correspondant supposé, pour découvrir en quelle occasion cette médaille a pu être frappée dans l'antiquité. Quelques-uns soutiennent qu'elle représente Caligula, qui, étant fils de

Germanicus, avait donné dans son enfance de hautes espérances pour le bonheur de l'Empire, mais qui, dans la suite, devint un monstre. D'autres veulent que tout ceci ait été fait pour Néron, dont les commencements furent si heureux et la fin si horrible. Les uns et les autres conviennent qu'il s'agit d'un jeune prince éblouissant, qui promettait beaucoup, et dont toutes les espérances ont été trompeuses... »

Caligula et Néron! Fénelon ne craint pas de les nommer; cet esprit de charme et de grâce n'en a pas l'air, mais il est moralement plus hardi que Bossuet; il a plus de courage et d'indépendance en présence des Grands.

Mais, lors même qu'il gronde et châtie, comme tout cela rit et parle à l'imagination en même temps que cela va droit à la raison! Combien c'est le contraire d'une éducation ennuyeuse et pédante, d'une éducation à la Montausier!

Dans les projets d'études et les plans de lectures qu'il trace pour le jeune prince, Fénelon n'oublie pas de dire : « S'il s'ennuyait, il faudrait varier. » Il ne veut jamais qu'on insiste ni qu'on appuie sur l'ennui. Ce charmant homme, au fond, est de la famille de Montaigne et même de Rabelais éducateur, en cela du moins.

Les Fables de Fénelon, sous leur forme enfantine, lues dans l'esprit qui les a fait composer et vues en situation, deviennent fort intéressantes. Par elles on assiste (et M. de Bausset l'a très-bien montré) aux divers incidents de cette éducation littéraire si distinguée, et où le précepteur avait affaire à un sujet si inégal, mais

qui excellait et se surpassait par moments. Il fallait user
tour à tour, avec un ménagement et une dextérité extrême, du frein et de l'éperon, et plus souvent encore
·d'une parole douce, d'un toucher de main délicat. Un
jour que le jeune prince, en récitant sa leçon de Virgile
ou d'Ovide, n'avait pas observé la mesure, ou qu'il
avait fait peut-être des fautes de quantité dans ses propres vers latins, Fénelon l'avertissait par la fable : *Le
jeune Bacchus et le Faune.* Un Faune malin écoute le
jeune Bacchus, que Silène instruisait, pendant qu'assis
au pied d'un vieux chêne il récite ou chante des vers, et
le demi-dieu folâtre marque à Silène, par un ris moqueur, toutes les fautes du dieu ; les Naïades et les autres Nymphes du bois souriaient aussi. A la fin, Bacchus impatienté dit au jeune Faune : « Comment oses-
tu te moquer du fils de Jupiter ? » Le Faune répondit
sans s'émouvoir : « Hé! comment le fils de Jupiter ose-
t-il faire quelque faute ? »

Un autre jour qu'au réveil, après une nuit d'été où
avait éclaté un violent orage, le jeune prince, les yeux
encore tout endormis, était de mauvaise humeur, et
que, sans pousser l'emportement jusqu'à mériter qu'on
lui montrât le portrait de *la Médaille,* il avait tout simplement des *nerfs,* comme nous dirions, Fénelon écrivait la fable : *Le Nourrisson des Muses favorisé du Soleil.*
C'est tiré d'un peu loin, c'est très-mythologique, mais
la leçon est aussi légère qu'ingénieuse ; elle est propor-
tionnée au chagrin et à la contrariété du prince qui,
très-probablement, cette fois, n'avait été qu'un peu gro-
gnon et avait pris sur lui tant qu'il avait pu pour se mo-

dérer. Le Soleil a des égards pour le pauvre nourrisson des Muses, en le trouvant si fatigué :

« Il fut sur le point de ramener ses chevaux en arrière et de retarder le jour, pour rendre le repos à celui qui l'avait perdu. Je veux, dit-il, qu'il dorme : le sommeil rafraîchira son sang, apaisera sa bile, lui donnera la santé et la force dont il aura besoin pour imiter les travaux d'Hercule, lui inspirera je ne sais quelle douceur tendre qui pourrait seule lui manquer. Pourvu qu'il dorme, qu'il rie, qu'il adoucisse son tempérament, qu'il aime les jeux de la société, qu'il prenne plaisir à aimer les hommes et à se faire aimer d'eux, toutes les grâces de l'esprit et du corps viendront en foule pour l'orner. »

Mais après les avertissements et les réprimandes, voici les *satisfecit* aussi bien imaginés, aussi bien tournés dans leur genre, et de la plus fine louange. Un jour que le duc de Bourgogne s'était surpassé en traduisant dans le quatrième livre des *Géorgiques* l'épisode d'Aristée, Fénelon, pour le récompenser dignement, écrivait la fable : *Aristée et Virgile*. Virgile descendu aux Enfers et arrivant aux Champs-Élysées y est reçu par le berger Aristée en personne, qui a rang parmi les demi-dieux, et il est introduit dans le groupe des poëtes. Mais la nation des poëtes est jalouse et presque aussi aisée à irriter que celle des abeilles. Virgile, pourtant, grâce à la modestie de son début et à la douceur de ses transports, les séduit tous en chantant et les désarme, — tous, excepté Hésiode, plus morose que les autres, plus piqué au jeu et qui sent apparemment son vainqueur. Et lui-même, Hésiode, il est tout prêt pourtant de céder

au charme ; mais, revenant un peu à lui et se ravisant,
il prononce ces paroles pleines de jalousie et d'indignation : « O Virgile, tu as fait des vers plus durables que
l'airain et que le bronze ! mais je te prédis qu'un jour
on verra un enfant qui les traduira en sa langue et qui
partagera avec toi la gloire d'avoir chanté les abeilles. »
L'éloge, et ici la flatterie même (car on ne peut l'appeler autrement), arrive à l'improviste dans une parole
de colère.

Et une autre fois, pendant une bonne veine, lorsque
le duc de Bourgogne gagnait depuis quelque temps,
d'une manière sensible, en douceur, en amour des lettres, en humanité, Fénelon écrivait sa fable enchante-
resse : *Le Rossignol et la Fauvette,* la plus exquise de ses
Fables, comme le dialogue d'*Horace* et de *Virgile* est le
plus parfait de ses Dialogues. Dans un bocage, au bord
de l'Alphée, les deux oiseaux qui tout le jour chan-
taient, l'un ses anciens malheurs, l'autre ses plaisirs,
aperçoivent un jeune berger qu'ils n'avaient point vu
encore, et à l'instant tous deux, Rossignol et Fauvette,
inspirés par les Muses, ils s'accordent à le célébrer dans
un duo mélodieux :

« Quel est donc ce berger, ou ce dieu inconnu, qui vient
orner notre bocage? Il est sensible à nos chansons; il aime la
poésie : elle adoucira son cœur, et le rendra aussi aimable
qu'il est fier. »

Alors Philomèle continua seule :

« Que ce jeune héros croisse en vertu, comme une fleur

que le printemps fait éclore! qu'il aime les doux jeux de l'esprit! que les grâces soient sur ses lèvres! que la sagesse de Minerve règne dans son cœur! »

La Fauvette lui répondit :

« Qu'il égale Orphée par les charmes de sa voix, et Hercule par ses hauts faits! qu'il porte dans son cœur l'audace d'Achille, sans en avoir la férocité! Qu'il soit bon, qu'il soit sage, bienfaisant, tendre pour les hommes, et aimé d'eux! Que les Muses fassent naître en lui toutes les vertus! »

Puis les deux Oiseaux inspirés reprirent ensemble :

« Il aime nos douces chansons; elles entrent dans son cœur, comme la rosée tombe sur nos gazons brûlés par le soleil. Que les Dieux le modèrent et le rendent toujours fortuné! qu'il tienne en sa main la corne d'abondance! que l'âge d'or revienne par lui! que la sagesse se répande de son cœur sur tous les mortels! et que les fleurs naissent sous ses pas! »

Et la suite encore qui fait bordure au tableau; car c'est toute une églogue que cette fable, le pendant de l'églogue à Pollion. C'est le Virgile des Bucoliques autant qu'il est possible d'être Virgile en prose et en français. Encore une fois, quel joli et ravissant *satisfecit!*

Rassemblez en idée toutes les fameuses éducations royales : je ne sais comment s'y prenait Aristote pour dompter et diriger, tout en l'enflammant, la jeunesse tumultueuse et l'âme affamée de gloire d'un Alexandre. Sans doute Homère lui fournissait d'admirables images et des à-propos où la colère d'Achille, la douceur de

Patrocle revenaient souvent. Pourquoi a-t-on négligé de nous le dire? Quel dommage qu'on n'ait pas le journal d'une telle éducation héroïque! Les paroles de neige de Nestor, les tendresses de nourrice de Phœnix s'y fondaient, pour la tempérer, avec la moelle des lions.

Toutes les âmes dignes d'être appelées des âmes ont en elles un sentiment dominant qui peut se représenter par un poëte. Les uns ont la note pour ainsi dire pastorale, et Théocrite a chanté pour eux. Les autres ont le fond de l'âme élégiaque; Tibulle, Properce, Ovide, les retiennent longtemps et leur suffisent: méfiez-vous pour eux de la langueur et des plaisirs. Les autres ont la corde pieuse, sensible et tendre: c'est au chantre d'Énée de les émouvoir et de les conduire en les ennoblissant. Un grand prince, de nos jours, est allé choisir par goût et a traduit l'*Idéal* de Schiller, le poëte magnanime. Il est bon que celui qui est appelé à gouverner les hommes ait commencé par chérir et adopter un grand poëte, par l'avoir constamment devant les yeux. Le grand Frédéric n'eut, de bonne heure, pour modèle et pour idole que Voltaire; c'est quelque chose, mais c'est trop peu. Napoléon, jeune, cherchait avidement autour de lui, et il ne trouva à embrasser dans Ossian que le fantôme du sublime. Alexandre, dès l'enfance, avait le culte d'Homère; il sentait en lui la fibre d'Achille, et Aristote, en l'élevant, sut en user.

Sénèque échoua pour Néron. Fénelon, grâce sans doute et surtout au Christianisme et aux moyens qu'il fournit d'humaniser les âmes, réussit pour le duc de Bourgogne; mais il n'y réussit pas moins à l'aide de Vir-

gile, en empruntant bien des fois et en répétant les di-
vins accents de celui à qui, dans le plus heureux de ses
Dialogues, il disait par la bouche même d'Horace :
« Vous embellissez et vous passionnez toute la nature. »
Quand le démon était près de ressaisir le jeune furieux,
c'est avec du Virgile qu'il le calmait, comme David faisait pour Saül avec sa harpe.

Néron, remarquez-le, faux virtuose, artiste de montre
et d'apparat, Néron, quand il n'était pas un tragédien
mugissant et un Oreste en délire, sympathisait et riva-
lisait surtout avec Lucain. Les Lucain et leurs pareils de
la même famille sont enflés, ampoulés, et ce faste, cette
boursouflure toute en dehors, est compatible avec bien
du vide au dedans; le creux est en raison de l'enflure.
Tant d'emphase s'accorde très-bien à recouvrir les ruses,
les charlatanismes et les mensonges. Je conçois que l'on
sorte de ces fausses ou ambitieuses beautés à la Lucain
plus échauffé et plus monté que touché, adouci, amélioré ou attendri. Je défie que cela soit possible dans le
commerce de Virgile; il est impossible, au sortir d'une
lecture où l'on a pleuré, d'être injuste et cruel.

Virgile, après le Christianisme, fut le plus grand auxiliaire de Fénelon dans sa tâche d'humaniser le duc de
Bourgogne; Virgile fut son doux et puissant collaborateur. Fénelon avait reconnu dans l'âme de son élève
un coin propice à la culture virgilienne, et il s'en em-
para. Il fit de cette magique poésie un charme pour
conjurer tout réveil de Néron.

Je conçois qu'un historien n'entre aucunement dans
ces détails beaucoup trop particuliers; mais, en jugeant

un prince qui est mort si jeune et qui n'a laissé que
des espérances, il n'est que juste cependant que le souvenir d'une telle enfance et de l'effort heureux qui y
triompha ait son écho et son retentissement rapide
jusque dans les pages de l'histoire.

LOUIS XIV ET LE DUC DE BOURG

PAR M. MICHELET.

(SUITE.)

Je n'ai pas tout dit de cette éducation inventive et
agréable où « la conversation, les amusements, la table,
tout, par les soins et l'habileté du maître, devenait
leçon pour l'élève, et rien ne paraissait l'être. »

Je n'ai rien dit du *Télémaque,* ce cours de thèmes
comme il n'y en a jamais eu, qui n'est, à le bien voir,
que la plus longue des fables de Fénelon, l'allégorie
développée, devenue épique, et où l'auteur, abordant
par les douces pentes de l'*Odyssée* la grandeur d'Homère, de cet Homère qui, « d'un seul trait met la nature toute nue devant les yeux, » n'a fait, en le rédui-
sant un peu, que lui donner la mesure et comme la
modulation virgilienne, et le ramener en même temps
aux convenances françaises. telles que les entendaient
les lecteurs de Racine.

Je n'ai point suivi le maître dans les plans et pro-
grammes de lectures sérieuses et graduées qu'il pro-

pose, à mesure que l'éducation avance : peu de grammaire, pas de rhétorique formelle ni dogmatique, et
la logique ajournée; mais la jurisprudence positive,
historique, l'histoire elle-même, la lecture directe des
auteurs, c'est ce qu'il conseille, indiquant chacun de
ces auteurs alors en usage, le désignant au passage
d'un trait juste, et sur les sujets et pour les époques les
plus éloignées de cette « ingénue Antiquité » qu'il préfère, montrant qu'il sait comprendre tout ce qu'il
regarde, même l'âge de fer et le Moyen-Age, et qu'il est
un guide non trompeur, évitant partout sans doute
l'accablement et la sécheresse, mais de trop de goût
pour aller mettre des fleurs là où il n'en vient pas.

D'une telle éducation, avec un prince qui était plein
de zèle, d'émulation et d'esprit, il dut résulter, ce
semble, une merveille, et en effet tous les contemporains et les proches témoins qui nous ont entretenus du
duc de Bourgogne n'ont pas manqué de crier *à la merveille!* Écoutez le sage Fleury, son sous-précepteur :
« C'était, nous dit-il, un esprit du premier ordre : il
avait la pénétration facile, la mémoire vaste et sûre, le
jugement droit et fin, le raisonnement juste et suivi,
l'imagination vive et féconde (que de choses!). Il ne se
contentait pas des connaissances superficielles, il voulait tout approfondir : sa curiosité était immense; mais
il savait la borner par la raison. Il avait un goût exquis
pour les beaux-arts, l'éloquence, la poésie, la musique,
la peinture... Il dessinait facilement et *de génie;* il avait
étudié la musique à fond, jusqu'à savoir la composition.
Difficile à instruire dans les commencements par son

extrême vivacité qui l'empêchait de s'assujettir aux
règles, il emportait tout par la promptitude de sa pénétration et la force de son *génie*. Il apprit le latin jusqu'à
traduire Tacite tout entier. Il apprit ensuite l'espagnol et l'italien, et il aurait appris le grec si l'on eût
voulu, pour mieux entendre les bons auteurs, particulièrement les poëtes... » Écoutez La Fontaine qui, dé-
vot alors et bien près de sa fin, fut admis auprès du
jeune prince et reçut de ses bienfaits; il parle comme
l'abbé Fleury, et célèbre « ce goût exquis, ce jugement
si solide, » qui l'élève si fort au-dessus de son âge. Le
vieux poëte joue aux fables avec le jeune enfant; il lui
en récite, il lui en emprunte, il en compose sur des
sujets de son choix (*le Chat et la Souris*), et il se déclare d'avance battu et vaincu : « Il faut, lui dit-il en
tête de son douzième livre qui lui est tout dédié, il faut,
Monseigneur, que je me contente de travailler sous vos
ordres; l'envie de vous plaire me tiendra lieu d'une
imagination que les ans ont affaiblie; quand vous sou-
haiterez quelque fable, je la trouverai dans ce fonds-
là. » Et aussi, en récompense, quand La Fontaine
meurt, on trouve parmi les thèmes ou les versions du
jeune prince un très-joli morceau sur cette mort (*in
Fontani mortem*), un centon tout formé de la fleur des
réminiscences et des plus élégantes expressions antiques. On en a le texte ou le *corrigé* dans les Œuvres de
Fénelon; et on y sent en effet, sous le latin, la phrase
svelte et courte, un peu trop courte et pas assez liée
pour le latin, de Fénelon même. — L'abbé de Polignac,
qui venait de composer son poëme de l'*Anti-Lucrèce*,

souhaita que le jeune prince le lût en manuscrit. Le
duc de Bourgogne l'admira si fort qu'il en traduisit de
beaux morceaux et les fit lire à Louis XIV, qui là-dessus
reprit en gré l'abbé négociateur, depuis quelque temps
tombé en disgrâce. L'abbé de Polignac eut même, à
l'occasion et à la suite de son livre, des conférences de
philosophie avec le jeune prince, et Fénelon se plut à
laisser faire cet auxiliaire brillant dont la métaphysique, toute vouée aux causes finales, était proche
parente de la sienne. Ainsi, en chaque matière, histoire ecclésiastique, histoire profane, géographie, le
jeune prince excellait par des compositions heureuses,
dont quelques-unes se sont conservées. Il connaissait
sa carte de France « comme le parc de Versailles. »
Tout cela, avec bien d'autres particularités que j'omets,
est fait pour intéresser, et prouve qu'on a affaire ici
à un enfant précoce, à un enfant célèbre. Mais on
pourrait ajouter de ces sortes d'éloges à l'infini sans
que la portée d'un esprit et d'un caractère s'en trouvât
poussée et exhaussée d'une ligne. Or, c'est cette portée,
que l'observateur a souci de déterminer et de saisir ;
c'est le cran dans l'ordre des esprits, qu'il s'agit en
définitive de marquer.

Eh bien ! avec un esprit si distingué, ce semble, si
pénétrant et si zélé, le duc de Bourgogne ne sentit
jamais le besoin de ne plus marcher à la lisière. Ses
précepteurs, son confesseur, sa femme, chacun dans sa
voie, ne cessèrent de le guider ou de le mener. Ce
n'était nullement un génie dans le vrai sens du mot,
ce n'était qu'un élève, le plus brillant des élèves ; il eût

été le premier au collége dans toutes les facultés,
humanités, rhétorique, philosophie, et même plus tard
un des premiers en théologie, s'il avait composé avec
les élèves du séminaire. Il composait avec La Fontaine
pour des fables, et le bonhomme lui disait : « Vous avez
le prix. » C'était bien de la bonté, en effet ; car les
vers français qu'on a de lui sont d'un écolier, et une
fable qui s'est conservée, en prose, n'est que médiocre.
Plus tard, dans son application à la politique, ce fut
de même : il était très-travailleur en économie politique, en finances, écoutant Vauban et d'autres dans
leurs plans de réforme et les discutant avec intérêt :
en cela, le premier élève du duc de Chevreuse, ayant
comme lui une curiosité infinie et une attention dissé-
minée aux plus minutieux détails. Il en savait aussi
long sur ces matières statistiques, géographiques,
administratives et économiques, que de nos jours un
M. Hippolyte Passy, par exemple. Fénelon, qui n'était
plus alors à Versailles, mais qui ne cessait de le suivre
de l'œil et de l'environner de conseils, sentait bien le
défaut capital joint à la qualité que nous signalons, et
il en avertit dans beaucoup de ses lettres, pour qu'on
y prenne garde et qu'on n'y abonde pas. Il écrivait à
l'abbé Fleury dès 1695 : « Son naturel le porte ardemment à tout le détail le plus vétilleux sur les arts et
l'agriculture même. » Quinze et dix-sept ans plus tard
(1712), il pensait et disait encore la même chose, et
cette fois au sujet de la religion : « Il a besoin d'acquérir, si je ne me trompe, une certaine application
suivie et constante, pour embrasser toute une matière,

pour en accorder toutes les parties, pour approfondir chaque point principal ; autrement cette lumière, qui est grande, ne ferait que flotter au gré du vent. Il volerait comme le papillon, par curiosité, sur toutes les plus grandes matières, et il ne se rendrait jamais homme d'affaire. Il faut du nerf dans l'esprit, et une autorité efficace... » Fénelon écrivait cela au duc de Chevreuse, quinze jours avant la mort du prince qui était dans sa trentième année; c'est un dernier mot, et qui revient à dire que le duc de Bourgogne a besoin de *coup d'œil,* de dominer sa matière, de ne pas s'y perdre et s'y noyer. Fénelon, plus difficile que ses autres précepteurs et plus clairvoyant, voudrait le voir un homme, un grand prince, ouvert, sociable, accessible à tous, non étroit ni particulier, ni renfermé et borné à un petit nombre de gens qui l'obsèdent et qui l'admirent, à une coterie, comme nous dirions; ayant de la religion la moelle et l'esprit, non pas les simples pratiques minutieuses et les scrupules (comme de ne pas savoir pendant une marche en campagne, s'il peut, en conscience, loger dans les dehors d'une abbaye de filles), s'inspirant de lui-même dans les occasions, prenant sur lui, brave à la guerre, sachant y acquérir de la gloire, sinon par des succès éclatants qui peuvent manquer, par sa fermeté du moins, son génie et son esprit de ressource jusque dans les tristes événements. Il le voudrait tel ; il lui voudrait souffler le feu sacré, et il sent trop bien que le jeune homme trop morigéné ne l'a pas ; il voudrait lui élargir les vues et lui dilater le cœur, et il sent que cela ne se peut pas. Fénelon ne se fait là-dessus aucune illusion, et, à bien lire sa Correspondance, il en ressort que, pour être guéri non sans peine de « ses défauts les plus choquants, » le prince ne lui paraît nullement arrivé à la perfection humaine et royale. « J'entends dire que M. le Dauphin fait beaucoup mieux; » c'est le plus grand éloge que Fénelon lui donne dans l'intimité; mais il ajoute (et chaque mot, à le bien comprendre, est significatif) : « La religion, qui lui attire des critiques, est le seul appui solide pour le soutenir. Quand il la prendra *par le fond, sans scrupule sur les minuties,* elle le comblera de consolation et de gloire. Au nom de Dieu, *qu'il ne se laisse gouverner ni par vous* (le duc de Chevreuse), *ni par moi, ni par aucune personne du monde.* » Jusqu'à la fin, il est en crainte que ce naturel d'une dévotion inquiète et timide ne se laisse prendre à l'attrait subtil du Jansénisme; et c'est même ainsi qu'on peut s'expliquer le redoublement de conseils et de précautions à cet égard. De deux maux, il choisit le moindre; il préfère encore le jeter du côté des Jésuites, car il sait bien qu'il ne peut se tenir et marcher seul.

En avril 1711, à la mort de son père, le duc de Bourgogne devint le Dauphin immédiat, et, comme le dit M. Michelet, un *demi-roi.* Ce règne en espérance dura moins d'une année, et lui-même il fut enlevé par une mort soudaine en février 1712. Dans ce court espace, les projets politiques, les plans de réforme de l'État abondèrent autour de lui; il les avait depuis longtemps provoqués, par des questions adressées en son nom à tous les intendants du royaume pour connaître

8.

par eux le détail de leurs généralités et s'en former un
tableau de toute la France. Il lui était venu en réponse
à ces questions de nombreux mémoires, jusqu'à former
42 volumes manuscrits in-folio; il avait commencé par
tout lire et dépouiller d'un bout à l'autre, étant de ces
esprits qui cherchent sans doute la délivrance et la
sortie du labyrinthe, mais qui se plaisent aussi dans
le dédale. Sans aller si avant, chacun le sentait, le
royaume était bien malade. On avait forcé le ressort
monarchique sous ce long règne de Louis XIV; on avait
tout poussé à l'extrême; la faculté de souffrir était à
bout. La dépopulation, l'abandon de la culture, la
disette, l'épuisement, l'impossibilité de subvenir aux
charges d'une guerre désastreuse, tous ces fléaux, déjà
excessifs depuis des années, s'accroissaient de jour en
jour dans une progression effrayante. *Il n'y avait plus
d'huile dans la lampe.* Tout criait. A une telle maladie
publique, dès qu'on sut que quelqu'un s'en inquiétait
là-haut, chacun vite accourut proposant son remède,
sa recette; théoriciens, hommes pratiques, empiriques,
tous à l'envi s'empressèrent : Vauban, Boisguilbert,
Boulainvilliers, l'abbé de Saint-Pierre déjà en mouvement, Saint-Simon lui-même, l'un des premiers. Plusieurs s'autorisaient du nom du Dauphin, et, par pré-
somption, se faisaient fort de son assentiment, ou du
moins ils s'en donnèrent l'honneur et l'illusion après
coup. De ce nombre fut Saint-Simon. On a le projet de
réforme qu'il dressa alors et qu'il a remanié depuis.
M. Mesnard l'a retrouvé dans les manuscrits de la
Bibliothèque Impériale sous ce titre un peu fastueux :

Projets de Gouvernement résolus par Mgr le Duc de Bourgogne, Dauphin, après y avoir bien mûrement pensé; et il n'a pas eu de peine à mettre à ce travail anonyme le nom d'un rédacteur éclatant. En voici la première page, où se fait d'abord sentir l'empressement et comme le débordement de phrase habituel à Saint-Simon :

« Il ne faut point d'autre éloge pour un prince prêt à régner suivant le cours ordinaire de la nature, que les projets qu'on va voir qu'il avait formés et qu'il avait fortement résolu de suivre et d'exécuter sagement de point en point l'un après l'autre; surtout si l'on fait réflexion au pouvoir sans bornes qui l'attendait, auquel il fut tout à fait associé par la volonté du roi son aïeul, aussitôt après la mort du prince, fils unique du monarque, père de celui qui, aux dépens de cette autorité qui enchante les plus grands hommes, mettait toute son étude et toute sa satisfaction à rendre son règne juste et ses peuples heureux.

« Il y avait longtemps qu'il travaillait en secret à connaître les maux de ce beau royaume et les remèdes qui les pouvaient guérir, lorsqu'il ne vit plus rien entre le trône et lui que ce qui restait de vie à un aïeul plus que septuagénaire. Il y avait déjà du temps alors qu'il entrait dans tous les Conseils où, tout grand qu'il fût, il avait éprouvé les horreurs des cabales et des calomnies qu'éprouvent aussi les autres hommes. Muni de ces leçons si dures dans le rang suprême, dont sa vertu et son excellent esprit avaient su si bien profiter, il se trouva, à la mort d'un père que sa piété lui fit regretter, l'unique appui et repos de l'âge avancé du roi, qui n'eut plus pour lui de réserve, qui ordonna à tous ses ministres d'aller travailler chez lui, de lui rendre compte de tout sans exception, de recevoir même ses ordres comme les siens sur les affaires qu'il lui renvoyait et dont il se déchargeait sur lui en grand nombre. Ce fut alors que ce prince, si éclairé et déjà si instruit, s'instruisit et s'éclaira de plus en plus, et acheva de prendre les résolutions dont on se propose ici de rendre compte... »

Suit un exposé de principes, la description des maux, désordres et abus, et le moyen d'y remédier. Ce moyen, c'est, avec les États Généraux très-réduits, se tenant de cinq en cinq ans, et la tenue chaque année d'États provinciaux particuliers, l'établissement de sept Conseils supérieurs remplaçant les secrétaires d'État et composés en grande partie de ducs et pairs; l'abolition de la réforme militaire introduite par Louvois; la remise en l'honneur et sur pied de l'ancienne et vraie noblesse, soigneusement distinguée de la bâtarde et de la fausse : enfin tout un gouvernement aristocratique, auquel la lecture de Saint-Simon nous a de longue main familiarisés sans nous y convertir.

M. Mesnard a très-judicieusement discuté et démontré l'authenticité de ce projet de réforme en tant qu'il est dû à Saint-Simon, et sa non-authenticité en tant que Saint-Simon l'attribue au Dauphin et le présente comme adopté et résolu par lui. M. Mesnard y oppose les *Plans de Gouvernement* de Fénelon qui en diffèrent en plusieurs points essentiels, et notamment par l'esprit bien plus chrétien et évangélique qu'aristocratique : et c'est cependant ces *Plans* de Fénelon qu'il serait plus vraisemblable de supposer sanctionnés *in petto* par son royal élève (1).

De toute cette discussion, et sans nous y engager, il

(1) Voir le volume même de M. Mesnard, *Projets de Gouvernement du Duc de Bourgogne*, publié chez Hachette, 1860.

résulte bien clairement qu'au moment où le duc de
Bourgogne se vit Dauphin par la mort de son père, bien
des ambitions et des espérances se donnèrent carrière
à son sujet, qu'on dévora en idée ce règne futur et qui
paraissait si rapproché et immanquable ; que bien des
honnêtes gens et de vertueux utopistes crurent que leur
heure, d'une minute à l'autre, allait sonner, et qu'il se
fit dans ces têtes ardentes, et en vue de leur idée favorite, bien des rêves de *pot au lait* qu'un souffle de
fièvre maligne renversa. Il n'est pas moins clair que
le duc de Bourgogne cherchait, étudiait toujours, et
n'avait rien trouvé de précis, n'avait rien de positive-
ment arrêté ; que ses intentions étaient droites, pures,
chrétiennes, tournées tout entières au bonheur et au
soulagement des peuples, mais qu'avec tant d'instruction et le désir continuel d'en acquérir encore, il manquait de lumières supérieures, de génie politique, de
ce génie qui tient surtout au caractère et à la conduite,
à la décision de vue dans les crises, bien plus qu'aux
règlements écrits et aux procédés mécaniques de constitution.

M. Léopold Monty, dans une Étude sur ce prince et
qui remonte à dix-huit années déjà (1), a soutenu cette
insuffisance royale qui se trahit en lui par tant de marques, et l'a démontrée avec beaucoup de fermeté et
autant de vraisemblance qu'on en peut désirer. Le
danger était qu'avec tant de vertus acquises, de pensées de mortification, une piété sincère, mais rétrécis-

(1) *M. le duc de Bourgogne*, thèse pour le doctorat, 1844.

sànte, on se trouvât n'avoir sur le trône, en fin de
compte, qu'un séminariste couronné. Tout orné en effet
et même tout chargé qu'il était de connaissances particulières, ce prince avait la science proprement dite,
la philosophie, en aversion; il en avait peur. Ce qu'il
écrit à ce sujet est remarquable :

« Par un préjugé que la vanité des gens de Lettres met en
vogue, disait-il, on s'imagine qu'un des premiers soins qui
doivent occuper un roi, c'est de peupler ses États de savants.
Le prince qui n'adopte ces principes qu'avec réserve, n'est,
selon eux, qu'un génie étroit, qui appréhende que trop de
grandeur ne découvre sa petitesse, et trop de science son
ignorance. Pour moi, je me suis persuadé, par l'expérience
autant que par la réflexion, que ce serait une très-mauvaise
politique d'augmenter sans discrétion la classe des gens de
Lettres. Il serait à souhaiter sans doute que tous les sujets
d'un royaume fussent vertueux, et l'on ne saurait prendre
de trop justes mesures pour qu'une bonne éducation les rende
tels; mais *il suffit qu'il s'y trouve autant d'hommes versés
dans les sciences qu'il en faut pour remplir les places.
Or, ce nombre se trouvera toujours, sans qu'il soit nécessaire que le prince emploie des moyens extraordinaires
pour le préparer.* Sa prudence et sa sagesse consistent donc
plus à découvrir et à placer à propos la science et les talents
qu'elle donne, qu'à les faire naître et à les multiplier. *Deux
soleils dans le monde nous jetteraient dans les ténèbres,
en nous éblouissant : trop de savants nous rendraient
ignorants.* Je m'explique : il est bon et utile que nous ayons
de savants évêques, de savants généraux d'armée, de savants
magistrats, et enfin de savants guides dans tous les genres;
mais j'estime qu'il est plus préjudiciable qu'avantageux pour
la société, qu'elle nourrisse une multitude d'hommes qui
n'aient point d'autre métier que celui d'être savants. *Ces
savants désœuvrés, comme on l'a vu dans tous les siècles*

éclairés, traiteront des questions frivoles ou dangereuses; et sous le prétexte de communiquer aux hommes leurs découvertes et leurs lumières, il les corrompront par leurs préjugés; et plus on fera de chemin en suivant ces lumières trompeuses, plus on s'égarera... »

Je cite exprès cette page naïve, non précisément que je la blâme pour son excès de prudence ni que je la la trouve déplacée sous la plume du petit prince, mais parce qu'elle jure étonnamment avec l'esprit littéraire du siècle qu'il aurait été chargé de diriger et de présider. Animé d'une telle pensée en effet, qui était d'avance une pensée de réaction, il avait nécessairement à étouffer ce siècle d'émancipation philosophique ou à être étouffé par lui. La lutte était ouverte : *Enlève-moi, ou que je t'enlève!* Le duc de Bourgogne, entouré de sa camarilla de saints, était-il donc de force à un tel labeur d'Hercule ?

Je le suppose sur le trône et vivant son cours de nature : vingt ans s'écoulent; la génération dont est Diderot s'élève et grandit, et l'on est en présence de cette armée de jeunes savants *désœuvrés* et travailleurs, qui, à chaque recommandation, à chaque sommation de se disperser et de se ranger, répondent et s'écrient par la bouche ardente de leur chef : « Je ne veux rien être dans la société; je ne veux être ni homme en place, ni médecin, ni homme de loi... je ne veux être que le serviteur et l'artisan de l'intelligence humaine ! »

Je sais bien que la première partie du xviiie siècle ne fut pas si terrible ni si passionnée que la seconde; je sais que le cardinal de Fleury et l'indolent Louis XV en

eurent longtemps raison, et assez aisément ; mais c'est
qu'il y avait eu auparavant la grande explosion de la
Régence qui avait éclaté en libertinage et avait mis sur
les dents la première génération révolutionnaire. Or,
sous le duc de Bourgogne roi, il n'y avait pas de
régence ni d'orgie pour dégorger la première fureur
succédant à un si long étouffement, et la guerre entre
le nouveau prince et l'esprit de la société nouvelle commençait dès 1715.

Et, comment, après quelque satisfaction incomplète-
ment donnée au sentiment public et une première lune
de miel à coup sûr, mais bien rapide et passagère,
comment n'y aurait-il pas eu guerre profonde et irré-
conciliable en effet ? Je lis, dans les Recueils divers que
des témoins dignes de foi et amis du prince ont publiés de ses vertus, des détails tels que ceux-ci :

« Ce grand prince ne faisait pas seulement sacrifice de
son argent, mais encore de sa personne, particulièrement les
jours de jeûne qu'il observait dans la dernière exactitude. Il
y a quelques années qu'ayant appris que l'on ne devait pas
se servir à la collation de riz, épinards, soupes, etc., il prit
une résolution qu'il a toujours gardée depuis, de ne prendre
le soir que des fruits cuits ou crus, et les jours qu'on lui
faisait manger de la viande en carême, il n'usait que des
viandes les plus communes, ainsi qu'il me l'a témoigné lui-
même. »

Oh ! nous ne sommes plus ici dans les grâces de Virgile ni sous le régime de Fénelon. L'aimable écolier virgilien a fait place, en grandissant, au jeune homme
étroit et austère, au pénitent du Père Martineau.

Et encore, à propos des occasions prochaines de péché qu'il importe de s'interdire :

« Il tenait que c'en était ordinairement une dangereuse d'aller à la comédie, au bal et autres semblables spectacles; aussi ne s'y trouvait-il jamais depuis longtemps : sur quoi je comptais si fort, que quand j'avais à lui parler de quelque chose dont il m'avait fait l'honneur de me charger, je m'informais si, ce jour-là, il y avait comédie ou bal; j'étais sûr, en ce cas, de le trouver dans son appartement. »

Et ceci qui complète et qui achève :

« L'on sait qu'il s'est répandu un bruit, mais bien fondé, l'année dernière (1711), que les comédiens, après la mort de Monseigneur, ayant demandé à notre prince l'honneur de sa protection, surtout pour obtenir du roi une seconde troupe, il leur répondit qu'ils ne devaient nullement compter sur sa protection, qu'il n'était pas en pouvoir d'empêcher leurs exercices, mais ne pouvait se dispenser de leur dire qu'il était indigne qu'il les fissent, particulièrement fêtes et dimanches. »

Ce ne sont pas là des calomnies, ce sont des éloges (1). Cette question de la comédie lui tenait à cœur. Mme de Maintenon, qui s'en préoccupait aussi, et qui n'aurait voulu, pour son compte, que des pièces saintes, des comédies de couvent, lui demandait un jour : « Mais vous, Monseigneur, que ferez-vous quand vous serez le maître ? Défendrez-vous l'Opéra, la Comédie (française) et les autres spectacles? » — « Bien des

_____

(1) *Mémoire des principaux actes de vertu qu'une personne de probité a remarqués en feu Monseigneur le Dauphin* (1712).

gens, répondit le prince, prétendent que, s'il n'y en avait point, il y aurait encore de plus grands désordres à Paris : j'examinerais, je pèserais mûrement le pour et le contre, et je m'en tiendrais au parti qui aurait le moins d'inconvénients. » Et son biographe ajoute que ce parti eût été sans doute celui de laisser subsister le théâtre, en le réformant sur le modèle des pièces composées pour Saint-Cyr.

Quand celui qui se trouve appelé à gouverner un pays comme la France en est à ces cas de conscience et à ces petitesses, ce n'est pas de lui qu'on peut attendre qu'il rétablira puissamment ni qu'il restaurera ce grand empire. Ah ! Molière, ce n'est plus même là votre roi ! Le Dauphin rétrogradait sur Louis XIV. Certes un prince ainsi disposé, devenu le maître, et nonobstant toutes ses vertus, ou, si l'on veut, à cause d'elles, aurait eu fort à faire avec les contemporains du Régent, de Montesquieu et de Voltaire. Telle manière d'être et de croire, qui pouvait être une force pour gouverner du temps de saint Louis, devenait manifestement une entrave et une complication à cette entrée du XVIIIe siècle.

M. Michelet a très-bien senti, très-spirituellement exprimé et concentré à sa manière ce que j'ai, dans tout ce qui précède, étendu et développé à la mienne :

« Fénelon n'eut le duc de Bourgogne qu'à sept ans. Il en fut effrayé. De sa mère et de ses nourrices, des femmes qui l'élevaient, il était tout gâté. Faible et fougueux, orgueilleux, méprisant, cruel railleur, et à chaque instant furieux... Fort pénétrant, précoce aux choses littéraires, ayant tous les défauts et des princes et des gens de lettres.

« Fénelon, né lui-même ému, mais si fin et si calculé, dans l'embarras terrible où le mettait ce caractère, hasarda une chose, la médecine homœopathique; contre la passion, il usa d'elle-même. Il se donna à l'enfant, le nourrit de son âme...

« Éducation très-hasardeuse, peu saine assurément, qui ne put qu'augmenter la fermentation d'une nature passionnée. Elle l'ennoblit, mais l'exalta, et fit de l'enfant une trop fidèle image de Fénelon, mêlée du prêtre et du sophiste, de l'écrivain surtout. Sous ce dernier rapport, il était plus qu'imitateur, il était le singe du maître...

« C'était un être tout factice, nerveux et cérébral; affiné, affaibli par sa grande précocité morale et sexuelle. Il n'était pas né mal fait; sa taille resta droite, tant qu'il fut dans les mains des femmes; mais, pendant ses études, de bonne heure elle tourna, et il devint un peu bossu. On l'attribua à l'assiduité avec laquelle il tenait la plume et le crayon. On essaya de tous les moyens connus alors, des plus durs même (la croix de fer); mais rien n'y fit. Il en était fort triste, ayant besoin de plaire. Rien peut-être ne contribua plus à le contenir et à le jeter dans la grande dévotion... »

Je continue de courir le plus rapidement possible sur ces notes aiguës et perçantes comme sur un champ de blé dont les épis seraient des javelots. Le duc de Bourgogne est à la guerre; M. Michelet l'y suit :

« Parmi ces grands et cruels événements (là désastreuse campagne de 1708, le combat d'Oudenarde, la perte de Lille), il est préoccupé de minuties. Il demande s'il ne pèche pas en prenant logement dans un couvent de religieuses. Fénelon admire ce scrupule d'une âme si timorée, répond en s'écriant : « Oh! que cet état plaît à Dieu! »

« Le plus souvent pourtant, c'est Fénelon qui est le militaire, et le prince semble le prêtre. Fénelon l'anime et le pousse. Il semble qu'il grossisse sa voix pour l'obliger d'avoir du cœur. Il lui écrit le mot biblique : « Combattez et soyez vaillant. »

« Mais ne l'est pas qui veut. Il y faut ou l'énergie de race, ou une vaillante éducation. Il n'avait eu ni l'une ni l'autre...

« Les réponses du prince (à Fénelon) sont fort touchantes, mais elles donnent peu d'espoir. Il s'humilie et s'accuse encore plus qu'on ne le fait. On lui reprochait seulement la mollesse, l'indécision : il se reproche la *hauteur* et l'*orgueil*... Il se reproche le *mépris des hommes*. Là il exagère ou confond ; car son cœur charitable n'eut nul mépris du peuple...

« C'est du reste l'adresse instinctive des dévots de se dispenser de réforme en s'accusant, s'humiliant ; ils esquivent par l'humilité. Il ne dit pas un mot sur le point essentiel, le *défaut d'activité*, et l'inertie mobile qui tourne sans avancer. Il n'y peut rien changer. Il subit passivement ses défauts, qui sont sans remède, étant devenus sa nature. « *Il se renferme, prie et lit.* »

« Ainsi, dans cet aimable prince, l'un des meilleurs hommes du temps, se trahit l'incurable vieillesse d'un monde qui va finir... »

Je reprends ma pensée. Je le suppose roi. Que fera-t-il ? Roi bienfaisant et charitable, mais excluant de sa charité les Protestants, les Jansénistes, les philosophes, tous les dissidents et hérétiques ; roi réformateur, économe pour lui, avare des sueurs du peuple, mais excluant de son idée de réforme et de ses ressources financières tout impôt régulier sur la Noblesse, tout recours et toute reprise sur les biens immenses et scandaleux du Clergé ; roi croyant à l'égalité chrétienne, mais attentif à reconstituer les classes, à les séparer en les épurant, à les distinguer par des attributions spé-

ciales, par des délimitations exactes et profondes, le duc
de Bourgogne n'eût fait (en lui supposant un succès
d'un jour) qu'asseoir sa monarchie soi-disant restaurée
sur un degré étroit et glissant, et la retenir à peine sur
la pente où tout son poids la précipitait.

Au reste, je ne chicane pas et volontiers je dis de
lui, comme de tous ceux qui auprès de lui et depuis
lors, au début ou dans le courant du siècle, proposèrent
ou rêvèrent une réforme partielle : Honneur à leur
cœur, à leurs intentions, à leurs vues même incom-
plètes, enchevêtrées et confuses ! honneur à ceux qui
virent le mal, qui osèrent le sonder et le dénoncer, fussent-ils impuissants à le guérir ! honneur, avant tous,
à Vauban, le guerrier patriote ; à Boisguilbert, le petit
jugé de Rouen, si vanté de M. Michelet, et si hérissé,
si difficile à suivre dans son *Détail de la France !* honneur au chimérique et décevant Fénelon, trop agréable
au contraire, et qui se fait trop beau jeu dans son
idéale Salente ! honneur à Saint-Simon, à Boulainvilliers eux-mêmes, pour leurs orgueilleuses utopies rétro-
spectives, leurs amalgames de féodalité libérale et leurs
anachronismes irréalisables ! honneur au bon abbé de
Saint-Pierre, pour ses réformes minutieuses et naïves,
et ses visions circonstanciées de l'avenir ! honneur à
d'Argenson, son disciple et en partie son applicateur,
moins habile et moins adroit que droit et sincère ! honneur à Machault, tant célébré de Droz pour les projets
qu'on lui suppose ou qu'on lui prête ; à Mirabeau père,
provocateur et précurseur, à son insu, de son puissant
et glorieux fils ! honneur à Turgot pour le bien qu'il

voulait faire au peuple par le roi, à Malesherbes, à cette
école d'esprits éclairés, loyaux et vénérables ! je leur
dis honneur à tous et à chacun, et je ne laisse en
dehors que les faux prometteurs à la Brienne et les
charlatans. Mais quand j'ai payé ces hommages aux in-
dividus et aux personnes, je me hâte d'ajouter que, eût-
on réussi pour un temps en quelqu'un de ces biais et
de ces remèdes palliatifs de l'ancien régime, on ne
serait parvenu après tout qu'à faire ce qu'on appelle
une *cote mal taillée,* rien de nettement tranché ni de
décisif, et qu'il est mieux (puisqu'enfin les choses sont
accomplies et consommées) qu'on en soit venu à cette
extrémité dernière de n'avoir eu qu'un seul et grand
parti à prendre, le parti à la Mirabeau et à la Sieyès :
la France, en un mot, n'a pas perdu pour attendre ; et
quand tout récemment, dans le compte rendu des
séances du Sénat, je lisais ces déclarations spontanées
d'un duc de La Force et d'un cardinal Donnet, si em-
pressés à se replacer dans les rangs de tous, lorsqu'une
parole inexacte avait paru un moment les en vouloir
séparer, je pensais qu'au milieu de nos divisions mêmes
d'opinions, il était consolant qu'on en fût venu à ce
grand et magnifique résultat, aussi clair que le jour, à
savoir qu'il n'y a plus en France qu'un seul ordre, une
seule classe, un seul peuple.

———————

LOUIS XIV ET LE DUC DE BOURGOGNE

PAR M. MICHELET.

——

SUITE ET FIN.

——

Je ne quitterai pourtant pas ce volume de M. Michelet sans dire encore quelque chose de sa manière, car
elle s'attache à vous, bon gré mal gré, et ne vous lâche
plus. Il y a longtemps que cette manière a commencé;
c'est une illusion de croire, avec quelques-uns, que le
Michelet historien d'aujourd'hui ne vaut pas le Michelet
d'autrefois. J'ai dit en quoi ils diffèrent; — par une
certaine allure un peu plus pressée, un peu plus heur-
tée : voilà tout. Mais d'ailleurs, au fond, ils sont bien
le même. Ceux qui opposent si complaisamment l'un à
l'autre aiment surtout, dans celui qu'ils regrettent, le
souvenir déjà de leur propre jeunesse.

De très-bonne heure, et dès qu'il fut en plénitude de
son idée et de son inspiration d'écrivain, M. Michelet
(il nous l'a dit) a voulu faire, de l'histoire, non une

narration comme Augustin Thierry, non une *analyse*
comme M. Guizot, mais une *résurrection*; il a voulu y
apporter la vie, l'étincelle directe, l'*amour*; tentative
hardie, bien scabreuse! car enfin l'historien n'est pas
un dieu ni un thaumaturge pour *ressusciter* par sa vertu
les morts. On n'arrive d'ordinaire à produire ce sentiment de la réalité dans l'esprit des lecteurs qu'avec
un art infini et des lenteurs, des préparations extrêmes,
par des analyses rapprochées, des témoignages rappor-
tés, des narrations sincères, lucides, fidèles. Autrement, en y allant d'un premier et d'un seul coup de
baguette, si le mort n'obéit pas et ne se dresse pas à
votre voix, si le nom par lequel on prétendait l'évoquer
n'est pas le plus juste et le plus frappant, l'opération
est manquée; on voulait être un Christ, on n'est
qu'un Simon le magicien ou un Apollonius de Tyane;
on frise le Cagliostro. Admirons M. Michelet, dans cette
voie qui est presque celle des miracles, d'avoir si souvent rencontré si bien, d'avoir échoué si peu! Il a eu,
il a encore de certaines pages évocatrices et divinatrices
du passé.

Sur Louis XIV, en ce même volume, il a pourtant
fort mal deviné, à mon sens; il s'est montré souverainement injuste. Le moment, je l'avoue, n'est pas beau;
ces années de 1690 à 1715 ne sont pas des plus triom-
phantes pour le glorieux monarque. Mais pourquoi
prétendre que ce moment est celui qui le montre le
plus à nu dans sa nature? pourquoi dire d'un portrait
de la vieillesse commençante de Louis XIV, d'un médaillon retrouvé à Versailles par notre consciencieux et

respectueux antiquaire, M. Eudore Soulié, « qu'il porte
la trace des basses sensualités du temps ; » que « ces
joues, ces lippes épaissies n'expriment que trop bien
un pesant amour de la chair ?... » et ce qui suit. Pourquoi prononcer ces mots encore plus inconcevables :
« Le porc domine ; bien plus, le porc sauvage ! » Je
n'en reviens pas. Quelle interprétation outrée pour un
simple portrait en cire (1) ! Je sais bien que nous avons
vu également M. Ampère épiloguer et raisonner à perte
de vue sur les visages de bustes (souvent très-douteux)
d'empereurs romains. Mais a-t-on bien le droit vraiment de tirer de pareilles conséquences de l'inspection
des lignes d'un visage, fût-on le *physiognomoniste* par
excellence, fût-on Lavater en personne ? Ces sciences
conjecturales, ces sciences à demi occultes sont-elles
donc devenues comme la seconde vue de l'histoire ?

En revanche, le duc de Bourgogne a trouvé auprès
de l'historien au cœur populaire la grâce qu'il pouvait
espérer. Si M. Michelet, ailleurs, a durement parlé de
Louis XVI, on peut dire qu'il lui a fait réparation ici en
la personne du duc de Bourgogne, cette ébauche et
cette épreuve anticipée du même caractère, et une
épreuve bien plus soignée, bien plus fine de traits assurément.

Mais M. Michelet, selon moi, n'apprécie qu'à demi
l'aimable précepteur et ne sent pas très-bien tout Féne-

(1) De l'effet désagréable et même répulsif, je l'avoue, de ce
médaillon, il faudrait défalquer, avant tout jugement, ce qui
revient en propre à la matière, à la cire en elle-même, dont le ton
jaunâtre est celui de la mort.

lon : il est plus choqué du théologien (et je le suis aussi)
qu'il n'est attiré par l'homme de goût attique. C'est
qu'il n'est pas, lui, un homme d'antiquité; il nous l'a
raconté quelque part en des pages touchantes et poi-
gnantes : enfant, il s'est formé rudement, presque tout
seul, sans loisir et sans maître; il a *peiné* de bonne
heure. Comme un homme du Moyen-Age ou un moderne
dans toute la force du terme, il a dû creuser longtemps
pour trouver l'eau de son puits, il a dû conquérir sa
propre originalité. Son talent s'est fait de pièces et de
morceaux; il s'est fondu au feu de forge d'une volonté
ardente : il en garde encore aujourd'hui les marques,
un air de tourment et de convulsion. Ce fils de ses
œuvres n'a jamais goûté, dans son enfance, les douceurs d'une éducation facile et ornée des grâces. Je ne
l'en estime que plus; mais cela est ainsi. Rien d'étonnant donc que Fénelon, par son côté antique et de
simplicité ingénue, lui ait échappé, et qu'il ait surtout
vu en lui la part subtile et malsaine, l'action efféminée
du directeur.

Si M. Michelet a eu d'admirables pages dans ses autres livres, dans celui du *Peuple,* dans celui du *Prêtre,*
dans son *Histoire de la Révolution* (au tome premier,
par exemple, *la terreur des campagnes*), s'il a eu des
pages qu'une fois lues on retient à jamais, il en a de
charmantes dans ce volume même. Les portraits de
Villars et de Vendôme sont fort vivants et des plus
gais, sans trop de charge. Le duc d'Orléans, le Régent,
cette riche et vigoureuse contre-partie du duc de Bourgogne, cette revanche effrénée du pur génie et de la

nature, est bien vu, indulgemment senti, largement crayonné. Seulement il se mêle à tout cela, et de plus en plus, ce me semble, trop de préoccupation des rapports sexuels, trop d'allusions à la bagatelle, comme on dit. On ne sait vraiment comment concilier ces folâtreries d'imagination avec tant de généreux accents, avec des cris de cœur si profonds et si sérieusement sympathiques. Serait-ce que ceux à qui la vraie jeunesse a manqué en sa saison sont plus sujets que d'autres à ces raprès-coup et à ces revenez-y de jeunesse? Il y a chez M. Michelet comme une folle vigne qui grimpe à tout instant. Vous qui connaissez à fond l'art et même la caricature antique, avez-vous donc jamais vu un tel groupe : un Faune rieur qui regarde par-dessus l'épaule et jusque dans le sein de Clio?

MONTAIGNE EN VOYAGE.

Il est un petit nombre d'écrivains qui ont un privilége : ils ont peint l'homme dans leurs œuvres, ou plutôt ils sont l'homme, l'humanité même, et comme elle ils deviennent un sujet inépuisable, éternel, d'observations et d'études. Tels sont et seront toujours Molière, La Fontaine, Montaigne. Sur ce dernier, on n'a plus à attendre de découvertes proprement dites; on en est depuis longtemps aux infiniment petits détails : il n'en est aucun pourtant qui soit indifférent, aucun qui n'ait son intérêt, s'il ajoute un seul trait à la physionomie et à l'exacte ressemblance de celui qui a voulu se montrer à nous dans la familiarité la plus intime. « Ce serait plaisir d'avoir un voisin comme lui, » disait Mme de La Fayette. Montaigne est notre voisin à tous : on n'en sait jamais trop sur son voisin.

Une double discussion s'est engagée récemment au sujet des inscriptions de la chambre de Montaigne et des épitaphes de son tombeau. Voici de quoi il s'agit. Montaigne, retiré vers l'âge de trente-huit ans dans son château et dans sa tour seigneuriale, s'était amusé à tracer ou à faire tracer sur les poutres et chevrons supérieurs de la pièce qu'il appelait sa *librairie* ou bibliothèque quelques inscriptions morales et philosophiques, reproduisant les maximes ordinaires de sagesse qu'il tenait à avoir constamment devant les yeux. « *Tout est vanité. — Ne soyez pas plus sage qu'il ne faut. — Peut-être oui, peut-être non. — Ni comme ceci, ni comme cela, ni même autrement,* » etc. Toutes ces inscriptions latines ou grecques, au nombre de trente-trois (1), sont loin d'être intactes, et il a fallu les déchiffrer, les restituer ni plus ni moins que des inscriptions antiques. Le dernier biographe de Montaigne (ce qui ne veut pas dire le biographe définitif), M. Bigorie de Laschamps, en a traduit quelques-unes dans son livre (2); or, un savant professeur de l'Université, M. Lapaume, a trouvé à redire à quelques-unes de ces traductions, et il a publié à ce sujet un bon article critique intitulé : *Un mot de plus sur Montaigne* (3).

(1) Que dis-je? trente-trois. On m'avertit de plus d'un côté que dans un livre que je ne connais pas et qui n'a été tiré qu'à peu d'exemplaires, *Montaigne chez lui*, M. le docteur Galy, de Périgueux, et M. Lapeyre, bibliothécaire de la même ville, ont, en dernier lieu, relevé toutes ces inscriptions qui, avec les surcharges, sont au nombre de cinquante-sept.

(2) *Michel de Montaigne, sa Vie, ses OEuvres et son Temps*, par M. F. Bigorie de Laschamps, un vol. in-12, 2e édit., 1860 ; chez Didot, rue Jacob, 56. — Le titre est plus grand que le livre. L'auteur, je lui en demande bien pardon, n'a pas assez étudié et approfondi son sujet.

(3) Voir le *Journal général de l'Instruction publique* du 8 mai 1861.

Mais M. Lapaume ne s'en est pas tenu à si peu..On
lit à Bordeaux, sur le tombeau de Montaigne, qui est
dans la chapelle du lycée, deux épitaphes, l'une latine,
l'autre grecque : M. Lapaume les a étudiées, commentées, et en a recherché l'auteur probable ou possible.
Cela fait la matière d'une brochure (1). Il a conclu en
faveur d'un conseiller au Parlement de Bordeaux, col-
lègue de Montaigne, Emmanuel Du Mirail. Mais un
jeune érudit bordelais qui porte un nom connu et cher
aux amis de la science, M. Reinhold Dezeimeris, fils de
l'ancien bibliothécaire de l'École de médecine de Paris,
a trouvé la conjecture de M. Lapaume hasardée et toute
gratuite, et dans une suite de lettres adressées au docteur Payen, à qui revient de droit toute information
nouvelle sur Montaigne (2), il a ruiné la conjecture de
M. Lapaume et a très-ingénieusement montré que l'auteur très-probable des Épitaphes est Jean de Saint-
Martin, avocat *en* parlement, auteur de plusieurs autres
épitaphes du même temps et du même style. C'est dans
cette étude comparée du *style* des diverses épitaphes
grecques et latines composées par ce Saint-Martin,
qu'est le piquant de l'ouvrage de M. Dezeimeris. Il a
saisi et défini en philologue des plus exercés la manière
archaïque de ce Saint-Martin, qui, dans ses épitaphes
latines, affecte l'imitation de Plaute, de Catulle et

(1) *Le Tombeau de Michel Montaigne*, par M. J. Lapaume, docteur ès-lettres; Rennes, 1859.

(2) *Recherches sur l'auteur des Épitaphes de Montaigne, lettres
à M. le docteur Payen*, par M. Reinhold Dezeimeris, Paris, 1861,
chez Aubry, rue Dauphine, 16.

d'Apulée, et qui, dans ses épigrammes grecques, se plaît
à coudre ensemble et à rassortir les réminiscences de
l'Anthologie. Il fallait, pour distinguer ces atomes de
poussière philologique, y appliquer mieux que les besicles, il y fallait la loupe. Celle de M. Dezeimeris est des
plus nettes et des plus précises. Je ne sais pas de plus
curieuse, de plus coquette dissertation à la Boissonade.
S'il m'est permis d'émettre un avis et de proposer un
jugement, je dirai que M. Lapaume, qui me semble
avoir eu raison contre M. Bigorie de Laschamps, a été
moins heureux avec M. Dezeimeris. Vainqueur le premier
jour, M. Lapaume a été vaincu, le second, en changeant
d'adversaire. Les armes sont journalières, même à ce métier et à ce jeu d'érudit. Mais de telles discussions, quelles
qu'en soient les chances, honorent les esprits ornés et les
âmes innocentes qui s'y complaisent et s'y renferment.

Je suis obligé d'en sortir, et le public, dès qu'on lui
a nommé Montaigne, nous appelle sur un terrain plus
étendu. Je prendrai donc aujourd'hui Montaigne par un
tout autre côté, non pas dans sa *librairie* et dans sa
chambre, mais hors de sa chambre et en voyage. J'aurai
peut-être, même après tant d'excellents auteurs qui nous
ont précédés, après M. Grün, le plus considérable et le
plus complet entre les plus récents, à faire quelques
remarques encore sur cette nature multiforme et infinie
du plus curieux et du plus amusé des philosophes.

I.

En l'année 1580, Montaigne qui, depuis neuf ans
déjà, s'était affranchi des devoirs d'une bien grave pro-

fession et s'était retiré dans son manoir champêtre
pour s'y vouer tout entier au culte des *doctes Sœurs,* se
voyant plus libre que jamais par la publication de la
première édition de ses *Essais,* qui est de cette année
même, entreprit un long voyage et voulut faire son
tour d'Allemagne, de Suisse et d'Italie. Le voyage dura
dix-sept mois et huit jours en tout, depuis le jour où
il quitta son château de Montaigne jusqu'à celui où il
y revint coucher (22 juin 1580, — 30 novembre 1581).
Au moment de son départ, il était âgé de quarante-sept
ans, malade déjà de la gravelle et se proposant bien
d'user en chemin des diverses eaux minérales qui lui
seraient indiquées. Ce fut le motif ou le prétexte ; mais
surtout il aimait le changement, la nouveauté, et, par
conséquent, voyager pour voyager. Il n'était pas de
ceux qui « s'agréent en eux-mêmes, » qui « estiment
ce qu'ils tiennent au-dessus du reste, » et « ne reconnais-
sent aucune forme plus belle que celle qu'ils voient. »
Il laissait aux esprits routiniers ce parfait contentement
de soi, des siens et de la coutume. Et cependant, avec
« cette humeur avide de choses nouvelles et inconnues, »
il ne poussait pas son désir jusqu'à la passion et jusqu'à
y sacrifier le repos. Aussi avait-il longtemps différé avant
de se mettre aux champs. « Les voyages, disait-il, ne
me blessent que par la dépense. » Il aimait mieux les
faire plus courts et moins fréquents, mais plus à son
aise, sinon en grand seigneur et avec un grand train,
du moins avec un train fort honnête.

Le *Journal* de son voyage, publié très-tard pour la
première fois, en 1774, n'a rien de curieux littéraire-

ment; mais moralement, et pour la connaissance de l'homme, il est plein d'intérêt. C'est un simple récit, en partie dicté, et de l'écriture d'un secrétaire, en partie de la main de Montaigne, et dont une portion considérable, plus d'un tiers, est même écrite par lui en italien, pour s'y exercer et s'y entretenir.

Il s'y trouve pêle-mêle des notes de voyage, des particularités sur les villes et pays qu'il traverse, avec des détails sur sa santé et des prises fréquentes d'eaux ou de médecines.

Montaigne, en voyage, était tout appliqué à voir, à regarder; à peine s'il se permet une réflexion; il les réserve pour plus tard. Il était très-attentif à se conformer aux mœurs et usages des différents pays, à ne les choquer en rien; il s'y pliait entièrement pour les mieux comprendre et embrasser. Il n'arrivait avec rien de préconçu; il se laissait faire, il laissait arriver à lui les choses elles-mêmes. Il ne ressemblait pas à ceux qui portent partout avec eux les lunettes de leur village; il prenait celles de chaque endroit où il passait, sauf à n'en croire en définitive que ses propres yeux.

Il regrette de ne pas s'être assez préparé à l'avance par des lectures au voyage d'Allemagne et de Suisse; mais, pour celui d'Italie et de Rome, il y était préparé de longue main par le culte et par le commerce intime des auteurs de l'Antiquité.

Il voyage en compagnie de trois ou quatre gentilshommes de ses amis. Il traverse la France et remonte par Beaumont-sur-Oise, Meaux, Épernay, Châlons, Vitry, Bar, la lisière de la Lorraine, Neufchâteau, Mirecourt, les Vosges et Plombières, où il séjourne. Il y but, pendant onze matinées, d'abord neuf verres par jour, puis sept verres, et s'y baigna cinq fois, ayant son régime à lui et se traitant à sa guise. Il y rendit deux petites pierres et du sable. On ne sent jamais mieux qu'en lisant ce Journal de voyage et de santé combien Montaigne était né heureux. Il avait naturellement la joie de l'esprit et celle de l'humeur; il fallait qu'il eût bien fort la gravelle pour être triste, tout comme Horace qui est heureux partout, à moins que la pituite ne s'en mêle : *Nisi cum pituita molesta est.* Lui, plus vaillant qu'Horace, il va semant ses pierres et graviers sur les routes, et il trouve moyen encore d'être gai par là-dessus et content.

A Plombières, il contracta amitié et familiarité avec le seigneur d'Andelot de Franche-Comté, qui offrait cette singularité frappante d'avoir un côté de la barbe et des sourcils tout blanc, l'autre noir. Ce seigneur raconta à Montaigne que ce changement lui était venu en un instant, un jour qu'il était chez lui plein d'ennui pour la mort d'un sien frère que le duc d'Albe avait fait mourir comme complice des comtes d'Egmont et de Hornes : il tenait sa tête appuyée sur la main à cet endroit; de façon que les assistants pensèrent, quand il eut retiré sa main, que c'était de la farine qui lui était tombée là par hasard. Il était demeuré tel depuis.

Montaigne, en quittant les Vosges, passe par Mulhouse, Bâle, Bade. A Mulhouse, alors ville suisse dépendant du canton de Bâle, il prend un plaisir infini à voir « la liberté et bonne police de cette nation. » Il en goûte l'esprit d'égalité. Son hôte de l'auberge du *Raisin*, en rentrant du Conseil de la ville et d'un palais magnifique et tout doré, vient servir les voyageurs à table, et l'homme qui sert à boire a autrefois mené quatre enseignes de gens de pied contre le roi, sous le comte Casimir, dans les guerres de religion. Montaigne fait causer son monde, et il tire de chacun les particularités les plus marquées : ainsi cet homme qui le sert, cette espèce de sommelier, et qui est, sous son air de domestique, une manière de seigneur, lui dit entre autres choses qu'ils ne se font nulle difficulté ni scrupule de religion de servir le roi contre les huguenots mêmes, tout huguenots qu'ils sont. Ces gens de Mulhouse paraissent tenir assez peu au symbole, et la paye arrange tout.

A Bâle, où nos voyageurs sont reçus avec distinction et traités par la seigneurie de la ville avec des marques d'honneur et de cérémonie, Montaigne voit François Hotman, le célèbre jurisconsulte, rival de Cujas, échappé au massacre de la Saint-Barthélemy ; à souper où il l'invite, il le met, lui et un savant médecin de la ville, sur le chapitre de la religion, et il devine que, tout en protestant contre la romaine, ils sont peu d'accord entre eux. A Bade, ville catholique, il est frappé de la pratique sévère du plus grand nombre, qui va jusqu'à faire maigre le mercredi, et il y vérifie cette observation, qu'il n'est rien de tel, pour se tendre et se resserrer dans sa dévotion, que d'être en regard et en contradiction permanente de l'opinion contraire. Les eaux de Bade paraissent à Montaigne plus actives que les autres, dont

il avait essayé jusque-là; il en boit avec grand effet et
rend du sable. On le voit ensuite à Schaffhouse, à Constance (ayant laissé à droite Zurich où on lui dit qu'est
la peste), à Lindaw sur le lac même de Constance. Là
Montaigne regretta d'avoir omis trois choses en son
voyage : 1° de n'avoir point emmené avec lui un cuisi-
nier pour s'instruire des recettes allemandes et en pouvoir faire un jour l'épreuve chez lui (car il s'inquiète
des mets et de la chère partout où il passe, il ne vit pas
seulement de l'esprit); 2° de n'avoir pas amené avec
lui un valet allemand ou de ne s'être pas donné pour
compagnon de route quelque gentilhomme du pays,
afin de ne pas se trouver tout à fait à la merci d'un
bélître de guide; 3° enfin, de n'avoir pas lu d'avance ou
emporté dans ses coffres les livres et *guides du voyageur* (comme nous dirions) qui le pussent avertir des
choses rares et remarquables à visiter en chaque lieu.
Il s'était prémuni pour l'Italie, non pour l'Allemagne;
et cette Allemagne lui plaisait fort, bien plus qu'il ne
l'aurait cru. Il allait jusqu'à préférer bien des usages
de ce pays et à les trouver plus commodes que les
nôtres. « Ils ont cela de bon, disait-il des aubergistes
allemands, qu'ils demandent quasi du premier mot ce
qu'il leur faut, et ne gagne-t-on guère à marchander.
Ils sont glorieux, colères et ivrognes, mais ils ne sont
du moins ni traîtres ni voleurs. » Il a l'esprit bien fait
et prend les gens par ce qu'ils ont de bon.

Il coupe par la Bavière, visite Friessen, Lanspergs,
Augsbourg où ils sont traités par le corps de ville non-
seulement en gentilshommes, mais en personnages de

haute condition, ni plus ni moins que barons ou chevaliers. Montaigne s'y prête fort bien et défend à ses gens de détromper les officiers de la ville. Il s'amuse ce jour-là, on ne sait pourquoi, à jouer le grand seigneur. Il a le regret, dans cette ville d'Augsbourg, de se rendre remarquable par quelque façon opposée au goût du pays : c'était en passant par une église; comme il faisait très-froid et qu'il était indisposé, il garda son mouchoir sous son nez, ce qui parut étrange : il en fut mortifié, quand ensuite on le lui dit. Partout où il allait, le premier soin de Montaigne était d'observer la mode du pays, quelque difficulté et gêne qu'il y trouvât; c'était sa religion à lui. Après avoir traversé Munich, la petite caravane arrive aux montagnes et s'enfonce dans les Alpes pour aller par le Tyrol et Inspruck en Italie : « Nous nous engouffrâmes tout à fait dans le ventre des Alpes par un chemin aisé, commode et *amusément* entretenu. » C'est le secrétaire de Montaigne qui écrit, mais qui visiblement s'inspire de ses impressions et se teint de son langage. Arrivés à une certaine abbaye, on y apprend toutes sortes de miracles, et l'un même tout récent; Montaigne se garde bien d'y contredire. A peu de distance de là, il admire fort le paysage :

« Ce vallon semblait à M. de Montaigne représenter le plus agréable paysage qu'il eût jamais vu; tantôt se resserrant, les montagnes venant à se presser, et puis s'élargissant à cette heure de notre côté, qui étions à main gauche de la rivière, et gagnant du pays à cultiver et à labourer dans la pente même des monts qui n'étaient pas si droits, tantôt de l'autre part; et puis découvrant des plaines à deux ou trois étages l'une sur l'autre, et tout plein de belles maisons de gentilshommes et des églises. Et tout cela enfermé et emmuré de tous côtés de monts d'une hauteur infinie. »

Dans une de ses traites, son mal de reins le reprend, et sans s'effrayer, toujours courageux et de bonne composition, il estime qu'il est plus soulagé à cheval qu'en une autre posture : il en est quitte pour faire la traite plus longue ce jour-là, et le lendemain (ou le surlendemain) matin, après une nuit douloureuse, à son lever, il rend une pierre : ce qui ne l'arrête nullement. C'est dans cette traversée du Tyrol, à l'arrivée à Brixen, que se trouve dans le Journal une première page tout à fait agréable, et qui nous montre au vrai le Montaigne habituel que nous connaissons, mais avec ce redoublement de belle humeur et de sérénité que lui donne le voyage :

« *Brixen*, — très-belle petite ville, au travers de laquelle passe cette rivière (d'Eisock) sous un pont de bois : c'est un évêché. Nous y vîmes deux très-belles églises, et fûmes logés à *l'Aigle*, beau logis. Sa plaine n'est guère large, *mais les montagnes d'autour, même sur notre main gauche, s'étendent si mollement qu'elles se laissent testonner et peigner jusques aux oreilles.* (N'est-il pas vrai que Montaigne communique de sa gaieté d'expression à son secrétaire?) Tout se voit rempli de clochers et de villages bien haut dans la montagne; et près de la ville, plusieurs belles maisons très-plaisamment bâties et assises. — M. de Montaigne disait :

« Qu'il s'était toute sa vie méfié du jugement d'autrui sur
« le discours des commodités des pays étrangers, chacun ne
« sachant goûter que selon l'ordonnance de sa coutume et
« de l'usage de son village, et avoir fait fort peu d'état des

« avertissements que les voyageurs lui donnaient : mais en
« ce lieu, il s'émerveillait encore plus de leur bêtise, ayant,
« et notamment en ce voyage, ouï dire que l'entre-deux des
« Alpes en cet endroit était plein de difficultés, les mœurs
« des hommes étranges, chemins inaccessibles, logis sau-
« vages, l'air insupportable. Quant à l'air, il remerciait Dieu
« de l'avoir trouvé si doux, car il inclinait plutôt sur trop de
« chaud que de froid, et en tout ce voyage, jusques lors,
« n'avions eu que trois jours de froid et de pluie environ une
« heure; mais que du demeurant, s'il avait à promener sa
« fille, qui n'a que huit ans, il l'aimerait autant en ce chemin
« qu'en une allée de son jardin; et quant aux logis, il ne vit
« jamais contrée où ils fussent si dru semés et si beaux, ayant
« toujours logé dans belles villes bien fournies de vivres, de
« vin, et à meilleure raison qu'ailleurs. »

Montaigne, à la veille de quitter l'Allemagne et le
Tyrol autrichien, écrit une lettre à François Hotman,
ce célèbre jurisconsulte qu'il avait rencontré à Bâle,
pour lui exprimer sa satisfaction de tout ce qu'il a vu
dans le pays et le regret qu'il avait d'en partir si tôt,
quoique ce fût en Italie qu'il allât; ajoutant qu'excepté
quelques exactions à peu près inévitables des hôteliers,
guides et truchements, « tout le demeurant lui semblait
plein de commodité et de courtoisie, et surtout de justice et de sûreté. »

Cette première partie de son voyage, dont il se montrait si enchanté, n'avait fait que le mettre en goût et
en appétit de découverte. Toute fatigue d'esprit et de
corps était loin de lui. A Trente, à Rovère, au moment
d'entrer décidément en Italie, quand tous les autres de
sa troupe sont las et recrus, lui, plus en train et plus
allègre que jamais, il serait presque tenté, s'il était

seul, de tourner vers des pays moins connus et plus
neufs, et débouchant sur cet autre versant des Alpes
Juliennes ou Noriques, d'aller jusque par delà les plaines
que le Danube arrose, courir au loin mainte aventure.
Voici, de tout le *Journal,* la page, selon moi, la plus
caractéristique et la plus propre à nous faire juger de
l'humeur excitée et charmante du voyageur excellent :

« Je crois à la vérité, nous dit son secrétaire, que, s'il eût
été seul avec les siens, il fût allé plutôt à Cracovie ou vers la
Grèce par terre, que de prendre le tour vers l'Italie ; mais le
plaisir qu'il prenait à visiter les pays inconnus, lequel il trouvait si doux que d'en oublier la faiblesse de son âge et de sa
santé, il ne le pouvait imprimer à nul de la troupe, chacun
ne demandant que la retraite, tandis que lui, il avait accoutumé de dire qu'après avoir passé une nuit inquiète, quand
au matin il venait à se souvenir qu'il avait à voir ou une
ville ou une nouvelle contrée, il se levait avec désir et allégresse. Je ne le vis jamais moins las ni moins se plaignant
de ses douleurs, ayant l'esprit, et par chemin et en logis, si
tendu à ce qu'il rencontrait, et recherchant toutes occasions
d'entretenir les étrangers, que je crois que cela amusait son
mal. Quand on se plaignait à lui de ce qu'il conduisait souvent la troupe par chemins divers et contrées, revenant souvent bien près d'où il était parti (ce qu'il faisait, ou recevant
l'avertissement de quelque chose digne de voir, ou changeant d'avis selon les occasions), il répondait qu'il n'allait
quant à lui en nul lieu que là où il se trouvait, et qu'il ne
pouvait faillir ni tordre sa voie, n'ayant nul projet que de
se promener par des lieux inconnus ; et, pourvu qu'on ne le
vît pas retomber sur même voie et revoir deux fois même
lieu, qu'il ne faisait nulle faute à son dessein. Et quant à
Rome où les autres visaient, il la désirait d'autant moins
voir que les autres lieux, qu'elle était connue d'un chacun, et
qu'il n'y avait laquais qui ne leur pût dire nouvelles de Flo-

rence et de Ferrare. Il disait aussi qu'il lui semblait être comme ceux qui lisent quelque fort plaisant conte, d'où il leur prend crainte qu'il vienne bientôt à finir, ou un beau livre : lui de même prenait si grand plaisir à voyager qu'il haïssait le voisinage du lieu où il se dût reposer... »

Le voyage pour Montaigne était comme un conte des Mille et une Nuits. Il n'était pas de l'avis de ceux qui disent ·

Les voyages sont beaux, surtout quand ils sont faits.

Il aimait le voyage pour le voyage même, — aller pour voir et voir encore. Loin d'être esclave d'un itinéraire tracé à l'avance et qu'on abrége même si l'on peut, il était toujours prêt à modifier le sien et à l'allonger selon son caprice et son plaisir. Pour lui qui, en toute chose, préférait le chemin des écoliers, ce lui semblait alors le cas, ou jamais, de faire l'école buissonnière. Il y a bien des manières d'être voyageur, et je ne voudrais en exclure aucune ; mais je ne puis m'empêcher d'opposer cette façon d'aller de Montaigne à celle d'un grand écrivain moderne, voyageur par ennui plus encore que par curiosité, et qui, dès qu'il avait saisi les grands horizons, les vastes contours, les *ciels* et les sommets dominants d'un pays, ne daignait y rien regarder de plus. Montaigne se montre ici le contraire de Chateaubriand qui, même en voyageant aux lieux où il se plaît et qu'il a le plus désirés, a l'impatience d'en finir. C'est que c'est d'abord l'homme ennuyé et qui se fuit lui-même, puis c'est l'artiste surtout qui voyage en la personne de Chateaubriand : chez Mon-

taigne, c'est le curieux amusé de la vie, et qui dépense
la sienne sans compter. Chateaubriand voyage pour
en rapporter des tableaux, pour écrire et décrire au
retour : quand il a son image, il en a assez. Montaigne
voyage pour apprendre du nouveau et pour regarder
sans cesse; et il regarde en effet, il retient tout, depuis
les beaux et riants aspects et les jolis fonds de paysage
jusqu'à la manière de tourner la broche. Il n'y a danger
qu'on n'oublie rien avec lui. Comparez les témoignages
de leurs fidèles domestiques, à tous deux! nous venons
d'entendre le secrétaire de Montaigne; que dit de son
maître, au contraire, le Joseph de Chateaubriand, celui
même dont il est parlé dans l'*Itinéraire :* « Dès qu'il
est arrivé dans un lieu, il n'a rien de plus pressé que
d'en repartir? » Et il en repartait moins encore pour
voir d'autres lieux que pour en finir de celui qu'il avait,
du premier coup d'œil, dévoré. Montaigne, en un mot,
voyageait pour amuser et régaler sa curiosité toujours
éveillée et toujours fraîche; Chateaubriand, pour occuper et remplir son imagination ardente et en tirer
gloire.

Ajoutez que pour Montaigne philosophe le voyage
n'était qu'une réfutation perpétuelle, en action et en
tableau, des préjugés de clocher dont il avait le mépris
et le secret dégoût. Dans cette succession rapide de
vues et de mœurs si diverses et si contraires, un préjugé réfute et chasse l'autre, et ne lui laisse pas le
temps de faire le fier; et le philosophe libre, sans aucun
effort de lutte ni de contradiction, y trouve son compte,
en même temps que le curieux son plaisir.

II.

Quoi qu'il en soit de ses désirs de Cracovie, de Vala-chie et de Grèce, Montaigne a une grande envie de voir Rome, et c'est là (laissant de côté son passage par Vé-rone, Padoue, Venise, Ferrare, Bologne, Florence, Sienne, Montefiascone), — c'est là qu'il le faut suivre, entrant par la porte *del Popolo*.

Il y avait alors trop de Français à Rome, ce qui le fâche. Il commence par comparer Rome, la neuve, celle du beau monde, avec Paris qu'il aimait beaucoup; mais il n'insiste pas sur cette comparaison, et il remet et laisse bientôt Rome à son rang unique. Il juge très-bien, à première vue, du changement de configuration du sol, et de l'ensevelissement de l'ancienne Rome : la forme des montagnes et des pentes n'est plus du tout la même, et il tenait pour certain « qu'en plusieurs en-droits nous marchions sur la tête des vieux murs et sur le faîte des maisons tout entières. » La liberté de vie à Rome lui paraît bien différente de celle de Venise : la sûreté y manque. La police de Rome était de tout temps mauvaise. Les chicanes des douaniers y sont excessives, et pires qu'en la plupart des autres villes d'Italie; on lui avait pris en entrant tous ses livres pour les visiter, entre autres un exemplaire des *Essais* qui avaient récemment paru : on ne les lui rendra qu'après examen et censure. Quelques jours après son arrivée, il se trouve mal et prend médecine : la méde-cine, dans cette Relation, vient à travers toutes choses.

Il assiste le jour de Noël (1580) à la messe du Pape à Saint-Pierre et n'y perd rien des cérémonies. Il y a un certain instrument à boire le calice pour se précautionner contre le poison. Il remarque un air de dissipation pendant l'office : « Il lui sembla nouveau, et en cette messe et autres, que le Pape et cardinaux et autres prélats y sont assis, et quasi tout le long de la messe couverts, devisant et parlant ensemble. Ces cérémonies semblent être plus magnifiques que dévotieuses. » — Les courtisanes ont leur part de son attention. — L'ambassadeur de France (M. d'Elbène) l'engage cependant à aller baiser les pieds du Pape : Montaigne et son compagnon de route, M. d'Estissac, sont donc présentés un jour à Sa Sainteté par l'ambassadeur. Montaigne entre dans les plus menus détails d'étiquette au sujet de cette présentation, et décrit les trois agenouillements et les trois bénédictions consécutives à mesure qu'on avance dans la chambre. Quand ils furent avancés jusqu'à être devant Sa Sainteté, l'ambassadeur, mettant lui-même un genou en terre, « retroussa la robe du Pape sur son pied droit, où il y a une pantoufle rouge avec une croix blanche au-dessus. » Montaigne ne perd pas une occasion de regarder et de bien voir. Il note la politesse du Pape « qui avait haussé un peu le bout de son pied, » comme pour épargner à son adoration le reste du chemin. Averti par l'ambassadeur, le Pape loua Montaigne d'être bon catholique et l'engagea à continuer. Nous avons là, d'après lui, un portrait physique et moral très-exact de ce beau et doux vieillard, Grégoire XIII. Quelques jours après, le Pape passe à cheval sous les fenêtres du logis de Montaigne : nouveau portrait et description exacte du costume, des mouvements et du cortége. Montaigne a les sens excellents ; il voit les choses telles qu'elles sont, ni plus ni moins, et ne les complique en rien d'abord, ni par l'imagination ni par la réflexion. — Ce même jour où il a vu passer le Pape, il prend de la térébenthine : sa santé va de front avec sa curiosité. — On exécute un bandit ; il assiste à ce spectacle, en relève toutes les circonstances, et l'ancien conseiller au Parlement de Bordeaux ne manque pas de faire la comparaison avec ce qui se pratique en France.

Mais c'est sur les antiquités de Rome particulièrement qu'il a des vues justes, tout à fait grandes et dignes de leur objet. Ici l'on aurait à faire tout un chapitre, *Montaigne antiquaire,* si M. Ampère ne l'avait déjà fait. A visiter, à étudier ainsi Rome, Montaigne se pique d'honneur ; il apprend bientôt à se passer de guide, et il est de force à en remontrer aux plus habiles *ciceroni* eux-mêmes. Voici le beau passage de cette seconde partie du *Journal,* et qui mérite de faire pendant à celui que nous avons déjà vu au sortir du Tyrol. Ce n'est plus l'humeur voyageuse qui s'égaye et qui se joue en mille désirs de courses errantes et vagabondes, ce n'est plus la curiosité jeune et dans sa légère ivresse, c'est le sentiment historique profond, qui se prononce et se déclare, c'est une admiration pleine de deuil pour la plus grande cité qu'ait portée la terre et qu'elle a presque tout engloutie. Montaigne disait donc (et à travers le secrétaire on sent de plus en plus le langage

et l'accent magistral , comme sous de certaines pages de
l'abbé Ledieu on sent la parole de Bossuet), — il disait :

« Qu'on ne voyait rien de Rome que le ciel sous lequel elle
« avait été assise et le plan de son gîte; que cette science
« qu'il en avait était une science abstraite et contemplative,
« de laquelle il n'y avait rien qui tombât sous les sens ; que
« ceux qui disaient qu'on y voyait au moins les ruines de
« Rome en disaient trop, car les ruines d'une si épouvan-
« table machine rapporteraient plus d'honneur et de révé-
« rence à sa mémoire : ce n'était rien que son sépulcre. Le
« monde, ennemi de sa longue domination, avait première-
« ment brisé et fracassé toutes les pièces de ce corps admi-
« rable, et parce qu'encore tout mort, renversé et défiguré,
« il lui faisait horreur, il en avait enseveli la ruine même. —
« Que ces petites montres de sa ruine qui paraissent encore
« au-dessus de la bière, c'était la Fortune qui les avait con-
« servées pour le témoignage de cette grandeur infinie que
« tant de siècles, tant de feux, la conjuration du monde
« réitérée à tant de fois à sa ruine, n'avaient pu universelle-
« ment éteindre. Mais était vraisemblable que ces membres
« dévisagés qui en restaient, c'étaient les moins dignes, et
« que la furie des ennemis de cette gloire immortelle les
« avait portés premièrement à ruiner ce qu'il y avait de plus
« beau et de plus digne; que les bâtiments de cette Rome
« bâtarde qu'on allait à cette heure attachant à ces masures,
« quoiqu'ils eussent de quoi ravir en admiration nos siècles
« présents, lui faisaient ressouvenir proprement des nids que
« les moineaux et les corneilles vont suspendant en France
« aux voûtes et parois des églises que les Huguenots vien-
« nent d'y démolir... »

Rome inspire Montaigne et l'élève jusqu'à elle. Quel
langage auguste et magnifique ! quelle haute idée ! On
ne voit pas même les ruines de Rome ; ces ruines sont
ensevelies : à peine si quelques-unes surnagent et dé-

passent le niveau de ce vaste cimetière qui est la Rome
d'aujourd'hui. Tout cela, c'est du Sénèque, du bon
Lucain ; c'est de l'Horace dans les grandes odes. Parce
que ces hommes, comme Horace et Montaigne, sont aimables, on les croit incapables de générosité et de sentir
la grandeur. Mais le goût et une mâle pensée embras-
sent tout.

Cependant la Rome ancienne ne l'absorbe pas tellement qu'il n'aille voir jusqu'au dernier jour tout ce qui
se peut voir. Il assiste à la circoncision d'un Juif ; il
assiste aux fêtes du carnaval, etc. Nous l'abandonnons
dans le reste de ses courses et visites où il se romanise
de plus en plus. L'air de Rome lui allait ; il le trouvait
« très-plaisant et sain. » Surtout il ne s'y ennuyait pas
un seul instant : « Je n'ai rien, disait-il, si ennemi à
ma santé que l'ennui et oisiveté : là j'avais toujours
quelque occupation, sinon si plaisante que j'eusse pu
désirer, au moins suffisante à me désennuyer. » Et il
les énumère : à défaut d'antiquités, aller voir les
Vignes « qui sont des jardins et lieux de plaisir de
beauté singulière, où j'ai appris, ajoute-t-il, combien
l'art se pouvait servir bien à point d'un lieu bossu,
montueux et inégal ; » à d'autres jours, à défaut de
promenades, aller entendre des sermons, des thèses,
ou faire la conversation chez les *dames :* il mêle tout
cela. « Tous ces amusements m'embesognaient assez :
de mélancolie qui est ma mort, et de chagrin, je n'en
avais nulle occasion, ni dedans ni hors la maison. » En
un mot, il était là comme chez soi, avec une certaine
nouveauté de plus.

J'allais oublier son grave enfantillage d'ambitionner d'être *citoyen romain;* il y parvint, non sans peine. Il respecte tant l'ancienne Rome qu'il se complaît à la parodie même qu'on en fait, pourvu qu'elle soit sérieuse et sans rire; il reçoit ses lettres de *citoyen* au nom du *Sénat* et du *Peuple :* « C'est un titre vain, dit-il; tant y a que j'ai reçu beaucoup de plaisir de l'avoir obtenu. » Voilà un aimable philosophe qui paye ouvertement son tribut à l'illusion et à la vanité humaine.

On lui rendit avant son départ le volume des *Essais* qu'on lui avait saisi à l'arrivée. Le maître du Sacré-Palais et l'un de ses collègues, en le lui rendant, firent bon marché de la censure qu'on y avait jointe et qui était du fait d'un *frater* français assez ignorant. Ledit *maëstro* lui dit de n'en tenir compte dans une édition suivante qu'autant qu'il le jugerait à propos; ces Romains sont accommodants pour leurs amis. Il ajouta que bien des livres de cardinaux et religieux avaient été censurés de même pour telles imperfections de détail qui ne touchaient en rien la réputation de l'auteur ni de l'œuvre en gros. Ils l'engagèrent *à aider à l'Église par son éloquence,* et à demeurer paisible chez eux tant qu'il le voudrait. Et ceux qui parlaient ainsi, Montaigne nous le fait remarquer, étaient « personnes de grande autorité et *cardinalables,* » c'est-à-dire du bois dont on fait les cardinaux.

Montaigne, à ce premier séjour, avait passé à Rome près de cinq mois; il se rendit de là aux bains de Lucques et revint encore à Rome avant de repartir pour la France. Il était aux bains *della Villa,* près de Lucques,

lorsqu'il apprit que MM. de Bordeaux l'avaient choisi
absent pour maire de leur ville. Après quelque hésita-
tion et tergiversation, il se décida à accepter. Le maire
de Bordeaux ne nous regarde plus; il appartient à
M. Grün, qui en a traité à fond.

C'est bien assez pour nous et pour un jour. Mais je
me suis senti provoqué par ces doctes brochures qui
venaient nous entretenir de minces détails, de questions philologiques concernant la bibliothèque et le
tombeau du philosophe, et je ne me le suis pas laissé
dire deux fois. Vous me parlez de Montaigne; eh bien!
j'en prends occasion pour revenir parler de lui à mon
tour, pour l'écouter et le suivre là où il est le plus à
l'abandon et où il va le plus à l'aventure. On ne perd
jamais son temps à l'accoster. Aussi avons-nous vu quel
charmant, quel commode et quel joli voyageur c'était
que cet homme de cabinet qui avait en lui l'étoffe de
plusieurs hommes; quel naturel heureux, curieux, ouvert à tout, détaché de soi et du chez-soi, déniaisé,
guéri de toute sottise, purgé de toute prévention. Et
quelle sérénité, quelle allégresse même, jusque dans la
souffrance et dans les maux! que d'accortise à tout
venant! que de bon sens partout! que de vigueur de
pensée! quel sentiment de la grandeur, quand il y a
lieu! que de hardiesse et aussi d'adresse en lui! J'appelle Montaigne « le Français le plus sage qui ait jamais
existé. »

Lundi, 31 mars 1832.

MÉMOIRES

DE

L'IMPÉRATRICE CATHERINE II

ÉCRITS PAR ELLE-MÊME (1).

Il s'est imprimé depuis quelques années à Londres
une série d'ouvrages originaux et confidentiels sur la
Cour de Russie au xviiie siècle; on en doit la publication à M. Herzen. Je n'ai pas à caractériser ici le dessein général et la pensée politique qui peut inspirer cet
écrivain patriote, je ne cherche que le côté historique ;
et quand il n'y aurait que les Mémoires authentiques
où l'impératrice Catherine a raconté les premières
années de sa jeunesse et de sa vie si contrainte et si
intriguée avant d'atteindre à l'empire, qui donc parmi

(1) Un volume in-8°, publié avec une préface par M. A. Herzen;
Londres, 1859

les lecteurs sérieux et les observateurs de la nature humaine pourrait y rester indifférent?

Il n'est rien de tel pour fortifier son jugement et accroître son expérience que d'écouter les esprits supérieurs et de recueillir leurs témoignages quand ils ne s'expriment pas en vue de la foule et pour amuser la galerie, mais quand ils parlent avec netteté et simplicité pour se laisser voir tels qu'ils sont à ceux qui sont dignes de les bien voir. Il y aurait un article facile à faire sur ces Mémoires de Catherine, et c'est celui que je ne ferai pas. Il n'y aurait pour cela qu'à partir de quelques principes généraux et convenus, à se montrer rigide et inexorable pour tout ce qui s'écarte de nos mœurs, de notre état de société et de civilisation, à faire la leçon d'un bout à l'autre, à condamner au nom d'un symbole whig ou d'un catéchisme libéral tout ce qui s'écarte de la droite ligne, une fois tirée : on arriverait ainsi à un effet certain et à une unité de conclusion qui séduit et satisfait toujours à première vue les lecteurs superficiels et les esprits tout d'une pièce. Mais la nature humaine est moins simple, l'histoire des nations est d'une formation plus dure et plus rebelle, le bien et le mal y sont moins aisés à démêler, à produire ou à corriger, que cette théorie ne le suppose; et si fâcheux souvent qu'ils soient, si à charge qu'on les trouve pour les inconvénients dont ils font payer leurs qualités, on n'est pas encore arrivé, dans notre Europe du moins, à rendre inutiles pour le gouvernement des États les grands caractères et les grands hommes.

Catherine, qui gouverna la Russie pendant trente-quatre ans, n'était point Russe, mais Allemande : princesse d'Anhalt-Zerbst, élevée et nourrie dans les terres prussiennes, elle fut mariée à seize ans au neveu de Pierre le Grand, Pierre, duc de Holstein, d'un an plus âgé qu'elle, et que l'impératrice Élisabeth avait adopté pour son héritier. Ses Mémoires, écrits en français, commencent à l'année qui précéda son mariage (1744), et la copie qu'on en a s'arrête malheureusement un peu avant son avénement au trône. Elle les écrivit quand elle était impératrice. Dans quelle vue ? Est-ce pour se justifier d'avoir supplanté et détrôné son triste mari ? Est-ce pour expliquer et motiver aux yeux de ceux qui la liraient la différence de leurs sorts et de leurs fortunes à tous deux ? On le croirait à voir le début. Mais il est plus probable que Catherine écrivait ces pages, destinées à rester secrètes et confidentielles, pour se rendre compte à elle-même de ses années de jeunesse, de souffrance et de plaisir, pour revenir sur les impressions mélangées, mais si vives, qu'elle y trouvait en y repassant.

La fortune, dit-elle en commençant, n'est pas aussi aveugle qu'on se l'imagine. Elle est souvent le résultat de mesures justes et précises, non aperçues par le vulgaire, qui ont précédé l'événement. Elle est encore plus particulièrement un résultat des qualités, du caractère et de la conduite personnelle.

« Pour rendre ceci plus palpable, j'en ferai le syllogisme suivant :

« Les qualités et le caractère seront la majeure ;

« La conduite, la mineure ;

« La fortune ou l'infortune, la conclusion.

« En voici deux exemples frappants :

« PIERRE III. — CATHERINE II. »

A part ce début et comme ce frontispice digne d'Aristote, de Polybe ou de Machiavel, il n'y a rien de dogmatique ni de raisonné dans le récit, qui porte tout entier
sur des faits, des circonstances positives, et dans lesquelles les réflexions même n'interviennent que sobrement. Il est vrai que l'impression croissante et totale,
a conclusion irrésistible résultant de la quantité de
détails accumulés chemin faisant, est qu'il était impossible que Pierre III régnât, et bien difficile que Catherine, au contraire, ne devînt point impératrice *de son
chef;* ce qui avait été sa première pensée en mettant
le pied en Russie et n'avait cessé d'être son secret
désir.

Le futur Pierre III, tel qu'il sort de son récit, est une
brute; il n'y a pas d'autre mot. Elle ne le dit peut-être
pas en propres termes, mais elle force tout lecteur à le
dire : — une brute bizarre et bigarrée de folie. — Dès
l'enfance, il parut si mal élevé qu'on crut que son gouverneur, le grand maréchal Brummer, Suédois de naissance, dès qu'il vit que le prince n'était point destiné
au trône de Suède, mais à celui de Russie, changea de
méthode et s'appliqua à lui gâter le cœur et l'esprit de
propos délibéré : le maréchal en était bien innocent et
n'en pouvait mais; la nature de l'élève suffisait de reste
à tous ses vices. Dès l'âge de dix ans, il marquait du
penchant pour la boisson, et on avait peine à l'empê-

cher de se griser à table. La condition première de son adoption par l'impératrice de Russie était qu'il embrasserait le rit grec : il avait été élevé d'abord et baptisé dans le rit luthérien. Il se prêta de mauvaise grâce à cette conversion et résista toujours tant qu'il put aux actes de dévotion russe si chers au peuple. Il tenait au luthéranisme dans l'âme ; il tenait à son Holstein, à son petit duché héréditaire plus qu'à ce grand empire qui lui venait comme un don du ciel ; il avait à cœur avant tout la haine du Danois. Lorsque Catherine arriva avec sa mère à Moscou où la Cour était alors, en février 1744, elle trouva son fiancé très-enfant, quoiqu'il eût déjà seize ans, ne s'occupant dans ses chambres qu'à faire faire l'exercice à une couple de domestiques qu'il avait pour son service. « Il leur donnait des grades et des rangs, et les dégradait selon sa fantaisie. »

Elle, à peine arrivée, elle se mit à se faire instruire dans la religion grecque et à apprendre le russe : les deux instruments essentiels pour réussir auprès de cette nation sur laquelle elle aspirait à régner. Elle apportait tant de zèle à cette étude du russe qu'elle se levait la nuit sur son séant, et, tandis que tout le monde dormait, elle apprenait par cœur les cahiers que son maître lui laissait. Le matin, à peine éveillée, elle oubliait de se chausser, et étudiait au saut du lit ; elle y prit même une pleurésie qui pensa l'emporter. Douée de discrétion et de dissimulation, son étonnement était grand en entendant son fiancé lui parler de tout à tort et à travers et à l'étourdie :

« Je me taisais et j'écoutais, ce qui me gagna sa confiance

Je me souviens qu'il me dit, entre autres choses, que ce qui lui plaisait le plus en moi, c'était que j'étais sa cousine, et qu'à titre de sa parente il pourrait me parler à cœur ouvert; en suite de quoi il me dit qu'il était amoureux d'une des filles d'honneur de l'Impératrice, qui avait été renvoyée de la Cour lors du malheur de sa mère, une Mme Lapoukine, qui avait été exilée en Sibérie; qu'il aurait bien voulu l'épouser, mais qu'il était résigné à m'épouser moi, parce que sa tante le désirait. J'écoutais ces propos de parentage en rougissant, et le remerciant de sa confiance prématurée; mais *au fond de mon cœur je regardais avec étonnement son imprudence et manque de jugement sur quantité de choses.* »

Quand on pense au résultat final et suprême, chaque mot porte dans ce jugement : l'insensé et l'imprudent! ne semble-t-il pas qu'il est déjà condamné devant elle, et que le juge, dans son for intérieur, a prononcé? — Il ne faisait que préluder. Cet être puéril et grossier ne cessa ainsi, durant des années, d'entretenir cette jeune fille, belle, fière, supérieure, et qui, de nom du moins, était sa femme, des sottes et grotesques amourettes qu'il entamait à droite et à gauche avec les femmes les plus laides et les plus indignes, lesquelles, de leur côté, le méprisaient encore, comme le firent, au reste, et comme en avaient apparemment le droit, toutes celles à qui il eut affaire dans sa vie.

La mère de Catherine, moins prudente et moins avisée que sa fille, court risque de la compromettre dans l'esprit de l'impératrice; elle entre dans des intrigues de cour. Peu s'en faut que, par la faute de cette mère, la fortune de Catherine ne se brise dès le pre-

mier pas, et qu'on ne les renvoie toutes deux dans leur
Allemagne; mais la jeune fille sait par sa conduite se
garantir, et par quelques mots bien placés, par des
riens, se séparer des sottises de sa mère. Dans cette
pleurésie qu'elle a et qu'on traite tout de travers (car
l'absurdité autour d'elle éclate de toutes parts et sous
toutes les formes), elle a près de son lit des dames
placées par l'impératrice, et elle entend d'elles, à leur
insu, et devine beaucoup de choses qu'elle a intérêt à
connaître :

« Je m'étais accoutumée, dit-elle, pendant ma maladie,
d'être les yeux fermés; on me croyait endormie, et alors la
comtesse Roumianzoff et les femmes disaient entre elles ce
qu'elles avaient sur le cœur, et par là j'apprenais quantité de
choses. »

Elle sait qu'avant tout, à ses débuts, il faut plaire,
— plaire à l'impératrice d'abord, personne faible, crédule, pleine de préventions et de petitesses; plaire à la
nation aussi, et paraître soi-même en être éprise. Un
jour, M. de La Chétardie, envoyé de France, s'adresse
à elle et la félicite d'une coiffure nouvelle dite *à la
Moïse.* Elle lui répond que « pour plaire à l'impératrice, elle se coifferait de toutes façons possibles; » et
La Chétardie, qui est des opposants et d'une intrigue
qui va le perdre, fait une pirouette à gauche et ne s'y
frotte plus.

Un jour, dans une discussion entre sa mère et l'impératrice, l'un des courtisans qui vient d'y assister,
rencontrant Catherine avec le grand-duc, assis sur une

fenêtre dans une pièce voisine et en train de rire, leur dit en passant : « Cette grande joie va cesser tout à l'heure; » et s'adressant à elle : « Vous n'avez qu'à faire vos paquets, vous allez repartir tout de suite pour vous en retourner chez vous. » Catherine, en commentant ce propos avec le grand-duc, s'aperçoit du peu d'effet qu'il a produit sur lui : « Je vis clairement qu'il m'aurait quittée sans regret. Pour moi, vu ses dispositions, il m'était à peu près indifférent ; *mais la couronne de Russie ne me l'était pas.* » Le caractère préexiste et se révèle tout entier.

Méchancetés, indiscrétions, mensonges, faux rapports, tracasseries, toutes les bêtises de la malice humaine rassemblées dans un cercle étroit et redoublées par l'étiquette, elle éprouve tout cela dans ses relations avec sa mère, avec l'impératrice, avec son fiancé, avec les femmes qu'on lui donne pour argus; elle est obligée de garder des mesures avec chacun, et, malgré sa grande jeunesse et son goût vif d'amusement et de plaisir, elle s'en fait une loi : comme chez tous les grands ambitieux (Sixte-Quint, Richelieu), sa passion dominante est assez forte pour se plier à tout et s'imposer d'abord la souplesse; son orgueil fait le mort et rampe pour mieux s'élever; seulement, femme et charmante femme qu'elle est, elle a ses moyens à elle, et elle y met de la grâce :

« Au reste, je traitais le mieux que je pouvais tout le monde, et me faisais une étude de gagner l'amitié, ou du moins de diminuer l'inimitié de ceux que je pouvais seulement soupçonner d'être mal disposés en ma faveur. Je ne témoignais de penchant pour aucun côté, ni ne me mêlais à rien; j'avais toujours un air serein, beaucoup de prévenance, d'attention et de politesse pour tout le monde, et comme j'étais naturellement fort gaie, je vis avec plaisir que de jour en jour je gagnais l'affection du public, qui me regardait comme une enfant intéressante et qui ne manquait pas d'esprit. Je montrais un grand respect à ma mère, une obéissance sans bornes à l'Impératrice, la considération la plus profonde au grand-duc, et je cherchais avec la plus profonde étude l'affection du public. »

Et encore :

« Je m'attachais plus que jamais à gagner l'affection de tout le monde en général : grands et petits, personne n'était négligé de ma part, et je me fis une règle de croire que j'avais besoin de tout le monde, et d'agir en conséquence pour m'acquérir la bienveillance; en quoi je réussis. »

Elle rencontra, à ce moment difficile et décisif, un conseiller excellent : c'était un Suédois de beaucoup d'esprit, qui n'était plus jeune, le comte Gyllenbourg. Il avait vu précédemment Catherine à Hambourg et avait grondé sa mère de faire trop peu de cas de cette enfant, qui avait, disait-il, « une tournure d'esprit très-philosophique. » Arrivé en mission à Pétersbourg, il vit beaucoup la mère et la fille, et s'intéressa de plus en plus à celle dont il avait deviné le génie :

« Il me demanda comment allait ma philosophie dans le tourbillon où j'étais placée. Je lui contai ce que je faisais dans ma chambre. Il dit qu'une philosophe de quinze ans ne pouvait se connaître soi-même, et que j'étais entourée de tant d'écueils, qu'il y avait tout à craindre que je n'échouasse. »

moins que mon âme ne fût d'une trempe tout à fait supérieure ; qu'il fallait la nourrir avec les meilleures lectures possibles : et à cet effet il me recommanda les Vies illustres de
Plutarque, la Vie de Cicéron, et les Causes de la grandeur et
de la décadence de la République romaine, par Montesquieu.
Tout de suite je me fis chercher ces livres, qu'on eut de la
peine à trouver à Pétersbourg alors, et je lui dis que j'allais
lui tracer mon portrait, afin qu'il pût voir si je me connais-
sais ou non. »

Elle écrivit, en effet, ce portrait sous ce titre : *Portrait du philosophe de quinze ans*; l'ayant retrouvé bien
des années après, elle ne put s'empêcher de s'étonner
de la profondeur de connaissance d'elle-même qu'elle
possédait alors. Malheureusement elle crut devoir le
jeter au feu avec d'autres papiers qui pouvaient la
compromettre.

Le comte Gyllenbourg lut le portrait et le lui rendit,
en l'accompagnant d'une douzaine de pages de réflexions, par lesquelles il tâchait de fortifier en elle *tant
l'élévation de l'âme et la fermeté que les autres qualités
du cœur et de l'esprit :*

« Je lus et relus plusieurs fois son écrit, je m'en pénétrai,
et me proposai bien sincèrement de suivre ses avis. *Je me le
promis à moi-même, et quand je me suis promis une
chose à moi-même, je ne me souviens pas d'y avoir manqué.* Ensuite je rendis au comte Gyllenbourg son écrit,
comme il m'en avait priée, et j'avoue qu'il a beaucoup servi
à former et à fortifier la trempe de mon esprit et de mon
âme. »

Si nous suivons le parallèle des deux intelligences et
des deux caractères si mal appareillés par le sort, quel

contraste! Pendant ce temps-là, le grand-duc, « qui est
discret comme un coup de canon, » parle au premier
venu de tout ce qui lui traverse l'esprit, non pas de ce
qu'il pense (car il ne pense pas), mais de tout ce qu'on
lui dit et qu'il répète. Quand il en a assez de ses jeux
de soldats, il joue aux poupées. Un jour, avant les noces
et au printemps de l'année 1745, comme il habite au palais d'été avec l'impératrice et un peu loin de la maison
où Catherine est avec sa mère, il fait dire tout net à sa
fiancée par un domestique, « qu'il demeure trop loin de
chez elle pour venir la voir souvent. » Quand on en est
à ce point de galanterie avant les noces, que sera-ce
après?

> « Je sentis parfaitement son peu d'empressement, et com-
> bien peu j'étais affectionnée. Mon amour-propre et ma vanité
> gémirent tout bas, mais j'étais trop fière pour me plaindre;
> je me serais crue avilie si on m'avait témoigné de l'amitié
> que j'aurais pu prendre pour de la pitié. »

C'est là un trait de son caractère, et qui est le propre
de toutes les âmes fières : elle n'aime pas à être plainte
ni à se plaindre; la seule idée d'être ou de paraître
malheureuse lui est insupportable. Elle a pour principe
essentiel de n'être à charge à personne, se sentant par
nature pour être de ces âmes royales qui ont leur
support en elles-mêmes et de qui d'autres peuvent dé-
pendre, mais qui ne dépendent pas. Elle essuie donc
du mieux qu'elle peut les larmes qu'elle verse en secret
et va folâtrer avec ses femmes. Cependant le jour solennel qui doit la faire grande-duchesse n'est pas éloigné;
l'impératrice l'a fixé au 21 août (1er septembre 1745) :

« A mesure que ce jour s'approchait, je devenais plus mélancolique. Le cœur ne me prédisait pas grand bonheur : l'ambition seule me soutenait. J'avais au fond de mon cœur un je ne sais quoi qui ne m'a jamais laissé douter un seul moment que tôt ou tard je parviendrais à devenir impératrice souveraine de Russie, de mon chef. »

Elle aimait plus tard à le répéter, et son orgueil se vengeait et, pour ainsi dire, se justifiait ainsi de tant de longues humiliations subies et dévorées en silence : « En entrant en Russie, je m'étais dit : *Je régnerai seule ici.* »

La voilà donc grande-duchesse; mais les misères, l'esclavage et les affronts sont pour elle, pendant des années, tout à côté de la grandeur, et d'une grandeur encore précaire et souvent menacée. Pourquoi n'admettrions-nous pas la vérité des sentiments qu'elle exprime sans faste à cet endroit de sa vie? Sa mère quitte la Russie après la célébration du mariage : quoiqu'elle ait bien peu à se louer de cette mère tracassière et mesquine, Catherine nous dit « que son départ l'affligea sincèrement, et qu'elle pleura beaucoup. » Elle pleure de même son père dont elle apprend la mort (1746), jusqu'à ce qu'elle soit obligée, au bout de huit jours, de cacher ses larmes, l'impératrice lui ayant signifié par ordre « d'en finir, et que son père, pour le tant pleurer, n'était pas un roi. » Elle nous dit que, cette même année, à l'entrée du grand carême, elle se sentait des dispositions réelles à la dévotion, dont la politique seule lui eût conseillé les minutieuses pratiques. Elle ajoute que si elle avait ren-

contré un époux tant soit peu digne de tendresse, elle
était femme à s'y attacher; mais que faire avec un
mari qui l'était si peu , qui cumulait les grossièretés et
les ridicules, qui la prenait pour confidente de ses
chétives infidélités; n'ayant rien de plus pressé que
d'entretenir sa femme de ses velléités amoureuses pour
d'autres qu'elle, et cela dès la seconde semaine après
les noces?

« Je tâchais donc de gagner sur mon amour-propre de
n'être pas jalouse d'un homme qui ne m'aimait pas; mais
pour n'en être pas jalouse, il n'y avait d'autre moyen que
de ne pas l'aimer. S'il avait voulu être aimé, la chose n'aurait pas été difficile pour moi; j'étais naturellement *encleinte*
(encline) et accoutumée à remplir mes devoirs; mais pour
cela il m'aurait fallu un mari qui eût le sens commun, et
celui-ci ne l'avait pas. »

On voit poindre chez elle, peut-on s'en étonner? les
velléités galantes : d'abord pour un des Czernicheff,
ce qui est cause de la disgrâce des trois frères. On la
soupçonne alors et un peu tôt de ce qui n'est pas
encore; elle est questionnée sévèrement par l'évêque
Simon Théodorsky sur ce qui s'est passé : « Mais
comme il ne s'était passé rien du tout, il fut un peu
penaud quand il vit qu'avec l'ingénuité de l'innocence
on lui dit qu'il n'y avait pas même l'ombre de ce que
l'on avait osé supposer. » Cette innocence injustement
soupçonnée ne s'y laissera pas prendre à deux fois, et
la revanche sera de la bonne sorte. Il paraît bien cependant que des années se passèrent (sept ans environ),
avant que cette charmante jeune fille devînt femme et

pût espérer de donner un héritier au trône. Comment
arriva cet événement si attendu, que les peuples sou-
haitaient ardemment, que l'impatience de l'impératrice
Élisabeth appelait de ses vœux, et que détermina même
son ordre? Les Mémoires l'apprennent assez clairement.
Nous nous abstiendrons en ceci de toute analyse, les
déclarations de Catherine étant aussi nettes et aussi
formelles qu'on le peut désirer. Il faut convenir que,
sur ce chapitre délicat, elle ne s'abaisse point aux men-
teries de son sexe et qu'elle y met la franchise d'un
gentilhomme.

Ce qu'il faut dire, c'est qu'aussitôt élevée à ce rang
de grande-duchesse, elle en parut hautement digne et
sut se concilier tous les cœurs par sa conduite et son
attention aux apparences, par sa tournure, par sa
grâce, son air de douceur et de bonté qui recouvrait un
grand art de séduction, par sa gaieté qui ne permettait
pas de soupçonner tant de prudence. Elle lisait beaucoup dès lors et s'instruisait dans les longues heures
solitaires que lui laissait la représentation. Pendant que
le grand-duc joue avec ses valets, les exerce, change
d'uniforme vingt fois par jour, dresse à grands coups
de fouet une meute dans son vestibule, envoie à ses
maîtresses en manière de cadeau des bonnets de gre-
nadier ou des bandoulières comme le Cyclope amoureux offrait des oursins à Galathée, elle lit; elle lit dans
sa chambre, elle emporte même un livre dans ses parties de cheval, et, dès qu'elle a un moment à elle, elle
en profite. Elle écrivait bien des années après à Voltaire:
« Je peux vous assurer que depuis 1746 que je dispose

« de mon temps, je vous ai les plus grandes obliga-
« tions. Avant cette époque, je ne lisais que des ro-
« mans; mais par hasard vos ouvrages me tombèrent
« dans les mains; depuis je n'ai cessé de les lire, et
« n'ai voulu d'aucuns livres qui ne fussent aussi bien
« écrits et où il n'y eût autant à profiter. Mais où les
« trouver? » Ses Mémoires montrent qu'elle ne lui faisait pas en cela un pur compliment, et qu'elle ne lui
disait que la vérité. La première année de son mariage,
elle n'avait lu que des romans, en effet, et de ceux
qu'on ne lisait plus à cette date en France que dans
les provinces, *Tirant-le-Blanc* en tête : Mme de Sévigné
commença à l'en guérir; Catherine dévora ses Lettres;
puis les œuvres de Voltaire lui tombèrent entre les
mains, et dès lors elle mit plus de choix dans ses lectures, trop avide toutefois pour ne pas se jeter aux
heures d'ennui sur tout ce qui était à sa portée, Bran-
tôme et Péréfixe indifféremment, l'*Histoire d'Allemagne* du Père Barre et Platon, le *Dictionnaire* de Bayle
qu'elle mit deux ans à lire (« Tous les six mois, dit-
elle, je coulais à fond un tome »), que sais-je encore?
Baronius traduit en russe, et l'*Esprit des Lois,* et Tacite.
Elle ne ressemblait pas à Frédéric qui se passait de lecture allemande et ne lisait que des ouvrages français;
elle en lisait aussi en russe et trouvait à cette langue
adoptive, qu'elle s'appliquait à parler et à prononcer
en perfection, « bien de la richesse et des expressions
fortes. » Les *Annales* de Tacite qu'elle lut en 1754 seulement, c'est-à-dire à l'âge de vingt-cinq ans, opérèrent
dans sa tête une singulière révolution, « à laquelle

peut-être la disposition chagrine de mon esprit à cette époque, nous dit-elle, ne contribua pas peu : je commençais à voir plus de choses en noir, et à chercher des causes plus profondes et plus calquées sur les intérêts divers, dans les choses qui se présentaient à ma vue. » Elle était alors dans des épreuves et des crises de cœur et de politique d'où elle sortit haute et fière, avec l'âme d'un homme et le caractère d'un empereur déjà. Voltaire l'avait amenée au sérieux : Tacite l'initia à la profondeur.

La femme cependant ne cessait d'être séduisante, et elle se montre à nous avec bien du charme en plus d'une page de ces Mémoires : le plus volontiers à cheval, en habit d'homme et de la meilleure grâce, changeant d'habit continuellement, la plus vaillante et la plus ravissante des amazones et des écuyères (elle avait même inventé une selle particulière à son usage) ; ou bien au bal, infatigable à la danse et s'y acharnant, changeant jusqu'à trois fois d'habit en une soirée, ne remettant jamais deux fois le même déguisement, « parce que j'avais pour règle, nous dit-elle, que si une fois il avait fait un grand effet, il n'en pouvait faire qu'un moindre à une seconde mise ; » et à d'autres jours, aux bals plus particuliers de la Cour, écrasant les plus superbes costumes par la magnificence des siens, ou d'autres fois affectant une simplicité soudaine qui n'était que la plus délicate des recherches. Mais il y a ici plus d'une nuance qu'il faut savoir indiquer, et que Catherine nous fait sentir avec une intention et une malice toute féminine. Il est bon de savoir que

l'impératrice Élisabeth était très-bien en homme ; elle
était ce qu'on peut appeler la plus belle jambe de son
empire ; elle dansait en perfection, et il était naturel
dès lors qu'elle se plût à donner des bals masqués où
tous les hommes étaient en habits de femme, toutes les
femmes en habits d'homme. Peu de personnes y étaient
à leur avantage ; Élisabeth y brillait entre toutes :

« On aurait toujours voulu avoir les yeux attachés sur elle,
et on ne les en détournait qu'à regret, parce qu'on ne trouvait nul objet qui la remplaçât. Un jour, à un de ces bals, je
la regardais danser un menuet : quand elle eut fini, elle vint
à moi ; je pris la liberté de lui dire qu'il était fort heureux
pour les femmes qu'elle ne fût pas homme, et que son portrait seul ainsi peint pourrait tourner la tête à plus d'une.
Elle prit très-bien ce que je lui dis et me répondit sur le
même ton, le plus gracieusement du monde, que si elle était
homme, ce serait à moi qu'elle donnerait la pomme. Je me
baissai pour lui baiser la main à l'occasion d'un compliment
aussi inattendu. Elle m'embrassa, et toute la compagnie
chercha à pénétrer ce qu'il y avait eu entre nous. Je n'en fis
pas secret à M. Tchoglokoff, qui le redit à l'oreille de deux
ou trois personnes, et de bouche en bouche, au bout d'un
quart d'heure à peu près, tout le monde le sut. »

Avec une galanterie de ce genre et moyennant cette
adroite flatterie pour un caprice souverain, la grande-
duchesse réparait pour quelque temps, dans l'esprit fu-
tile d'Élisabeth, bien des préventions contre elle, qu'on
lui avait inspirées. — Mais voici le mieux, et je ne
crois pas qu'un peintre de femmes, fût-il un Hamilton,
eût jamais pu mieux faire ni mieux dire, s'il s'était proposé de nous donner le portrait de Catherine, à l'âge de
vingt et un ans :

« Aux bals de la Cour, où le public n'assistait pas, je me
mettais le plus simplement que je pouvais, et en cela je ne
faisais pas mal ma cour à l'Impératrice, qui n'aimait pas
beaucoup qu'on y parût fort parée. Cependant, quand les
dames avaient ordre d'y venir en habits d'homme, j'y venais
avec des habits superbes, brodés sur toutes les coutures, ou
d'un goût fort recherché, et cela passait alors sans critique :
au contraire cela plaisait à l'Impératrice, je ne sais pas trop
pourquoi (*on vient de voir au contraire qu'elle soupçonne
bien pourquoi*). Il faut avouer que le manége de la coquetterie était alors (1750), fort grand à la Cour, et que c'était à
qui raffinerait le plus sur la parure. Je me souviens qu'un
jour, à une de ces mascarades publiques, ayant appris que
tout le monde se faisait faire des habits neufs, et les plus
beaux du monde, désespérant de pouvoir surpasser les autres
femmes, je m'avisai de mettre un corps couvert de gros de
Tours blanc (j'avais alors la taille très-fine), une jupe de
même sur un très-petit panier ; je fis accommoder mes cheveux de derrière la tête, qui étaient fort longs, très-épais
et fort beaux, je les fis nouer avec un ruban blanc en queue
de renard ; je mis sur mes cheveux une seule rose avec son
bouton et ses feuilles, qui imitait le naturel à pouvoir s'y
tromper, une autre je l'attachai à mon corset ; je mis au
cou une fraise de gaze fort blanche, des manchettes et un
tablier de la même gaze, et je m'en allai au bal. Au moment
que j'entrai, je vis aisément que je fixais tous les yeux. Je
passai, sans m'arrêter, au travers de la galerie, et m'en allai
dans les appartements qui en faisaient le double. J'y ren-
contrai l'Impératrice, qui me dit : « Bon Dieu, quelle simplicité ! Quoi ! pas une mouche ! » Je me mis à rire et lui
répondis que c'était pour être plus légèrement habillée. Elle
tira de sa poche sa boîte à mouches, et en choisit une de
médiocre grandeur qu'elle m'appliqua sur le visage. En la
quittant, je m'en allai très-vite dans la galerie, où je fis
remarquer à mes plus intimes ma mouche ; j'en fis autant
aux favorites de l'Impératrice, et comme j'étais fort gaie, je

dansai plus qu'à l'ordinaire. Je ne me souviens pas de ma vie d'avoir entendu autant de louanges de tout le monde que ce jour-là : on me disait belle comme le jour et d'un éclat singulier. A dire la vérité, je ne me suis jamais crue extrêmement belle, mais je plaisais, et je pense que cela était mon fort. Je revins à la maison très-contente de mon invention de simplicité, tandis que tous les autres habits étaient d'une richesse rare. »

Que dites-vous du portrait et des sous-entendus charmants qui passent comme de légères ombres, et de la délicatesse des nuances? Ajoutez à sa beauté ce trait distinctif qu'elle ne dit pas, d'être une brune aux yeux bleus, ou si ses yeux étaient noirs comme ses sourcils étaient bruns, de les avoir bigarrés du moins et susceptibles de teintes bleues sous les reflets et le jeu de la lumière. Oh! que l'on comprend qu'une telle femme ait inspiré, dans l'espèce de disgrâce qui précéda son avénement à l'empire, des sentiments si répandus, si dévoués, si prêts à tout! Un jour, le général Liéven, la voyant passer à travers un salon, disait à son voisin Poniatowsky : « Voilà une femme pour laquelle un honnête homme pourrait souffrir quelques coups de knout sans regret. » Ce général parlait et sentait comme le poëte :

> Rien que pour toucher sa mantille,
> De par tous les saints de Castille,
> On se ferait rompre les os.

Et quelques années auparavant, pendant un pèlerinage de l'impératrice au couvent de Troïtza, non loin de Moscou, Catherine, qui s'était établie dans les envi-

rons, à Rajova, avec son monde, voyait arriver tous les
jours le frère du favori d'alors, l'Hetman des Cosaques,
le jeune comte Cyrille Razoumowsky, très-aimable, lequel
demeurait assez loin dans sa terre par delà Moscou, et
qui faisait 40 ou 50 verstes tous les jours (10 ou
12 lieues) pour venir dîner et souper dans cette petite
société, s'en retournant chaque nuit. « Une vingtaine
d'années plus tard il me prit fantaisie, nous dit Catherine, de lui demander ce qui, dans ce temps-là, l'avait
pu porter ainsi à venir partager l'ennui et l'insipidité de
notre séjour à Rajova, tandis que sa propre maison four-
millait tous les jours de toute la meilleure compagnie
qui se trouvât à Moscou. Il me répondit sans hésiter·
« L'amour. » — « Mais, mon Dieu, lui dis-je, de qui pou-
viez-vous être amoureux chez nous? » — « De qui? me
dit-il; de vous. » — Je partis d'un grand éclat de rire,
car de ma vie je ne m'en serais doutée. » — Le croira
qui voudra, qu'elle ne s'en était pas doutée! Ce qui est
certain, c'est que, malgré ses persécutions d'alors, elle
regrettait plus tard, jusque dans la grandeur absolue,
quelque chose de ce temps où elle était aimée pour elle,
et avec une discrétion chevaleresque qui ne se retrouva
plus depuis. Elle s'y reportait avec un plaisir visible en
retraçant les souvenirs de sa première vie.

Ce portrait de Catherine en gros de Tours blanc (elle
n'était pas sans se le dire à elle-même) est le portrait
encore pur, le portrait *avant la lettre,* avant la tache et
l'éclaboussure de sang.

Que faisait le grand-duc Pierre pendant que la
grande-duchesse causait, chassait, étudiait, lisait, dan-

sait, observait et charmait? Nous l'avons indiqué déjà;
nous le dirons mieux la fois prochaine; si on ne savait
aujourd'hui ces choses point par point, on ne pourrait
jamais se les imaginer.

MÉMOIRES

DE

L'IMPÉRATRICE CATHERINE II

ÉCRITS PAR ELLE-MÊME.

(SUITE.)

Il y eut pour le grand-duc, dans les années qui précédèrent son avénement au trône (1745-1762), deux périodes distinctes : celle où il prenait sa femme pour confidente, où il la consultait et se laissait assez volontiers diriger par elle dans les affaires qui touchaient à la politique; et un second temps durant lequel il s'émancipa, s'irrita et devint plus ennemi et plus menaçant de jour en jour : mais en fait de ridicule et de puérilité grotesque et grossière, il ne varia jamais. J'ai dit qu'entre autres amusements favoris, ce prince, âgé pour lors de vingt et un ans (1749), avait fait de ses chambres un chenil et qu'il y dressait une meute en criant comme

les chasseurs; il n'interrompait cet exercice furieux que
pour prendre son violon et en racler avec violence;
puis il revenait à ses chiens qu'il corrigeait. Un jour
que Catherine était dans sa chambre à coucher, atte-
nante à celle où se faisait ce vacarme, et qu'elle lisait
peut-être du Bayle ou du Platon, elle entendit de tels
cris qu'elle ouvrit la porte :

« Je vis qu'il tenait un de ses chiens en l'air par le collier,
et qu'un garçon, Kalmouck de naissance, qu'il avait, tenait
le même chien par la queue (c'était un pauvre petit Charlot
de la race anglaise), et avec le gros manche d'un fouet, le
grand-duc battait ce chien de toute sa force. Je me mis à
intercéder pour cette pauvre bête, mais cela fit redoubler les
coups. Ne pouvant supporter ce spectacle qui me parut cruel,
je me retirai, les larmes aux yeux, dans ma chambre. En
général, les larmes et les cris, au lieu de faire pitié au grand-
duc, le mettaient en colère. La pitié était un sentiment pénible et même insupportable à son âme. »

Un autre jour, quatre ans plus tard, la Cour étant à
Moscou, Catherine eut à entrer dans les appartements
du grand-duc pour remettre la paix et le bon ordre
parmi ses gens, avec qui il avait l'habitude de boire,
qu'il traitait de pair à compagnon, et qu'ensuite il ros-
sait à coups de bâton ou de plat de sabre sans pouvoir
les réduire, tandis qu'elle, d'ordinaire, elle y réussis-
sait avec une parole; et il se voyait quelquefois obligé
de recourir à elle pour se tirer d'affaire. En entrant ce
jour-là, elle fut frappée à la vue d'un gros rat qu'il avait
fait pendre avec tout l'appareil du supplice. Étonnée,
elle demanda ce que cela signifiait :

« Il me dit alors que ce rat avait fait une action criminelle et digne du dernier supplice, selon les lois militaires; qu'il avait grimpé par-dessus les remparts d'une forteresse de carton qu'il avait sur la table dans ce cabinet, et avait mangé deux sentinelles, faites d'amadou, en faction sur un des bastions; qu'il avait fait juger le criminel par les lois de la guerre; que son chien couchant avait attrapé le rat, et que tout de suite il avait été pendu comme je le voyais, et qu'il resterait là exposé aux yeux du public pendant trois jours, pour l'exemple. Je ne pus m'empêcher d'éclater de rire de l'extrême folie de la chose; mais ceci lui déplut très-fort, vu l'importance qu'il y mettait. Je me retirai et me retranchai dans mon ignorance, comme femme, des lois militaires : cependant il ne laissa pas de me bouder sur mon éclat de rire, et au moins pouvait-on dire, pour la justification du rat, qu'il avait été pendu sans qu'on lui eût demandé ou entendu sa justification. »

En sa qualité de souverain du Holstein, le grand-duc aimait tout ce qui lui en venait, les gens et les huîtres. Un soir de samedi saint, il lui était arrivé des huîtres toutes fraîches : dans sa joie il courut vers la grande-duchesse pour la convier à en manger : elle venait de se mettre au lit, harassée des exercices de dévotion de la semaine sainte, et ayant à être debout à minuit pour les matines de Pâques. C'eût été pourtant le désobliger et s'exposer à une grosse querelle que de ne pas se lever pour faire fête à ces bienheureuses huîtres qui venaient de son pays de prédilection. Elle en mangea donc une douzaine, mais se garda bien d'en accepter davantage, car « c'était encore lui faire la cour que de n'en pas trop manger, parce qu'il en restait plus pour lui, qui était infiniment goulu en fait d'huîtres. »

Tel était l'homme de qui elle dépendait, dont elle
avait à manier l'humeur fantasque et brutale, et dont
elle s'efforça assez longtemps de cacher le mieux qu'elle
put les folies et les turpitudes aux yeux de tous. Elle
lui donnait les meilleurs conseils pour son Holstein ;
c'est même par là qu'elle fit son premier apprentissage
en politique, traitant les affaires de ce petit État avec
l'ambassadeur de Vienne qui était à Pétersbourg et qui
disait au grand-duc : « Votre femme a raison ; vous
feriez bien de l'écouter. » Il suivit le conseil et n'eut pas
à s'en repentir. Elle avait, à la minute, des réponses et
des solutions pour toutes les difficultés : « Le grand-
duc, depuis longtemps, m'appelait, nous dit-elle, madame *la Ressource,* et, quelque fâché ou boudeur qu'il
fût contre moi, s'il se trouvait en détresse sur quelque
point que ce fût, il venait courir à toutes jambes,
comme il en avait l'habitude, chez moi, pour attraper
mon avis, et dès qu'il l'avait saisi, il se sauvait dere-
chef à toutes jambes.» Un jour, poursuivi par son secrétaire, qui le relança jusque dans la chambre de la
grande-duchesse, elle sut, en moins d'un quart d'heure,
avec cinq ou six petits *oui* ou *non,* finir des affaires qui
traînaient depuis des mois. Il avait trouvé cela commode, et depuis ce jour il lui envoyait son secrétaire
toutes les fois qu'il avait des *oui* ou des *non* à demander ; il signait de confiance ce qu'elle avait réglé. « Si
je ne comprends pas les choses moi-même, disait-il, ma
femme comprend tout. » Chacun était dans son rôle ;
mais cela ne dura pas.

Quand, plus tard, elle eut à gouverner ce puissant

Empire qu'elle agrandit dans tous les sens, et qui embrassait le nord jusqu'au pôle et l'orient jusque par delà l'aurore, elle ne paraissait pas y trouver plus de difficulté et y mettre plus de façon qu'à ce règlement du Holstein. Elle dut en faire quelquefois la comparaison en elle-même en souriant, et quand elle parlait avec ses amis, dans l'intimité, de ses actes et de ses occupations comme souveraine de toutes les Russies : « Eh bien ! disait-elle, mon *petit ménage* va toujours son train ; » ou encore : « Il faut bien arranger son *petit ménage.*

Cependant le grand-duc n'eut pas même ce léger grain de bon sens qui aurait dû l'avertir de ne jamais se brouiller ni rompre avec sa femme et de la toujours consulter, du moins pour ses actions extérieures. Entouré de flatteurs de bas étage qui comptaient se servir de lui et l'exploiter, ivre la plupart du temps, se croyant un grand soldat et fier de son admiration servile, non pour le génie, mais pour les uniformes et les parades du grand Frédéric, il avait fait venir du Holstein tout un détachement, une troupe à lui (1,300 hommes), qu'il fit camper près d'Oranienbaum, et qu'il soignait comme la prunelle de ses yeux ; il s'en fit le colonel, n'en porta plus que l'uniforme et s'aliéna l'opinion russe par cette affectation tout allemande. Non content de ces soldats en chair et en os, de ces hochets militaires en grand, il en avait encore à domicile dans sa chambre, et d'une autre sorte, pour le temps qu'il passait en ville :

« Dans ce temps-là (1755), et longtemps après, le principa;

jouet du grand-duc, en ville, était une excessive quantité de petites poupées, de soldats de bois, de plomb, d'amadou et de cire, qu'il rangeait sur des tables fort étroites qui prenaient toute une chambre; entre ces tables à peine pouvait-on passer. Il avait cloué des bandes étroites de laiton le long de ces tables; à ces bandes de laiton étaient attachées des ficelles, et quand on tirait celles-ci, les bandes de laiton faisaient un bruit qui, selon lui, imitaient le feu roulant des fusils. Il célébrait les fêtes de la Cour avec beaucoup de régularité, en faisant faire le feu roulant à ces troupes-là; outre cela, chaque jour on relevait la garde, c'est-à-dire que de chaque table on prenait les poupées qui étaient censées monter la garde; il assistait à cette parade en uniforme, bottes, éperons, hausse-col et écharpe; ceux de ses domestiques qui étaient admis à ce bel exercice étaient obligés d'y assister de même. »

Dans l'état d'ivresse qui lui était habituel, il lui arriva plus d'une fois, vers ce temps, d'entrer chez la grande-duchesse et de tirer l'épée dans sa chambre, soit pour la menacer, soit sous prétexte de la défendre contre de chimériques ennemis : sans s'effrayer, elle le renvoyait cuver son vin et dormir. Il avait, d'ailleurs, des amours publiques avec des femmes de la Cour, et il finit par entretenir une liaison affichée avec une des *frailes* ou dames d'honneur (Élisabeth Woronzoff), qui prit sur lui un empire absolu, et qui le poussait au divorce dès qu'il serait le maître. Ces liaisons avaient pourtant des intermittences et comme des trêves forcées chaque été. Dans cette atmosphère imprégnée de vin et de tabac où il vivait et qu'il portait avec lui, il avait acquis (ce qui est désagréable à dire, mais ce qui était encore plus odieux à éprouver) une odeur particulière, *sui generis,* qui le rendait insupportable, inabordable en certaines saisons. Ce malheureux homme, au milieu de ses extravagances, avait un vague instinct et un pressentiment de la destinée funeste qu'il se tramait de ses propres mains : il répétait souvent, parlant à la grande-duchesse elle-même, quand elle essayait encore de le ramener à l'idée du rôle qu'il aurait à remplir, « qu'il sentait qu'il n'était pas né pour la Russie, que ni lui ne convenait aux Russes, ni les Russes à lui, et qu'il était persuadé qu'il périrait en Russie. »

Les Anciens avaient personnifié l'imprudence et l'aveuglement des hommes sous la figure d'une déesse aussi terrible que Némésis, aussi inévitable que la Destinée elle-même : *Até,* c'était son nom. Quand je vois, depuis le commencement de ce récit, le grand-duc, le futur Pierre III, ne pas faire un seul pas qui ne l'achemine à l'abîme et à la ruine profonde, il me semble constamment voir dans le même temps, derrière lui et au-dessus de lui, debout et voltigeant, ce fantôme fatal qui, le pied sur la tête des mortels, les pousse aux actes insensés, et qu'Homère appelle l'*Imprudence.*

Catherine a lu dans l'avenir, et elle a pris son parti de bonne heure; on l'entrevoit d'après son récit. Une fois mère d'un fils, d'un héritier du trône, et se sentant des droits, se voyant néanmoins toujours tenue en suspicion, en butte aux mauvais procédés et à l'espionnage des Schouvaloff, favoris de l'impératrice, séparée de Soltikoff qu'elle aime (le premier qu'elle ait aimé), privée de voir son fils (1), elle résolut de changer de

(1) Une question des plus délicates au sujet de ce fils de Catherine, qui fut Paul Ier, semble tranchée et résolue dans les Mémoires

méthode et de ne plus affecter tant de douceur et de
soumission :

« Comme dans ma solitude (après ses couches) j'avais fait
mainte et mainte réflexion, je pris la résolution de faire sentir
à ceux qui m'avaient causé tant de divers chagrins, autant
qu'il dépendait de moi, qu'on ne m'offensait pas impunément,
et que ce n'était pas par de mauvais procédés qu'on gagnait
mon affection ou mon approbation. En conséquence, je ne
négligeais aucune occasion où je pouvais témoigner à
MM. Schouvaloff comment ils m'avaient disposée en leur
faveur ; je leur marquais un profond mépris ; je faisais remarquer aux autres leur méchanceté, leur bêtise... Comme il y
avait grand nombre de gens qui les haïssaient, je ne manquai
pas de chalands. Les comtes Razoumowsky, que j'avais toujours aimés, furent plus caressés que jamais ; je redoublai
d'attention et de politesse envers tout le monde, excepté les
Schouvaloff ; en un mot, je me tins fort droite : je marchais
tête levée, plutôt en chef d'une très-grande faction qu'en
personne humiliée et opprimée. »

Sa fierté n'a pas grand effort à faire pour se redres-
ser : elle n'était pas née pour l'attitude et le rôle de
victime. Vers ce même temps (1755), arriva à Pétersbourg, en qualité d'ambassadeur d'Angleterre, sir
Charles Hanbury Williams, amenant à sa suite le jeune

de sa mère et d'après l'aveu même qu'elle ne craint pas de faire
tout en faveur de Soltikoff. Et cependant il reste toujours très-sin-
gulier et très-peu explicable que de ce Soltikoff « beau comme le
jour » soit sorti Paul Ier, cet autre grotesque, d'une ressemblance
si frappante avec Pierre III, espèce de Lapon camus, rabougri, ma-
niaque, violent, puéril, une sorte de caporal prussien qui semble
taillé et calqué sur le modèle de son père putatif et officiel. C'est
un problème qu'il faut laisser à résoudre aux Russes. (Voir là-
dessus un chapitre des Souvenirs de l'amiral Tchitchagoff, 1862.)

Poniatowsky,; cet Anglais, homme d'esprit et de hardiesse, d'une conversation amusante, encouragea la
grande-duchesse dans son esprit d'émancipation, et
elle noua même avec lui, à ce début de la guerre de
Sept Ans, une intrigue politique dans le sens de l'Angleterre et aussi de la Prusse contre la France. Les
autres intrigues plus légères s'entre-croisent, et on les
suit sans trop de peine à travers son récit. Poniatowsky,
après un tour qu'il va faire en Pologne, revient plus
autorisé et en qualité de ministre résident : le voilà
donc en pied à Pétersbourg. Il a réussi d'emblée à la
consoler de l'absence et des derniers procédés assez
mauvais de Soltikoff. Un jour qu'il était allé avec un
de ses amis, le comte de Horn, faire une visite au grand-
duc à sa maison d'Oranienbaum, le grand-duc, qui
avait la noce d'un de ses chasseurs en tête et qui voulait y aller boire, les planta là, et la grande-duchesse
dut leur faire les honneurs de la maison :

« Après le dîner, je menai la compagnie qui m'était restée,
et qui n'était pas fort nombreuse, voir les appartements intérieurs du grand-duc et de moi. Arrivés dans mon cabinet,
un petit chien de Bologne, que j'avais, vint au-devant de nous
et se mit à aboyer fortement contre le comte Horn; mais, quand
il aperçut le comte Poniatowsky, je crus que le chien allait
devenir fou de joie. Comme le cabinet était fort petit, hormis
Léon Narichkine, sa belle-sœur et moi, personne ne vit cela;
mais le comte Horn ne fut pas trompé, et tandis que je tra-
versais les appartements pour revenir dans la salle, le comte
Horn tira le comte Poniatowsky par l'habit et lui dit : « Mon
« ami, il n'y a rien d'aussi terrible qu'un petit chien de Bo-
« logne; la première chose que j'ai toujours faite avec les

« femmes que j'ai aimées, c'est de leur en donner un, et c'est
« par eux que j'ai toujours reconnu s'il y avait quelqu'un de
« plus favorisé que moi. »

Je passe sur bien des gaietés et des espiègléries. Un
jour, impatientée du changement de conduite, à son
égard, de Léon Narichkine, tête légère et sans conséquence, qui, du nombre de ses intimes amis, avait
tourné contre elle et lui faisait de petites trahisons au
profit des Schouvaloff, quoiqu'il eût par-ci par-là des
hoquets de repentir (que dites-vous de l'expression?),
elle résolut une bonne fois de l'en punir, et elle s'y prit
pour cela comme les dames de la cour de Philippe le
Bel s'y prirent, dit-on, avec le poëte Jean de Meung leur
insulteur. Écoutons :

« Un jour, voulant entrer dans mon cabinet, je l'y trouvai
(Léon Narichkine) impertinemment couché sur un canapé
qui s'y trouvait, et chantant une chanson qui n'avait pas le
sens commun. Voyant cela, je sortis, en fermant la porte après
moi, et tout de suite je m'en allai trouver sa belle-sœur, à
laquelle je dis qu'il fallait aller prendre une bonne poignée
d'orties et en fouetter cet homme, qui se conduisait si inso-
lemment depuis longtemps avec nous, afin de lui apprendre
à nous respecter. La belle-sœur y consentit de bon cœur, et
tout de suite nous nous fîmes apporter de bonnes verges
entourées d'orties; nous nous fîmes accompagner par une
veuve qui était chez moi, parmi mes femmes, nommée Ta-
tiana Jourievna, et nous entrâmes toutes les trois dans mon
cabinet, où nous trouvâmes Léon Narichkine à la même
place, chantant à gorge déployée sa chanson. Quand il nous
vit, il voulut nous esquiver, mais nous lui donnâmes tant de
coups avec nos verges et nos orties qu'il en eut les mains,
les jambes et le visage enflés pendant deux ou trois jours, de

telle façon qu'il ne put pas aller le lendemain à Péterhof avec nous au jour de Cour, mais fut obligé de rester dans sa chambre. Il n'eut garde non plus de se vanter de ce qui venait de lui arriver, parce que nous l'assurâmes qu'à la moindre impolitesse ou matière qu'il nous donnerait à nous plaindre de lui, nous renouvellerions la même opération, voyant qu'il n'y avait que ce moyen-là pour venir à bout de lui. Tout cela se traitait comme un pur badinage et sans colère, mais notre homme s'en ressentit assez pour s'en ressouvenir et ne s'y exposa plus. »

Cependant les choses sérieuses avaient leur tour ou plutôt ne cessaient de se poursuivre sous le couvert de ces jeux, et les grands desseins que la mort de l'impératrice pouvait, d'un moment à l'autre, amener au jour et faire éclore, couvaient et mûrissaient en silence. Catherine, connaissant l'humeur et l'étourderie, le mélange de faiblesse et de violence du grand-duc, et voyant éclater les premiers symptômes graves de sa désaffection à l'occasion de sa seconde grossesse, où elle accoucha d'une fille (décembre 1758), s'était à l'avance posé tous les cas, toutes les chances, et elle les énumérait ainsi : ou bien, 1°, s'attacher à lui, lier sa fortune à la sienne, quelle qu'elle fût; ou bien, 2°, rester exposée à toute heure à ce qu'il lui plairait de disposer pour ou contre elle; ou enfin, 3°, *prendre une route indépendante de tout événement*; mais laissons-la s'exprimer elle-même :

« Pour parler plus clair, il s'agissait de périr avec lui ou par lui, ou bien aussi de me sauver moi-même, mes enfants et peut-être l'État, du naufrage dont toutes les facultés morales et physiques de ce prince faisaient prévoir le danger. Ce dernier parti me parut le plus sûr. Je résolus donc, autant

que je pourrais, de continuer à lui donner tous les conseils
dont je pourrais m'aviser pour son bien, mais de ne jamais
m'opiniâtrer jusqu'à le fâcher comme ci-devant, quand il ne
les suivrait pas; de lui ouvrir les yeux sur ses vrais intérêts,
chaque fois que l'occasion s'en présenterait, et le reste du
temps de me renfermer dans un très-morne silence ; de ménager, d'un autre côté, dans le public, mes intérêts, de telle
façon que celui-ci vît en moi le sauveur de la chose publique
dans l'occasion. »

Le grand chancelier Bestoucheff, à la veille d'une
chute et d'une entière disgrâce, s'inquiétait également
de l'avenir, comme si de rien n'était, et il avait préparé
un plan en prévision du décès de l'impératrice : d'après
ce projet, le grand-duc eût été proclamé comme de
droit empereur; mais en même temps, la grande-duchesse eût été déclarée avec lui « participante à l'administration. » Sans vouloir contredire aux idées d'un
vieillard, et les regardant d'ailleurs comme un pur ra-
dotage, elle n'avait pas, dit-elle, mordu à cette amorce,
par la raison « qu'elle regardait le projet comme nuisible à l'Empire, que chaque querelle entre un époux
qui ne l'aimait pas, et elle, aurait déchiré. » C'est
qu'aussi elle ne marchandait point en fait de puissance,
et qu'elle voulait être impératrice, comme elle l'a dit,
de son chef; sinon, elle aimait mieux n'être rien : *aut
Cæsar, aut nihil.* La disgrâce de Bestoucheff, avec qui
elle se trouvait à quelque degré en liaison et en intelligence, fit redoubler autour d'elle les précautions,
les entraves, et la porta un moment à un parti qui
semblait désespéré : c'était de demander tout net à
l'impératrice son renvoi de Russie et de mettre en

quelque sorte le marché à la main à ceux qui la persé-
cutaient. Sans doute elle comptait bien ne pas réussir
dans sa demande ; elle se fiait sur un reste d'affection
au cœur d'Élisabeth et sur le mépris souverain que
cette princesse avait pour son neveu : elle ne se trompait pas ; et il y eut à cette occasion, et à la suite d'un
double entretien, non pas un retour durable de confiance et d'amitié de l'impératrice à elle, mais un re-
plâtrage. C'est là-dessus (avril 1759) que nous en restons avec les Mémoires inachevés ; et les trois années
qui précèdent l'avénement à l'Empire et la grande usur-
pation de Catherine continuent de se dérober à nous
dans leur entière obscurité et leur mystère.

Il est constant néanmoins, à lire ce que nous avons
sous les yeux, que, dans sa fermeté de pensée, Catherine avait prévu le cas extrême où elle aurait été prise
au mot pour sa demande de renvoi, et elle exprime en
cette circonstance les dispositions de son âme en des
pages admirables et qui font le plus grand honneur en
elle au philosophe et au moraliste : c'est là un autre
portrait d'elle et qui, pour être tout intérieur, ne pa-
raîtra pas moins digne d'être mis à côté et en regard
de tous ceux que l'on possède déjà, soit du portrait de
la grande-duchesse que nous avons découpé précédemment, soit de ceux de l'impératrice que l'on doit à la
plume des Rulhière, des prince de Ligne et des Ségur.
J'intitulerais volontiers celui-ci : *Empereur ou philosophe !* — Le style, non pas étranger, mais un peu
vieux, en est encore plus gaulois que français :

« Du reste mon parti était pris, et je regardais mon renvoi

ou non-renvoi d'un œil très-philosophique; je ne me serais
trouvée, dans telle situation qu'il aurait plu à la Providence
de me placer, jamais sans ces ressources que l'esprit et le
talent donnent à chacun selon ses facultés naturelles, et je me
sentais le courage de monter ou descendre, sans que par là
mon cœur et mon âme en ressentissent de l'élévation ou
ostentation, ou, en sens contraire, ni rabaissement, ni humiliation. Je savais que *j'étais homme* (elle parle comme Sul-
picius à Cicéron dans cette lettre célèbre de consolation pour
la mort de sa fille Tullia, *quoniam homo nata fuerat*), et
par là un être borné, et par là incapable de la perfection;
mais mes intentions avaient toujours été pures et honnêtes.
Si j'avais compris, dès le commencement, qu'aimer un mari
qui n'était pas aimable, ni ne se donnait aucune peine pour
l'être, était une chose difficile, sinon impossible, au moins
lui avais-je, et à ses intérêts, voué l'attachement le plus sincère qu'un ami, et même un serviteur, peut vouer à son ami
et son maître; mes conseils avaient toujours été les meilleurs
dont j'avais pu m'aviser pour son bien; s'il ne les suivait
pas, ce n'était pas ma faute, mais celle de son jugement qui
n'était ni sain ni juste. Lorsque je vins en Russie, et les
premières années de notre union, pour peu que ce prince
eût voulu se rendre supportable, mon cœur aurait été ouvert
pour lui; il n'est pas du tout surnaturel que quand je vis que
de tous les objets possibles j'étais celui auquel il prêtait
le moins d'attention, précisément parce que j'étais sa femme,
je ne trouvai pas cette situation ni agréable ni de mon goût,
qu'elle m'ennuyait et peut-être me chagrinait. Ce dernier
sentiment, celui du chagrin, je le réprimais infiniment plus
que tous les autres; la fierté de mon âme et sa trempe me
rendaient insupportable l'idée d'être malheureuse; je me
disais : « Le bonheur et le malheur est dans le cœur et
« dans l'âme d'un chacun; si tu sens du malheur, mets-toi
« au-dessus de ce malheur, et fais en sorte que ton bonheur
« ne dépende d'aucun événement. » Avec une pareille disposition d'esprit, j'étais née et douée d'une très-grande sensi-

bilité, d'une figure au moins fort intéressante, qui plaisait dès le premier abord sans art ni recherche. Mon esprit était, de son naturel, tellement conciliant, que jamais personne ne s'est trouvé avec moi un quart d'heure sans qu'on ne fût dans la conversation à son aise, causant avec moi comme si l'on m'eût connue depuis longtemps. Naturellement indulgente, je m'attirais la confiance de ceux qui avaient affaire avec moi, parce que chacun sentait que la plus exacte probité et la bonne volonté étaient les mobiles que je suivais le plus volontiers. Si j'ose me servir de cette expression, je prends la liberté d'avancer sur mon compte que j'étais un franc et loyal chevalier, dont l'esprit était plus mâle que femelle; mais je n'étais, avec cela, rien moins qu'hommasse, et on trouvait en moi, joints à l'esprit et au caractère d'un homme, les agréments d'une femme très-aimable : qu'on me pardonne cette expression en faveur de la vérité de l'aveu que fait mon amour-propre sans se couvrir d'une fausse modestie. Au reste, cet écrit même doit prouver ce que je dis de mon esprit, de mon cœur et de mon caractère. Je viens de dire que je plaisais, par conséquent la moitié du chemin de la tentation était faite, et il est en pareil cas de l'essence de l'humaine nature que l'autre ne saurait manquer; car tenter et être tenté sont fort proches l'un de l'autre, et malgré les plus belles maximes de morale imprimées dans la tête, quand la sensibilité s'en mêle, dès que celle-ci apparaît, on est déjà infiniment plus loin qu'on ne croit, et j'ignore encore jusqu'ici comment on peut l'empêcher de venir. Peut-être la fuite seule pourrait y remédier; mais il y a des cas, des situations, des circonstances, où la fuite est impossible; car comment fuir, éviter, tourner le dos au milieu d'une Cour? La chose même ferait jaser. Or, si vous ne fuyez pas, il n'y a rien de si difficile, selon moi, que d'échapper à ce qui vous plaît foncièrement. Tout ce qu'on vous dira à la place de ceci ne sera que des propos de pruderie non calqués sur le cœur humain, et personne ne tient son cœur dans sa main, et ne le resserre ou e relâche à poing fermé ou ouvert à volonté. »

On ne peut mieux indiquer, par cette digression même presque involontaire et où la femme revient et se trahit, que, tout en cédant volontiers de son côté à la tentation et à l'attrait, elle se prévalait aussi à son tour de cet attrait et de cet ascendant aimable, de sa séduction irrésistible et de sa certitude de plaire, pour se faire, à la Cour et dans tous les rangs, nombre d'amis dévoués, inféodés, résolus à tout pour la servir, et qui, le jour et le moment venus, la firent ce que de tout temps elle avait rêvé d'être, afin de pouvoir ensuite donner sa mesure au monde et marquer son rang dans l'histoire.

La philosophie pour elle n'était qu'un *en cas* qu'elle tenait en réserve pour une éventualité extrême. Tout d'ailleurs, jusque dans cette disgrâce où elle vivait, lui montrait du doigt et lui promettait l'Empire; son vieux chirurgien Gyon, son jardinier d'Oranienbaum, Lamberti, le lui prédisaient au milieu de ses plantations et de ses amusements solitaires; la voix du peuple et des soldats, quand elle passait, le lui murmurait à ses oreilles; son *démon* secret, le plus sûr oracle, lui disait à toute heure : *Tu régneras.*

Parler de Catherine empereur serait une tâche difficile, mêlée, périlleuse et infinie, vaste champ de toutes parts ouvert aux polémistes, encore refusé à l'historien. Nous n'avons prétendu avoir affaire ici qu'à la Catherine antérieure, celle des Mémoires. Un seul mot pourtant nous reste à dire de son caractère, dès aujourd'hui pleinement connu.

MEMOIRES

DE

L'IMPÉRATRICE CATHERINE II

ÉCRITS PAR ELLE-MÊME.

SUITE ET FIN.

Élisabeth morte et Pierre III lui succédant (5 janvier 1762), Catherine impératrice n'en était que plus menacée. Pierre III avait rompu presque entièrement avec elle; il avait une maîtresse ambitieuse, arrogante, et ne s'appartenait plus : l'envie pouvait lui prendre d'un moment à l'autre, dans l'ivresse d'une orgie, de la déclarer impératrice, en répudiant Catherine et en désavouant le fils qu'elle lui avait donné pour héritier. Le moment de son élévation était donc aussi, pour Catherine, l'instant le plus critique qu'elle eût encore traversé. Elle n'était de rien. Elle avait beau s'armer de philosophie : « Son caractère, écrivait l'ambassadeur français, M. de Breteuil, n'est pas formé à ce genre, quoiqu'elle m'ait fait souvent l'honneur de m'assurer du contraire. » Plus juste que M. de Breteuil, nous disons : la philosophie pour elle était un *pis aller,* il était toujours temps d'y recourir. C'est alors qu'après six mois du règne de Pierre III éclata cette conspiration, cette insurrection du 8 juillet, si mystérieusement conduite et préparée, qui la porta au trône, non pas même comme régente, mais de son chef et en souveraine. On sait maintenant qu'il y eut un double courant d'intrigue, l'un dans l'armée, déterminé et excité par les Orlof, l'autre dans la haute société et auprès des grands par l'initiative de la princesse Daschkoff. L'impératrice eut l'art de ménager ces deux intrigues secrètement, séparément, à l'insu l'une de l'autre, et elles ne se rejoignirent qu'à l'heure décisive. Le récit de Rulhière si piquant et tant contesté est aujourd'hui vérifié, dans son esprit du moins et dans ses circonstances principales. Rulhière était alors à Pétersbourg et dans la confidence du ministre français, M. de Breteuil, homme d'esprit et qui était lui-même très-porté pour Catherine. Mais il y eut quelque chose de plus efficace et de plus puissant à produire cette révolution, que toutes les intrigues particulières; ce fut, à un moment donné, le concert universel et la conspiration véritable de tous, le mépris profond dans lequel était tombé Pierre III, l'intérêt qu'inspirait Catherine, et la faveur populaire qui n'avait cessé de la suivre pendant des années jusque dans sa disgrâce. La conséquence du *syllogisme* (pour parler

comme elle) se tirait irrésistiblement en vertu d'une
logique inexorable et de cette force des choses qui n'est
que la somme totale et la résultante, à la longue, des
actions, de la conduite et des caractères. L'avalanche
amoncelée, grossie et suspendue, tout d'un coup
s'écroula, se précipita.

Avoir été proclamée impératrice, pour Catherine, et
avoir déposé Pierre III, n'est pas le fait qu'on lui reproche. Il n'y avait pour elle, dans la situation, qu'une
seule manière de ne pas être opprimée et écrasée;
c'était de devenir maîtresse unique et souveraine. Le
fait grave, aux yeux de toute morale qui n'est ni turque
ni asiatique, ce n'est pas la déposition, c'est la stran-
gulation et la mort de Pierre III. Ici il paraît bien,
quelque connexion qu'il y ait entre les deux faits, que
Catherine, qui voulut et accomplit l'un, ne commanda
pas l'autre; on a en sa faveur, à cet égard, l'opinion
du grand Frédéric, celle du prince de Ligne, et le témoignage aussi de la princesse Daschkoff, cette ancienne complice un peu désabusée, qui parle d'une
lettre écrite par Alexis Orlof à l'impératrice aussitôt
après la perpétration du meurtre; lettre dans laquelle
il implore son pardon. Il arriva là, on se l'explique
aisément, ce qui s'est produit en plus d'un cas analogue que présente l'histoire, et, par exemple, à la mort
de l'archevêque de Cantorbéry, Thomas Becket. Si vous
êtes tout-puissant, de plus zélés que vous, et quelquefois de plus clairvoyants, iront jusqu'à chercher dans
le blanc de vos yeux pour y lire vos arrière-pensées et
vos désirs :

Quand **un roi** veut le crime, il est vite obéi.

Ici on alla au-devant des vœux de Catherine, on ɩ͡s interpréta; on la servit malgré elle et plus qu'elle ne l'aurait demandé. Elle ne put ensuite que pardonner un excès de zèle dont elle profitait; car ce crime, après tout, n'était pas une faute : il servait son règne, s'il devait faire tort à sa mémoire. On raconte qu'à la première nouvelle qu'elle en reçut, elle versa quelques larmes qu'elle s'empressa presque aussitôt de cacher. Ce double mouvement s'explique. Elle était humaine, et sa première impression en apprenant le meurtre fut de sentir ce qu'il avait d'odieux, et aussi quelle tache ineffaçable il en rejaillirait sur elle. « L'horreur que me cause cette mort est inexprimable, dit-elle en propres termes le lendemain à la princesse Daschkoff; c'est un coup qui me renverse. » Mais le personnage politique en elle reprit aussitôt le dessus : elle comprit que désavouer hautement le crime et parler de le punir ferait l'effet d'une comédie jouée; qu'elle ne persuaderait personne; que ce meurtre lui profitait trop pour qu'on ne le crût pas commandé ou tout au moins désiré par elle; elle dissimula donc, et faisant son deuil en secret, — un deuil au reste qui dut être court, — elle se contenta, pour la satisfaction et le soulagement des siens et de son fils, de conserver dans une cassette la lettre écrite à elle par Orlof, après l'acte funeste, et qui témoignait de l'entière vérité.

Et puis l'impératrice avait désormais son œuvre d'État à accomplir; elle pensait à la grandeur, à l'éclat, à se

taire le plus grand empereur qui eût régné en Russie
depuis Pierre Ier. Elle y réussit : ses actions justifièrent
ses desseins ; son ambition se légitima dès son entrée
dans la toute-puissance. Par des guerres heureuses et
brillantes, par sa politique hardie et habile, par des
conquêtes et des réunions, elle recula de toutes parts
ses frontières ; elle constitua géographiquement cette
Russie immense. Elle l'étendit et l'inclina vers l'orient
de l'Europe et la rapprocha singulièrement de Constantinople. Elle en policia tout ce qu'elle put, tout ce qu'il
lui fut donné de voir et d'atteindre de ce grand corps
par elle-même et de ses propres yeux. On a pu comparer son règne (en tenant compte de la différence des
deux pays et des deux nations) à celui de Louis XIV.
Elle était incomparablement supérieure à ce monarque
par l'esprit et de sa personne. Elle eut, comme lui, orgueil et bon sens ; mais son orgueil était plus fin et plus
éclairé. Les reproches qu'on peut lui faire sont, à certains égards, les mêmes : elle eut son Versailles au Palais d'Hiver, son Trianon ou son Marly à l'Ermitage, et
s'occupa peu du vrai peuple. Ce Code de lois, tant célébré par les philosophes du xviiie siècle, est en grande
partie resté sur le papier : elle embrassa plus de réformes en idée qu'elle n'en exécuta réellement ; et ce ne
fut pas seulement son sens pratique qui l'arrêtait parfois : elle eut ses mobilités et ses illusions aussi. Ses ministres ne lui montraient pas tout, ou ne lui montraient
que ce qu'ils voulaient. Quoi qu'on puisse dire, son
bonheur et son honneur, son étoile et son signe comme
souveraine, est d'avoir été constamment heureuse ; et

même sur la fin, quand la Révolution française vint irriter, puis consterner les rois sur leurs trônes, de n'avoir point essuyé d'échec. Et qu'on ne dise pas qu'elle mourut à temps ; car elle eut pour son dernier général Souvarof, lequel, s'il ne devait pas vaincre en définitive, allait promener le drapeau russe avec gloire là où il ne s'était jamais vu encore, et balancer tout au moins les destinées.

J'ai parlé de Louis XIV : Catherine eut comme lui des faiblesses, elle les eut en public avec montre et ostentation, et de plus sans interruption ni cesse jusqu'au dernier jour. Elle passa et outrepassa la mesure. Et ici le scandale est bien autrement grave chez une femme. Entendons-nous bien : ce ne serait pas d'avoir eu dans sa longue vie quelques amis attachés et fidèles qu'on pourrait raisonnablement lui faire un crime : le triste et le fâcheux, ç'a été la succession et le renouvellement à l'infini, c'est la liste et la kyrielle. En cela est véritablement la tache indélébile, et je ne sais pas de réponse qui la puisse justifier sur ce point. En vain l'on dirait qu'elle n'y mettait pas grande importance, politiquement parlant ; que dans cette suite de favoris venant à la file, dont on sait les noms et le numéro d'ordre, depuis Soltikoff, depuis Orlof jusqu'à Zoubof, elle sut garder pour ministres investis de sa confiance les serviteurs habiles, fussent-ils même disgraciés à ses yeux à titre d'amants, et qu'elle ne prit, entre ceux-ci, pour serviteurs de l'État, que ceux qui en étaient réellement capables. En vain l'on dirait encore qu'elle se montra humaine, même dans les caprices et les revirements de ses passions; qu'elle ne traita jamais ses amants, quand elle rompait avec eux, comme fit une Christine de Suède ou une Élisabeth d'Angleterre : elle ne les tuait pas, en effet, mais, en les répudiant, elle les comblait de milliers de roubles, de vastes terres en cadeau, et de têtes de paysans. C'est cela même qui est trop, qui exprime trop manifestement le mépris qu'on a des hommes et des peuples, et qui, sinon dans le présent, à coup sûr dans l'histoire, prend une importance et des proportions que d'abord on ne soupçonnait pas. On ne fait pas la part au scandale : il gagne et s'étale avec le temps. L'anecdote secrète devient énorme en s'éloignant, monstrueuse; et dans un règne glorieux, l'histoire (ô honte !) se voit obligée d'avoir ses pages clandestines, son registre à la Suétone, à la Procope et à la Bussy, pâture jetée à la curiosité sensuelle, où chacun, s'il n'y prend garde, va se prendre tout d'abord comme à un appât, et que l'humaine malice, s'il est possible, exagère encore. Que de gens, en arrivant à Naples, entre tant de belles choses à voir sous le soleil, n'ont rien de plus pressé que de courir au Musée secret ! Que de gens, dès qu'il est question du règne de Catherine II, vont tout droit, pour commencer, au corridor secret et à l'alcôve ! C'est injuste, mais cela est ainsi.

Catherine, sur un point essentiel, s'est donc laissé abuser par la passion. Cette femme philosophe, et mieux que philosophe, cette femme souveraine, la plus faite de son sexe pour donner un démenti en sa personne à cette parole d'un grand mathématicien : « Le cerveau des femmes est une éponge à préjugés, » s'est

retrouvée femme et faible, précisément en ne voulant
tenir compte que de ses goûts et en se mettant au-dessus
de tout préjugé. Diderot, dans sa fougue, s'est avisé un
jour de la définir : « L'âme de Brutus avec les charmes
de Cléopâtre. » Mettons *César* au lieu de *Brutus* qui est
ridicule. Eh bien ! elle eut trop de Cléopâtre, et trop
longtemps. La Cléopâtre aurait dû mourir en elle bien
avant le César.

D'ailleurs, aussi supérieure que charmante, digne, à
la voir de près, de toutes les admirations et de tous les
hommages : écoutez les meilleurs témoins ; relisez Ségur, relisez, ou, si vous ne le connaissez pas, cherchez
et lisez le portrait qu'a tracé d'elle le prince de Ligne :
c'est le plus agréable et le plus caractéristique de tous
ceux que j'ai vus. Il lui disait un jour, en causant des
diverses qualités de l'âme, que sa qualité, à elle, était
d'être *imperturbable*. Depuis ce temps, elle se plaisait à
signer : *Votre imperturbable;* et en pesant exprès sur
chaque syllabe, elle lui disait longuement : « J'ai donc
de l'im-per-tur-ba-bi-li-té. »

On ne pouvait jamais (c'est le prince de Ligne qui
nous l'apprend) dire du mal de Pierre le Grand ni de
Louis XIV en sa présence, et il eut bien de la peine, un
jour, à se faire pardonner une remarque qu'il avait faite
aux dépens de Louis XIV : « Au moins, lui dit-il, Votre
« Majesté conviendra qu'il fallait toujours à ce grand
« roi une allée bien droite de cent vingt pieds de large,
« à côté d'un canal qui en avait autant, pour s'y pro-
« mener ; il ne savait pas, comme vous, ce que c'est
« qu'un sentier, un ruisseau et une prairie. » Ils étaient

à se promener en ce moment dans quelque allée de jardin.

Dans ce rapprochement qui se faisait naturellement d'elle et de Louis XIV, elle n'était pas sans se rappeler les revers qui attristèrent les dernières années du grand roi ; mais ces idées ne faisaient que lui traverser l'esprit et « passaient comme des nuages. » Elle retrouvait aussitôt sa sérénité, n'oubliant jamais cependant que rien n'est stable sous le soleil, et que la gloire et le succès sont choses passagères et incertaines. Le philosophe subsistait derrière l'impératrice.

Sa plus grande dissimulation en causant était de ne pas dire tout ce qu'elle pensait et ce qu'elle savait, mais elle ne s'abaissait jamais au mensonge ; elle aimait par goût la vérité, et « à s'approcher d'elle le plus qu'elle pouvait toujours. »

Sa littérature nous est connue ; elle nous a dit elle-même ses lectures ; elle était devenue plus difficile avec les années :

« Elle aimait (c'est le prince de Ligne qui parle) les romans de Le Sage, Molière et Corneille. — « Racine n'est pas mon « homme, disait-elle, excepté dans *Mithridate.* » — Rabelais et Scarron l'avaient fait rire autrefois, mais elle ne s'en souvenait plus ; elle n'avait que peu de mémoire pour tout ce qui était frivole ou de peu d'intérêt, et n'avait jamais rien oublié d'intéressant. Elle aimait Plutarque d'Amyot, Tacite d'Amelot de La Houssaye, et Montaigne. — « Je suis une Gauloise du « Nord, me disait-elle, je n'entends que le vieux français ; je « n'entends pas le nouveau. J'ai voulu tirer parti de vos Mes-« sieurs les gens d'esprit en *istes*, je les ai essayés ; j'en ai « fait venir ; je leur ai quelquefois écrit ; ils m'ont ennuyée, et

« ne m'ont pas entendue ; il n'y avait que mon bon protec-
« teur Voltaire. Savez-vous que c'est lui qui m'a mise à la
« mode ? il m'a bien payée du goût que j'ai pris toute ma
« vie à le lire, et il m'a appris bien des choses en m'amusant. »

Sa Correspondance avec Voltaire, relue aujourd'hui,
est à son avantage. Elle appelle, en commençant, Voltaire « le premier moteur de son goût et de son plus
cher amusement. » Elle lui dit un joli mot : « Votre
esprit en donne aux autres. » Il y a en effet de l'esprit
qui n'est que de l'esprit une fois produit, et qui n'en
donne pas : l'esprit de Voltaire est un *boute-en-train*.
Elle ne mord pas, dès le début, à ses flatteries excessives ; elle lui rabat de son enthousiasme et de son idolâtrie. Elle ne veut pas de temple : « Laissez-moi, je
vous prie, sur la terre ; j'y serai plus à portée d'y recevoir vos lettres et celles de vos amis. » Elle aime le
vrai, et elle l'y ramène doucement : « Ces lois dont on
parle tant, lui dit-elle, au bout du compte ne sont point
faites encore. Eh ! qui peut répondre de leur bonté ?
c'est la postérité, et non pas nous... » Quand la flotte
russe qui est entrée dans la Méditerranée par le détroit
de Gibraltar va tenter la Grèce et fait des siennes dans
l'Archipel et dans les mers d'Asie, Voltaire voudrait
plus encore ; il voudrait voir l'impératrice se promener
en bateau sur le Scamandre, et il avait bien compté,
lui dit-il, qu'elle rebâtirait l'antique Troie ; à cela elle
répond qu'elle préfère, sauf meilleur avis, la belle Néva
au Scamandre : « Je renonce aussi à la réédification de
Troie ; j'ai à rebâtir ici tout un faubourg qu'un incendie
a ruiné ce printemps. » Dans les lettres de Voltaire à

l'impératrice, il fait un peu trop le poëte, le fou d'admiration, la tête montée; il y a trop de lazzis et de turlupinades; il abuse du Moustapha. Plus de sérieux dans le ton conviendrait mieux, je le crois, à l'auguste correspondante, et le ferait plus estimer d'elle encore. Elle est plus solide et plus sensée que lui; et pourtant elle se laisse aller, elle aussi, à ce jeu et à cette partie de louanges. Qu'elle montre une grande déférence pour l'esprit, — pour la royauté de l'esprit, — ce n'est pas à nous, Français, de nous en plaindre; mais évidemment elle a son but; elle soigne Voltaire comme la voix de la renommée et comme une trompette; elle lui raconte les nouvelles de ses guerres et de son empire pour qu'il informe l'Europe; elle grandit tant qu'elle peut sa nation : lui, en revanche, il dénigre tant qu'il peut la sienne, et manque tout à fait de patriotisme. Il nous tourne sans pitié en ridicule auprès d'une souveraine étrangère; il charivarise la France devant la Russie. Il tient par trop à montrer que « les Français sont les premiers singes de l'univers, » et il le prouve lui-même en gambadant. Mais il a beau lui dire du mal des Français et de Paris, c'est bien le Français le plus Français de tous qu'elle cultive et qu'elle courtise en lui. Ses lettres sont bien de la femme préoccupée de plaire, qui disait au prince de Ligne : « N'est-ce pas que je « n'aurais pas assez d'esprit pour Paris? Je suis per-« suadée que si j'avais été comme les femmes de mon « pays qui y vont en voyageant, on ne m'y aurait jamais « donné à souper. » C'est ce souper de Paris qu'elle se donnait par lettres avec Voltaire, et il y a des mo-'

ments où ils ont l'air en effet de se griser légèrement
l'un l'autre de leurs paroles et de leurs louanges.

Elle vécut assez pour voir l'heure du dégrisement.
On dit qu'à la Révolution, elle fit retirer le buste de Voltaire qui était dans sa galerie, et qu'on le mit à quelque
autre endroit moins en vue. J'aime à croire cependant
qu'elle le fit non par mobilité et ingratitude, mais par
un sentiment de délicatesse pour les émigrés français,
nobles ou prêtres, qui étaient ses hôtes. Voltaire eût
pensé comme elle, s'il avait vu la Révolution. C'est à
lui qu'elle écrivait dès 1771, après je ne sais quel événement qui marquait un retour de fanatisme : « En
« vérité, ce fameux xviiie siècle a bien de quoi se glo-
« rifier! Nous voilà devenus bien sages! Mais ce n'est
« pas à vous qu'il faut parler sur cette matière : vous
« connaissez trop les hommes pour vous étonner des
« contradictions et des extravagances dont ils sont
« capables. »

HALÉVY,

SECRÉTAIRE PERPÉTUEL (1).

————

Après tout ce qui a été dit sur Halévy, compositeur, je n'aurais rien, je le crois bien, à ajouter pour mon propre compte, quand bien même je m'y connaîtrais. J'ai là devant moi un choix d'excellents articles entre tous ceux que la presse lui a consacrés ; j'ai notamment ce qu'ont écrit M. Jouvin, M. de Rovray (2), notre ami Nestor Roqueplan, et hier encore M. d'Ortigue ; j ai causé de plus avec des amis de l'illustre et aimable maître : il me semble maintenant que je le comprends dans sa manière de poëte musical, et que j'embrasse d'un coup d'œil toute sa carrière d'artiste. Une grande et belle victoire (*la Juive*), beaucoup de combats heureux, s'il en eut de contestés, nombre d'affaires distinguées, semées d'actions et de parties brillantes : voilà

(1) *Souvenirs et Portraits, Études sur les Beaux-Arts*, par F. Halévy, 1 vol. in-18, 1861. (Michel Lévy., rue Vivienne, 2 bis.)

(2) C'est-à-dire Fiorentino, qui signait de Rovray dans *le Moniteur*

pour la carrière. Placé aux confins de l'école française,
un des représentants de cette école, non plus chez elle
et dans les douceurs du chez-soi, dans les grâces légères
de l'insouciance et du loisir, mais en marche et comme
en voie de conquête, lorsque, chargée déjà de butin
étranger, elle a un pied par delà le Rhin, il fait la chaîne
d'Auber à Meyerbeer; d'un genre un peu mixte sans
doute, mais non pas hybride; élevé, savant, harmo-
nique, très-soigneux de bien écrire musicalement parlant, sachant plaire toutefois, ne négligeant pas la
grâce, cherchant et trouvant agréablement ce qu'Auber
trouve sans le chercher, mais enclin surtout et habile
à exprimer dramatiquement la tendresse et la passion.
Je comprends que la place qu'il occupe, si belle qu'elle
soit, aurait pu être plus haute encore si les choses s'y
étaient prêtées, si les grands cadres s'étaient ouverts
pour lui plus souvent. Moi profane, à le rencontrer dans
la société, je l'aurais cru des plus heureux comme
artiste et tout à fait comblé : je sens aujourd'hui pourquoi il ne l'était pas. Je m'explique pourquoi cette physionomie, prise au repos et fixée par la photographie,
est plutôt grave et triste, et si fortement travaillée; je
ne l'avais vu que dans le monde, c'est-à-dire causant,
animé et charmant.

Il avait cela de l'honnête homme de La Bruyère qu'il
pouvait causer avec vous pendant tout un dîner, toute
une soirée, en vous parlant de tout avec agrément, avec
intérêt, et cependant sans vous dire un seul mot de
musique, sans mettre sur le tapis les choses de son
métier.

Je le prendrai surtout par ses côtés accessoires et où
il aurait pu exceller très-vite, pour peu qu'il s'y fût
adonné : il y avait en lui l'étoffe d'un savant littérateur
autant peut-être que d'un grand musicien ; et il le
montra bien lorsque, dans ses dernières années, il eut
si peu d'efforts à faire pour être aussitôt un secrétaire
perpétuel tout formé, un orateur académique des plus
spirituels et des plus avenants

Ce n'est pas de lui, certes, qu'on aurait dit, comme
d'un autre compositeur célèbre en son temps : « C'est
une bête, il n'a que du génie. » Il était un beau talent
servi par un habile esprit. Organisation flexible, ouverte et disposée à tout, avec une multiplicité de goûts,
d'appétits et d'aptitudes, ses dons divers purent se
combattre quelquefois, mais aussi ils s'entr'aidèrent. Il
eut, dès sa première jeunesse, le sentiment de l'union
et de la fraternité des arts et même des lettres. Je trouve
dans les *Mémoires d'un Bourgeois de Paris,* où il y a sur
les grands compositeurs de notre époque bien des anecdotes authentiques, et que l'auteur a sues d'original, le
récit d'un certain dîner dans lequel Halévy jeune, avant
la gloire, avant le renom, entouré d'amis éloquents et
doctes, tient bien sa place et a déjà son rôle. Ce devait
être vers 1819, sinon plus tôt : on avait tout au plus
vingt ans ; on en était aux projets, aux rêves d'avenir,
à la poursuite de tous les beaux songes. Les convives,
c'étaient M. Cousin, Charles Loyson, M. Patin, un autre
camarade d'études fort spirituel du nom d'Arnould,
M. Viguier, l'helléniste délicat de l'École normale ; et
c'était chez le père de ce dernier, je le crois bien, que

le dîner avait lieu. M. Cousin, de tout temps poëte par l'imagination, entendant le dramatique à merveille, et qui alors aimait assez le théâtre, refaisait volontiers, en conversation du moins, les pièces qu'il avait vues, et ce jour-là au dessert, se sentant plus en verve encore que de coutume, il s'écria (je ne réponds que du sens et non des paroles) : « Je veux faire un drame, un opéra, j'en inventerai l'action, j'en tracerai le plan : toi (s'adressant à l'un des convives), tu l'écriras en vers ; vous, mon cher (se tournant vers un autre convive), vous en composerez la musique, vous en ferez les chœurs et les chants ; et quand l'ouvrage sera fini, nous le donnerons à Feydeau ou au Grand-Opéra. » Le poëte ainsi désigné, c'était Loyson ; le musicien, c'était Halévy ;.le sujet de la pièce eût même été, dit-on, tiré d'un conte de Marmontel, *les Quatre Flacons.* Deux autres convives, Arnould et M. Patin, prenant au sérieux la gageure et se piquant d'émulation, se mirent de leur côté à l'œuvre, et composèrent un petit opéra de *Pygmalion,* qui alla jusqu'à être mis en répétition à je ne sais quel théâtre, mais que diverses circonstances leur firent laisser là, puis oublier. Cette musique de *Pygmalion* paraît avoir occupé quelque temps l'imagination d'Halévy.

Je prends cette historiette du dîner et ce serment dramatique des jeunes convives, sinon comme un fait précis, du moins comme une figure et un symbole. Halévy était bien digne d'être l'un des cinq, et je puis dire que ces cinq convives représentent très-bien le groupe des arts et de la poésie, comme il se plut toujours à le concevoir ; je les retrouve dans sa pensée

sous d'autres noms et avec quelques variantes, à plus
d'un moment. N'est-ce pas lui qui, dans son Éloge de
l'architecte Abel Blouët, dira avec une sorte d'enthousiasme, à propos des cinq grands prix de Rome :

« Chaque année, l'Académie des Beaux-Arts distribue se
couronnes. Il semble alors qu'une noble et sainte alliance se
forme entre cinq jeunes hommes, pleins de foi et de vaillance.
— « Moi, je couvrirai ces toiles, ces murailles de mes peintures vivantes : graveur, prépare ton burin et répands mon
œuvre dans le monde entier. » — « Je ferai respirer l'argile,
dit le statuaire, et le marbre tremblera devant moi, comme
il tremblait devant le Puget. » — « Moi, je saurai créer des
mélodies sublimes, et mes chants inspirés se marieront aux
belles harmonies de l'orchestre obéissant. » — L'architecte
prend la parole et dit : « Moi, je construirai le temple où
vivront tes peintures, où respireront tes statues ; je bâtirai
le théâtre immense où frémira le public sous l'empire de tes
chants!... » Accomplissez-vous, présages heureux ! Partez
pleins de joie, jeunes soldats de l'Art!... »

Et dans son Éloge de Paul Delaroche, il se plaira à
montrer, au sommet des Apennins, dans le saint ermitage des Camaldules, le peintre retiré pendant une
saison, avec quatre autres amis, M. Édouard Bertin,
M. Odier, peintres eux-mêmes ; M. Henri Delaborde,
et pour cinquième compagnon, Ampère, qui, accom-
plissant son *Voyage dantesque,* s'y était rencontré
avec eux :

« On eut alors ce spectacle vraiment digne d'intérêt, de
cinq jeunes hommes habitués à l'élégance de la vie parisienne,
exilés de leur plein gré dans cette pauvreté, et vivant de la
dure existence des anachorètes qui leur donnaient l'hospitalité

Une seule loi avait été cependant retranchée de la règle commune : Camaldules volontaires et temporaires, ils s'étaient
réservé le droit illimité de la parole. Ils charmaient les travaux des longues journées par de doux entretiens, par les
récits de la patrie absente. »

Voilà l'idéal heureux d'Halévy, son *Décaméron* de
l'Art. C'est ce lien des esprits et de toutes les Muses
qu'il sentait si bien, et dont il eut la satisfaction d'exprimer plus d'une fois la douceur quand il fut devenu
l'organe aimable et sympathique de son Académie.

L'Académie des Beaux-Arts n'a eu jusqu'à présent
que quatre secrétaires perpétuels : le premier de tous,
qui date de l'origine et du temps du Consulat, Le Breton ; Quatremère de Quincy, depuis 1816 jusqu'en
1839 ; Raoul-Rochette jusqu'en 1854 ; et Halévy. Les
trois premiers furent pris dans l'Académie des Inscriptions et Belles-Lettres ou dans la classe de l'Institut qui
y répondait : Halévy fut le premier que l'Académie des
Beaux-Arts eut l'idée de se choisir dans son propre sein,
et elle eut la main heureuse.

On a peu à dire du premier en date de ces secrétaires, Le Breton. Il s'acquitta de ses fonctions en conscience ; les notices que j'ai lues de lui sont simples,
exactes, convenables, mais un peu sèches ; il y a peu
de réflexions et de vues générales de l'Art. Cependant,
quand il est porté par son sujet et soutenu par de bons
documents originaux, dans la notice sur Grétry, par
exemple, il a des parties intéressantes, des accents
justes et touchants. Le récit qu'il a fait des émouvantes
et magnifiques funérailles de Grétry, de cette sorte de

pompe triomphale, nous a rappelé les funérailles d'Halévy lui-même.

C'est M. Quatremère de Quincy qui élève décidément
le genre, qui le fonde et le constitue. Je n'ai pas assez
étudié les nombreuses notices consacrées, depuis le
xviie siècle et durant tout le xviiie, aux membres de l'ancienne Académie de Peinture et de Sculpture (1), pour
prétendre en mesurer le mérite et en indiquer la valeur
précise; mais ce qui me paraît vrai et certain, c'est que
dans ce genre de notices dont les artistes, peintres,
sculpteurs, graveurs, etc., font les frais, il n'y avait en
France aucune de ces suites mémorables comme celle
que Fontenelle avait donnée sur la vie et les mœurs des
Savants, et qui établissent un genre littéraire nouveau.
Caylus n'était qu'un amateur : Diderot ne fait point de
notices proprement dites, et il eût dépassé le but.
M. Quatremère de Quincy me paraît avoir le premier
conçu ce genre dans toute son élévation et sa sévérité,
sinon avec tout son agrément. Cet esprit supérieur, que
la France n'apprécia pas assez de son vivant, que la
jeunesse vers la fin insultait à plaisir, qui ne s'appliquait point en effet à plaire, et qui ne craignait point
du tout de choquer ou même de braver son public et
son temps; espèce de Royer-Collard dans sa sphère,
ennemi aussi de la démocratie dans l'art, mais non point
respecté comme l'autre, et qui semblait même jouir de

(1) Voir les *Mémoires inédits sur la Vie et les Ouvrages des
membres de l'Académie royale de Peinture et de Sculpture*, publiés
par MM. Dussieux, Soulié, de Chennevières, Paul Mantz et A. de
Montaiglon; 2 vol. in-8{o}, 1854.

son impopularité, M. Quatremère de Quincy regagne à
la lecture tout ce qu'il perdait à l'audition. Il n'était
pas orateur; son débit, d'une extrême lenteur et sans
grâce, impatientait l'auditoire et donnait même le change
aux moins mal disposés, sur la portée de ses paroles.
Lorsque dans les séances publiques de l'Académie des
Beaux-Arts, mainteneur et défenseur des doctrines classiques exclusives, il avait irrité les jeunes élèves par la
rigidité de ses conseils et de ses leçons, il semblait,
lorsqu'il en venait ensuite à la lecture de sa notice
consacrée à un académicien mort, que cette lecture fût
interminable. Disait-il, par exemple, dans la notice sur
l'architecte Hurtault, après avoir parlé pendant une
bonne demi-heure déjà : « Pour faire connaître, non ce
que M. Hurtault a fait, mais ce qu'il aurait su faire, il
nous faudrait ouvrir ici les nombreux et vastes porte-
feuilles qu'il a remplis des plus beaux projets...; » à
l'instant des cris, des murmures, des exclamations
éclataient du fond des tribunes, comme si l'on avait
craint qu'il ne sortît jamais en effet de ces vastes porte-
feuilles, s'il venait une fois à s'y enfoncer. Disait-il
dans la notice sur l'architecte Gondoin, après un exposé
assez détaillé de ses premiers travaux et une appréciation de son premier et si parfait monument, l'École de
Médecine : « Et pourtant il fut en quelque sorte le
début et le coup d'essai d'un jeune homme; M. Gondoin n'avait pas trente-six ans lorsqu'il le termina...; »
une partie de l'auditoire semblait saisie de crainte,
comme si l'orateur devait exposer le reste de la carrière
à proportion, et avec une étendue sans fin. Le souve

nirs même de ces séances, racontés par des témoins
judicieux et délicats, deviennent infidèles et se trans-
forment, se dénaturent, tellement qu'on ne retrouve
plus dans la notice lue ce que les auditeurs croient y
avoir entendu d'excessif et presque de ridicule. Inter-
rogez en effet : l'auditeur, même bienveillant, croyait
et croit encore avoir, après une heure de lecture, entendu au milieu du tumulte quelque chose comme ces
mots : « Il nous reste maintenant à parcourir les *trente
dernières années* de la vie de M. Hurtault...; » ou bien :
« M. Gondoin n'avait encore que *seize ans...* » L'orateur
n'avait pas dit cela ; mais un orateur, comme un acteur,
est ce qu'il paraît être. M. Quatremère de Quincy faisait
illusion au rebours de bien d'autres, en sens inverse et
défavorable; on croyait en avoir entendu plus et pis
qu'il n'y en avait. On n'avait plus la mesure du temps.
Il prouvait que l'ennui lui-même a son prestige. Ces
défauts de débit, cette longanimité de parole et cette
longueur de larynx (*colli longitudo,* a dit Phèdre), auxquels se joignait un ton amer de misanthropie, paraly-
saient, chez M. de Quincy, l'effet des plus éminentes
qualités : ce fut un malheur. Je ne sais rien, pour mon
compte, de plus instructif que les deux volumes où sont
recueillies ses Notices historiques, à la fois exactes,
simples (sauf quelques périphrases et tours solennels qui
tiennent au goût du temps), mais d'une grande hauteur
de principes, et avec des remarques morales d'une juste
finesse. Quelles belles et judicieuses notices que celles
qu'il a données sur Visconti, Gérard, Girodet, Guérin et
tant d'autres ! Il traite son sujet et ne l'élude pas; il

introduit la discussion dans le récit : le sentiment du
haut style est toujours présent comme une image du
dieu d'Olympie. On sent un juge né pour l'autorité. Quel
dommage, encore une fois, qu'ayant à parler parmi des
gens aussi susceptibles et légers que ceux d'Athènes, ce
Grec de la grande époque, mais de mauvaise humeur,
ait non-seulement négligé de plaire, mais qu'il ait même
affecté souvent de mécontenter !

M. Raoul-Rochette ne fit point ainsi : il était bien de
sa personne, et le sachant ; beau diseur ; il a de la
pompe, de la dignité, du grandiose, et aussi des fleurs.
Ses notices, qui réussissaient dans les séances publiques, et auxquelles on n'a pas rendu peut-être assez de
justice à la lecture, me font l'effet d'appartenir à ce que
j'appellerai *l'éloquence décorative :* comme dans la peinture de décoration, il y entre bien des draperies et de
l'arrangement, pas assez de vérité. Pourtant, si je
prends l'un de ses derniers Éloges, celui de Spontini,
par exemple, il y a des endroits d'une belle et large
critique ; les phases du talent de l'artiste y sont bien
distinguées et déterminées ; tout cela a de l'ampleur et
du mouvement, tout cela marche. Ajoutez que M. Raoul-
Rochette avait beaucoup de mérite réel, beaucoup de
savoir et plus solide qu'on ne l'a pensé (quelques légè-
retés à ses débuts, des fatuités lui avaient fait tort, il
avait bien réparé cela depuis). Sa science d'archéologue
était des plus étendues et des plus complètes. L'archéologue même, avec lui, empiétait un peu sur
l'artiste et l'homme de goût.

Halévy, l'habile compositeur tout occupé de ses par-

titions dramatiques ou savantes, semblait loin de prétendre à son héritage. Cependant quelques morceaux
lus dans les séances publiques des cinq Académies et
fort goûtés du public avaient révélé en lui ce que tous
ses amis savaient bien qu'il était, un esprit riche, orné,
facile, un écrivain élégant, un orateur aisé, agréable ;
aussi quand Raoul-Rochette manqua, l'Académie des
Beaux-Arts, après avoir pensé d'abord à M. Vitet, qui
est depuis plus de trente ans une sorte de secrétaire
perpétuel extérieur, le plus brillant et le plus fin, mais
à ses heures et à ses moments, se dit : « Pourquoi nous
conduire toujours comme une Académie muette et dé-
pendante, nous qui possédons par excellence toutes les
autres formes sensibles de l'expression? Pourquoi aller
toujours chercher en Crète des législateurs? nous
n'avons besoin que d'interprètes. N'avons-nous donc
parmi nous personne qui sache pertinemment parler
de nous et de nos travaux? Essayons d'Halévy ; il a
déjà les suffrages du public. » Halévy fut nommé et
trouva son genre aussitôt.

Nul embarras ; un désir de plaire assez marqué, mais
justifié à l'instant même et de la meilleure grâce ; de
la fertilité, de l'enjouement ; d'heureuses comparaisons
prises dans l'art qui lui était le plus cher, dans la musique, et qui piquaient par l'imprévu et par l'ingénieux : — ainsi, dans la notice sur l'architecte Abel
Blouët, la place de l'artiste au cœur modeste, à la voix
discrète, comparée au rôle que joue l'*alto* dans un concert (« Un orchestre est un petit monde, etc. ») ; —
des anecdotes bien placées, bien contées, des mots spi-

rituels qui échappent en courant ; — ainsi dans la notice
sur Simart, à propos des rudes épreuves de sa jeunesse :
« Simart, après avoir été misérable, ne fut plus que
pauvre et se trouva riche ; » — savoir toujours où en
est son auditoire et le tenir en main et en haleine ; ne
pas trop disserter, et glisser la critique sous l'éloge ;
s'arrêter juste et finir à temps.

Le seul défaut (et je le lui ai dit à lui-même) que
me paraissaient avoir ces premières et tout d'abord
agréables notices d'Halévy, c'était d'offrir un peu trop
de fleurs, un peu trop de luxe dans l'élégance : il n'avait
à se corriger que de cela. Il y serait peut-être arrivé en
gagnant chaque jour en crédit et en autorité. Remarquez qu'Halévy, secrétaire perpétuel, se voyait obligé
avant tout de justifier le choix de ses confrères devant
le public ; il avait dû faire des frais pour plaire ; il avait
réussi : désormais il avait acquis le droit d'être plus
simple et plus sobre de *fioriture* et d'ornements.

Son éloge d'Onslow est piquant ; ceux de David
(d'Angers) et de Paul Delaroche sont d'un intérêt élevé
et soutenu. On ne pouvait lui demander comme à un
Quatremère de Quincy de marquer plus expressément
les degrés de mérite de chaque artiste dans son ordre ;
il était lui-même trop artiste et trop intéressé dans un
art voisin, trop collatéral en quelque sorte pour cela ;
il ne pouvait guère juger ses pareils et ses confrères
que de côté et comme de profil : il était en train de le
faire avec bien de l'esprit et de la grâce.

Je n'ai pas du tout approuvé, dans l'Éloge du baron
Boucher-Desnoyers, graveur, cet encadrement trop

fleuri, cette scène de début dans un jardin : « Plusieurs
personnes se trouvaient réunies chez M. Desnoyers,
dans le jardin de sa maison de Saint-Germain. C'était
par une douce journée de l'automne de 1856. La vieillesse de M. Desnoyers était belle et sereine, etc. » Tout
l'Éloge est ainsi mis en scène; M. Desnoyers, assis sur
un banc de charmille, va lui-même raconter sa vie :
c'est là un cadre par trop riant pour un artiste aussi
appliqué et aussi sévère que doit l'être un graveur en
taille-douce : cela sent trop le conte à la Marmontel ou
l'idylle à la Florian.

Mais l'Éloge de Simart, le dernier de ceux qu'Halévy
a eu à prononcer, est des meilleurs; j'y noterais à peine
un ou deux endroits pour le trop de mise en scène ou
la fausse élégance de l'expression; l'analyse des travaux
de l'artiste y occupe une juste place, et toute cette partie
est traitée avec bien du sérieux, et cependant avec animation et vie :

« Simart, au reste, ne courait pas après la popularité; il
l'attendait, non comme l'homme de la fable attendait la Fortune, mais debout et laborieux. On raconte qu'un noble Génois, visitant Florence, disait à un artiste célèbre de cette ville
qui lui servait de guide : « Nous sommes fils de deux belles
« cités, et, si je n'étais Génois, je voudrais être Florentin. »
— « Et moi, répondit l'artiste, si je n'étais pas Florentin... »
— « Vous voudriez être Génois? » — « Non, je voudrais être
« Florentin. » Simart aimait la sculpture comme ce Florentin
aimait sa patrie. »

De tels petits à-propos bien jetés sont comme des
roues qui marchent d'elles-mêmes et qui font courir le
discours.

J'interroge sur Halévy ceux qui l'ont connu de plus près : l'un d'eux (un gentil esprit et une plume des mieux taillées) non-seulement veut bien répondre à mes questions, mais y ajoute quelques mots à mon usage. Rien n'égale, à cet égard, la sincérité du premier jet : je donnerai donc ici les notes mêmes ; c'est tout un portrait d'Halévy, pris sur le vif, saisi dans l'intérieur et dans la familiarité :

« Il avait un don naturel d'écrire, cultivé, perfectionné par l'étude, par un goût de lecture qu'il satisfaisait partout, dans son cabinet, pendant l'intervalle des travaux, des conversations d'affaires, dans les voitures publiques, dans les réunions d'amis, dans le monde même.

« Il avait le pouvoir de s'isoler complétement au milieu du bruit de la famille ou des entretiens du salon, s'il n'y prenait pas part. Il écrivait de la musique, de la prose ou des vers, il lisait avec une attention imperturbable, lorsque l'on causait autour de lui.

Il possédait l'instinct des langues. Il savait l'allemand, l'italien, l'anglais, le latin ; une teinture de grec, un peu d'hébreu. Il donnait une foule d'étymologies. — Il avait une passion pour les dictionnaires. Il lui était souvent difficile d'y chercher un mot : comme on ouvre un dictionnaire à une page quelconque dans les environs du mot qu'on cherche, son œil tombait d'abord sur n'importe quel mot ; il le lisait, puis le suivant, puis un autre et un autre encore, tant qu'il oubliait quelquefois le mot qu'il voulait chercher.

« Ces lectures à bâtons rompus et au hasard lui profitaient toutes, car il avait une grande mémoire, faisant à tout une grande attention.

« Il savait beaucoup de choses, même dans les sciences, en histoire naturelle, en médecine. Sa curiosité était inépuisable ; tout l'intéressait, l'attachait, lui inspirait un désir ou

plutôt un regret, celui de n'avoir pas fait de ce dont il était
question l'occupation de sa vie.

« S'il lisait de l'histoire, il aurait voulu être historien ; si
des relations militaires, général d'armée ; si de la géologie,
géologue ; si de la politique, homme mêlé aux grandes affaires.

« Quand il s'élevait chez lui une discussion sur un fait, sur
une date, sur une question quelconque, il fallait qu'il en eût
la solution. Alors il cherchait l'autorité dans ses livres ; il
envoyait demander tel ouvrage, puis tel autre, il faisait remuer
sa bibliothèque, il allait chercher lui-même ; il y mettait une
impatience à impatienter les autres : il fallait que le problème
fût résolu.

« Quelquefois on n'y pensait plus, et il reparaissait triom-
phant avec le mot de l'énigme ; — et il riait de toutes ces
originalités de studieux et de curieux avec une naïveté charmante.

« Il écrivait tout, musique et littérature, avec grand soin,
et était difficile pour lui-même : il raturait, il émondait ; il
voulait la clarté, l'expression juste.

« Ses notices académiques, tous ses morceaux révélaient
un grand art de composition. Il les disposait à la manière d'un
petit drame scénique ou d'un opéra ; il faisait venir avec
adresse un épisode, une description, ce qu'on appelle un *air
de bravoure,* et presque toujours il enlevait par là les applau-
dissements, comme fait une cantatrice.

« Il avait la variété des tons, et passait du plaisant à l'accent élevé et poétique. »

A ce portrait d'Halévy, tracé par M. Boilay, que
puis-je ajouter encore ? Cet aimable esprit, si curieux,
si vacant, quoique possédé par un art spécial, et comme
toujours aux regrets, nourrissait une tristesse intime,
une plaie cachée. Il ne le disait pas ; si près qu'on fût
de lui, on n'aurait jamais entendu une plainte ; il avait
sa pudeur d'auteur, mais il avait aussi sa conscience

d'homme de talent. « *La Juive,* a dit un critique, a été jouée entre *Robert-le-Diable* et *les Huguenots :* la postérité lui gardera cette place. » Mais pourquoi les contemporains ne la lui ont-ils pas mieux gardée? Pourquoi cette interruption si longue, **cet** étouffement et comme cet étranglement entre deux chefs-d'œuvre, comme si elle-même n'en était pas un? Pourquoi n'avoir pas rendu plus souvent à l'auteur la plénitude de joie qui suit une grande victoire, et qui inspire le désir, et qui donne la force d'en remporter une nouvelle, au moins égale, sinon supérieure? Le sort, à la fin, sembla s'en mêler : on sait que, dans l'incendie d'un magasin de l'Opéra, les décors de *la Juive* brûlèrent. Halévy, dans une de ses Notices et sous le couvert d'un autre nom d'artiste, a laissé échapper quelque chose de sa douleur personnelle et de son secret :

« Il y a, dit-il à propos de l'organiste Frohberger, il y a des artistes d'un caractère heureux, pour qui le souvenir des succès d'autrefois est si plein de douceur, qu'ils ne s'en séparent jamais, et qu'ils trouvent dans ce souvenir, quelque ancien qu'il soit, du bonheur pour toute leur vie. Parés de leurs propres mains d'un laurier toujours vert, ils chantent le cantique de leur gloire et s'en enivrent à petit bruit. D'autres, au contraire, ne peuvent penser sans une douleur poignante à ces succès auxquels ils ont survécu, et qui chaque jour s'enfoncent plus profondément dans l'oubli. Ils voudraient ressusciter des fantômes, rendre la vie à des ombres, et le souvenir des triomphes qui ne sont plus est pour eux si amer et si plein de regrets, qu'il semble les poursuivre comme un remords. Frohberger était de ces artistes malheureux... »

Adoucissons cependant les tons : Halévy était une nature trop riche, trop multiple, trop ouverte et communicative, il était trop bien organisé par tous les sens, il était trop accessible aux douceurs de la sociabilité et aux joies de la famille, il était trop le contraire en tout d'un homme blasé, et avait, comme on dit, trop de cordes à son arc, pour être longtemps ou profondément malheureux.

A le définir poétiquement, je dirais : C'était une abeille qui n'avait pas trouvé à se loger complétement dans sa ruche, et qui était en quête de faire son miel quelque part encore ailleurs.

Sa conversation était semée de mots agréables et vifs. Un jour, après une séance des cinq Académies, à laquelle M. Lebrun avait présidé, et où il s'était fait plusieurs lectures, à commencer par le discours du président, M. Lebrun félicitait Halévy, qui avait pris part à la séance, de ce qu'il y avait lu : « Quel joli morceau vous nous avez fait entendre ! » — « Oui, mais aussi quelle ouverture ! »

Déjà bien las et bien épuisé de santé, et revenant du Tréport où il avait passé d'assez bonnes semaines : « Allons, disait-il à un ami, je me sens mieux, je suis content ; il faut décidément que je prenne un congé sérieux de deux ou trois mois ; je reviendrai en ce petit lieu, j'y apporterai un opéra que je finirai : il faut que je fasse cela avant ma mort. » Et sur ce qu'une de ses chères enfants présente se récriait sur ce mot : « Aimes-tu mieux, reprit-il, que je dise que je le ferai après ma mort ?

Halévy, pour peu qu'il eût vécu, eût sans doute été nommé de l'Académie française. L'homme éminent qui représente et personnifie le mieux cette Académie, M. Villemain, lui en touchait un jour quelque chose : un vif sentiment de joie brilla sur son visage, mais ne fit que passer et disparut presque à l'instant : il craignait déjà de porter préjudice ou ombrage à un frère méritant et bien aimé.

Quel sera le successeur d'Halévy, comme secrétaire perpétuel ? Je me le demande un peu tard ; car la question est, à l'heure qu'il est, résolue. Entre le frère d'Halévy, porté par insigne et spéciale faveur sur la liste des candidats, quoiqu'il n'appartienne pas à l'Institut ; M. Ravaisson, si ingénieux, si original, si profondément philosophe en toutes ses vues ; Berlioz, artiste et penseur élevé, mais solitaire et un peu sombre ; Beulé, l'heureux Beulé, que la Victoire de Phidias a pris dès le début sous son aile, et qui obtient, à heure fixe et comme à point nommé, tout ce qu'il mérite, le choix est déjà fait. Je parlerai comme s'il ne l'était pas. Le portrait d'un parfait secrétaire de l'Académie des Beaux-Arts, tel que je le conçois, serait à peu près celui-ci :

Avoir une parole grave et agréable, sévère et ornée, même gracieuse : les beaux-arts ne se séparent jamais des grâces ; — être l'homme d'un art peut-être, mais surtout et plus encore de tous les arts ; être visité et non possédé par tous les génies :

Tous les goûts à la fois sont entrés dans mon âme!

si l'on est d'un art particulier, tout en restant le confrère et l'ami des artistes, savoir s'élever cependant peu
à peu jusqu'à devenir un juge ; si l'on a commencé, au
contraire, par être un théoricien pur, un critique, un
esthéticien. comme ils disent là-bas, de l'autre côté du
Rhin, et si l'on n'est l'homme d'aucun art en particulier, arriver pourtant à comprendre tous les arts dont
on est devenu l'organe, non-seulement dans leur lien et
leur ensemble, mais de près, un à un, les toucher, les
manier jusque dans leurs procédés et leurs moyens, les
pratiquer même, en amateur du moins, tellement qu'on
semble ensuite par l'intelligence et la sympathie un
vrai confrère ; en un mot, conquérir l'autorité sur ses
égaux, si l'on a commencé par être confrère et camarade ; ou bien justifier cette autorité, si l'on vient de
loin, en montrant bientôt dans le juge un connaisseur
initié et familier ; — tout en restant l'homme de la tradition et des grands principes posés dans les œuvres
premières des maîtres immortels, tenir compte des
changements de mœurs et d'habitudes sociales qui
influent profondément sur les formes de l'art lui-même ;
unir l'élévation et la souplesse ; avoir en soi la haute
mesure et le type toujours présent du grand et du beau,
sans prétendre l'immobiliser ; graduer la bienveillance
dans l'éloge ; ne pas surfaire, ne jamais laisser indécise
la portée vraie et la juste limite des talents ; ne pas
seulement écouter et suivre son Académie, la devancer
quelquefois (ceci est plus délicat, mais les artistes arrivés aux honneurs académiques et au sommet de leurs
vœux, tout occupés qu'ils sont d'ailleurs, et penchés

14.

tout le long du jour sur leur toile ou autour de leur
marbre, ont besoin parfois d'être avertis); être donc
l'un des premiers à sentir venir l'air du dehors; deviner
l'innovation féconde, celle qui sera demain le fait avoué
et reconnu; ne pas chercher à lui complaire avant le
temps et avant l'épreuve, mais se bien garder, du haut
du pupitre, de lui lancer annuellement l'anathème; ne
pas adorer l'antique jusqu'à repousser le moderne;
admettre ce dernier dans toutes ses variétés, si elles
ont leur raison d'être et leur motif légitime; se tenir
dans un rapport continuel avec le vivant, qui monte,
s'agite et se renouvelle sans cesse en regard des au-
gustes, mais un peu froides images; et sans faire flé-
chir le haut style ni abaisser les colonnes du temple,
savoir reconnaître, goûter, nommer au besoin en public
tout ce qui est dans le vestibule ou sur les degrés, les
genres même et les hommes que l'Académie n'adoptera
peut-être jamais pour siens, mais qu'elle n'a pas le
droit d'ignorer et qu'elle peut même encourager utilement ou surveiller au dehors; enfin, si l'on part inva-
riablement des grands dieux, de Phidias et d'Apelle et
de Beethoven, ne jamais s'arrêter et s'enchaîner à ce
qui y ressemble le moins, qui est le faux noble et le
convenu, et savoir atteindre, s'il le faut, sans croire
descendre, jusqu'aux genres et aux talents les plus
légers et les plus contemporains, pourvu qu'ils soient
vrais et qu'un souffle sincère les anime. C'est le moyen
de conserver pleinement à son Académie (et je dirai, à
toute Académie), autorité, faveur, influence.

LE POËME DES CHAMPS

PAR

M. CALEMARD DE LAFAYETTE (1).

De ce que j'ai beaucoup aimé autrefois la poésie, de ce que je l'ai aimée comme on doit l'aimer quand on s'en mêle, c'est-à-dire trop, ce n'est pas une raison aujourd'hui pour n'en plus parler jamais. Il est vrai que ce genre de sujet offre des difficultés particulières, qu'il est plein d'épines en même temps que de fleurs, et qu'il demande, à le traiter comme il faut, bien des délicatesses. La première est, quand on parle d'un poëte en particulier, de ne point être injuste envers tous ceux qu'on omet et qui se croient des droits à l'attention autant et plus que le préféré. C'est par le manque d'attention, en effet, que les poëtes de nos jours souffrent et qu'ils périssent : c'est l'attention qu'ils récla-

(1) Librairie Hachette, boulevard Saint-Germain, 77.

ment avant tout de la critique. Il va sans dire, dans le raisonnement de la plupart, que cela suffit, et que qui les lira les louera.

Plusieurs méritent en effet des éloges. S'il n'y a pas, à l'heure qu'il est, de poëtes qui égalent les deux ou trois grands encore debout ou enlevés d'hier, il est plus d'un talent qui appelle considération et estime. La poésie française prise dans sa moyenne ne dépérit pas. Parmi ceux qui la soutiennent avec le plus d'honneur, je trouve des noms connus, des noms amis auxquels je ne puis échapper avant d'en venir à mon sujet principal, et que je me ferais scrupule de passer entièrement sous silence, puisqu'ils ont publié de nouveaux recueils, pas plus tard qu'hier.

Et d'abord les *Poésies Barbares*, par M. Leconte de Lisle (1). — Pourquoi ce titre de *Barbares?* On se le demande. Passe encore si dans ce recueil M. Leconte de Lisle n'avait réuni que des poésies inspirées par des récits des bas temps, du Bas-Empire, par des légendes de moines de la Thébaïde, par les chants de bardes écossais et scandinaves; mais il y a d'autres pièces qui ne sont que sauvages, et d'autres qui appartiennent à des mondes très-civilisés (l'Inde, la Perse), et même à la Grèce. Il est vrai que celle-ci n'y est qu'à peine touchée; et c'est sans doute la raison pour laquelle le poëte a cru pouvoir ainsi clouer en tête de son recueil ce titre **voyant** de *Poésies Barbares,* qui devient un attrait.

_____

(1) Chez Poulet-Malassis.

Plaute n'y cherchait pas tant de malice, lorsque, parlant d'une de ses comédies empruntées de Philémon et traduites du grec en latin, il disait : « Plaute l'a traduite en barbare (*Plautus vortit barbare*), » entendant simplement par là tout ce qui n'était pas grec.

M. Leconte de Lisle n'a point prétendu certainement que ses poésies qu'il publie aujourd'hui fussent agréables ; il lui a suffi de les faire fortes. Il y a réussi en plus d'une ; et pour ne parler que de *l'Agonie d'un Saint,* qui est à la fin du recueil, c'est une pensée hardie et humaine qui a inspiré ce petit drame, et l'exécution en est parfaite. M. de Lisle (j'abrége ainsi son nom, il n'a pas à craindre qu'on le confonde avec l'ancien Delille), est de nos jours un talent à part, une nature très-particulière de poëte. Doué d'une harmonie pleine et d'un vaste pinceau, en possession d'une sorte de sérénité et d'impassibilité native ou acquise, désoccupé ou guéri de passions pour lui-même, il voyage à travers le monde de l'histoire et les diverses contrées, il revêt indifféremment et presque également bien les formes les plus diverses ; il exprime avec vigueur et relief les manifestations les plus variées de l'histoire, de la nature et de la vie. Mais quoiqu'il sente celle-ci sous tous ses aspects, et assez pour la simuler et pour la calquer en perfection, quoiqu'il la recherche le plus souvent sous ses faces les plus étranges et les plus singulières, on sent au fond qu'il n'en est jamais épris ; il est de sang-froid et volontaire toujours. C'est un contemplatif armé de couleurs et de sons, mais las et ennuyé du spectacle même, comme si regarder était déjà trop accorder à

l'action. Je me le figure comme une nature altière et
saturée, qui est arrivée à l'ironie tranquille. Il aime la
mort, le repos éternel, l'extinction et le néant du sage
de l'Inde :

> Le mal est de trop vivre, et la mort est meilleure.

C'est là son fin mot : il est le contraire de ces natures
affamées de vivre et de renaître sans cesse, altérées
d'immortalité, et dont Mme de Gasparin nous offre un
type ardent et palpitant dans la fréquence et la réci-
dive de ses éloquents écrits. Lui, au contraire, il en a
assez : il prend en pitié ce désir acharné de la lumière
(*Quæ lucis miseris tam dira cupido !*) Qu'on lise *le Vœu
suprême* dans lequel le poëte désire *entrer en son éternité,* fût-ce par le fer, par la sensation aiguë du glaive,
mais surtout cette Apostrophe aux Morts, à la paix desquels il aspire. C'est dur, mais c'est beau :

AUX MORTS.

Après l'apothéose, après les gémonies,
Pour le vorace oubli marqués du même sceau,
Multitudes sans voix, vains noms, races finies,
Feuilles du noble chêne ou de l'humble arbrisseau;

Vous dont nul n'a connu les mornes agonies,
Vous qui brûliez d'un feu sacré dès le berceau,
Lâches, saints et héros, brutes, mâles génies,
Ajoutés au fumier des siècles par monceau;

O lugubres troupeaux des morts, je vous envie,
Si quand l'immense espace est en proie à la vie,
Léguant votre misère à de vils héritiers,

Vous goûtez à jamais, hôtes d'un noir mystère,
L'irrévocable paix inconnue à la terre,
Et si la grande nuit vous garde tout entiers!

Cette grande nuit sans fin, ce sommeil *inéveillable*,
c'est peut-être la seule chose qu'il désire encore avec
âpreté et qui le passionne. Voici pourtant (car nous autres, du commun des hommes, et qui ne sommes point
à cette sublime hauteur de stoïcien et de panthéiste,
nous avons besoin de tableaux plus doux), voici une
pièce qui a son charme : elle a pour titre *le Bernica*.
C'est un site de l'île Bourbon, patrie du poëte créole;
c'est une gorge dans le haut pays, mais une gorge riche
de végétation et sous le plus beau des climats.

LE BERNICA.

Perdu sur la montagne, entre deux parois hautes,
Il est un lieu sauvage au rêve hospitalier,
Qui, dès le premier jour, n'a connu que peu d'hôtes;
Le bruit n'y monte pas de la mer sur les côtes,
Ni la rumeur de l'homme : on y peut oublier.

La liane y suspend dans l'air ses belles cloches
Où les frelons, gorgés de miel, dorment blottis;
Un rideau d'aloès en défend les approches;
Et l'eau vive qui germe aux fissures des roches
Y fait tinter l'écho de son clair cliquetis.

Quand l'aube jette aux monts sa rose bandelette,
Cet étroit paradis, parfumé de verdeurs,
Au devant du soleil, comme une cassolette,
Enroule autour des pics la brume violette,
Qui, par frais tourbillons, sort de ses profondeurs.

Si midi, du ciel pur, verse sa lave blanche,
Au travers des massifs il n'en laisse pleuvoir
Que des éclats légers qui vont, de branche en branche,
Fluides diamants que l'une à l'autre épanche,
De leurs taches de feu semer le gazon noir.

Parfois hors des fourrés, les oreilles ouvertes,
L'œil au guet, le col droit, et la rosée au flanc,
Un cabri voyageur, en quelques bonds alertes,
Vient boire aux cavités pleines de feuilles vertes,
Les quatre pieds posés sur un caillou tremblant.

Tout un essaim d'oiseaux fourmille, vole et rôde,
De l'arbre aux rocs moussus, et des herbes aux fleurs :
Ceux-ci trempent dans l'eau leur poitrail d'émeraude
Ceux-là, séchant leur plume à la brise plus chaude,
Se lustrent d'un bec frêle aux bords des nids siffleurs.

Ce sont des chœurs soudains, des chansons infinies,
Un long gazouillement, d'appels joyeux mêlé,
Ou des plaintes d'amour à des rires unies ;
Et si douces, pourtant, flottent ces harmonies,
Que le repos de l'air n'en est jamais troublé.

Mais l'âme s'en pénètre ; elle se plonge, entière,
Dans l'heureuse beauté de ce monde charmant ;
Elle se sent oiseau, fleur, eau vive et lumière,
Elle revêt ta robe, ô pureté première !
Et se repose en Dieu silencieusement.

Je ne chicane pas sur quelques détails. C'est magnifiquement dit. Voilà le naturalisme de M. de Lisle en ses belles heures et dans sa félicité tranquille.

M. Lacaussade, de l'île Bourbon comme M. Leconte de Lisle, est, tout à l'opposé de lui, un poëte passionné.

Son nouveau recueil s'appelle *les Épaves* (1). On me dira que je fais la guerre aux titres, mais je n'aime pas ce titre d'*Épaves* qui affiche le naufrage. Poëte, lors même que vous livrez au public votre cœur, vous ne le donnez qu'avec votre talent; l'un ne peut se séparer de l'autre; votre cœur peut être en lambeaux, votre talent (grâce à Dieu!) ne l'est pas. Pourquoi donc confondre tout cela ensemble sous ce titre et cet aspect désagréable d'*Épaves* ?

Il ne se peut de contraste plus grand dans l'inspiration et dans le motif de chanter, j'y insiste, qu'entre M. Leconte de Lisle et M. Lacaussade ; car si au premier on est parfois tenté de dire : « Animez-vous, » on dirait volontiers au second : « Calmez-vous, apaisez-vous ! » Chez celui-ci, en effet, l'homme avant tout a souffert, et toute sa poésie l'exprime; il a la fibre vibrante. Il a aimé, il aime encore toutes les belles et grandes choses, mais il les a tant aimées qu'elles lui ont, en fuyant, laissé une déception amère, une empreinte cuisante, une sorte de frémissement aigu et nerveux qui retentit dans ses vers. Qu'on lise, au début du volume, ces *Conseils* d'un homme qui a éprouvé la passion et qui en signale les périls et le malheur à un ami vrai ou supposé. Jean-Jacques, notre grand aïeul, a dit : « Quand le cœur s'ouvre aux passions, il s'ouvre à l'ennui de la vie. » Ç'a été notre histoire à tous, c'est l'épigraphe à mettre à tous les *Werther,* à tous les *René* et à ceux qui en descendent. De tels avertissements, de tels conseils tou-

(1) Chez Dentu, Palais-Royal, galerie d'Orléans, 13.

tefois, où se sent encore la brûlure et la flamme, ne sont souvent qu'une manière de repasser sur son mal, et, tout en le maudissant, de le préférer, comme aussi sans doute de le propager. Le mal qu'on vous dit des choses ou des gens en fait, pour bien des cœurs, le premier attrait; le bonheur et l'innocence sont trop fades. Quand l'auteur des *Épaves* dit à son jeune ami :

Vis et chante à l'écart ; dans tes rimes heureuses,
Réfléchis les splendeurs du tranquille univers ;
A la fleur, à la femme, à ces choses trompeuses,
Ne prends que les parfums qu'il te faut pour tes vers ;

quel poëte voudrait suivre à la lettre ce conseil après avoir lu M. Lacaussade? Lui, il n'a pas fait ainsi; il n'a rien dit qu'il n'ait éprouvé, et il le fait assez voir. Il est de ceux qui, selon le mot de Shelley, ont appris dans la souffrance ce qu'ils enseignent dans leur chant. Il n'a rien oublié, ni le mal ni le bien; le méchant et le lâche l'a mordu, et il en frémit encore : il souhaite aux autres meilleure chance, plus de fortune, une lutte moins étroite avec la vie. Je l'aime mieux, je l'avoue, dans ses retours de douceur que dans sa note la plus aiguë et la plus stridente ; je l'aime mieux quand il se montre à nous ému, ou même saignant qu'ulcéré. Voici une pièce où les deux tons, celui de la tristesse et celui de la douceur, me semblent ménagés et confondus dans une teinte de mélancolie touchante. Le titre en pourra paraître singulier : les plus habiles jardiniers n'ont pu encore trouver jusqu'ici ni la rose bleue ni la rose noire ; mais le poëte a ses licences et ses prévisions, et

il aura devancé les plus habiles *gagneurs* en ce genre,
au moins pour la dernière de ces roses.

LES ROSES DE L'OUBLI.

Poëte, entre les fleurs de l'âme il en est une
Qui croît aux vents aigus de l'adverse fortune.
Quand rêve, espoir, printemps, tout s'est évanoui,
Dans le jardin aride où l'âme se recueille,
C'est la suprême fleur, hélas! que l'âme cueille,
Et cette fleur a nom la rose de l'oubli.

Pour nos cœurs dépouillés il est des roses noires.
Sur les restes fanés de nos douces histoires,
Sur notre rêve éteint, dans l'ombre enseveli,
Sur nos vœux moissonnés par les heures fatales,
Un jour on voit grandir les fleurs aux noirs pétales,
Les roses sans parfums, les roses de l'oubli.

Espoir des jours premiers, ivresse printanière,
Lilas qui balanciez vos fronts dans la lumière,
Amour, lis virginal dans l'ombre épanoui,
Promesses qui des ans nous cachiez les ivraies,
O fleurs de notre avril, vous étiez donc moins vraies
Que ces roses, vos sœurs, les roses de l'oubli!

Il vient une heure froide aux angoisses mortelles,
Nos amours les plus chers, ingrates hirondelles,
Désertent notre toit par l'hiver envahi!
D'irréparables fleurs gisent sur nos collines;
Tout dort; seule, une voix, la voix de nos ruines,
Nous dit : Cueille, il le faut, les roses de l'oubli!

Ami, songe à cette heure amère, inexorable.
La lèvre ment : notre âme est vide et misérable.
Outragé dans tes vœux, par ton espoir trahi,

Un soir, cherchant en vain une forme envolée,
L'écho te répondra du fond de la vallée :
Séparons-nous; cueillez les roses de l'oubli.

Eh bien, résigne-toi! sans colère et sans haine,
D'une idéale erreur, hélas! subis la peine.
Ne maudis point le sort ni ton rêve flétri.
De tes espoirs glanant les feuilles dispersées,
Ensevelis sans fiel tes ivresses passées :
Cueille, en aimant encor, les roses de l'oubli.

Cette pièce irait bien comme pendant avec la barque de Gleyre, le tableau des *Illusions perdues*.

Le Poëte et la Vie fait, dans ce recueil, tout un petit poëme dans lequel le poëte est considéré comme une sorte d'Hamlet, un rêveur inactif qui n'est point pour cela à mépriser ni à rejeter. C'est la guerre ouverte et déclarée entre les gens positifs, formant le gros de la société, et le poëte ainsi conçu. Duel éternel, dédain pour dédain. Le poëme est d'une date déjà fort ancienne, et il en porte les marques. Il y a trop d'irritation. Je distingue entre l'irritation et l'indignation : celle-ci peut être une muse, non pas l'autre. Mais parlez-moi des *Soleils de juin,* des *Soleils de novembre,* nobles essors d'une âme qui sait se retremper aux vraies sources de consolation. Dans la dernière pièce du recueil, *Solus eris,* M. Lacaussade donne à une amie des explications touchantes sur ce qu'elle avait pu penser un moment qu'il rejetait avec colère son ancien culte et les rêves de sa jeunesse :

Mon idéal trompé fait ma misanthropie!
Ma haine, — si c'est haine, — est fille de l'amour!

Voilà qui est bien et d'un ton qui pénètre. Voulez-vous avoir plus d'accès dans les cœurs et y entrer plus sûrement : poëte, ménagez le cri.

Comme cet article-ci n'est pas didactique ni méthodique, et que c'est une promenade de poésie par une des premières matinées de printemps, je veux citer encore une pièce de M. Lacaussade qui m'amène à une comparaison curieuse. M. Lacaussade aime à s'inspirer des poëtes étrangers (Burns, Cowper, Shelley); il ne les traduit pas, il les imite ; il greffe son propre sentiment sur une de leurs pensées. C'est ainsi qu'il a pris au poëte polonais Mickiewicz l'idée d'une pièce dont voici le sujet.

Il arrive souvent aux grands poëtes sur le déclin des ans de susciter en de jeunes cœurs des admirations passionnées qui ressemblent à de l'amour : ainsi Gœthe enflamma le cœur ou la tête de Bettina ; ainsi Lamartine, ainsi Chateaubriand en ont enflammé bien d'autres. Car, une femme d'esprit l'a remarqué, si les hommes dans le premier mouvement de leur désir vont généralement à la plus belle, les femmes, les jeunes filles, plus délicates apparemment, vont assez volontiers tout d'abord au plus distingué et au plus glorieux. La gloire pour elles fait prestige ; elle refait une jeunesse autour d'un front déjà blanc. La curiosité aussi vient y ajouter son puissant attrait. Or, Mickiewicz, déjà vieux, sollicité un jour de se laisser aimer, refusa noblement par une fierté d'âme et une susceptibilité suprême que M. Lacaussade a développée et traduite sur un ton d'excellente fermeté : quand on ne peut plus rendre, il ne faut pas recevoir.

LE SECRET.

Tu veux lire en mes yeux, — simplicité funeste!
Quel secret douloureux je porte au fond du cœur.
Soit! ma sincérité, le seul bien qui me reste,
Contre moi-même, Enfant, armera ta candeur.

Mortes sont les vertus de mes vertes années!
Dans leur séve j'ai vu mes espoirs se flétrir :
Un songe ardent brûla mes fraîches destinées,
Et mon cœur s'est fermé pour ne se plus rouvrir!

Pur et suave Enfant, sœur des Grâces décentes,
Ne sème point tes fleurs sur un sol dévasté!
Dois-je, débris stérile aux tristesses croissantes,
Mêler ton vierge rêve à mon aridité?

Ma tendresse au bonheur ne te saurait conduire;
Même en tes yeux l'amour me sourirait trop tard.
Fait pour aimer, mon cœur est trop haut pour séduire!
D'un bien qu'il ne peut rendre il ne veut point sa part.

A toi mon dévouement! ta belle âme en est digne;
Mais seul je veux porter le poids des jours derniers.
A quelque noble arbuste enlace, ô jeune Vigne!
Ta tête virginale aux rêves printaniers.

Ta place est au soleil; moi, la mienne est dans l'ombre.
Fleuris dans ta lumière, âme aux espoirs si beaux!
J'appartiens au passé : laisse le cyprès sombre
Ombrager de son deuil la pierre des tombeaux!

Un hasard heureux me met à même de faire ici un
rapprochement assez inattendu. Dans une page déchi-
rée des *Mémoires d'Outre-Tombe* que le vent m'apporte
par ma fenêtre entr'ouverte, je trouve un aveu, un refus

presque pareil, bien que sur un tout autre ton, une
confession où se peint, une fois de plus, cette passionnée et délirante nature de René ; j'y supprime seulement, çà et là, quelques traits, quelques notes trop
ardentes et qui ne seraient à leur place que dans *le
Cantique des Cantiques :*

« Vois-tu, s'écrie le vieillard poëte s'adressant à la jeune
fille qui s'est jetée à sa tête, comme on dit, et qui lui offre
son cœur, vois-tu, quand je me laisserais aller à une folie, je
ne serais pas sûr de t'aimer demain. Je ne crois pas à moi. Je
m'ignore. Je suis prêt à me poignarder ou à rire. Je t'adore,
mais dans un moment j'aimerai plus que toi le bruit du vent
dans ces rochers, un nuage qui vole, une feuille qui tombe.
Puis je prierai Dieu avec larmes, puis j'invoquerai le néant...

« Si tu me dis que tu m'aimeras comme un père, tu me
feras horreur ; si tu prétends m'aimer comme une amante, je
ne te croirai pas. Dans chaque jeune homme je verrai un
rival préféré. Tes respects me feront sentir mes années ; tes
caresses me livreront à la jalousie la plus insensée. Sais-tu
qu'il y a tel sourire de toi qui me montrerait la profondeur
de mes maux, comme le rayon de soleil qui éclaire un abîme !

« Objet charmant, je t'adore, mais je ne t'accepte pas. Va
chercher le jeune homme dont les bras peuvent s'entrelacer
aux tiens avec grâce, mais ne me le dis pas. Oh ! non, non,
ne viens plus me tenter. Songe que tu dois me survivre ;
que tu seras encore longtemps jeune quand je ne serai plus.
Hier, lorsque tu étais assise avec moi sur la pierre, que le
vent dans la cime des pins nous faisait entendre le bruit de
la mer, prêt à succomber d'amour et de mélancolie, je me
disais : Ma main est-elle assez légère pour caresser cette
blonde chevelure ? pourquoi flétrir d'un baiser des lèvres qui
ont l'air de sourire pour la jeunesse et la vie ? Que peut-elle
aimer en moi ? une chimère... Et pourtant quand tu penchas
ta tête charmante sur mon épaule, quand des paroles eni-

vrantes sortirent de ta bouche, quand je te vis prête à m'en-
tourer de tes mains comme d'une guirlande de fleurs, il me
fallut tout l'orgueil de mes années pour vaincre la tentation
de volupté dont tu me vis rougir. Souviens-toi seulement des
accents passionnés que je te fis entendre, et quand tu aimeras
un jour un beau jeune homme, demande-toi s'il te parle
comme je te parlais et si sa puissance d'aimer approcha jamais de la mienne. Ah! que t'importe?... »

L'effusion n'en finit pas là : elle se prolonge en mille
suppositions, mais la note est donnée; je m'arrête. De
tels accents, certes, ne font pas tort à la vieillesse ni à
la mémoire de Chateaubriand; le René patriarche ne
reste pas au-dessous du René des *Natchez*. Quelle ivresse
jusque dans la réflexion! que de flamme! L'opposition
avec Mickiewicz est-elle assez marquée? le changement
de gamme poétique et morale est-il assez sensible? Le
refus de l'un est grave, digne et chaste, un peu froid :
celui de Chateaubriand est ardent, passionné, volup-
tueux. Même en éloignant et en repoussant son hommage, il ne serait pas fâché d'occuper, d'agiter ce jeune
cœur, de lui laisser un trouble, un long regret, un
levain immortel, une goutte du philtre qui, s'il ne sait
plus donner, sait du moins corrompre et empoisonner
à jamais le bonheur (1).

Quand Bettina, dès la première ou la seconde entrevue avec Gœthe qu'elle aimait depuis longtemps en
imagination, se livrait auprès de lui à des caresses

---

(1) Et que des censeurs légers, inintelligents ou hypocrites, viennent dire, après cela, que j'attaque et que je diminue Chateaubriand ! Je le restitue.

d'enfant et à des échappées de folle vigne en fleur, l'auguste et indulgent contemplateur se contentait, de temps en temps, de la rappeler à la raison et de lui dire : « Du calme, du calme ! c'est ce qui nous convient à tous deux. » Chaque poëte restait fidèle à son esprit.

Je reviens à nos poëtes du jour. Il en est un dont le recueil a paru, il y a quelques années déjà, et qui mérite un souvenir. M. Lerambert, homme distingué, des plus instruits, formé dès l'enfance aux meilleures études, initié à la littérature anglaise (il a, pendant quelques années, habité l'Angleterre), a exprimé dans un volume de *Poésies* (1) des sentiments personnels vrais et délicats, entremêlés d'imitations bien choisies de poëtes étrangers. Lui aussi il a aimé, il a souffert, et il chante. Je lis avec plaisir son recueil : tout ce qui est sincère porte en soi son charme. Mais sa souffrance, à lui, est plutôt languissante et mélancolique qu'ardente et passionnée. Je dirais presque ici le contraire de ce que je disais au précédent poëte quand je lui conseillais d'adoucir, d'atténuer un peu son cri : à M. Lerambert j'aurais bien plutôt à représenter qu'après avoir souffert il ne suffit pas de chanter purement, mélodieusement, avec sensibilité et avec goût, qu'il faut encore, pour être entendu, hausser le ton et le pousser même jusqu'au cri. Le procédé qui, de nos jours, a prévalu en poésie, a été souvent un procédé à outrance sur tous les points : on en pensera ce qu'on voudra, mais c'est un fait. Or, il n'y a pas encore eu de décret de M. le mi-

(1) Michel Lévy, rue Vivienne, 2 bis.

nistre d'État pour abaisser le diapason dans la poésie
comme pour la musique. Je voudrais citer une des
pièces de M. Lerambert, et je crains de manquer mon
effet auprès du public habitué à plus de ton, à plus de
couleur, à un relief plus saisissant. En d'autres temps,
j'aurais cité de lui l'élégie intitulée *Un soir de mai,*
paysage vrai, élégant, gracieux, où passe comme un
souffle et un soupir de tendresse; mais que faire quand
on a encore dans l'oreille et dans l cœur cette immortelle *Nuit de mai* de Musset? M. Lerambert, nature si
distinguée, semble l'avoir compris;　n'a pas renoncé
à la poésie, mais il l'a réduite à être d sormais pour lui
une jouissance délicate et personnelle de l'homme sensible et de l'homme de goût :

> Non, plus de vers écrits par moi pour être lus.
> Si j'en compose encore aujourd'hui, ce n'est plus
> Que le cri du moment, qu'une note où je laisse
> S'échapper quelquefois ma joie et ma tristesse,
> Un morceau qui me plaît d'un auteur que je lis,
> Et que d'une autre langue en passant je traduis,
> Doux reflet dont mon âme un instant se colore...

Nous devions cependant à cette nature élevée et modeste, qui n'a fait que passer dans le champ de la muse
et qui s'en retire, un souvenir et un hommage.

C'est au contraire un débutant, mais un débutant
très-préparé et très-décidé à poursuivre, quoi qu'il
arrive, et à tenir de pied ferme, que M. André Lefèvre.
Il a intitulé son recueil *la Flûte de Pan* (1), parce que

---

(1) Chez Dentu, Palais-Royal.

ıes pièces diverses qui le composent sont liées ensemble, bien qu'inégales de ton et de sujet, et que le lien commun est « la croyance à la vie dans les choses, » c'est-à-dire au grand Pan. Je ne fais pour ce volume comme pour les précédents qu'une simple annonce, je ne donne qu'un signalement rapide. M. André Lefèvre, avec cette pensée philosophique qu'il met en avant, est un artiste, un savant artiste de forme. Il prend, par exemple, le groupe de Léda : il lutte avec le marbre par la pureté, la blancheur, la rondeur. Le seul défaut, à mon sens, de ces strophes si bien faites, si bien découpées, est de trop rappeler la sculpture, d'en avoir le poli et aussi un peu la dureté : cette poésie fait à l'oreille ce que le marbre fait au doigt. Et puis, pourquoi traduire un art par un art? On sent que ce poëte, qui veut devenir, lui aussi, un interprète et comme un nouveau prêtre de la nature, a beaucoup passé par le Louvre, et s'y est un peu trop arrêté. C'est toutefois d'une belle forme sculpturale. On en jugera par la scène du bain de Léda et par les jeux, si habilement exprimés, auxquels se livrent ses compagnes en nageant près d'elle :

LÉDA.

Les cigales dans l'air jettent leur note aride;
Les champs sont embrasés. Mais, parmi les roseaux,
On entend respirer un fleuve dont les eaux
Pleines de reflets d'or coulent presque sans ride.

. . . .

Un golfe s'arrondit sous une berge sombre
Et découpe un bassin qu'enchâsse le gazon.
La chaleur s'abattant sur le fauve horizon,

Brin à brin, feuille à feuille, a rongé l'herbe et l'ombre.

.　.　.　.　.　.　.　.　.　.　.　.　.　.　.

Là repose, écartant le voile qui lui pèse,
Léda, le cœur ému, les yeux d'azur noyés.
En effleurant le sol, sa main tremble, et ses pieds
Frissonnent au toucher du fleuve qui les baise.

La nature, ô Léda! t'offrant ses plus doux lits,
A pour toi choisi l'herbe et retiré la pierre ;
On dirait qu'une main a modelé la terre
Et sur la forme humaine en a moulé les plis

De symboliques fleurs autour de toi rappellent
Que les hommes parfois aux dieux se sont unis :
Sur le sol fécondé par le sang d'Adonis,
Près des eaux, l'anémone et la rose se mêlent.

.　.　.　.　.　.　.　.　.　.　.　.　.　.　.

Un vaste taureau blanc sur la rive arrêté,
Dressant ses cornes d'or, laissant pendre à sa bouche
L'herbe qu'il a broutée, avec lenteur se couche,
Et promène un regard plein de sérénité.

Son œil fauve et puissant devient aussi paisible
Qu'aux jours où sur son dos Europe osa s'asseoir;
Il admire, et Léda subit sans le savoir
La fascination du regard invisible.

.　.　.　.　.　.　.　.　.　.　.　.　.　.　.

Couchée et respirant cet amour qui l'inonde,
Elle frémit; son front a glissé de sa main.
Son beau corps par degrés se rapproche du bain,
Et déjà sa poitrine effleure presque l'onde.

.　.　.　.　.　.　.　.　.　.　.　.　.　.　.

En vain, pour l'égayer, ses compagnes nageant
Se lancent au hasard l'eau que leur main effleure,
Et folles, pour hâter le pas traînant de l'heure,
Entrechoquent eurs voix et leurs rires d'argent.

Pour des jeux plus savants un couple adroit s'isole ;
Chacune à son tour plonge et remonte à fleur d'eau,
D'une main sur son front retenant son bandeau,
De l'autre saisissant sa voisine à l'épaule.

Parfois tous ces beaux corps par les bras reliés
De suaves rondeurs font une chaîne rose,
Où sur chaque poitrine une tête repose ;
L'eau trahit par un flot l'essor caché des pieds.
. . . .
Léda ne les voit pas ; elle est toute à son mal...

Le poëte cherche, vers la fin, à spiritualiser ou du
moins à naturaliser cette histoire de Léda, dans laquelle,
comme dans celle de Psyché, il ne veut voir qu'un symbole : c'est plus difficile. Grâce à lui pourtant, la fable
lascive et faite pour les caresses de la muse d'Ovide devient presque auguste et majestueuse :

Symbole fabuleux vêtu de volupté :
Le Cygne est l'univers, Léda l'humanité.

Il faut lire toute la tirade. C'est beau, c'est alexandrin,
c'est bien plaidé, dirai-je au poëte, et rendu en vers
philosophiques élevés ; mais, quand Jupiter se changeait
en cygne, il ne pensait sans doute pas à toutes ces
grandes choses. — Enfin, sans y voir tant de mystère,
et toute symbolisation à part, on doit au moins reconnaître chez M. Lefèvre une grande perfection de forme,
des vers bien modelés, bien frappés, quoiqu'un peu
durs et trop accusés dans leur perfection même.

J'ai reçu, il y a quelques jours, d'un simple vicaire de

campagne qui habite dans les Vosges, M. l'abbé R... (1),
un charmant bouquet de fleurs de poésie tout en sonnets : ce n'est pas la forme avant tout qui les distingue
et les recommande ; mais que de parfum ! quel sentiment intime et modeste ! « Prenez, me dit l'humble
vicaire, qui me rappelle la douce lignée des vicaires
anglais poëtes et à qui j'avais conseillé, en effet, de les
lire dans l'original, ainsi que les poëtes *lakists,* prenez
que c'est un panier de fruits, — des fruits du petit jardin que vous avez créé dans ce maigre terrain de nos
montagnes, qui ne sont pas, il s'en faut, celles du
Westmoreland. Que je serais heureux si mon panier
avait gardé un peu de la saveur primitive, si mes vers
vous rappelaient Wordsworth autrement que par le
titre ! » M. l'abbé R... a traduit, en effet, très-heureusement, quelques sonnets de Wordsworth, notamment
celui-ci, tout à la gloire du sonnet même :

Le pauvre est tout content d'un trou sous l'escalier ;
Une sœur au couvent, de sa cage proprette ;
L'étudiant sous le toit, de sa docte chambrette ;
La fille, de son tour ; l'homme, de son métier ;

Et l'abeille qui trouve une fleur à piller
Bourdonne toute une heure au fond de sa clochette ;
La prison elle-même, en son horreur muette,
N'est plus une prison quand on sait s'y plier.

Pour revenir à moi, je vous dirai que j'aime
Dans le champ du sonnet à me parquer moi-même,
A lier mon esprit sous son austère loi.

(1) M. l'abbé Roussel, vicaire de Dompaire-Laviéville.

S'il est (je n'en sais rien) une autre âme sur terre
Que trop de liberté tourmente, qu'elle espère :
Elle sera guérie en faisant comme moi.

Dans sa vie de montagnes, le poëte a dû plus d'une
fois vérifier la pensée exprimée dans deux autres sonnets de Wordsworth, lorsque le soir, du haut d'un mont,
on voit le couchant figurer, avec ses nuées fantastiques,
mille visions lointaines, et que cependant on se dit, en
redescendant par le sentier déjà sombre, que ces jeux
du ciel ne sont rien en eux-mêmes auprès des nobles
et durables pensées qu'on possède en soi et qui nous
ouvrent le ciel invisible. Je donne ces deux sonnets dans
leur élévation modeste et leur suavité tout intérieure,
accompagnée d'une certaine gaucherie dans l'expression. Comme en tout ce qui est chrétien, le fond et le
dedans est plus beau que le dehors :

I.

Le soir rembrunissait ses teintes peu à peu,
Et nous avions atteint la cime souveraine ;
Mais il était trop tard, et nous pouvions à peine
Jouir du riche aspect et des gloires du lieu.

Pourtant qu'il était beau, tout ce couchant en feu !
Là se dressaient pour nous citadelle indienne
Temple grec et munster, tour, flèche aérienne :
Cloches et carillons y mèneraient leur jeu ;

Ou c'est une île encor sortant du flot limpide ;
Un bois au sein des lacs, que l'on croirait solide,
De nos muets transports objet prestigieux !

Mais il fallut bientôt, hélas! nous en distraire :
La mémoire retient les objets de la terre,
Mais ceux que nous voyions appartenaient aux cieux.

II (Suite.)

Nous redisions ces mots, descendant le sentier,
Pensifs, loin de la vue auguste et solennelle,
Et nous trouvions la vie, oh! bien matérielle,
Et le plaisir des jours épais et bien grossier.

Mais non, cesse, mortel, de tant t'humilier :
Comme un rêve la nue est fugitive et belle;
Qu'importe que son front éblouisse, étincelle,
Si l'homme au fond de soi n'en jouit tout entier?

Riches fresques du ciel à son magique dôme,
Iles, bois transparents, hélas! au cœur de l'homme
Vous ne pouvez avoir un naturel séjour.

L'âme immortelle veut des objets plus durables;
Elle s'y prend, s'y lie; — ils sont inséparables ;
Sûre est leur compagnie, et sûr est leur amour.

Le vase pourrait être tourné avec plus de fermeté à
ses bords, mais la liqueur qu'il renferme, on en conviendra, est exquise et salutaire.

J'ai parcouru jusqu'ici bien des tons, j'ai fait résonner
bien des notes sur le vaste clavier de la poésie, et pourtant je n'ai pas encore abordé mon vrai sujet, celui qui
m'a réellement mis cette fois en goût d'écrire, *le Poëme
des Champs* de M. Calemard de Lafayette, un poëme qui
n'est sans doute pas de tout point parfait, mais qui est
vrai, naturel, étudié et senti sur place, essentiellement

champêtre en un mot, et dont un poëte académicien, et non académique (1), m'a dit en m'en recommandant la lecture : « Lisez jusqu'au bout; le miel n'est pas au bord, mais au fond du vase. » J'ai, en effet, goûté le miel, et j'en veux faire part à tous!

(1) M. Lebrun.

LE POËME DES CHAMPS

PAR

M. CALEMARD DE LAFAYETTE.

(SUITE ET FIN.)

M. Calemard de Lafayette était, il y a une quinzaine d'années, un jeune littérateur de Paris; il s'occupait de poésie et de critique; il était du groupe de *l'Artiste* et en train de se faire un nom, tout en se livrant à ses goûts préférés, lorsque, vers ce temps, des circonstances de famille et de fortune l'enlevèrent à la vie parisienne : il avait le bonheur et l'embarras d'être propriétaire foncier; il se retira dans ses terres aux environs du Puy, dans la Haute-Loire, et se mit à les exploiter lui-même; il prit goût à l'agriculture, à l'amélioration du sol et des colons; l'amour de la poésie l'y suivit, et il combina ces deux amours, celui des champs et celui des vers : il en est résulté le poëme dont j'ai à parler et qui a paru il y a quelques mois.

Le poëme est divisé en huit livres; il ne faut pas y chercher une composition bien exacte et bien méthodique : tel livre pourrait aussi bien et presque indifféremment précéder ou suivre l'autre; c'est une suite de tableaux, de petits cadres, avec des effusions de sentiment et même des digressions morales. L'auteur a essayé aussi d'y introduire quelques épisodes et des légendes; ce n'est pas ce que j'en préfère. L'intérêt réel est tout entier dans le sujet même, pleinement et sincèrement compris et aimé, et traité franchement et grassement, si je puis dire. C'est un poëme des champs qui ne craint pas de sentir son foin et son fumier. L'exposition pourtant a de la beauté et de l'étendue :

. . . .
Ces bois, ces lacs, ces monts, ces grands horizons bleus,
La grotte aux verts tapis sous les rocs anguleux,
Le flot qui dit sa plainte aux saules des rivages,
Et les torrents grondant sur des pentes sauvages ;
Tout ce qui, dans l'espace, a son bruit ou sa voix,
Ce qu'on entend gémir et chanter à la fois,
Ce qui verse un parfum, ce qui boit la rosée,
Ce qui flotte ou se pose en la nuit embrasée,
Fleurs, insectes, oiseaux, ensemble gracieux,
La luciole en flamme et l'astre errant aux cieux,
J'ai dans mon vaste amour compris toutes ces choses
O nature! et je sais les chênes et les roses.

Mais le poëte se garde de tomber dans le panthéisme à la mode aujourd'hui; il grave au seuil de son poëme le nom du Seigneur et du Créateur, et dans le cours de ses récits et de ses peintures on le voit aimer à retracer le culte de la Vierge, toutes les croyances populaires et les chrétiennes espérances.

Je conçois pour un poëme des champs et de la nature, comme source d'inspiration principale et propre à animer le tout, deux ou même trois façons générales de voir et de sentir, trois esprits différents, et je les définirai par des noms antiques et immortels : l'esprit d'Hésiode, celui de Lucrèce, celui de Virgile.

L'esprit d'Hésiode, on le connaît peut-être moins que les deux autres, et c'est pourquoi j'y veux insister. Il n'est pas flatteur pour l'homme en général ni pour l'homme des champs en particulier. Il n'est pas sentimental à première vue, ni admiratif de parti pris. Le poëte n'est pas du tout enthousiaste de son bourg d'Ascré « où l'hiver, dit-il, est mauvais, où l'été n'est pas merveilleux, et qui n'est un bon séjour en aucune saison. » Son poëme est placé sous l'invocation des Muses et de Jupiter ; mais il l'adresse à son frère Perse avec qui il avait été en procès pour l'héritage paternel, et à qui sa cupidité apparemment avait peu profité. Il lui donne des conseils sur la justice, l'économie, et contre la fureur de plaider. On y retrouve l'homme qui a prospéré à la sueur de son front, et qui ne craint pas de faire sentir le poids et même la dureté de ses conseils à celui qui, après l'avoir lésé, se voit forcé de recourir à lui. C'est la nature humaine dans sa vérité et sa crudité. Il y a, en fait de jalousie, dit-il, la bonne et la mauvaise, celle qui engendre la zizanie et celle qui enfante l'émulation. Il loue la modération, la médio-

crité, et cet âge antique, cet âge d'or antérieur à tous
les maux que l'apparition de Pandore et sa malice sont
venues verser sur la terre. Le bonhomme Hésiode,
tout positif qu'il est, se plaît à ces fables; il les raconte
comme plus voisin de la source, avec redondance et
crédulité. Il énumère et décrit les cinq âges fabuleux,
car il en compte cinq (glissant un âge des *héros* entre
l'âge d'airain et celui de fer), et le nôtre, l'âge de fer,
est le cinquième. Il regrette de ne pas être mort avant,
ou il souhaiterait d'être né après : la misérable race
qui vit présentement est déjà jugée par Jupiter. Il règne
dans ce poëme un profond sentiment de la misère de
l'homme qui, « à peine né, a déjà les tempes qui blan-
chissent. » La piété, la pudeur, la crainte de la justice se
sont enfuies loin de la terre; la tyrannie est plus forte.
L'apologue de l'Épervier et du Rossignol, qui revient à la
fable du Loup et de l'Agneau, le dit assez. Ce ne sont pas,
chez Hésiode, ces rois *pasteurs de peuples* que l'on rencontre à chaque pas dans Homère; il les appelle, au
contraire, en tant que juges, « dévorateurs de présents. »
Il les avertit et les menace pour leur cupidité et leur
injustice; il leur prédit la vengeance des dieux, lesquels, après tout, sont plus près des hommes qu'on ne
croit, car il y a jusqu'à « *trente mille dieux* sur la terre
féconde, qui sont comme les sentinelles de Jupiter, et
qui, invisibles, errent çà et là. » Tous les animaux, les
poissons, les bêtes des forêts, les oiseaux, se dévorent
l'un l'autre, parce qu'il n'y a pas de justice parmi eux :
Jupiter a donné la justice à l'homme comme attribut
distinctif. Hésiode a le sentiment de la justice et de

l'équité à un haut et souverain degré, et il l'exprime
magnifiquement. Il abonde en préceptes moraux et
pratiques. Le plus sûr est de marcher droit et d'être
honnête homme. L'entrée du mal est aisée d'abord
et facile, mais à la longue on n'arrive à rien. Les
dieux ont placé la sueur avant la vertu : il faut gravir ;
mais, une fois le sommet atteint, tout devient facile.
Le meilleur des hommes est celui qui trouve en soi
et de lui-même la sagesse ; vient ensuite celui qui est
capable de l'entendre et de la recevoir d'autrui. Qui ne
sait ni la trouver ni l'écouter, n'est bon à rien, ni à
personne. Travaille, dit Hésiode à son frère, en changeant de ton avec lui et en l'encourageant après l'avoir
invectivé ; la faim est toujours la compagne du lâche ;
n'imite pas le frelon, mais l'abeille. Il y a deux sortes
de honte et de pudeur ; c'est la mauvaise honte qui
tient l'homme nécessiteux. Honte et pauvreté, c'est
tout un ; richesse et hardiesse vont ensemble. Mais ce
n'est pas une raison pour ravir les biens ; attendons
qu'ils nous viennent des dieux : n'acquérons que légitimement. Le poëme d'Hésiode est ainsi tout rempli de
conseils sensés et prudents, comme les livres de Salo-
mon ou du fils de Sirach. Les conseils économiques y
sont tout à fait déjà dans le sens du *Bonhomme Richard*
et à la Franklin, sur les fruits du travail, sur les petits
profits accumulés, sur l'importance du bon voisinage à
la campagne, sur le prêté rendu des services mutuels
où l'intérêt trouve son compte en même temps que la
morale : rien pour rien ; avarice ou générosité, selon
l'occasion, en vertu d'un seul et même principe, l'inté-

rêt bien entendu. La fourmi n'est pas prêteuse, ou ne
prête qu'à bon escient ; c'est la moralité qui se tire du
poëte d'Ascré, moralité toute de calcul et d'expérience.
Se méfier toujours et de tous : « Aie un témoin, même
quand tu ris avec ton frère. » Si Hésiode a mal pensé
et parlé des rois, il n'épargne guère les femmes. Dans
cette belle fable de Pandore, par où il commence, il
avait déjà fait dire par Jupiter à Prométhée : « Tu es
tout joyeux de m'avoir volé le feu et de m'avoir attrapé,
long sujet de repentir pour toi et pour les hommes à
venir ! Eh bien ! moi, en revanche, je leur donnerai un
mal auquel tous tant qu'ils sont prendront plaisir, en
embrassant leur propre malheur. » Et ce mal, c'est la
femme. « Celui qui se fie à la femme se fie aux voleurs, » ajoute Hésiode ; il l'appelle *enjoleuse* et babil-
larde, et d'un autre mot encore qui revient à dire que,
dans son ardeur de se parer, elle se met tout « sur le
dos, sur les hanches. » Ne la laisse point pénétrer dans
ton nid qu'elle guette et convoite. Suivent des observations physiques, hygiéniques, dignes d'un Hippocrate,
sur la convenance des travaux selon les saisons, sur le
corps plus léger en automne qu'en été ; des conseils
techniques pour faire une charrue, de quel bois les
différentes parties dont elle se compose ; de quel âge
les bœufs qu'on y attelle ; le serviteur même n'aura pas
moins de quarante ans, car plus jeune il s'égaye et
quitte le travail pour aller courir avec ceux de son âge.
« Aie une servante qui n'ait ni mari ni enfant. » Aie
toi-même un enfant, un fils unique pour héritier. C'est
une stricte et âpre morale de ménage. Les conseils mo-

raux y reviennent toujours, et dans le même sens de l'intérêt bien compris : s'acquérir une bonne renommée parmi les hommes, car la renommée est aussi une *déesse,* — nous dirions une puissance. Le poëte croit aux pronostics comme les paysans; il est superstitieux sur le choix des jours : « Il y a telle journée qui nous est une mère, et telle autre une marâtre. » On sent maintenant quel est l'esprit d'Hésiode, de ce précepteur des champs le plus dénué d'illusions, le moins porté à voir en beau l'avare et jalouse nature humaine. Mais, s'il est rude et peu souriant, s'il est tout à fait informe de composition, quel charme et quelle saveur de sincérité et de bonne foi dans l'antique poëte! Il y a des rayons de miel dans le creux du vieux chêne.

L'esprit de Lucrèce, on le connaît aussi : c'est le génie de la nature puisé à sa source, embrassé dans toute sa grandeur et dans sa puissance, et aussi adoré dans sa fleur et sa vénusté. Il ne s'attache pas au sol comme Hésiode, il ne borne dans aucun sens ses horizons; le plus ferme et le plus affranchi des esprits, il pénètre dans les profondeurs et les origines des mondes; il en saisit le principe, les métamorphoses, la succession éternelle; il débarrasse la terre de ses *trente mille* dieux, et même (chose plus grave!) il prétend se passer d'un seul; il ne veut qu'une force génératrice, partout la même, vague, diffuse, infinie, sacrée, féconde, enivrante, qui éclate dans le printemps :

It ver et Venus, et Veneris prœnuntius ante
Pinnatus graditur Zephyrus..................;

une force qui se joue et se diversifie en toutes les saisons et jusque dans les destructions passagères qui ne
font que déplacer et transférer la vie. Lucrèce n'a pas
traité des champs en particulier; mais, dans son
tableau de l'origine du monde et des premiers âges des
sociétés (au livre V^e), il a cueilli les plus vastes images,
il a tracé les plus larges cadres de l'époque rurale primitive, du bonheur naturel et des ébats champêtres
auxquels se livraient les innocents agriculteurs au retour des printemps :

> *Sæpe itaque inter se prostrati in gramine molli,*
> *Propter aquæ rivum, sub ramis arboris altæ,*
> *Non magnis opibus jucunde corpora habebant,*
> *Præsertim cum tempestas ridebat, et anni*
> *Tempora pingebant viridantes floribus herbas...*

Quelle ampleur de peinture et de langage! On croit
sentir la fraîcheur qui circule, on voit le pré peint de
fleurs qui rit et verdoie.

Virgile est dans toutes les mémoires et dans toutes
les âmes : son seul nom le définit. Il a uni et fondu les
deux esprits, et les a adoucis dans ses admirables *Géorgiques.* Il sait le détail des champs comme Hésiode, et
ne recule devant aucun conseil, même technique et
aride, sauf à l'orner et à l'embellir par une expression
pittoresque ou sensible. Il embrasse la pensée des
mondes comme Lucrèce, mais il se rabat par choix et
par goût à une philosophie moindre et plus pratique,
plus d'accord aussi avec les besoins et les désirs des
humbles mortels. Il est pieux, il est peintre, il est rural

et non rustique, il est l'ami des champs et des hommes ;
il insiste plus sur les malheurs de ses semblables que
sur leurs vices ; il sait le mal, mais il l'adoucit et veut
être pour tous un consolateur.

Ayant à choisir entre les trois génies, c'est sous celui
de Virgile que M. Calemard de Lafayette a placé d'abord
son poëme. L'esprit d'Hésiode, que le grand poëte Léo-
pardi qui le goûtait dans toute sa sincérité (*colla sua
greca schiettezza*) estimait plus ancien qu'Homère lui-
même comme étant encore plus simple et plus primitif,
ne l'a pas tenté : Virgile est plus à notre portée, dans
nos données à tous et selon nos goûts. Si amis des
champs que nous soyons, nous sommes lettrés et amis
des lettrés ; nous aimons à nous promener dans la campagne, un Virgile à la main :

Épris du doux Virgile et plein de ses leçons,
J'aime les prés touffus et les grasses moissons ;
J'aime toute culture, et tout ce que renferme,
Petit monde ignoré, le chalet ou la ferme ;
J'aime les bons semeurs, habiles aux labours,
Qui portent vaillamment le poids des plus longs jours,
Prodiguant sans relâche à la terre altérée
Le généreux ferment d'une sueur sacrée ;
Et ces pasteurs aussi qui, pour des mois entiers,
Des habitations désertant les sentiers,
Dirigent d'un pas lent vers la montagne en herbe
Et la chèvre au flanc creux et l'aumaille superbe :
Pasteurs et laboureurs ! peuple obscur des hameaux !
Et ces bons serviteurs, dociles animaux
Que la main d'un enfant, sans rigueur, sans sévices,
Incline, en se jouant, aux plus rudes services,
Je les aime et le dis sans phrase, — et le premier,

Nommant tout par son nom, je chante le fumier,
Le fer comme les bras qui font la moisson drue,
Et le labour profond et la grande charrue !

Ce n'est pas de M. C. de Lafayette que Buffon dirait ce
qu'il disait des chantres des *Jardins*, des *Saisons* et des
Mois en son temps, qu'ils parlaient tous comme s'ils
n'avaient jamais vu ni les mois, ni les jardins, ni les
saisons : ici tout nous montre l'homme pratique qui
habite au cœur de son sujet. Je n'ai que l'embarras du
choix entre les tableaux et les frais paysages, entre les
scènes de labourage, de semailles, de fauchaison et de
fenaison, de récolte et de vendange, entre les charmants hasards du parc naturel, confinant au bois et à
la forêt, et le monde bruyant de la basse-cour; car
tout cela est diversement peint, et presque toujours
avec un rare bonheur dû à une extrême vérité.

Mais tout d'abord une critique. Pourquoi, après une
invocation pieuse, cette attaque et cette sortie contre
les *rhéteurs*, contre les *utopistes*, parmi lesquels je
trouve de beaux noms? Poëte des champs, pourquoi se
montrer agressif contre ceux que vous appelez de
libres penseurs, et dont quelques-uns sont de grands
talents? Laissez faire cette attaque à d'autres, ils sont
dans leur rôle; mais vous, vous n'êtes point un homme
de guerre. Invitez-les à passer quelques jours sous votre
toit, ces utopistes féroces, offrez-leur de les promener
sous vos ombrages : ce doit être là toute votre réfutation, encore amie et hospitalière. Il est beau et glorieux
sans doute (et vous l'avez très-bien raconté) d'avoir

reçu et vu s'asseoir à son foyer un duc de Malakoff, mais il ne serait pas mal non plus d'avoir convié et vu venir un jour votre illustre voisine du Berri, — ou quasi voisine, — George Sand. Se peut-il qu'elle soit nommée ou désignée dans un *Poëme des Champs* autrement que pour y être saluée!

Remarquez bien que ce Virgile que vous invoquez n'a point procédé ainsi contre les philosophes et théoriciens de son temps, contre le grand Lucrèce qui était bien le plus terrible des négateurs : il ne lui a point jeté la pierre; il l'a honoré et respecté encore, même en s'en séparant. Vous savez aussi bien que moi ces beaux vers :

Felix qui potuit rerum cognoscere causas...,
Fortunatus et ille deos qui novit agrestes...,

ce qu'un de mes amis et qui l'est aussi des Littré, des Renan, et même de Proudhon, je crois, s'est amusé à paraphraser ainsi, à votre intention et presque à votre usage; et c'est à peu près de la sorte, j'imagine, du moins pour le sens, qu'un Virgile, ou un parfait Virgilien par l'esprit, s'il était venu de nos jours, aurait parlé :

« Heureux le sage et le savant qui, vivant au sein de la nature, la comprend et l'embrasse dans son ensemble, dans son universalité; qui se pose sans s'effrayer toutes ces questions, terribles seulement pour le vulgaire, de fin et de commencement, de destruction et de naissance, de mort et de vie; qui sait les considérer en face, ces questions à jamais pendantes, sans les résoudre au sens étroit et en se contentant d'observer; auquel il suffit, dans sa sérénité, de s'être dit une fois que « le mouvement plus que perpétuel de la nature, aidé de la perpétuité du temps, produit, amène à la longue tous les événements, toutes les combinaisons possibles ; que tout finalement s'opère, parce que, dans un temps suffisant, et ici ou là, tout à la fin se rencontre, et que, dans la libre étendue des espaces et dans l'infinie succession des mouvements, toute matière est remuée, toute forme donnée, toute figure imprimée (1) ; » heureux le sage qui, curieux et calme, sans espérance ni crainte, en présence de cette scène immense et toujours nouvelle, observe, étudie et jouit !

« Mais heureux aussi celui qui, d'un esprit moins émancipé et d'un cœur plus humble, reconnaît dans la nature un Auteur visible, se manifestant par tous les signes ; qui croit l'entendre dans le tonnerre et dans l'orage ; qui le bénit dans la rosée du matin et dans la pluie du printemps ; qui l'admire et l'adore dans la splendeur du soleil, dans les magnificences d'une belle nuit, et qui ne cesse de le sentir encore à travers la douce et tiède nuaison d'un ciel voilé ! heureux qui l'invoque et le prie à chaque accident de la saison, qui compte sur lui seul comme aux jours de la manne dans le désert, qui suit en fidèle ému, entre deux haies en fleur, la procession d'une Fête-Dieu champêtre, ou qui prend part avec foi et ferveur, le long des blés couchés ou desséchés, aux cantiques d'alarmes et aux pieux circuits des Rogations extraordinaires ; qui sait le chemin qui mène à la statue de la Vierge dressée au sommet du rocher ou logée au cœur du chêne antique où hantaient jadis les Fées ; qui ne méprise pas le Saint même du lieu et le miracle d'hier qu'on en raconte, toutes croyances et coutumes innocentes et charmantes, si, au lieu de devenir des affaires de parti, elles restaient ce qu'elles devraient être toujours, de touchantes religions locales et rurales ! »

Telle est ma réponse aux endroits polémiques du

(1) Ces expressions sont de Buffon même.

livre qui se ressentent trop des luttes de 1848, et que je voudrais voir disparaître de ce doux poëme, à une prochaine édition. M. C. de Lafayette dit quelque part :

Moi, je rêve une France agricole et chrétienne ;

beau rêve et utopie aussi, je le crois. C'est d'ailleurs le droit du poëte de rêver; mais, en exprimant le vœu, qu'il supprime la dissertation.

Restons dans la vérité observée et dans la peinture. Le poëte me conduit vers la ferme, à la bonne heure! je traverse avec lui la basse-cour où j'admire la couveuse que j'effraye en passant, et le jeune poulet déjà coq qui se rengorge au soleil; je longe la mare où flotte l'escadre criarde des canards, et j'arrive sans honte ni vergogne à l'étable aux pourceaux. Le traducteur et l'imitateur d'Hébel, M. Max Buchon, a déjà fait une petite pièce de vers grasse, rustique, bien alsacienne et flamande, intitulée tout bonnement *le Cochon*. M. C. de Lafayette rivalise avec lui sur le même sujet, mais il y a mis un peu plus de coquetterie peut-être, un sentiment de peintre plus encore que de fermier et de paysan. Et d'abord il dit *porc* et non *cochon* :

Ailleurs, un bon gros porc anglais, face gourmande,
Blanc et rose, et charmant pour l'école flamande,
De son petit groin, noyé dans son gros cou,
Flaire si la pâtée arrive vers son trou;
Tandis que dame truie, amorçant de caresse
Ses petits yeux chinois clignotant dans leur graisse,
Des plus doux grognements qu'amour ait inventés
Rappelle ses gorets épars de tous côtés.

Gorets n'écoutent point : — l'un, courant en maraude,
Avec concupiscence autour des froments rôde ;
Un second, cachant mieux son tragique dessein,
S'essayerait volontiers à croquer un poussin,
Et, certes, n'en ferait qu'une mince bouchée,
Si, d'un bec menaçant, la poule effarouchée
Ne paraissait devoir, en ce cas hasardeux,
Au ravisseur sournois manger un œil ou deux
Les autres, se faisant un idéal plus sage,
Dans les goûts de leur caste et les jeux de leur âge
Philosophiquement limitent leurs désirs,
Sur un mode amphibie alternent leurs plaisirs,
Et, dans le frais bourbier où se pavane une oie,
Clapotant, barbotant, s'en donnent à cœur-joie.

Nos propriétaires ruraux ont fort amélioré et réhabilité depuis quelques années la race porcine : j'ai entendu là-dessus, de la part de gens d'esprit qui vivent dans leurs terres, plus d'une dissertation piquante. Voilà un portrait qui est à joindre, comme illustration, aux pièces à l'appui. Il y a bien encore un peu de Delille dans tout cela ; mais il n'y a pas grand mal quand c'est du Delille revu et corrigé par la nature.

J'aime M. C. de Lafayette quand il nous dit heureusement en vers de ces choses qui ne semblaient pouvoir être dites qu'en prose, par les auteurs d'ouvrages d'agriculture, M. Léonce de Lavergne ou Arthur Young ; quand, par exemple, il étudie l'étable et le bétail ; quand il nous montre à l'œuvre et en ardeur de piocher, hiver comme été, le bon bêcheur *à son compte ;* quand il nous fait assister au premier essai de la nouvelle charrue, de l'instrument aratoire moderne qui a contre soi la routine et bien des jaloux; quand il nous décrit la race des bœufs du mezenc (montagne du pays) qui, au labour, craignent peu de rivaux, et qui rendent au maître plus d'un office :

Le lait, le trait, la chair, c'est triple bénéfice.

Excellent vers rural et digne d'Hésiode. Voici le portrait du taureau, du mezenc pur sang, et qui rappelle les portraits d'animaux au livre III des *Géorgiques* (*optima torvæ forma bovis...*) :

Portant haut, bien campé sur un jarret d'acier,
Trapu, tout près de terre, encore un peu grossier;
Croupe longtemps étroite, et déjà suffisante;
Le rein large et suivi, l'encolure puissante,
Le garrot s'évasant en un large plateau,
L'épaule nette, — et forte à porter un château;
La poitrine, en sa cage, ample et si bien à l'aise
Qu'il faudrait l'admirer dans une bête anglaise;
Sobre et fort, patient et dur, bon travailleur,
A ce point qu'un salers à peine fût meilleur;
Lent à croître, mais apte à la graisse à tout âge,
Tel est le pur mezenc, taureau demi-sauvage;
Et tel voici *Gaillard,* roi de mes basses-cours,
Sultan de mon troupeau, connu dans les concours,
Lauréat de renom, vainqueur en deux batailles,
Et qui n'est pas plus fier ayant eu deux médailles.

Et la vache donc! elle est plus distincte chez M. C. de Lafayette et plus personnelle, pour ainsi dire, que celle de Virgile. Depuis que ces animaux ont été vus à Bethléem dans la crèche du divin Enfant, il semble

qu'ils se soient rapprochés et élevés d'un degré dans
l'ordre de la domesticité et de la société humaine :

La vache ! pacifique et bonne créature !
Philtre mystérieux des dons de la nature ;
Alambic distillant l'herbe et les fleurs pour nous ;
Mamelle appétissante où boit la soif de tous ;
Flanc fécond, qui, donnant à la ferme ravie
Ou la crème ou le croît (1), nous prodigue sa vie ;
La vache, ô doux enfants, qui lui refuserait
Un regard, un sourire, — et qui ne l'aimerait ?

Bonne bête aux yeux bleus, celle-ci, c'est la *Blanche* ;
Son lait intarissable en blanc ruisseau s'épanche ,
Et le jet écumeux crépite, ruisselant,
Aux parois d'un seau neuf fait de bon bouleau blanc.
Pauvre *Blanche !* elle est vieille, elle est maigre et point belle,
Les bouchers n'ont ici de dédain que pour elle ;
Sa corne lisse et courte, et son cuir souple et fin
Ne les séduisent pas ; — elle mange à sa faim
Cependant ; — mais ses os meurtrissent sa litière.
Eh oui ! — mais c'est encor ma meilleure laitière ;
Elle donne par jour vingt litres de bon lait.
Que d'autres plus longtemps fassent mieux s'il leur plaît,
D'autres n'auront point fait un plus noble service ;
Tout petit, mon Fernand la nommait sa nourrice ;
Et maintes fois, vraiment, la *Blanche* mérita
Ce titre qui la fit chérir et lui resta.

Fillette de quatre ans peut la traire à sa guise ;
Son regard bienveillant sourit à qui l'épuise :
Et de la sorte , enfants ! n'est-elle pas pour vous
De la maternité l'emblème obscur et doux ?

(1) *Croît*, accroissement du troupeau.

Donc, qu'elle soit moins belle et plus vieille, il m'agrée,
Doux amis, qu'elle soit toujours la préférée,
Puisqu'elle est toujours bonne et qu'ici, comme ailleurs,
Nous devons aux plus beaux préférer les meilleurs.

C'est ce sentiment d'affection et presque d'amitié,
qui ne se borne pas aux animaux, mais qui se répand
et s'épanche sur tout ce qui l'entoure, même les choses
inanimées, qui est charmant chez M. C. de Lafayette
et qui attache à mesure qu'on avance dans la lecture.

Le progrès est frappant sur tous les poëmes des
champs et de l'agriculture qui ont précédé, soit dans le
dernier siècle, soit au commencement de celui-ci : c'est
un progrès analogue à celui de notre jeune école de
paysagistes sur ses prédécesseurs au temps du premier
Empire. La modestie de M. C. de Lafayette ne s'attribue
en rien cette supériorité dont il ne peut s'empêcher cependant d'avoir conscience, et il n'en fait pas honneur
à son propre talent; il aime à la rapporter à des maîtres,
à des devanciers qu'il nomme et que parfois même il
exagère un peu (nous avons le droit de le remarquer).
Mais, sans prétendre ici évaluer les mérites et faire la
part exacte de chacun, une leçon de goût ressort, pour
nous, de la comparaison avec les anciens peintres de
l'école de la périphrase. Je prends l'un d'eux par exemple, Lalanne, dans son petit poëme, *les Oiseaux de la
Ferme* (1805). Ce n'est pas tant d'avoir évité de nommer les oiseaux qu'il décrit, d'avoir dit :

L'oiseau sur qui Junon sema les yeux d'Argus,

pour le *paon,* ou

L'aquatique animal, sauveur du Capitole,

pour *l'oie*; ce n'est pas tant de n'avoir osé nommer la *cage* que comme *un toit d'osier où pénètre le jour,* et de ne s'être point résigné à appeler un chat un chat, mais

L'animal traître et doux, des souris destructeur;.

ce n'est pas tant de ces travers de détail et de tous ces méfaits de fausse élégance que je le blâme; c'est surtout d'avoir mal observé et connu son sujet. C'est d'avoir dit d'une poule à qui le vautour a enlevé un de ses petits, un seul, et qu'on nous montre comme uniquement occupée de cet absent :

L'infortunée, hélas! gémit, se désespère :
Que lui font les enfants qu'elle n'a point perdus ?
Elle n'avait de fils que celui qui n'est plus.

C'est là, et on l'a remarqué avant moi, un sentiment de femme, ce n'est pas un sentiment de poule. Les animaux qui gardent de leurs petits en bon nombre, après avoir crié, oublient vite celui qui leur manque et ne nourrissent pas de regret sentimental. La Fontaine, l'excellent observateur et qui a donné chez nous avant tout le monde le vrai poëme des champs, dans sa fable de *l'Aigle, la Laie et la Chatte,* a grand soin de faire dire à celle-ci quand elle fait mine d'être en alarme pour la perte de ses petits :

S'il m'en restait un seul, j'adoucirais ma plainte.

C'est plus vrai. L'inexactitude chez les poëtes de l'école
descriptive n'est donc pas seulement dans les mots; elle
est plus au fond, et dans l'observation même. Tout cela
se tient. S'ils avaient bien observé et avec une entière
bonne foi, ils seraient nécessairement, forcément arrivés à bien dire et à peindre, en dépit de toutes les
rhétoriques ou plutôt en vertu de la seule et vraie rhétorique :

Scribendi recte sapere est et principium et fons.

Pour bien peindre, il faut commencer par bien voir;
car voilà comment je traduis le vers d'Horace en l'appliquant à la poésie de la campagne.

Tel est le mérite principal du poëme de M. C. de Lafayette : observation et vérité, jointes à ce qui en est
presque inséparable, l'amour de son sujet. Au moment
même où je loue le poëte et où je le goûte, suis-je bien
en position de lui donner un conseil un peu vif, celui
de remettre son poëme sur le métier pour le perfec-
tionner, de le resserrer et d'y retrancher en plus d'un
endroit? Des deux premiers livres, il pourrait n'en faire
qu'un. Le dernier et huitième livre me paraît traînant
et trop raisonné. Bien entendu que les sacrifices que je
demande à l'auteur seraient plus que compensés par de
nouveaux tableaux qui lui viendraient et lui souriraient
dans l'intervalle. Il ne saurait trop faire de tableaux;
il ne saurait trop éviter les digressions économiques,
antisocialistes, et même religieuses : la vraie religion
d'un poëme est dans l'esprit même qui y est répandu

partout. Quelques années consacrées à cette seconde et
véritable édition seraient bien employées : l'ouvrage le
mérite; ce n'est pas simplement un livre, c'est toute
une existence.

Que je ne paraisse point, je vous prie, m'être trop
longuement arrêté sur un poëme excellent dans certaines parties, imparfait dans son ensemble. Tout a son
prix aux yeux de la critique qui sent l'art comme l'expression presque directe de la nature et de la vie. Il est
des œuvres qui sont faites pour orner les voies sacrées,
les voies triomphales, pour décorer les avenues et les degrés des Panthéons et des Capitoles, pour devenir à leur
tour les exemplaires classiques de l'avenir. Ce sont
celles-là, je le conçois, que l'on prise avant tout, et les
seules même que l'on appelle et que l'on commande,
quand on est Auguste ou Louis XIV. Le temps n'est plus
où Mécène, au nom du maître du monde, demandait à
Virgile des *Géorgiques;* aussi n'avons-nous que des
fragments. Mais il est de ces fragments, de ces accidents heureux d'art et d'étude, qui, n'ayant rien à démêler avec les œuvres triomphales, n'en existent pas
moins sous le soleil : — un rien, un rêve, une histoire
de cœur et d'amour, une vue de nature, une promenade près de la mare où se baignent des canards et
qu'illumine un rayon charmant, — et ce que je voyais
l'autre jour encore à l'exposition du boulevard des Ita-
liens, une vue de *Blanchisserie* hollandaise, par Ruis-
daël, le *Moulin* d'Hobbema, ou un simple chemin de
campagne regardé et rendu à une certaine heure du
soir par un pauvre diable de paysagiste français nommé

Michel, qui avait le sentiment et l'amour des choses simples.

M. C de Lafavette n'est pas un pauvre diable comme Michel, mais il a fait en poésie quelques *toiles* qui le rappellent, et qui le classent lui-même parmi nos meilleurs paysagistes.

MADAME DE STAEL.

COPPET ET WEIMAR,

PAR L'AUTEUR DES SOUVENIRS DE Mme RÉCAMIER (1).

J'ai aimé Mme de Staël et je l'aime toujours; elle a été un des cultes de ma jeunesse, et ce culte, je ne l'ai pas abjuré. « Pourquoi voulez-vous vous occuper de ma mère? me disait un jour la personne la plus respectable et la plus charmante, bien que si austère; ce qu'on a écrit sur elle ne vous paraît-il donc pas suffisant? » — « Je désire m'occuper de Mme de Staël, répondis-je alors, parce qu'il me semble que je la sens et la comprends autant que personne; et bien que sorti de terre à un tout autre endroit et d'une tout autre génération qu'elle, un sentiment d'admiration me dit, ainsi qu'à ceux de mon âge, qu'elle nous appartient à tous. » Depuis des années,

(1) Un volume in-8°, Michel Lévy, rue Vivienne, 2 bis.

j'éprouve un regret fréquent à son sujet. Tandis que ces autres grandes renommées contemporaines et rivales de la sienne, celles de Chateaubriand, de Joseph de Maistre, se renouvellent, se maintiennent ou même gagnent par des publications posthumes, la sienne reste stationnaire et dès lors recule, s'affaiblit et s'efface un peu dans l'ombre. La postérité est comme une armée immense, une masse compacte et croissante qu'on n'entame qu'à grand'peine et dont on ne triomphe que par des victoires réitérées. Vous mourez plein d'éclat et de gloire; vous vous croyez vainqueur, vous vous endormez heureux dans le triomphe; comme Mithridate, vos derniers regards ont vu fuir les Romains. Erreur! demain, après-demain, tout sera remis en question et à demi oublié par de nouveaux arrivants, par des recrues ignorantes et insolentes qui ne vous ont pas vu, qui ne vous ont pas connu, et qui sont disposées à douter de tous ces grands exploits dont on leur parle et dont ils demandent la preuve actuelle et présente. Ces preuves, ce sont sans doute les écrits durables et permanents; mais le plus sûr est de ne pas s'en tenir uniquement aux écrits déjà anciens et qui ont jeté leur feu; le meilleur coup de fortune pour une mémoire immortelle est d'avoir, du sein du tombeau, deux ou trois de ces retours et de ces réveils magnifiques qui étonnent les générations nouvelles, qui les convainquent qu'un mort puissant est là, redoutable encore jusque dans son ombre et son silence. Les *Mémoires d'Outre-tombe* de Chateaubriand, tant de pages même si justement critiquées, mais marquées encore de la

griffe du lion, n'ont fait que confirmer l'idée de
son talent et de sa force dans l'esprit des jeunes
groupes, toujours prêts à se révolter, et ses défauts
même, qui sont les leurs, l'ont servi. Rien n'est tel
que de revoir soudainement un grand mort et de se
trouver avec lui face à face. Joseph de Maistre a certainement gagné aux deux ou trois recueils de lettres qu'on
a publiées de lui, lettres hardies, mordantes, familières
et même affectueuses, très-libres toujours de vues et
de ton, inconséquentes parfois à l'idée qu'on se faisait
du théoricien, et qui, en définitive, si elles n'ont pas
grandi le personnage, ont accentué de plus en plus
l'individu. C'est bien là, se disait-on en lisant ces derniers recueils, c'est bien l'homme à la parole insolente,
offensante; il a besoin à tout prix de la placer. S'il n'en
trouve pas sujet chez ses ennemis, il se dédommage
sur ses amis mêmes. A défaut de Napoléon pour point
de mire, il a le pape; peu lui importe, pourvu qu'il
frappe et que sa verve s'exerce; les grands talents sont
impérieux. La postérité ne respecte rien tant que ces
jets imprévus d'outre-tombe. J'ai vu avec peine que
la mémoire et la célébrité de Mme de Staël n'avait eu
aucune de ces bonnes fortunes et aucun de ces rafraî-
chissements. Elle écrivait beaucoup, sans cesse; il y a,
— il y avait des suites de correspondances nombreuses
d'elle avec ses principaux amis : que sont-elles devenues? Je suppose qu'une ou deux de ces grandes séries
aient paru, non pas arrangées, non pas triées et écour-
tées, mais telles quelles, par une de ces indiscrétions
et de ces imprudences heureuses dont tout le monde

profite; que cette âme vive, émue, expansive, passionnée et généreuse, magnanime, pour tout dire, cette
intelligence avide, empressée, ouverte de toutes parts,
divinatrice et sympathique, touchant au génie, se soit
montrée et comme versée devant tous dans une multitude de lettres familières, affectueuses, éloquentes,
inachevées chacune, mais s'achevant l'une l'autre : les
nouvelles générations auraient fait connaissance avec
elle plus directement encore que par les livres; elle ne
serait pas restée une gloire aristocratique, la plus haute
renommée de salon, mais s'y renfermant; elle balan-
cerait Chateaubriand non-seulement de mérite et de
nom, mais de fait; elle serait lue et encore présente au
milieu de nous; on la discuterait. On aurait retrouvé,
soi aussi, quelque chose de sa parole et de son éblouissement; on aurait reçu le choc et l'étincelle. Je ne puis
blâmer la vigilance et la surveillance jalouse d'une noble
famille sur cette gloire domestique; mais, au point de
vue du public, et même à celui de l'illustre morte, je
ne puis m'empêcher d'avoir un regret.

Ce regret doit être en partie consolé, me dira-t-on,
par la publication même dont il s'agit en ce moment.
L'auteur des *Souvenirs de Madame Récamier,* une personne de beaucoup d'esprit et d'exactitude, Mme Lenormant, vient de donner, en les combinant et en les liant
par un récit, deux séries de correspondance de Mme de
Staël, les lettres à la grande-duchesse Louise de Weimar et les lettres à Mme Récamier. C'est, en effet, une
lecture agréable, intéressante, et qui fait pénétrer, une
fois de plus, dans ce monde d'élite. Quoique le récit de

Mme Lenormant soit net et spirituel, j'eusse préféré pourtant les lettres mêmes de Mme de Staël toutes seules, mises dans l'ordre des dates et complètes. Mme de Staël est une grande personne; et le lecteur curieux, admis à l'entendre causer dans l'intimité, doit être un peu impatienté, ce me semble, de ne pouvoir l'aborder sans l'intervention continuelle d'une sorte de trucheman, d'un tuteur et d'un mentor qui l'explique, la commente, au risque de forcer parfois sa pensée; qui lui coupe peut-être la parole, si elle est tentée d'en dire trop sur quelque point. La réticence, à tout instant, est à côté de la confidence. Le poëte a dit des paroles qu'elles étaient ailées; pourquoi leur rogner les ailes? Je sais qu'il ne pouvait guère en être autrement dans la circonstance et du moment que tout se faisait sous les auspices et de concert avec la famille; et cet accord ici était de stricte convenance, sinon de nécessité. Je ne blâme donc personne, et tout au contraire je remercie de ce qui nous est donné. On a là, dans cette biographie bien faite, mais un peu étroite, l'opinion tout à fait orthodoxe sur Mme de Staël.

Un peu plus de liberté à droite et à gauche aurait ajouté à la vivacité et à la vérité du portrait. Mme de Staël, qui a eu sa ligne droite et continue, ou du moins sa courbe d'un développement suivi et manifeste, s'en écartait parfois : elle avait des premiers mouvements irréguliers, irrésistibles, et elle ne perd pas à ce qu'on l'y surprenne. Ainsi, au lendemain du premier signal d'opposition donné par Benjamin Constant au sein du Tribunat, pourquoi n'avoir pas indiqué, puisqu'elle a été pu-

bliée ailleurs (1), la lettre inquiète, tumultueuse, adressée
par Mme de Staël à Rœderer (9 janvier 1800), pour s'expliquer, pour se justifier, pour offrir encore la trêve et
la paix, pour dire que ce n'est pas la guerre qu'on a
entendu déclarer ? Elle se repent presque ; le premier
pas fait, elle semble reculer aussitôt. Ce qui frappe,
au milieu du rôle politique assumé par Mme de Staël et
de tous les généreux sacrifices qu'elle a faits à ses sentiments et à ses convictions, c'est qu'elle reste femme,
bien femme, ce qui n'est pas un trait désagréable,
mais plutôt une expression intéressante de physionomie. Elle aime Paris, la société, la conversation, elle
ne peut s'en passer ; comme à Mme du Deffand, dès
qu'elle est seule ou peu entourée, le fantôme de l'ennui
se dresse à ses yeux et l'épouvante ; elle est vulnérable par là plus qu'on ne peut dire : Clorinde, même
quand elle combat, se retrouve tout à coup plus faible
qu'une Herminie. C'est ce qui explique bien des avances
et même des soumissions qu'elle fit en plus d'une rencontre au souverain du monde, allant aussi loin qu'elle
pouvait sans s'abaisser. Dans ce duel inégal qu'elle soutint et qui, même avec de légers torts, fait son éternel
honneur, elle ne résiste pas à César comme un Caton
ni comme la femme de Brutus, elle résiste comme
une femme française et de la haute société ; on voit
l'émotion, le sein palpitant : on entend la plainte. Je

_____

(1) Elle a été donnée par M. le baron Rœderer dans le tome VIII,
page 659, des *OEuvres,* qu'il a recueillies et fait imprimer pour les
distribuer, du comte Rœderer, son père ; je l'ai citée moi-même
au tome I, page 72, de *Chateaubriand et son Groupe littéraire.*

l'aime mieux ainsi qu'à la Romaine et tout d'une pièce.

Quand elle alla, en 1803-1804, à Weimar et qu'elle noua avec la grande-duchesse régnante cette relation d'enthousiasme et d'amitié, dont les témoignages subsistent, Mme de Staël était encore une femme du xviiie siècle par les opinions, par le goût exclusif de la raison et de l'analyse, par son aversion du mystique et du surnaturel. On voit très-bien, dans la Correspondance de Gœthe et de Schiller, l'effet qu'elle produisit sur ce monde allemand qu'elle allait découvrir avec une curiosité infinie, et une admiration préconçue, mais qui ne l'accepta, elle, qu'avec de certaines réserves et presque à son corps défendant. Les Allemands, qui vont être amis particuliers de Mme de Staël, tels que Guillaume Schlegel, sont d'une autre génération déjà que Goethe et Schiller, et ceux-ci avaient une manière de penser antérieure et un peu différente. Et puis cette grande dame française qui leur tombe là comme la foudre, brillante, causante, interrogeante, représentant si bien de sa personne cette nation que William Cowper appelle « la nation ingérante » ou qui aime à se mêler de tout, cela les dérange dans leur travail et les tire de leurs habitudes; ils ne s'y prêtent d'abord qu'en rechignant; ils s'en inquiètent, jusqu'à ce qu'ils l'aient connue et qu'ils sortent de son entretien fixés et rassurés. L'opinion de Schiller sur Mme de Staël est la plus équitable, et les signes éclatants en même temps que les lacunes et les limites de cette nature extraordinaire sont relevés par lui et marqués de main de maître :

« Mme de Staël, écrivait-il de Weimar à Goethe, resté
d'abord à Iéna (21 décembre 1803), Mme de Staël justifiera
pleinement l'idée que vous avez prise d'elle *a priori* : elle
est tout d'un jet, point de mélange, rien de faux ni de pénible en elle. Cela fait qu'on est parfaitement à l'aise auprès
d'elle en dépit de la différence immense des caractères et des
façons de penser, au point que de sa part on peut tout supporter et qu'on se plaît à lui tout dire. Elle représente l'esprit français sous un jour vrai et très-intéressant. Dans tout
ce que nous appelons philosophie, par conséquent dans toutes
les questions élevées et décisives, on se trouve en désaccord
avec elle, et toutes les conversations n'y peuvent rien. Mais
son naturel et son sentiment valent mieux que sa métaphysique, et sa belle intelligence touche à la puissance du génie.
Elle veut tout éclaircir, tout comprendre, tout mesurer ; elle ne
vous concède rien d'obscur, d'inaccessible, et tout ce qu'elle ne
peut pas éclairer de son flambeau n'existe point pour elle ; aussi
a-t-elle une peur affreuse de la philosophie idéaliste, qui, à
son sens, mène au mysticisme et à la superstition, et c'est là
l'atmosphère où elle s'anéantit. (*C'est encore la première
Mme de Staël, celle du* XVIIIe *siècle pur ; elle se modifia dans
sa seconde phase.*) Il n'y a pas en elle de sens pour ce que
nous appelons poésie ; d'une œuvre de ce genre elle ne s'as-
simile que la passion, l'éloquence, l'esprit général ; mais si
le bon lui échappe parfois, elle n'estimera jamais le mauvais.
Vous voyez par ces quelques mots que la lucidité, la décision et la vivacité spirituelle de sa nature ne peuvent exercer
qu'une influence heureuse. La seule chose qui ennuie, c'est
la volubilité tout à fait extraordinaire de sa langue ; il faut se
transformer tout entier en un appareil auditif pour pouvoir
la suivre. Mais puisque j'ai pu moi-même me tirer d'affaire
avec elle, malgré mon peu d'habileté à parler français, vous
n'éprouverez nulle difficulté, grâce à votre plus grand usage
de la langue. »

Besoin de raisons et d'explications à l'infini, subtilité de raisonnement, finesse et promptitude d'analyse, côté oratoire, dramatique, intelligence générale, éloquence, lacune poétique, tout cela est bien marqué dans ce jugement sur elle, et la sympathie, comme il convient, domine. Quand elle partit de Weimar, il paraît toutefois, à quelques mots de la Correspondance des deux illustres amis, qu'il était temps et qu'ils en avaient assez de cette conversation ardente, inépuisable, qui les tenait en haleine et en travail continuel, et qui leur *soutirait* leur poésie : « Elle éloigne de moi toute poésie, disait Schiller, et je m'étonne de pouvoir faire encore quelque chose. » Goethe est encore celui des deux qui, à ses heures libres, s'en serait le mieux accommodé.

C'est par Guillaume Schlegel que Mme de Staël communiqua véritablement et sans discontinuité avec l'Allemagne, et il ne se pouvait en effet un meilleur interprète, un critique mieux informé et plus consommé. Mme de Staël se l'était attaché à titre de précepteur de ses enfants ; mais Schlegel, qui avait ses travers, affectait devant le monde de n'être auprès d'elle que sur le pied d'un ami. « Schlegel, écrivait-elle dans un moment d'épanchement, a des défauts qui me cachent quelquefois ses vertus. » Témoin journalier de l'humeur et même des ridicules de Schlegel (car il en avait qui sautaient aux yeux), Bonstetten disait plus gaiement et en y mettant moins de façon : « Les jours où Schlegel n'est pas gentil, il est impitoyablement fouetté, et le plus joli, c'est que Mme de Staël se charge elle-même de la punition ; alors elle a trois fois plus d'esprit. » Quoi qu'il en ait pu être de ces petites querelles amusantes, Schlegel lui fut, pendant des années, du plus grand usage par ses qualités, par son savoir ingénieux et profond. Il l'accompagna à Rome, la guida dans l'étude des arts, et l'assista pour ses jugements dans ce beau livre *de l'Allemagne* qui, depuis un demi-siècle, n'a pas été surpassé. Après les persécutions qui marquèrent l'essai de publication de cet ouvrage en 1810, on trouve Mme de Staël légèrement atteinte par les idées religieuses qui ne la quitteront plus, et Schlegel lui-même, qui avait été forcé de se séparer d'elle et de sortir de Coppet, nous apparaît en proie dans l'isolement à une sorte d'exaltation morale et mystique, mais qui ne fut chez lui que passagère. C'est dans une lettre datée de Berne et adressée à Mathieu de Montmorency, le doux et patient sermonneur, que Schlegel se découvre à nous par ce côté assez inattendu de sa nature. Ce grand voyageur intellectuel (comme lui-même il s'appelait), qu'une douleur de cœur, la perte d'une jeune fille qu'il aimait d'un amour paternel, venait de frapper sensiblement, était alors sous l'influence mystique, sous la magie des écrits du théosophe Saint-Martin, tandis que Mme de Staël se sentait plutôt attirée vers Fénelon. Il répudiait la sécheresse des formes protestantes; il paraissait croire à une réunion future, et à l'amiable, de toutes les communions chrétiennes; en un mot, comme tous les vrais critiques que travaille une grande activité d'esprit et d'imagination, il était en train, sans s'en douter, de passer en réalité par la disposition et l'état moral qui lui avait manqué jusqu'alors, afin d'être ensuite tout à fait

en mesure de s'en rendre compte et de le comprendre.
Mme Lenormant, en citant cette lettre, en use et en
abuse un peu, ce me semble, quand elle en conclut que
Schlegel a dû, sous peine d'inconséquence, mourir catholique, et en donnant à entendre que le soin seul de
sa position comme professeur à l'université de Bonn le
rejeta ensuite dans la profession extérieure du protes-
tantisme. Pourquoi, sitôt qu'on touche cette corde religieuse, prendre un ton d'aigreur et donner dans la
partialité? Croit-on mettre la charité à couvert en
ajoutant d'un air contenu : « Le secret de ses convictions intimes est resté entre Dieu et lui. » Non, c'était
le cas de citer, si l'on voulait être complet, une autre
lettre très-explicite de Schlegel, qui ne saurait se séparer de la précédente, une lettre fort belle qu'il adressa
plus de vingt-cinq ans après (le 13 août 1838) à la duchesse de Broglie qui ne cessait de le presser sur l'article de la foi, et dans laquelle il expose ses variations
de sentiments, ses aspirations, sa crise morale et sa solution philosophique, ou, comme il le dit poétiquement,
« ses erreurs d'Ulysse et son Ithaque. » Je ne puis que
renvoyer les curieux de ces sortes de questions à cette
profession de foi finale du philosophe et du critique
éminent, laquelle est à mettre, pour la portée, bien au-
dessus de la page tant vantée de Jouffroy, et qui est plus
vraie ou du moins plus largement religieuse que la solution de Pascal (1).

(1) Voir au tome Ier, page 189, des *OEuvres* d'Auguste-Guillaume
de Schlegel, écrites en français et publiées par Édouard Bœcking
(Klincksieck, rue de Lille, 11).

Un voyage et un séjour que Mme de Staël fit aux eaux d'Aix en 1811, et dans lequel elle rencontra Mme la comtesse de Boigne, me rappelle une anecdote qui a été souvent racontée devant moi, et qui donne bien l'idée de ce qu'était cette improvisation prodigieuse d'esprit, cette conversation à la fois naturelle et extraordinaire. Toute cette brillante société s'en était allée passer une journée à Chambéry, et l'on s'en revenait à Aix vers le soir, en deux carrosses. Un orage éclata pendant le retour, un tonnerre épouvantable. Dans l'un des carrosses, les dames avaient eu peur; on avait fait arrêter, et l'on était descendu au moment où les coups étaient le plus forts; il y avait eu maint incident qu'on se racontait avec agitation. Dans l'autre carrosse, à l'arrivée, il se trouva qu'on avait fait peu d'attention au temps; on n'avait presque rien entendu; de tonnerre et d'éclairs on n'avait qu'une vague idée; un autre éblouissement avait tout rempli : Mme de Staël y était, et pendant tout le trajet elle avait causé. La conversation avait eu, je crois, pour point de départ les Lettres passionnées de Mlle de Lespinasse. Mme de Staël n'avait pas parlé seule, car elle admettait bien la réplique, mais elle avait tout animé, tout élevé et monté à son propre ton, à son degré d'enthousiasme : une électricité avait fait oublier l'autre.

N'est-ce pas ainsi que Lamartine, un jour, pendant une pluie d'orage, sut tenir en suspens tout un banquet à Mâcon, par le charme et les chaînes d'or de sa parole? et l'on était en plein air, tout au plus sous une tente! C'est la différence de l'éloquence publique à la

plus belle conversation, qui n'est que de l'éloquence
à huis clos.

Avant de chercher à rendre l'impression qui m'est
venue (par simple ouï-dire, hélas!) de cette conversation merveilleuse de Mme de Staël, dont aucune des
lettres publiées ici, trop courtes, ou coupées et mor-
celées comme elles sont, ne saurait donner idée,
je veux rassembler encore quelques témoignages qui
tous s'accordent, mais qui sont cependant un peu plus
variés de ton que ceux que je trouve réunis dans le livre
de *Coppet et Weimar.* Ces derniers, parfaitement choisis
d'ailleurs, et dont nous aurions bien mauvaise grâce à
nous plaindre, sont un peu uniformes et sur une gamme
exclusivement flatteuse. Tenons bon pour l'éloge, mais
en nous rendant compte des légers défauts.

Bonstetten, par exemple, un véritable homme d'esprit et un fin juge, disait de la critique impartiale qu'il
trouvait à Coppet, et en particulier de celle dont il était
redevable à Mme de Staël : « Elle est si libre de préjugés, si claire, que je vois mes tableaux dans son âme
comme dans un miroir. » Il disait encore, dans une
lettre à une poétique amie qu'il avait en Danemark :

« Je vois Mme de Staël très-souvent, et si je ne dîne chez
elle qu'une fois par semaine, j'ai la guerre. Elle est d'une
extrême bonté ; personne n'a plus d'esprit ; mais ce que vous
avez de meilleur est fermé chez elle. Le sentiment de l'art lui
manque ; et le beau qui n'est pas esprit et éloquence n'existe
pas pour elle. Personne n'a autant de sagesse pratique, moins
pour elle, il est vrai, que pour ses amis. Mais Schlegel m'est
insupportable. »

Sur l'absence du sentiment de l'art, on peut toutefois remarquer que ce jugement de Bonstetten est antérieur au voyage de Mme de Staël en Italie; sur le manque du sens poétique, on voit qu'il est tout à fait d'accord avec Schiller.

Sismondi, un autre habitué de Coppet, moins vif que Bonstetten quoique bien plus jeune, et plus tout d'une pièce, Sismondi n'était pas satisfait tous les jours de ce que plus tard il regrettera avec larmes. Il lui arrivait d'écrire en 1809 :

« Je me trouve parfaitement d'accord sur les principes politiques avec Mme de Staël, passablement sur les sentiments qui les accompagnent, excepté que dans tous ses jugements elle est trop souvent haineuse et méprisante. La puissance semble donner à tout le monde le même travers d'esprit. Celle de sa réputation, qui s'est toujours plus confirmée, lui a fait contracter plusieurs des défauts de Bonaparte. Elle est comme lui intolérante de toute opposition, insultante dans la dispute et très-disposée à dire aux gens des choses piquantes, sans colère et seulement pour jouir de sa supériorité. »

Ce n'est pas juste, et cela jure avec l'idée de bonté qui se trouvait dominer, en définitive, dans les jugements comme dans les actions de Mme de Staël; mais enfin l'opinion d'un tel témoin n'est pas à négliger, sauf à être expliquée. Et le 7 septembre 1811 il écrivait encore, et de Coppet même :

« Il n'arrive jamais à Mme de Staël de se mettre à la place des autres, et tout son esprit ne lui suffit pas pour comprendre ce qui n'est pas elle; et puis, si l'on voulait bien entendre les riches, il n'y aurait de malheur que pour eux.

C'est une étrange manière que de faire des accaparements de tout, même d'infortune. »

Ceci se rapporte à ce malheur exagéré sans doute, mais si réel puisqu'il était moralement ressenti, à ce mal de Paris et de l'exil qui agitait et torturait Mme de Staël, même dans un beau lieu et sous de magnifiques ombrages. Chateaubriand, dans une visite qu'il fit à Coppet en 1805, avait été également frappé de cette idée exaltée de malheur, qui lui parut disproportionnée et en contradiction avec la beauté du séjour : « Elle se regardait comme la plus malheureuse des femmes dans un exil dont j'aurais été ravi. » Mais la souffrance est là où on la ressent.

Le moment où Sismondi trouvait la conversation de Coppet moins agréable et trop personnelle était celui où Mme de Staël, dans le paroxysme de la souffrance, écrivait à Mme Récamier cette lettre éperdue et comme délirante qui révèle toute l'étendue et la singularité de son mal :

« Je suis plongée dans une espèce de désespoir qui me dévore; ne faut-il pas que je tente d'y échapper? Je ne crois pas que je me relève jamais de ce que j'éprouve; rien ne m'intéresse plus; je ne trouve de plaisir à rien; la vie est pour moi comme un bal dont la musique a cessé, et tout, excepté ce qui m'est ravi, me paraît sans couleur. Je vous assure que, si vous lisiez dans mon âme, je vous ferais pitié. Je suis bien convaincue que le plus grand service que je puisse rendre à vous, à Mathieu (de Montmorency), à ce qui m'entoure, c'est de m'éloigner. Il y a, je vous le dis, une fatalité dans mon sort; je n'ai pas un hasard pour moi, tout ce

que je redoute est ce qui m'arrive. Je me sens un obstacle à
tout bien pour mes enfants et pour mes amis. Pardon de
vous peindre un éclat (*état?*) si maladif de l'âme quand vous
êtes vous-même dans une situation où tout votre courage
vous est nécessaire; mais il faut avant tout que vous sachiez
ce qui se passe en moi. Je me contiens à l'extérieur; une sorte
de fierté me conseille de ne pas trop montrer ce que j'éprouve.
Les larmes des autres se sèchent si vite! et, quand on leur
demande ce qu'ils ne peuvent plus donner, on a l'air d'un
créancier importun.. Mais si je me laissais aller, j'offrirais le
plus misérable spectacle. J'ai recours sans cesse à la prière... »

Sismondi, qui n'était pas dans le secret et qui,
homme excellent et loyal, n'avait peut-être pas une
certaine délicatesse qui devine ce qu'on ne dit pas, se
plaignait de son côté de ne pas retrouver auprès d'elle
le même agrément, les mêmes attentions que dans les
anciennes années moins éprouvées. Dans une lettre à
sa mère, du 16 janvier 1812, il disait avec une naïveté
parfaite et en livrant le fond du son cœur :

« Genève est devenue chaque année plus triste et plus déserte pour Mme de Staël; elle en a de l'humeur; elle juge avec
une extrême sévérité, et elle ne met presque rien de son cru
pour réparer tout cela: il m'arrive très-souvent de m'ennuyer
chez elle, et cela arrivait aussi l'année passée, et cependant
elle parle de l'ennui des autres d'une manière qui me met
souvent en hostilité avec elle. Et puis, la vanité qui la bles-
sait me blesse aussi; elle répète avec complaisance les mots
flatteurs qu'on a dits sur elle, comme si elle ne devait pas
être blasée là-dessus, et lorsque l'on parle de la réputation
d'un autre, elle a toujours soin de ramener la sienne avec un
empressement tout à fait maladroit. J'ai infiniment plus de
jouissance de société parmi les Genevois. Hier, j'ai passé une

moitié de la soirée chez M. Pictet avec Mme Vernet et Mme Prévost, une autre moitié-chez Mme Eynard avec les deux dames Beaumont et Lullin, et chez toutes deux je m'amusai parfaitement. J'avais une part beaucoup plus active dans la conversation que je n'ai chez Mme de Staël; j'animais les autres, je les faisais parler, et sentant qu'on était content de moi, je l'étais aussi. »

Rien n'est plus naïf; on voit jouer le fil de l'amour-propre, on saisit à nu le motif du jugement. Il arrivait pourtant à Sismondi, dans le beau temps de Coppet, et quand la conversation, à certains jours, était des plus vivement engagées entre Jean de Muller, Benjamin Constant et Schlegel, d'être si fort émerveillé de tout ce qui se disait d'étonnant, qu'il en était comme *abasourdi*; c'est Bonstetten qui nous l'apprend, et qui l'en raillait avec bien de la légèreté et de la grâce :

« Le bon Sismondi est complétement abasourdi; il m'avouait hier que tout lui semblait maintenant d'une crasse ignorance; je dus le consoler. Il voudrait aller en Allemagne pour voir lui-même les grands génies, mais je lui conseillai plutôt d'aller en Grèce. »

En ces journées de grande conversation, Sismondi craignait même tellement d'en rien perdre, qu'il allait jusqu'à en vouloir à Mme Récamier d'y apporter quelqu distraction et de faire des *a-parte* à voix basse; il l dit, et d'une plume assez peu légère :

« Ici (Coppet, 30 août 1811) notre société est des plus brillantes, rien moins que deux Montmorency et Mme Récamier; mais c'est pour peu de temps : eux repartent demain, et

elle après-demain. Elle n'a fait ici qu'une apparition. Elle est
pleine de bonté et de grâces pour Mme de Staël; elle n'est
pas moins jolie qu'il y a deux ans, et cependant j'aime qu'elle
reparte; partout où elle se trouve, elle est la destruction de
la vraie conversation. Elle entraîne toujours son voisin dans
un tête-à-tête à voix basse; elle a de petites minauderies qui
me fatiguent, et son esprit, car elle en a, ne profite jamais
au public. »

Il consentait donc, dans les grands jours, à être du
public et s'en accommodait très-bien.

Mais, pour être juste envers lui et envers Coppet,
ajoutons bien vite que c'est le même homme qui, lorsqu'en juillet 1817 on rapportait les dépouilles de celle
qui avait tout animé dans cette noble demeure, et qui,
selon le mot de Byron, « l'avait rendue aussi agréable
que lieu sur terre puisse le devenir par la société et par
le talent, » c'est le même Sismondi qui s'écriait dans
sa douleur :

« C'en est donc fait de ce séjour où j'ai tant vécu, où je me
croyais si bien chez moi ! c'en est fait de cette société vivi-
fiante, de cette lanterne magique du monde, que j'ai vue
s'éclairer là pour la première fois, et où j'ai tant appris de
choses! Ma vie est douloureusement changée; personne peut-
être à qui je dusse plus qu'à *elle !...* »

Telle est la vérité avec ses légères ombres. Et Byron
lui-même, le moins dupe des hommes et le moins sujet
aux engouements, accueilli en 1816 par la châtelaine
de Coppet si près de sa fin, et annonçant à ses amis
qu'il avait trouvé *Madame* aussi brillante que jamais,
écrivait ensuite pour lui dans son *Memorandum* :

« Elle était la bonté même, et personne au fond n'était plus spirituel et plus aimable qu'elle ; mais elle était gâtée par son désir d'être... elle ne savait quoi. Chez elle, elle était charmante ; chez les autres, vous l'auriez souhaitée partout ailleurs, et surtout dans sa propre maison. »

Elle aurait désiré être... elle ne savait quoi ; et c'est Byron qui le demande ! Elle était femme et elle aurait désiré être belle ; elle était femme, et elle aurait voulu être aimée ; elle était femme, et elle aurait voulu compter parmi les hommes comme une puissance éloquente. Elle se sentait l'âme d'un orateur. Elle était une digne accompagnatrice dès sa jeunesse, elle eût été une rivale des Mirabeau, des Vergniaud, des Camille Jordan, et mieux même que d'un Constant. On a dit de Saint-Simon ou de Molière, qu'il était le mâle de Mme de Sévigné ; mais c'était elle, Mme de Staël, qui par le talent et l'initiative était le mâle de Benjamin Constant. Elle sentait en soi des puissances et des facultés supérieures à ce qu'elle avait réalisé ; mais avec ces qualités élevées, tout à fait viriles par le choix des sujets et par l'étendue des vues, elle était femme, je le répète, et comme telle elle avait besoin de plaire, de réussir, de se sentir entourée de bienveillance ; même quand elle s'élevait le plus et qu'elle planait, elle était de la nature des colombes : une flèche pouvait l'atteindre jusque dans la nue et la blesser. Au dehors donc, comme l'a remarqué Byron, elle était toujours inquiète et moins à sa place, un peu égarée ; elle n'était proprement dans son milieu et dans son centre, dans sa pleine souveraineté, qu'en conversant et en causant. Or, elle l'a dit, on ne cause véritablement qu'en France et en français : « la conversation, *comme talent,* n'existe qu'en France. » En Angleterre on ignore cette nuance parti-culière et si charmante de faire sentir l'éloquence dans la conversation ; si l'on a l'instinct et si l'on se donne la peine d'être éloquent, on l'est pour les Chambres et pour la vie publique ; on passe outre au salon, on ne s'amuse pas à ce prélude devant les dames. En Alle-magne, on est trop occupé du but et du résultat sérieux, et, dans toute discussion, de la conclusion même ; on ignore l'art d'agir, de parler sans but et pourtant avec intérêt. Or, le maître et l'oracle en telle matière l'a observé, « le genre de bien-être que fait éprouver une « conversation animée ne consiste pas précisément « dans le sujet de cette conversation ; les idées ni les « connaissances qu'on peut y développer n'en sont pas « le principal intérêt ; c'est une certaine manière d'agir « les uns sur les autres, de se faire plaisir réciproque- « ment et avec rapidité, de parler aussitôt qu'on pense, « de jouir à l'instant de soi-même, d'être applaudi « sans travail, de manifester son esprit dans toutes les « nuances par l'accent, le geste, le regard ; enfin, de « produire à volonté comme une sorte d'électricité qui « fait jaillir des étincelles, soulage les uns de l'excès « même de leur vivacité, et réveille les autres d'une « apathie pénible. » C'est Mme de Staël qui définit ainsi la conversation, elle qui en était le Génie même. En Italie, dans le voyage qu'elle y fit en 1805, elle plaisait partout, mais elle ne s'y plaisait pas ; voilà le vrai. Je n'invente, ni je n'approuve, je ne suis qu'un écho :

« Elle s'irritait contre cette langue sonore qui retentit
pour ne rien dire. Dans la poésie la plus vantée, elle
ne retrouvait pas d'idée, et dans la conversation point
de sentiment. » Car elle voulait du sentiment aussi et
avant tout, mêlé aux idées, avec des éclairs de gaieté
fugitive, quantité de rapports fins, subtils, déliés, des
anecdotes d'une application spirituelle et imprévue, de
soudains essors et comme des flammes vers les plus
hauts sommets; mieux que des aperçus, des considérations politiques et historiques, fortement exprimées,
mais sans s'y appesantir; des images même, qui peut-
être n'auraient point paru des images en plein soleil,
mais qui en faisaient l'effet dans un salon; puis tout à
coup (car c'était une femme toujours) un soupir roma-
nesque jeté en passant, et quelque perspective lointaine
vaguement ouverte sur la destinée, les peines du cœur,
les mystères de la vie; un coin mélancolique à l'horizon. C'est dans cet ensemble qu'elle excellait; c'est
cette trame diverse et mobile qu'elle agitait, qu'elle
variait et recommençait sans cesse avec un art de magicienne; c'est au cœur de cet orchestre où elle ne jouait
pas seule, où elle tirait parti de tous, où elle devinait
et occupait chacun, où elle associait les autres à son
talent et se faisait pardonner sa supériorité en créant
l'harmonie et en marquant l'accord jusque dans les
dissonances, c'est là, dans son cercle à elle, qu'il fallait
la voir; et Byron, qui avait senti et noté le défaut, a
aussi reconnu le charme et le triomphe.

Peut-on s'étonner pourtant qu'il en ait été d'un tel
talent comme de celui des improvisateurs et des ora-

teurs ; que ce qu'on a d'elle par écrit ne la représente pas entièrement, et qu'il faille, pour être fidèle, y ajouter en idée un ensemble et une spontanéité d'impressions qui. n'était que dans la personne et sur son théâtre? La couleur, qui flottait brillante et diffuse dans sa parole et dans toute son action, n'a pas su se fixer sur le papier (1).

Nous n'avons pas fini de ce volume; une discussion assez inattendue, une querelle qui y est faite à M. Thiers nous appelle encore.

(1) M'appliquant, dans ces esquisses, à être aussi complet que possible, du moins par tout ce que j'y rapproche et que j'y rassemble, je veux indiquer encore une lettre écrite à Mme Sophie Gay par le marquis de Custine au sortir d'une soirée passée chez Mme de Staël dans son salon de Paris; cette lettre est datée du 8 mars 1814, *à deux heures du matin.* M. de Custine, alors très-jeune, mais de l'esprit le plus fin, le plus aiguisé, le plus tourné à l'observation de la société, et dans un premier enthousiasme qui admettait déjà quelque malice, a tracé en huit ou dix pages un portrait vivant. Je ne sais rien de mieux en ce genre. On peut lire cette lettre dans le volume des *Salons célèbres* de Mme Sophie Gay.

MADAME DE STAEL.

COPPET ET WEIMAR,

PAR L'AUTEUR DES SOUVENIRS DE Mme RÉCAMIER.

(SUITE ET FIN.)

Mme de Staël, rentrée en France en 1814, y trouva un gouvernement d'accord avec ses opinions et ses espérances; mais elle ne tarda pas à être déçue, et elle gémit sur les fautes commises. La nouvelle du débarquement de Napoléon à Cannes la terrifia, et elle en comprit à l'instant la portée, elle en prévit les suites. Elle occupait alors un appartement dans l'hôtel où M. de Lavalette habitait aussi; le rencontrant dans le premier moment où la nouvelle éclatait, elle lui exprima énergiquement ses craintes. Elle l'a raconté elle-même dans une page de son livre des *Considérations* : « C'en est fait, s'écria-t-elle, de la liberté si Bo« naparte triomphe, et de l'indépendance nationale s'il

« succombe. » M. de Lavalette a également noté dans ses *Mémoires* cette rencontre de Mme de Staël, et avec quelques variantes. Si elle ne s'est souvenue après coup que de ce qu'elle avait dit de Napoléon, lui, il s'est plutôt souvenu de ce qu'elle lui avait dit des Bourbons : « Hélas! s'écriait-elle à ce sujet, quand je les vis, ces « princes, en Angleterre, ils écoutaient la vérité; je leur « peignais l'état de la France, ce qu'elle demandait, ce « qu'il était si facile de lui donner. Je croyais les avoir « convaincus, et ici, pendant onze mois, croiriez-vous « que je n'ai pu leur parler une seule fois? Je les voyais « s'avancer vers l'abîme, et ma voix a été repoussée...» Les deux récits se complètent. Mme de Staël prit dès lors la résolution de quitter Paris et de ne pas attendre le retour de l'Empereur : « Elle partit, dit M. de Lavalette, peu avant le 20 mars, et l'Empereur, à qui j'en parlai, parut contrarié de son éloignement. J'ai même entendu dire, à cette époque, que quelques démarches avaient été faites pour la rappeler. »

Mais de ce que Mme de Staël n'est pas restée à Paris dans les Cent-Jours, s'ensuit-il, comme prétend l'établir dans une longue et assez âpre discussion l'auteur de *Coppet et Weimar*, que M. Thiers s'est trompé, absolument trompé, en lui attribuant une lettre écrite au mois d'avril en faveur de la France et de la paix? Examinons le fait sans aucune prévention et en nous gardant d'y mêler aucune arrière-pensée politique étrangère. N'oublions pas que les hommes, y compris les femmes, ne sont pas tout d'une pièce, qu'il y a des temps d'émotion générale où une démarche, un mouvement qui ne sera pas entièrement d'accord avec l'ensemble de la ligne suivie, peut paraître la chose la plus naturelle ; et, dans ce cas-ci, le mouvement qui aurait porté Mme de Staël à écrire la lettre en question, serait infiniment honorable, et, par conséquent, digne d'elle.

Voici de quoi il s'agit.

Napoléon, revenu de l'île d'Elbe, inaugure ce nouvel empire si rapide et si court qui peut s'intituler l'Empire constitutionnel : il change de système, il modifie profondément sa manière de gouverner, il introduit dans les Constitutions de l'Empire ce fameux Acte additionnel dont Benjamin Constant est le principal rédacteur, reconnaissable à la parfaite clarté et à l'élégance ; dont Sismondi, alors à Paris, se fait l'avocat et le défenseur officieux dans *le Moniteur,* et qui est destiné à donner satisfaction au parti libéral, à tous les patriotes ralliés. Quelle fut, dans le premier moment, l'impression de Mme de Staël à la nouvelle de ce changement de système et de cette complète adhésion qu'y donnaient plusieurs de ses amis? Il ne s'agit pas de savoir si, un an après, résumant dans son livre des *Considérations* les événements accomplis, elle a écrit « que c'était une niaiserie de vouloir masquer un tel homme que Napoléon en roi constitutionnel ; » il s'agit de savoir ce qu'elle a pu écrire dans les premiers instants, quand l'avenir était encore incertain, et en apprenant ces concessions inattendues et si entières que faisait l'Empereur à la force des choses et aux exigences de l'opinion. Voilà le point unique de la discussion. Or, il est certain que, dans ces premiers temps, non-seulement Benjamin Constant,

mais des libéraux puritains tels que Lafayette, tout en
se tenant sur leurs gardes et en ne procédant qu'avec
réserve, approuvaient ce qui se faisait. Le prince Joseph,
qui avait longtemps conservé des relations affectueuses
avec ses anciens amis du temps du Consulat, lui dont
Mme de Staël écrivait en 1808, en lui pardonnant sa
royauté : « Le pauvre Joseph est un véritable conscrit
parmi les rois, tant sa situation lui fait de peine! » ce
personnage conciliateur et bienveillant était tout occupé
alors à renouer des relations, à opérer des rapproche-
ments; ce fut son rôle dans cette crise. Mme de Staël ne
pouvait être oubliée; elle ne le fut pas. Je lis dans les
Mémoires du duc de Rovigo, lequel ne s'attendait guère
à la discussion soulevée aujourd'hui et qui vient y apporter son contingent, — je lis :

« Les publicistes en étaient satisfaits (de l'Acte additionnel); Mme de Staël elle-même applaudissait aux garanties
qu'il renfermait. « Les articles additionnels, écrivait-elle au
« prince *** (au prince Joseph?) sont tout ce qu'il faut à la
« France, rien que ce qu'il faut, pas plus qu'il ne faut. » Et
comme il faut qu'il y ait toujours quelque chose d'individuel
dans ce qui paraît le plus indépendant, elle ajoutait : « Le
« retour de l'Empereur est prodigieux et surpasse toute ima-
« gination; je vous recommande mon fils. »

Je ne laisse cette mesquine et malicieuse insinuation
de la fin que pour montrer que le souvenir est précis,
et qu'une lettre d'elle aura été vue, en effet, par le duc
de Rovigo.

Or, c'est dans ces circonstances que Mme de Staël, sol-
licitée sans doute par ses amis de Paris, adressa un cer-

tain nombre de lettres à M. Craufurd, ministre des
États-Unis à Paris, qui, en ce moment, quittait ce poste
pour aller occuper celui de secrétaire d'État de la guerre
dans le cabinet de Washington. M. Craufurd devait
passer par Londres, et il avait les communications libres
avec les ministres anglais; lui écrire, c'était donc s'a-
dresser par son intermédiaire aux hommes d'État qui
dirigeaient la politique de l'Angleterre, et percer sur un
point le blocus diplomatique exact que la Coalition for-
mait autour de la France. M. Craufurd quitta le continent dans les derniers jours d'avril, environ un mois
après le retour de Napoléon. Arrivé en Angleterre, il
adressait la lettre suivante à lord Castlereagh à la date
du 29 avril 1815 ; — je ne donne que le passage qui
nous intéresse :

« Milord, j'ai eu l'honneur, il y a quelque temps, d'envoyer
à Votre Seigneurie des lettres que j'avais reçues de Mme de
Staël. Depuis lors, j'en ai reçu d'autres, mais au sujet desquelles je n'ai pas cru utile d'importuner Votre Seigneurie,
parce que, à peu de chose près, elles disaient ce que contenaient
les précédentes, parlant de la crainte qu'inspirent les Jacobins,
leur nombre et leur influence; du danger, s'ils l'emportent,
de voir se renouveler les scènes révolutionnaires à l'intérieur,
et leurs efforts employés à exciter des commotions au dehors.
La lettre que j'envoie aujourd'hui est d'une autre espèce :
elle parle de Bonaparte comme s'il était en train de recouvrer
son ancienne importance, et de la probabilité qu'il réussira
à rendre la guerre nationale. Je n'ai répondu à aucune des
lettres de Mme de Staël, et j'ai simplement prié Mme Craufurd
de la remercier de son souvenir. »

Et à la suite de cette lettre si nettement indicative,

dans le recueil de la Correspondance de lord Castlereagh (1), on lit l'incluse annoncée, portant pour sus-
cription : « Mme *de Staël à M. Craufurd,* » et visant tout
entière à conjurer l'intervention de l'Angleterre dans la
Coalition réengagée contre la France ; la voici :

« 23 avril.

« J'ai lu hier le mot que vous avez écrit pour votre voisine. Mon Dieu ! *my dear sir,* que je voudrais être près de
vous pour quelques heures, et vous bien peindre l'état de la
·France !

« Si la paix continue, les têtes se calmeront, et il y aura ici
liberté et repos. Si ces deux biens nous manquaient, ce serait
par l'effet de nos agitations intérieures, et *seuls* nous en
souffririons ; mais les nations étrangères seraient tranquilles
et dans la prospérité.

« S'il y a la guerre, au contraire, toute la France se réu-
nira contre l'invasion étrangère, et si l'Empereur a un premier succès, comme il l'aura, l'orgueil national fournira à
son vengeur toutes les ressources d'hommes et d'argent qui
lui seront nécessaires.

« Je dis qu'il aura le premier succès, et bientôt je vous en
donnerai les raisons.

« Vous me direz que la Coalition a bien su arriver jusqu'à
Paris, l'année dernière. Oui, mais la position des puissances
et la nôtre sont bien changées. L'année dernière, il y avait
ici dans les premières places des gens qui voulaient un bou-
leversement. Pendant le règne des Bourbons, tous ces hommes
se sont vantés de leurs trahisons, qui étaient devenues des
titres aux récompenses, des motifs d'orgueilleuse indiscré-
tion. Ils sont donc connus aujourd'hui, ne sont plus employés,

---

(1) *Correspondence, despatches and other papers of viscount
Castlereagh,* — third series, — vol. II, page 335. (London, Murray,
1853.)

et la Coalition ne les aura plus pour l'appeler et l'instruire de l'état de la France.

« L'année dernière, l'armée, presque anéantie par les glaces du Nord, par une campagne malheureuse, — l'armée, étonnée de ses revers, était découragée : aujourd'hui elle s'est reformée de toutes les vieilles troupes qu'on avait laissées dans les places fortes. Vous connaissez mon exactitude, ma vérité, *my dear sir;* que l'Angleterre ne se laisse pas tromper par les émigrés. Il est positif que, depuis son retour, l'Empereur a rappelé toutes ses vieilles bandes, qu'elles arrivent de tous les coins de la France, amenant avec elles des jeunes gens que leur exaltation a électrisés; que l'Empereur a aujourd'hui tout équipés 250,000 hommes de troupes, dont chaque soldat croit valoir quatre hommes ; qu'à la fin de ce mois, il aura 50,000 hommes de plus, et à la fin de mai, 100,000 encore ; ils sont là, on les équipe.

« D'ailleurs l'esprit du paysan est monté à tel point que, si l'ennemi entre, l'Empereur doit déclarer tous les hommes de France soldats, et ce pays sera pour vous ce qu'a été l'Espagne pour nous. Déjà l'année dernière les Alliés craignaient fort le paysan et les partisans; cette année, ce sera bien autre chose; ce sera comme nous étions en Espagne, où le soldat aimait mieux mourir de faim que de s'éloigner de dix pas de leurs troupes. Ne croyez pas les émigrés : ils se flattent et se trompent depuis vingt ans. Soyez certain que l'état que je vous donne des forces de l'armée et de l'exaltation du pays est absolument, exactement vrai; et si l'Empereur avait une victoire, le Brabant deviendrait aussi pour les Alliés une Espagne.

« Le Prince-Régent peut empêcher tous ces malheurs. Oh! qu'il soit grand, magnanime, qu'il se porte en médiateur, qu'il attache son nom, sa force, sa gloire, à dire à toutes les nations : *Je veux la paix, et vous resterez en paix !* L'Angleterre peut ainsi être la maîtresse du monde. Avec la guerre elle ne sera qu'une partie d'un tout déjà divisé. Puisque le Prince-Régent ne peut marcher à la tête des Anglais, il ne

peut commander aux nations qu'en leur dictant à tous la paix.
S'ils courent à la guerre, c'est l'empereur de Russie qui devient le maître, lui que ses troupes appelaient dès l'année
dernière l'*Agamemnon, le Roi des Rois* (1); c'est l'empereur
de Russie qui veut la guerre, parce qu'à son arrivée à Paris,
M. de Talleyrand, se trouvant compromis, voulant l'enchaîner
à lui, fit déclarer qu'il ne traiterait pas avec Bonaparte; mais,
quinze jours auparavant, toutes les puissances n'ont-elles pas
traité avec lui à Châtillon? Qu'y a-t-il de changé? Un traité
avec Napoléon qu'on n'a pas tenu, une année de malheur pour
Napoléon dont il a profité. Il désire, il veut la Paix de Paris;
quoiqu'il ne l'eût jamais signée, il n'y changera pas une vir-
gule, afin qu'elle soit toujours la paix des Bourbons. C'est
aussi la paix reçue par la nation française, et dont elle se
contentera.

« Je vous dirai même qu'il faut la main de fer de l'Empereur pour retenir son armée, qui veut regagner ses trophées
et sa gloire. Si une fois cette armée entre en Brabant, que
les Belges (se) prononcent pour les Français, Napoléon ne
pourra plus les abandonner; et nous voilà, pour la vanité de
l'empereur de Russie, dans une guerre de vingt années avec
l'Angleterre.

« Oh! que le Prince-Régent veuille être le dieu de la paix,
ou qu'il laisse (avec des chances bien douteuses) l'empereur
de Russie être le roi de cette guerre! La question est entre
ces deux; le reste leur obéira.

« Brûlez ma lettre, *my dear sir,* et *God bless you!*

« J'ai encore bien des choses curieuses à vous dire sur
notre état, mais ce sera pour demain : aujourd'hui, j'ai mal
à la tête. »

Qu'en dites-vous? Pour moi, cette lettre lue, et avant

---

(1) La phrase ici est tout à fait brouillée dans l'impression, et il y
faut faire une ou deux corrections pour rétablir le sens et la suite
grammaticale.

toute question à son sujet, je ne puis m'empêcher de
m'écrier : « Bien, très-bien ! et qui que tu sois qui l'as
écrite, tu es un brave cœur ! »

Telle est la lettre que M. Thiers, sur la foi de M. Craufurd, s'est cru autorisé à citer ou à analyser (tome XIX,
page 466, de son *Histoire*) comme étant effectivement
de Mme de Staël, ét en lui en faisant honneur ; elle est,
au contraire, désavouée par l'auteur de *Coppet et Weimar*
ou, pour mieux dire, par la famille de Mme de Staël,
comme indigne d'elle et comme n'ayant pu absolument
sortir ni de son cœur ni de sa plume. On allègue quantité de raisons pour preuves de cette impossibilité.

Les dates. — Mme de Staël devant être alors à Coppet ou
à Genève, les courriers n'arrivaient pas assez vite, dit-on,
pour qu'une lettre du 23 avril pût être lue à Londres le
29. Le raisonnement me paraît peu probant. D'après
les calculs même qu'on oppose, il me semble que M. Craufurd qui avait dû, en quittant Paris, prendre des mesures
pour que les lettres, à lui adressées, lui parvinssent sans
retard, a pu fort bien recevoir celle-ci juste au moment
où il partait pour Londres, ou même après y être arrivé ;
et, cette lettre reçue, il dut écrire immédiatement à
lord Castlereagh pour la lui envoyer.

Le style. — On dit qu'il y a dans cette lettre des locu-
tions non françaises. On pourrait ajouter qu'il n'y a pas
d'orthographe ; car la pièce, telle qu'elle est imprimée,
renferme bien des fautes (*vielles* troupes, les *Alliées*...) ;
mais il est difficile de tirer argument de telles incor-
rections qui peuvent et doivent être le fait des typogra-
phes anglais imprimant une lettre française et d'après

une copie telle quelle : l'écriture de Mme de Staël n'était point des plus lisibles quand elle était pressée. Venir dire que la locution : « si les Belges *prononcent pour les Français,* » au lieu de : « *se prononcent,* » est d'une personne qui a dû longtemps séjourner en Espagne et qui en a pris le langage jusqu'à oublier le français, est une chicane aussi invraisemblable qu'ingénieusement trouvée. Il est plus naturel d'admettre une faute d'impression, quand déjà il y en a plusieurs qui sautent aux yeux.

La plus grave des objections est le mot *ici* qui semble supposer quelqu'un de présent en France : Mme de Staël n'y était que par ses amis, et elle s'y sera transportée d'imagination en écrivant.

A toutes ces invraisemblances de détail qu'on fait valoir, j'opposerai un petit signe qui fait plus, à mon sens, que les compenser, et qui est bien propre à Mme de Staël ; je crois qu'aucun de ceux qui ont vu beaucoup de ses lettres ne me démentira ; ce sont ces quelques mots anglais, *my dear sir,* jetés dans une lettre écrite en français : Mme de Staël, avec les gens avec qui elle n'était pas entièrement familière, aimait à faire cela, et à mettre sur le compte d'une autre langue cette sorte d'anticipation de tendresse.

Restent les sentiments. J'avoue qu'ils me paraissent très-dignes de Mme de Staël : ils portent tous sur le désir de la paix, sur les forces et les ressources que la France peut trouver en elle pour soutenir une guerre, pour maintenir son indépendance. Que Mme de Staël, au fond et dans son for intérieur, ait cru ou non alors à cette possibilité, elle pouvait honorablement affecter devant l'étranger plus d'espérance même qu'elle n'en nourrissait au dedans.

Enfin, il paraît bien certain, d'après la lettre de M. Craufurd, et à moins que cet honorable ministre américain n'ait rêvé les yeux ouverts, qu'il recevait de Mᵐᵉ de Staël des lettres, que ces lettres avaient leur intention, étaient faites pour être montrées au ministre anglais; et dans ce cas, je ne conçois pas ce qu'auraient pu être de pareilles communications, si elles n'avaient été dans le sens de la lettre même que nous venons de voir.

« Vous n'y reconnaissez pas, dites-vous, les sentiments habituels de Mᵐᵉ de Staël. » Encore un coup, vous m'étonnez! Aimeriez-vous donc mieux qu'en écrivant à M. Craufurd dans l'espoir d'être lue par lord Castlereagh ou par le Prince-Régent, Mᵐᵉ de Staël, que sans doute ses amis de Paris avaient poussée à faire cette tentative, et qui n'avait pu recevoir que d'eux ces divers chiffres et ces informations, lui eût dit : « Napoléon est faible, son ar- « mée est désaffectionnée; il est vulnérable sur tel ou « tel point, il n'a que peu de chances de résister, s'il est « vigoureusement attaqué. Que le Prince-Régent fasse « cause commune avec la Russie, et il est perdu! Une « première victoire elle-même, s'il la remportait, ne le « sauverait pas. » Mais vraiment, vous ne pouvez entrer un seul instant dans une pareille supposition, vous ne pouvez retourner ni presque modifier aucun des sentiments exprimés dans cette lettre sans imaginer un rôle odieux, et devant lequel vous reculez tout le premier. Je parle à n'importe quel adversaire.

La neutralité, à coup sûr, et le silence seraient bien permis ; mais, après la lettre de M. Craufurd, il est impossible d'admettre qu'il n'ait pas reçu de Mme de Staël nombre de missives et de communications qui passaient au moins par elle, et que de loin elle n'ait pas été un moment active, à l'instigation de je ne sais quel de ses amis, ou de Benjamin Constant qui avait bien gardé quelque prise sur elle, ou du prince Joseph, ou de ce diable de Fouché que de tout temps elle connaissait.

Cette lettre, ou telle autre pareille, ne nous forcez pas à le dire, nous les amis de Mme de Staël, et qui comprenons ses premiers mouvements en plus d'un sens, c'est la compensation peut-être d'avoir écrit un jour au général Moreau de revenir d'Amérique pour nous combattre, d'avoir appelé Bernadotte *le véritable héros du siècle,* celui qui *joint la vertu au génie ;* elle a pu, dans des moments de révolte et d'irritation trop motivée, s'emporter à ces vivacités *extra*-françaises ; elle était femme après tout, nous ne l'en blâmons pas ; mais concevez donc aussi qu'elle a pu écrire à un autre moment cette lettre toute française en simple brave femme qu'elle était ce jour-là, et en bonne patriote. N'ayez donc pas tant peur, Messieurs les doctrinaires, qu'elle ait été patriote une fois comme le peuple : savez-vous bien qu'elle avait plus d'imagination que vous, je n'ose dire de cœur, et qu'elle n'était des vôtres qu'à demi ?

M. Thiers, en se servant d'un document publié dans un recueil de lettres et de dépêches authentiques, n'a donc fait qu'user du droit de l'historien. S'il a supposé

à tort que Mme de Staël était restée à Paris pendant au
moins une partie des Cent-Jours, ce n'est là qu'un point
tout secondaire et de médiocre importance ; l'essentiel
est dans l'assentiment, ne fût-ce que d'un quart d'heure,
arraché à cette femme généreuse et vive. Jusqu'à démonstration contraire, encore plus convaincante que
celle qu'on a essayée et qu'on a presque élevée à la hauteur d'une question de parti, car les légitimistes et
M. Nettement s'en sont emparés (1), je tiens donc qu'il
n'est pas du tout évident que M. Thiers se soit mépris.
On s'en était réjoui jusqu'à Gand et à Coblentz ; il faut
rabattre de la fanfare.

Mme Lenormant, si ce chapitre est d'elle (et elle a bien
assez d'esprit, — assez de finesse et de précision dans
l'esprit, — pour avoir mené cette discussion comme on
l'a fait), l'a pris vraiment sur un ton un peu trop haut.
Parlons sérieusement. Elle traite M. Thiers d'une manière un peu leste et comme de haut en bas ; elle montre
l'illustre historien préoccupé avant tout de chercher
« des *croyants* à la conversion de Napoléon aux idées
« libérales ; » elle le rappelle à l'ordre pour n'avoir pas eu
présents certains passages du livre des *Considérations* :
« Lorsqu'il s'agit, dit-elle, d'un écrivain de l'ordre de
« Mme de Staël, il ne peut être permis de lui prêter des
« opinions autres que celles qu'elle a elle-même expri-
« mées. Il suffit d'ouvrir le livre admirable où elle ap-
« précie d'un jugement si ferme les principaux événe-
« ments de la Révolution française, pour être pleinement

(1) Voir le journal l'*Union*, du 25 mars 1862.

« édifié sur le peu de foi qu'elle accordait au libéra-
« lisme de celui, etc., etc. »

Mais, Madame, il ne s'agit pas, encore une fois, du
livre de Mme de Staël rédigé plus tard et d'après une impression totale et résumée où l'on supprime et l'on abo-
lit tout ce qui a pu s'en écarter un moment ; il s'agit de
lettres écrites dans les cinq premières semaines des
Cent-Jours, sous le coup des événements les plus me-
naçants, de conseils d'amis sans doute très-pressants, et
sous l'inspiration aussi d'un sentiment national honorable, dont la suggestion a pu être plus forte que les
règles et les principes. Mme de Staël n'était pas de ceux
qui à l'étincelle et à l'éclair préfèrent et substituent en
toute occasion la règle. Elle a eu, elle a pu avoir un de
ces élans que des esprits logiques et argutieux taxent
d'inconséquence, et qui ont la générosité pour principe.

1815 a été une crise, et la plus terrible des crises ;
qui donc osera répondre de la succession d'impressions
qu'un autre a pu avoir en 1815 ? Qui répondra, s'il est
sincère, de ce qu'il aurait ressenti lui-même ? On avait
alors des impressions à la semaine, à la minute. N'ou-
bliez pas que Mme de Staël n'avait pas eu tant à se louer
des Bourbons en 1814 ; qu'elle n'avait point été admise
à parler une seule fois aux princes dans cette année de
la première Restauration… Il est téméraire de prétendre
dire d'une personne qui vous ressemble si peu, qu'elle
a senti exactement d'une façon et non d'une autre,
pendant toute la durée de ce rapide et violent orage.

On est vraiment curieux aussi sur cette question des
Cent-Jours, et on voudrait faire de M. Thiers un tout

autre homme pour la crédulité que ne saurait l'être un esprit si sagace et si clairvoyant.

Napoléon, en 1815, était-il *converti* aux idées libérales? M. Thiers est-il *croyant* à cette conversion? Je n'accepte pas la question posée en ces termes.

Laissons ces mots mystiques de *conversion* et de *croyant* qui ne sont pas à l'usage des esprits vraiment politiques, ni même tout uniment des esprits sensés. Ceux-ci n'ont que le moins possible de *croyances* proprement dites, ils ont des convictions ou des opinions résultant de l'examen. De même pour les *conversions,* je les laisse aux hommes religieux et dans l'ordre mystique également. Des esprits sages et honnêtes qui, dans les temps habituels, préféreraient les procédés de liberté, ont reconnu, en de certaines crises publiques, la nécessité d'en passer par des dictatures temporaires, et ils s'y sont ralliés, non parce qu'ils se sont *convertis,* mais par pur bon sens et par le sentiment impérieux de la situation. Cela est constant. En revanche, un esprit supérieur comme Napoléon ne put-il pas reconnaître, à sa rentrée en France dans les Cent-Jours, que l'état de l'opinion exigeait désormais des procédés libéraux, des garanties constitutionnelles permanentes, et qu'on ne pouvait s'empêcher d'en accorder? Toute la question est là. Qu'il eût mieux aimé gouverner autrement, cela ne saurait faire un doute; mais son souverain bon sens, supérieur à ses goûts et à ses passions même, reconnut-il alors l'empire des faits et résolut-il de s'y soumettre? C'est là-dessus que roule tout l'examen et la conjecture. Même au plus fort de sa puissance, de l'usage exorbitant qu'il en faisait et qu'il proclamait nécessaire, il avait toujours dit que dans cinquante ou soixante ans on pourrait gouverner autrement, mais que le temps n'était pas venu : jugea-t-il que ce temps, beaucoup plus rapproché qu'il ne l'avait pensé d'abord, était venu en 1815? Voilà le point unique, une question non de sentiment, mais de fait et d'application. Demander aux hommes de sa trempe d'être des libéraux par goût, par penchant et préférence, c'est trop exiger de l'humaine nature : c'est bien assez s'ils le deviennent, à une certaine heure, par une juste appréciation de la nécessité et par raison d'État. Or, dans les Cent-Jours, et pendant tout le temps qu'on discuta la Constitution, Napoléon eut du moins ce genre de sincérité qui consistait à empêcher ses nouveaux collaborateurs de pécher par excès et de compromettre leur œuvre en la rendant impraticable à l'usage ; il ne leur tendit aucun piége, et quand on voulait trop, il se montrait prêt aussitôt à se cabrer. Il demandait qu'on se tînt dans l'ordre du possible, et qu'on n'exagérât point dans le nouveau sens. C'était la seule manière d'assurer la durée. Que s'il avait été vainqueur, dit-on, et s'il avait eu raison de l'Europe par les armes, il n'aurait point supporté longtemps une Constitution, même ainsi corrigée et mitigée. Soyons francs ; vous faites là une supposition, mais il n'est pas besoin d'en faire : vous avez eu deux souverains depuis, qui n'avaient ni dans le génie ni dans la gloire les mêmes excuses qu'aurait pu avoir Napoléon pour sortir de la Constitution et vouloir s'en affranchir. Ces deux souverains, je ne crains pas de les nommer, Charles X et Louis-Philippe, sont-ils donc restés si fidèles à l'esprit de la Constitution qu'ils avaient solennellement jurée et acceptée? Cette première et cette seconde Charte, ne l'ont-ils pas, l'un violée, l'autre éludée et faussée tant qu'il a pu, et ne sont-ils pas tombés pour cela?

Les fautes, il y en a eu assez en fait et dans le passé, sans aller en imaginer encore dans des hypothèses qui ne se sont point réalisées. M. Thiers, qui cherche avant tout la vérité, mais qui la cherche sans froideur, avec vivacité, avec prédilection, s'est posé la question au sujet du Napoléon des Cent-Jours, et il a singulièrement animé la conclusion qui lui a paru la plus probable. De ce qu'il a jeté comme un rayon d'espérance et de consolation à travers une époque morne et sombre, ce n'est pas une raison pour faire de lui un esprit entraîné et dupe de ses propres illusions, comme le voudraient bien d'autres historiens de rencontre, qui, pareils à l'orateur Drancès dans Virgile, se plaisent à exagérer les torts de Turnus et à retourner le fer dans les blessures de la patrie.

Je reviens à Mme de Staël. Elle n'est pas responsable de ce puritanisme posthume qui ne veut qu'à aucun prix elle ait pu se mettre en avant et intervenir alors dans une intention généreuse. Une spirituelle étrangère, la comtesse d'Albany, en correspondance avec elle, était très-hostile, en 1815, à tout ce qui se tentait en France; elle blâmait fortement Sismondi d'y adhérer avec cette ardeur et d'y participer. Mme de Staël, prise à témoin peu de temps après, répondait à la comtesse : « Je suis « de votre avis sur Sismondi; c'est un homme de la

« meilleure foi du monde. Nous avons eu des querelles
« terribles par lettres sur Bonaparte : il a vu la liberté
« là où elle était impossible ; mais il faut convenir aussi
« que pour la France tout valait mieux que l'état où
« elle est réduite actuellement. » Cette parole écrite à
la date du 8 décembre 1815, et en partie à la décharge
de Sismondi, montre que si Mme de Staël avait pu, sans
partager ses espérances de liberté, paraître approuver
pourtant l'Acte additionnel, elle avait bien pu, à plus
forte raison, faire une tentative auprès du Prince-Régent
en faveur de la paix, c'est-à-dire de l'indépendance nationale dont elle déplorait si amèrement la violation et
la perte. C'était un coup d'épée dans l'eau, mais elle a
pu le donner. Si la Correspondance de Sismondi avec
Mme de Staël durant les Cent-Jours s'est conservée dans
toute sa suite, on y trouvera peut-être le secret de la
difficulté qui nous occupe aujourd'hui (1).

(1) A défaut de la Correspondance de Sismondi avec Mme de Staël,
nous avons aujourd'hui, grâce à M. Saint-René Taillandier, celle
de Sismondi avec Mme d'Albany. J'en extrais les passages suivants,
qui ne sont point contraires à la thèse que je viens d'essayer de
soutenir, et qui lui seraient plutôt favorables. Le 1er mai 1814,
Sismondi, alors en Italie, à Pescia, préludait à ses sentiments de
1815, et il écrivait à Mme d'Albany : « Je souffre au dedans de moi
de la seule pensée que les Français n'auront leurs propres lois,
une liberté, un gouvernement à eux, que sous le bon plaisir des
étrangers; ou que leur défaite est un anéantissement total, qui les
laisse à la merci de leurs ennemis, quelque généreux qu'ils soient.
Je ne suis pas bien sûr que Mme de Staël partage ce sentiment... »
Elle le partageait pourtant, et Sismondi lui-même allait l'annoncer
à Mme d'Albany dans une autre lettre du 26 mai : « J'ai reçu aujourd'hui d'une manière indirecte des nouvelles de Mme de Staël.
J'apprends avec un plaisir fort vif que ses impressions ont été en

Grand esprit plutôt que grand écrivain, Mme de Staël
vivra-t-elle? Je m'explique : vivra-t-elle autrement que
comme un grand témoin historique, que comme l'expression de la plus haute littérature de société et comme
un nom à jamais mémorable? Vivra-t-elle de cette vie
personnelle et perpétuelle qui réside et se fixe dans les
écrits, et se transmet de la main à la main comme un
flambeau? Un des hommes qui ont le mieux parlé de
Mme de Staël et que l'auteur de *Coppet et Weimar* n'a
pas même nommé, un éminent critique, encore plus
chrétien que protestant, M. Vinet, après une étude approfondie, a conclu en disant que les écrits de Mme de

tout conformes aux miennes. Dès que les Allemands ont passé le
Rhin, elle n'a plus désiré que la paix avec Bonaparte, et elle a
senti avec une profonde douleur l'humiliation de la France et sa
dépendance. Tout ressentiment personnel, toute haine, quelque
motivée qu'elle fût, a cédé au sentiment fondamental d'une Française; elle n'a plus considéré que l'indépendance et l'honneur de
la France. » Il paraît même qu'on en avait dit à Mme d'Albany plus
qu'il n'y en avait sur ce revirement de sentiments et de désirs de
Mme de Staël, à la veille et à l'heure du changement de régime. On
voit du moins, par un mot de Sismondi, qu'elle eût été disposée à
préférer la Régence à toute autre combinaison, — la Régence, c'est-
à-dire Marie-Louise avec le roi de Rome. Cela ne laisse pas de sur-
prendre un peu. Enfin, une lettre de Mme de Souza à Mme d'Albany,
du 26 mai 1814, nous apprend que la réouverture du salon de
Mme de Staël à Paris donna dès les premiers jours de l'ombrage :
« Mme de Staël est ici, et son salon (ceci entre nous; ne me répondez
même pas là-dessus) est déjà devenu un objet d'inquiétude. On y
parle beaucoup constitution et idées libérales. C'est dangereux dans
ce moment... » La conclusion à tirer de tout ceci, à ce qu'il me
semble, c'est que, dans cette succession si rapide d'événements et
dans cette mobilité d'impressions souvent contraires, l'impossibilité *morale* de la lettre en question n'existe pas.

Staël vivront, parce qu'ils sont animés de cette flamme communicative, de ce souffle divin qui ne périt pas, et dans sa prophétie hardie il est allé jusqu'à leur promettre cette immortalité qui s'est attachée à de simples fragments de Sapho :

> . . . . Spirat adhuc amor,
> Vivuntque commissi calores
> Æoliæ fidibus puellæ (1).

J'aimerais à accepter l'augure, mais il n'y a que l'avenir pour savoir ces choses : je me borne à observer, non sans crainte, que le moment actuel est périlleux et critique pour cette gloire qui nous est chère. Les souvenirs qui l'avaient accompagnée jusqu'ici cessent et expirent ; les écrits seuls sont là désormais, et ils ont besoin d'être complétés, d'être expliqués : le plus fort de leur charme et de leur puissance est dans l'ensemble, et on ne saurait presque en détacher une page entre toutes. Les phrases même tiennent peu, prises en détail ; elles ne se déplacent pas. J'ai en ce moment présente à l'esprit une épreuve à laquelle je les ai vues bien souvent soumises et dans fort peu de cas résister. A l'Académie, lorsqu'on produit, à l'occasion d'un mot, les exemples tirés des principaux écrivains témoins de la langue, il est rare que l'exemple emprunté à Mme de Staël ne soulève pas d'objections, et qu'une phrase d'elle passe couramment. On allègue tantôt le vague de l'expression, tantôt l'impropriété des termes ou le peu d'a-

---

(1) Ce qui peut se traduire ainsi : « Les pensées, les sentiments confiés à la harpe éolienne de Mme de Staël ne mourront pas. »

nalogie des membres. A ce jeu de détail du Dictionnaire, elle a rarement un atout. Autant Bossuet, même ainsi démembré, gagne à tout coup et triomphe, autant Mme de Staël résiste peu. Elle a besoin plus qu'un autre écrivain d'être lue avec des yeux amis, intelligents. Je prendrai, par exemple, la plus célèbre de ses phrases s'il fallait en choisir une, celle dans laquelle on a résumé sa vie : « J'ai toujours été la même, vive et triste; j'ai « aimé Dieu, mon père et la liberté. » C'est ému, cela fait rêver, mais c'est elliptique. Que d'idées intermédiaires il y manque ! Elle a été toujours la même, *vive* et *triste;* mais elle a été bien d'autres choses encore, et il y faut suppléer; elle ne le dit pas. *Dieu et la liberté*, c'est grand, c'est le plus noble vœu, et qui rappelle le mot de Voltaire au petit-fils de Franklin; mais *mon père*, mis là entre *Dieu* et *la liberté*, fait une sorte d'énigme ou du moins une singularité, et demande explication. Au moment où elle fut dite par elle, déjà mortellement atteinte et défaillante, une telle parole dut paraître admirable, et elle l'était; mais c'est à la condition d'y mettre aussi l'éclair du regard, la physionomie, l'accent; il faut tout cela à sa parole pour se compléter; sa plume n'avait pas ce qui termine : il manque presque toujours à sa phrase écrite je ne sais quel accompagnement.

C'est peut-être un motif de plus, pour le lecteur distingué, de s'y plaire, en y remettant partout cet air et cet accent sous-entendus. Les délicats aiment à avoir de ces occasions de placer leur délicatesse.

BOSSUET.

ŒUVRES COMPLÈTES PUBLIÉES D'APRÈS LES IMPRIMÉS ET LES MANUSCRITS ORIGINAUX,

PAR M. LACHAT (1).

Un travail de critique qui date seulement de nos jours a été entrepris et est en voie d'exécution sur Bossuet. La nouvelle édition que j'annonce de ses Œuvres complètes en est un résultat. Je résumerai en peu de mots l'état de la question et des études à son sujet, en remontant rapidement le cours de cette haute renommée.

Bossuet, grand théologien, grand orateur funèbre, meurt aux premières années du xviiie siècle (12 avril 1704) : sa mémoire recueille aussitôt la gloire qui lui est due et qui, depuis longtemps, le couronnait ; mais l'admiration, sur son compte, s'attache littérairement aux endroits célèbres, aux chefs-d'œuvre en lumière.

---

(1) Librairie de Louis Vivès, rue Delambre, 5. — Le tome VIII, qui ouvre la série des Sermons, était seul alors en vente.

« On a de lui cinquante et un ouvrages, dit Voltaire ; ce sont ses *Oraisons funèbres* et son *Discours sur l'Histoire universelle* qui l'ont conduit à l'immortalité. » D'Alembert, Thomas, La Harpe, lui rendent pleine justice à cet égard, mais à cet égard seulement. Les *Sermons,* publiés après les autres ouvrages et en plein xviiie siècle (1772), provoquent l'opinion hautement favorable et le suffrage enthousiaste de l'abbé Maury ; mais, tout en sentant les choses de l'éloquence en orateur, Maury est d'ailleurs un critique un peu léger, tranchant, décisif, affirmatif ; il ne fait autorité qu'à demi. Son opinion reste longtemps particulière. Sous l'Empire, M. de Bausset, qui avait débuté par une intéressante et agréable *Histoire de Fénelon,* continue par une *Histoire de Bossuet,* utile, agréable encore, mais où la critique proprement dite est un peu vague, où la louange est un peu trop généralement répandue, et où toutes les sources contemporaines ne sont pas consultées d'assez près. On a dû y revenir depuis et avec une investigation pleine d'ardeur, avec un besoin de précision qu'on n'avait pas à ce degré auparavant. Le jeune abbé Vaillant essaye de cette critique moderne et d'après M. Cousin, en l'appliquant aux *Sermons* de Bossuet (1851), et en relevant chez le premier éditeur de 1772, dom Déforis, bien des inexactitudes de texte et des licences ; il indique les moyens de les réparer. Ce studieux et ardent jeune homme meurt à la peine ; il a, le premier, donné le signal devant le public. Mais M. Floquet, qui, depuis des années, travaillait et creusait en silence, se décide enfin à paraître (1853). Dans

les trois volumes publiés jusqu'à ce jour sur la *Vie* de
Bossuet, et qui ne comprennent cependant encore
qu'un premier tiers de sa carrière publique jusqu'en
1670, il épuise les sources, les informations; il ne
laisse rien d'inexploré. Cet estimable et savant ouvrage,
qu'on dirait d'un Tillemont biographe, n'a contre lui
que le style dans lequel il est écrit et qui est un peu
revêche. « Les mots d'une langue bien faite s'appellent
l'un l'autre. » C'est ce que disait Laromiguière dans
cette forme gracieuse et simple qui était la sienne;
M. Floquet ne se l'est pas assez dit. Mais, cette remarque essentielle et inévitable une fois faite, que de
droiture, d'honnêteté, de scrupule et d'ingénuité dans
l'érudition et dans l'esprit du digne auteur! — Enfin
on a publié depuis lors (1856) les Mémoires mêmes, si
souvent cités et invoqués, et le *Journal* tout entier de
l'abbé Ledieu, ce secrétaire de Bossuet, dont le nom et
le renom valent mieux que la personne, qui n'est pas
l'exactitude ni la délicatesse même, mais qui aimait,
somme toute, son évêque, qui l'admirait, et qui, ayant
songé de bonne heure à tirer parti de son intimité
pour écrire ce qu'il voyait et ce qu'il entendait, nous a
rapporté bien des choses qui se ressentent du voisinage
de la source, et que rien ne saurait suppléer. Avec
Ledieu, contrôlé par M. Floquet, on a tout ce qui se
peut souhaiter de plus particulier sur Bossuet : c'est
définitif. Puissent les prochains volumes de M. Floquet
ne pas se faire attendre trop longtemps!

M. Lachat, dans l'Introduction qu'il a mise en tête
des *Sermons* au tome VIII de l'édition nouvelle, ne fait

que résumer avec assez de soin et de bonne volonté les résultats obtenus par ses devanciers, et il s'applique à suivre, pour la reproduction exacte du texte, les excellents principes critiques qui ont prévalu depuis quelques années, que M. Cousin n'a cessé de prêcher sur les toits que M. P. Faugère a mis en pratique pour Pascal, M. Chéruel pour les *Mémoires* de Mademoiselle, M. Régnier tout récemment pour Mme de Sévigné. Rien de mieux (1).

Dans son travail de récapitulation, M. Lachat nous paraît toutefois s'exagérer un peu trop des critiques secondaires. « On ne cesse pas sans peine de citer *un pareil écrivain,* » dit-il en un endroit (page xxviii); et, en vérité, je crains que ces mots, *un pareil écrivain*, ne s'appliquent, dans sa pensée, non pas à Bossuet, mais à M. Valery-Radot, dont il vient de transcrire quelques

---

(1) Je crois seulement devoir glisser un mot à la décharge du premier éditeur des *Sermons*, cet estimable et utile dom Déforis que tout le monde attaque aujourd'hui, et que l'on devrait commencer par remercier pour avoir fait le plus gros et le plus difficile de la besogne. M. Gandar, qui s'est fort occupé du texte de Bossuet et qui y a regardé de très-près, me fait remarquer que cet honnête homme de bénédictin a rendu maint service inappréciable, qu'il a presque toujours bien lu des brouillons que, sans lui, on serait fort empêché de déchiffrer. Mais c'est la mode de tout éditeur de dénigrer son prédécesseur et d'en profiter ; chaque nouveau venu use de cette mode largement. — Autre réserve. Je suis allé un peu vite et de confiance en accordant à M. Lachat d'avoir réussi à constituer le texte de Bossuet. Des personnes du métier, et qui ont consulté après lui les manuscrits, m'ont fait voir que sa collation était tout à fait insuffisante. J'en ai eu la preuve, notamment sur le *premier Sermon pour la Fête de tous les Saints*, que lui-même a donné précisément comme échantillon.

remarques. Mesurons nos éloges. Je suis étonné de trouver au bas d'une page (page xv) l'abbé Faydit, cet auteur méprisable, allégué comme autorité. On ne cite pas en bon lieu l'abbé Faydit.

D'ailleurs je n'admets pas du tout avec M. Lachat (page xxvii) que la plume de Bossuet soit devenue de plus en plus *timide* avec les années. Le mot de *timide* jure avec l'idée seule de Bossuet, écrivain et orateur; c'est une impropriété, un contre-sens. Bossuet a pu, dans certains de ses discours et sermons, multiplier les retouches et les ratures : qu'est-ce que cela prouve? Il est dangereux de s'engager trop avant dans ces minuties d'examen interlinéaire et d'en prétendre rien conclure sur les procédés du talent, du génie. Il y faudrait, en tout cas, apporter un tact que tout le monde n'a pas. Tout grammairien n'est pas un critique. Pareil orateur ne veut pas être regardé avec des yeux myopes. La touche de Bossuet, en devenant plus large et plus sûre avec les ans, n'a jamais hésité, et la marche de son éloquence n'a rien à faire avec la méthode de Boileau.

Ne nous lassons pas de le revoir de près, cet homme le plus puissant par la parole, le plus véritablement éloquent que nous ayons eu dans notre langue; ne cessons de lui accorder tout ce qui lui est dû, et cependant ne lui accordons pas toute chose.

Ne lui accordons pas d'être un historien accompli, ni même un historien équitable, ni un philosophe et un arbitre impartial des questions philosophiques, ni un ami, à aucun degré, de l'examen et de la critique. Bossuet n'avait pas besoin d'être tout cela pour devenir

et rester le plus grand orateur sacré et même un *Père
de l'Église,* comme l'appelait La Bruyère : il avait
plutôt besoin de n'être rien de cela et de n'admettre
aucun doute, de ne tolérer aucune inquiétude d'opinion, aucune recherche de vérité nouvelle : il entrait
en impatience dès qu'on remuait autour de lui, et tout
son raisonnement, aussitôt, toute sa doctrine se levait
en masse et en bon ordre comme une armée rangée
en bataille.

Il y avait maintes choses qu'il n'aimait pas, qu'il
n'entendait pas ou (ce qui revient au même) auxquelles
il ne voulait pas entendre. Les esprits curieux et libres,
les esprits délicats et fins, sont enclins à ne pas goûter
Bossuet, et ils ont leurs raisons pour cette antipathie.
Je sais de nos jours un bien spirituel adversaire de
Bossuet, qui n'a cessé depuis des années de trouver et
de semer sur lui des mots piquants et justes. Parlant
de l'évêque politique en Bossuet, et des considérations
de cabinet qui influèrent si fort sur sa conduite, sur ses
discours officiels en toute circonstance, cet homme d'esprit disait il y a plus de trente ans : « Après tout, c'est
un conseiller d'État. » Tout récemment, et se reportant
à ce trésor de beaux lieux communs qui sont le fonds
inépuisable de son éloquence, il l'appelait encore « le
sublime orateur des idées communes. » Et montrant de
plus, au sujet de la controverse avec Leibnitz, que
Bossuet n'était entré, à aucun moment, dans l'esprit
même de cet essai de conciliation chrétienne supérieure
et avait prolongé, sans paraître s'en douter, un malentendu perpétuel, il se risquait à dire que cela donnait

quasi raison à certains critiques délicats « qui trouvent à Bossuet l'imagination d'Homère et *point d'esprit.* » Le mot est lâché, et c'est M. de Rémusat qui l'a dit.

Le fait est que Bossuet, avec son air de grandeur et de bonhomie autoritaire, est impatientant et irritant pour tous ceux de la postérité de Leibnitz, pour les Lessing présents et futurs, pour tous ceux qui préfèrent à la vérité même possédée, et dès lors étroite, la recherche éternelle de la vérité.

Du temps de Bossuet, un esprit des plus fins, M. de Tréville, jugeait assez sévèrement son caractère. Un jour que Bossuet, le trouvant trop roide, trop dédaidaigneux, avait dit de lui : « Il n'a pas de jointures, » Tréville, à qui on rapporta le propos, répondit : « Et lui, il n'a pas d'os. » Bossuet, en effet, était pliant et un peu faible devant les puissances, et il avait bien des égards au monde (1).

Les mondains spirituels et malins lui pardonnent peu cependant de s'être laissé duper par Louis XIV et Mme de Montespan, ou plutôt par la passion du cœur, et pour avoir vu les deux amants bien et dûment confessés, absous et admis à la réconciliation pendant un jubilé, de les avoir crus si solidement convertis qu'ils pussent ensuite se revoir à la Cour sans danger, devant témoins. Mais à la première rencontre, on le sait, les

_____

(1) Il était le premier à sentir ce faible de son caractère; et un jour qu'en quittant la supérieure d'une communauté de Meaux, il lui disait l'adieu d'usage : *Priez Dieu pour moi,* comme cette supérieure lui répondit : *Que lui demanderai-je?* il répliqua : « Que je n'aie point de complaisance pour le monde. »

deux amants se portèrent l'un vers l'autre, se tirèrent insensiblement à part dans l'embrasure d'une fenêtre, se parlèrent bas, pleurèrent, et, faisant une grande révérence aux graves témoins, matrones ou prélat fort ébahis et se regardant, ils passèrent dans une autre chambre : « Et il en advint Mme la duchesse d'Orléans, et ensuite M. le comte de Toulouse (1). » C'est ce qu'on appelle vulgairement avoir un pied de nez. Cela ne serait pas arrivé à Fénelon.

Les philosophes de leur côté, les amateurs des idées neuves et les chercheurs de vérités, ne pardonnent pas à Bossuet son immobilité stable et impérieuse, son *veto* contre tout ce qui se tentait pour faire faire, soit au christianisme, soit à l'esprit philosophique, un pas de plus, une évolution, et ils se raillent de la vanité de son effort. Le grand évêque y fut attrapé comme à l'entrevue de Louis XIV et de Mme de Montespan : le cœur humain lui avait joué un tour, l'esprit humain lui en joua un autre. Bossuet meurt en combattant, en écrasant Richard Simon, c'est-à-dire en repoussant la critique exacte, consciencieuse, qui se présentait sous la forme théologique, et il se flatte d'avoir fermé la porte à l'ennemi : la critique élude la difficulté, elle tourne la position ; elle s'élance à la légère, à la française, à la zouave, sous forme persane et voltairienne, et elle couronne du premier jour les hauteurs du xviiie siècle. Voilà l'Ombre de Bossuet bien étonnée.

L'éducation, le tour d'esprit, la forme de talent de

(1) *Souvenirs* de Mme de Caylus.

Bossuet, expliquent suffisamment cette manière de penser et d'agir. Je ne sais qui a dit : L'esprit d'un homme, en définitive, ne fait jamais que ce qu'il est obligé et mis en demeure de faire. Bossuet, doué par la nature d'une parole puissante, abondante, qui se verse d'elle-même et tombe comme les fleuves « du sein de Jupiter, » n'a pas besoin de chercher des idées si loin ni d'inventer un ordre de choses autre que celui qu'il trouve tout fait autour de lui. Quand on a une si belle sonnerie, on n'a pas besoin de chercher midi à quatorze heures. Ce soin de chercher, de s'ingénier, de creuser sans cesse, de prétendre reconstruire l'entendement humain de fond en comble, appartient surtout aux esprits tournés en dedans, à parole rentrée et difficile comme Hegel, à parole rare et dense comme Sieyès ou Spinoza. Bossuet n'est que le plus magnifique des vaisseaux de haut bord, voguant à toutes voiles, naviguant à fleur d'eau ; et les tempêtes elles-mêmes, en le précipitant jusqu'aux abîmes, ou en le portant tout d'un coup jusqu'au ciel, ne le lanceront dans aucun Océan inconnu, ne lui feront découvrir aucune nouvelle terre.

Tout lui fut facile dès l'enfance, tout lui réussit. Né en Bourgogne, d'une famille parlementaire (1627), il s'annonça de bonne heure par les plus brillantes dispositions ; son feu, sa vivacité étaient modérés par une douceur et une sagesse qui se retrouvent dans toute sa vie ; sa parole était de feu, mais son esprit, sa conduite furent toujours sages. Pendant que son père va s'établir à Metz en qualité de conseiller au Parlement, le jeune Bénigne reste à Dijon, ainsi qu'un frère aîné, confié aux

soins d'un oncle, conseiller au Parlement de Bourgogne.
Il fait ses classes au collége des Jésuites. Ses nom et
prénom de *Bossuet* et de *Bénigne* prêtent aux jeux sco-
laires. *Bos suetus aratro,* disait-on de lui, car il était
des plus assidus; *Bénigne* en effet, car il était remar-
quablement doux. Mais son ardeur naturelle était égale
au moins à son assiduité et à sa bénignité.

Un jour, dans le cabinet de son père, qui venait de
temps en temps à Dijon, le jeune Bossuet ouvre une
Bible latine; il en reçoit une impression profonde. Le
fleuve naissant avait reconnu comme son haut réservoir
natal et son berceau. Il s'y plongea, il en découla, il y
remonta sans cesse, il n'en sortit plus. Il ne s'y arrêta
dans aucun temps aux difficultés particulières qu'il
rencontrait, il en respirait l'esprit général, il en suivait
les nombreux courants et les torrents. Bossuet, ai-je dit
ailleurs, c'est le génie hébreu, étendu, fécondé par le
christianisme et ouvert à toutes les acquisitions de l'intelligence, à toutes celles du moins que le catholicisme
gallican enferme et consacre, mais retenant quelque
chose aussi de l'interdiction antique et souveraine, qui
sent le commerce direct avec Jéhovah. De geste et de
ton, et pour les cornes de lumière, il tient d'un Moïse;
il a d'un David pour la poétique ivresse. Bossuet, c'est
un esprit hiérarchique, c'est le prêtre et le grand prêtre
éloquent, prophétique, mais un prophète du présent.

Fait chanoine de Metz à l'âge de treize ans, il vient
pour la première fois à Paris en 1642. Il y arrive à
temps pour voir Richelieu mourant, au retour du
voyage du Midi, y faire son entrée en litière, avec une

pompe voisine des funérailles. La première oraison funèbre se dessine dans son esprit.

Il suit ses cours de philosophie à la maison de Navarre, que dirigeait alors Nicolas Cornet, maître ferme
et prudent; il y achève toutes ses études ecclésiastiques.
Il est la fleur de l'école, un prince de la docte jeunesse.
On le distingue entre tous pour bien des qualités et
des dons, et pour sa vaste mémoire, ce premier trésor
de l'orateur. Malgré tout ce que dit l'abbé Ledieu, il
est moins nourri alors des auteurs profanes que des
sacrés. Ledieu fait des phrases sur Homère et Démosthène; pour couper court à ces assertions vagues qui
tendraient à faire du lévite et du prêtre par vocation
un nourrisson des neuf Muses, on peut recourir à Bossuet lui-même dans une note qu'il a tracée de ses études jusqu'à l'âge de quarante-deux ans environ : à cette
première époque, et avant d'entrer dans cette seconde
carrière de précepteur du Dauphin qui le ramena heureusement par devoir aux lettres et aux lectures profanes, il était sobre dans ses choix de ce côté, sobre et
même exclusif : Virgile, Cicéron, un peu Homère, un
peu Démosthène,... mais les *choses* avant tout, c'est-à-
dire les saintes Écritures anciennes et nouvelles, l'Ancien et le Nouveau Testament, médité, remédité sans
cesse dans toutes ses parties; ce fut du premier jour sa
principale, sa perpétuelle lecture, celle sur laquelle il
aspirera à vieillir et à mourir : *Certe in his cónsenescere,*
his immori, summa votorum est, disait-il. Chacun a son
idéal de vie heureuse, sa maison d'Horace en perspective : pour le profond et grand chrétien, jeune ou vieil-

lissant, il n'y avait d'autre maison que celle de *mon Père*.

Tenons-nous pour le moment à la jeunesse. Au milieu de tant d'études où il se plongeait sans cesser d'être sociable, aimable et doux, on a remarqué qu'il ne donna jamais « dans la curiosité des mathématiques; » on les considérait en effet, alors, comme une curiosité. On ajoute qu'il aimait pourtant à en entendre discourir; j'en doute.

Son esprit est d'une autre sphère et d'un autre monde; c'était avant tout un esprit de doctrine, d'ordonnance et d'exposition logique oratoire.

Les thèses qu'il soutint à la fin de sa première année de philosophie et qu'il dédia à l'évêque de Lisieux, Cospéan, furent célèbres; il était cité comme l'une des merveilles de l'Université, une des gloires de Navarre.

Produit dans le monde, à l'hôtel Guénégaud, même à l'hôtel Rambouillet, il avait prêché dans ce dernier salon un jour, un soir, vers onze heures; ce qui provoqua le mot connu de Voiture : « Je n'ai jamais entendu prêcher ni si tôt ni si tard. » C'était un sermon improvisé. Il en improvisa un autre, des années après, à Metz, au dessert, chez la maréchale de Schomberg, où il avait dîné. Il prit pour texte le changement de l'eau en vin. Mais en général il n'aimait pas, nous dit-on, les sermons *in promptu*. Il était pour les miracles plutôt que pour les merveilles.

Il fit encore dans l'école, pour les divers exercices et les épreuves qui solennisaient la fin des études, d'autres *actions* célèbres dont la Faculté garda le souvenir. Un

jour, à l'une de ces thèses dite la *tentative,* le prince
de Condé, ami et protecteur de sa famille, à qui il
l'avait dédiée et qui y assistait, voyant le répondant
assailli de toutes parts et faisant face à tous, eut la tentation lui-même de faire comme sur le champ de bataille, de courir à son secours et d'entrer dans la mêlée :
instinct de héros, qui ne peut voir un ami, un brave
dans le péril, sans s'y jeter et sans prendre sa part à la
fête. — Ou bien encore (car ces sortes de légendes sont
flottantes) ce fut contre le brillant bachelier en personne
qu'il se sentit, dit-on, l'envie de disputer, le voyant si
redoutable et si vainqueur : autre instinct de héros et
d'Alexandre, jaloux de toutes les palmes, avide et amoureux de toutes les gloires.

Au sortir de ces triomphes scolastiques, Bossuet s'en
allait à Metz dans son canonicat, et là, livré à la prière
et à l'étude, il se recueillait et acquérait dans la méditation des forces nouvelles. Vie chaste, vie sobre, vie
tour à tour de mouvement et d'un certain éclat à Paris,
et de retraite à Metz ; — c'est à ce régime qu'il dut le
perfectionnement, la forte et entière nourriture de son
génie.

Il a la jeunesse la plus réglée, mais aussi la plus
brillante et la plus facile : la route royale est tout ouverte devant lui.

Visiblement destiné à l'éloquence de la chaire et à
l'*action* de l'orateur, on ne lui laissa pas complétement
ignorer l'*action* même du théâtre : il vit donc des spectacles dans sa jeunesse, mais sans s'y attacher ; et
après en avoir profité pour ce qui le concernait, il n'en

fut que plus sévère ensuite contre la Comédie, jusqu'à nous sembler violent même et cruellement injuste : son jugement sur Molière restera une des taches, une des nintelligences comme des duretés de Bossuet.

Jeune, et quand il n'était encore qu'Éliacin, on n'a pas de portrait de lui, j'entends aussi de portrait au moral ; on ne songeait pas à en faire ; mais on a dans l'abbé Vaillant, dans M. Floquet, dans l'abbé Ledieu, tous les éléments nécessaires et tous les traits pour recomposer cette grave et douce figure déjà pleine de rayonnement et de puissance. L'auteur de *Jocelyn,* dans ce Cours familier de littérature qui contient tant de parties supérieures et toujours aimables, a tenté autrefois ce portrait ; idée heureuse ! mais il l'a exécutée trop capricieusement et trop dans les tons du peintre anglais Lawrence. Il faudrait, pour montrer ce Bossuet de treize ans parmi les docteurs et déjà lui-même chanoine de Metz, un pinceau pur, fin et chaste, qui ne se trouvera plus. Philippe de Champagne aurait été ce pinceau-là.

Tout hébraïque qu'il était d'esprit et de vocation précoce pour le Temple, Bossuet ne savait pas et ne sut jamais l'hébreu ; il en devinait le génie : quelquefois même il en admirait les contre-sens. Il savait du grec ; mais ce qu'il savait à fond, admirablement, ce qu'il savait comme une langue naturelle, c'était le latin, toutes les sortes de latin, celui de Cicéron comme celui des Pères, de Tertullien et de saint Augustin. Il en avait l'usage très-familier ; il le parlait ; il disputait en latin dans l'école ; il écrivait couramment des lettres latines

aux prélats étrangers avec qui il correspondait; les
notes dont il chargeait les marges de ses livres étaient
le plus souvent en latin. C'est de cette connaissance
approfondie du latin et de l'usage excellent qu'il en
sut faire que découle chez Bossuet ce français neuf,
plein, substantiel, dans le sens de la racine, et original :
et ce n'est pas seulement dans le détail de l'expression,
de la locution et du mot, que cette séve de littérature
latine se fait sentir, c'est dans l'ampleur des tours,
dans la forme des mouvements et des liaisons, dans le
joint des phrases, et comme dans le geste. Veut-il faire
un vœu sur la fin de l'Oraison funèbre du grand Condé,
il s'écriera : « Ainsi puisse-t-il toujours vous être un
cher entretien ! ainsi puissiez-vous..., etc. » On a reconnu la forme latine du vœu : *Sic te Diva potens
Cypri, sic fratres Helenæ!*... » Et dans l'Oraison funèbre
de Michel Le Tellier : « Sache la postérité!... » toutes
vivacités et brusqueries grandioses, familières à l'orateur romain et à la nation qui porte la toge.

Ce *latinisme* intime et si sensible de Bossuet dans sa
parole française me paraît plus qu'un accident, qu'un
trait curieux à noter; c'est fondamental chez lui, c'est
un caractère constant; il nous en a avertis quand il a
dit, dans ses Conseils pour former un orateur sacré :
« On prend dans les écrits de toutes les langues le tour
qui en est l'esprit, — surtout dans la *latine* dont le
génie n'est pas éloigné de celui de la nôtre, ou plutôt
qui est tout le même. » Il réintègre ainsi, par l'acception qu'il leur donne, quantité de mots dans leur
pleine et première propriété et sincérité romaine; il en

renouvelle ainsi la saveur, la verdeur. Il a, même dans les moments où il n'est point particulièrement éloquent, une langue dont on peut dire comme de celle de Caton et de Lucrèce qu'elle est *docta et cordata* ; rien en lui de cet *amollissant* dont parlait Massillon et dont il se ressentait. Ceci, je le crois, est plus essentiel qu'on ne l'a remarqué ordinairement chez Bossuet : c'est ce qui fait qu'on est frappé si fort à tout moment de son éloquence, de son élocution, même quand on est étranger ou contraire à ses doctrines.

Bossuet dit en français tout ce qu'il veut dire, et il invente au besoin l'expression, mais en la tenant toujours dans le sens de l'analogie et de la racine dont il est maître. Quand on le lit, que de choses on remarque, dites *une fois* ou du moins qui ne sont que chez lui, de choses osées et non risquées ! Il les déduit et les conclut d'autorité, il les installe et les institue dans notre langue en vertu de l'hérédité latine.

Dans toutes ces études que Bossuet embrassa dès son jeune âge, au lieu de tout accorder comme font les panégyristes, je crois qu'il est bon de mesurer d'abord l'étendue et les limites, la capacité qui lui est propre et les bornes qu'elle s'était imposées à elle-même. L'important, avec Bossuet, est de bien saisir la forme particulière à son esprit, à cette intelligence si vaste d'ailleurs et si complète pour l'ordonnance et pour l'expression ; je voudrais me la représenter mieux que par des aperçus, et la réfléchir dans son plein.

Bossuet, dirai-je donc, c'est l'esprit qui embrasse le mieux, le plus lumineusement, le plus souverainement

un corps, un ensemble de doctrines morales, politiques,
civiles, religieuses, qui excelle à l'exposer avec clarté
et avec éclat, avec magnificence, en se plaçant au point
de vue le plus élevé ou au centre, à une égale distance
de toutes les extrémités ; qui, maître et roi d'un système,
se joue dans sa gravité à en réunir, à en étendre et
en développer tous les ressorts, à en faire marcher
tous les mouvements, à en faire bruire et résonner
l'harmonie, comme sous la voûte d'une nef les ton-
nerres d'un orgue immense ; — mais en même temps,
c'est un esprit qui n'en sort pas, de cette nef, de cette
sphère si bien remplie, qui ne sent pas le besoin d'en
sortir, qui n'*invente* rien au fond, qui n'innove jamais :
il hait la nouveauté, l'inquiétude et le changement ; en
un mot, c'est le plus magnifique et le plus souverain
organe et interprète de ce qui est institué primordiale-
ment et établi. Toute sa science morale, qui est si
grande et si consommée, trouvera en effet à s'y loger
et à s'y verser.

Bossuet, dirai-je encore, c'est l'esprit le plus naturellement religieux et sacré, le plus naturellement
sacerdotal, le moins combattu. Il a cru, depuis le premier jusqu'au dernier jour, d'une manière stable, sans
tentation, sans lutte comme Pascal et d'autres. Fénelon lui-même a eu ses doutes, ou du moins ses luttes
secrètes de sensibilité, ses alarmes ou ses tendresses :
jeune, il a voulu aller au Canada ou en Grèce, et se
faire missionnaire ; plus tard il a été mystique, et ne
trouvant pas dans la lettre orthodoxe commune de
quoi se satisfaire et se nourrir, il a raffiné. Male-

branche aussi, tout chrétien qu'il était d'habitude et
de pratique, s'est posé les grands problèmes, et a cherché à élargir l'idée un peu étroite, et trop matérielle
selon lui, de la vieille métaphysique chrétienne. Bossuet, lui, n'eut jamais de ces ambitions ni de ces
fièvres; dans sa stalle ou dans sa chaire, assis, debout,
il a cru et raisonné, jusque dans ses orages de parole,
d'une manière tranquille, auguste, et en commandant
à tous l'obéissance et la foi. Ce n'est pas là de la force
autant qu'on se l'imaginerait : cela suppose bien des
limites. Mais quelle rareté cependant, quelle bonne fortune unique de rencontrer un talent à la fois si élevé,
si audacieux de jet, si sublime et si sûr; tant d'essor et
d'aventure même (pour peu qu'il l'eût voulu) dans la
parole, tant de sagesse et de régularité dans le conseil
et dans la conduite! Aussi, dès que Louis XIV et lui se
furent trouvés en présence et reconnus, ils sentirent,
l'un qu'il avait trouvé son monarque, le roi selon son
cœur; l'autre son évêque, son prélat à la fois pieux et
politique, non pas seulement son orateur sacré, solennel
et autorisé, mais son conseiller d'État ecclésiastique.

BOSSUET.

ŒUVRES COMPLÈTES PUBLIÉES D'APRÈS LES IMPRIMÉS
ET LES MANUSCRITS ORIGINAUX,

PAR M. LACHAT.

(SUITE ET FIN.)

Il y aurait maintenant à suivre dans l'un ou l'autre
des anciens Sermons de Bossuet, et des tout premiers
en date, la formation de ce talent, à bien marquer, dès
ses débuts, la marche et les progrès de cette grande
éloquence, pour la considérer bientôt (car elle y arriva
promptement) dans sa plénitude. Mais cet essai de travail, je l'ai fait ailleurs (1), et je n'y saurais revenir
ici. Je donnerai seulement le résultat de cette étude en
quelques mots.

Bossuet, comme tous les talents, et surtout les talents
d'orateur, a eu un apprentissage à faire. Il n'a jamais
eu de tâtonnements, mais des rudesses premières, des

---

(1) Au tome X des *Causeries du Lundi*.

hasards, des inexpériences de diction, des archaïsmes.
Il y a tel de ses plus anciens sermons où on le sur-
prend comme en flagrant délit de sa première manière,
quand il a en lui du novateur (en langage), du téméraire éloquent, un peu de Lacordaire, si j'ose m'exprimer ainsi.

J'indiquerai tel sermon, celui, par exemple, qu'il
prêcha à Metz, en 1652, pour le neuvième dimanche
après la Pentecôte, dont la première partie est si profondément, si ingénument chrétienne, la seconde si
hébraïque encore, et par endroits si cruelle d'images,
d'expressions. Vous avez là et ailleurs d'admirables
élans, des sauts brusques, des secousses étranges. L'orateur vous enlève avec lui, il vous transporte avec lui à
travers les rochers, sur les cimes escarpées : on est
comme au bord du précipice... va-t-on y tomber? on
frémit... le péril a passé. Tel est l'effet que vous font
certaines de ces premières hardiesses de Bossuet, avant
qu'on soit fait et aguerri à sa manière, et avant que
lui-même il ait acquis toute sa gravité et son autorité.

Cette autorité, il l'acquit en peu de temps; il la possédait dans sa seconde carrière de sermonnaire quand
il venait de Metz à Paris pour y prêcher, et pendant ces
huit ou dix années (à partir de 1657) dans lesquelles
il fit retentir de sa parole déjà célèbre les principales
chaires de la capitale. Je ne connais à Bossuet orateur
que deux manières : celle de Metz où il s'essaye, celle
de Paris où il excelle. Dans cette seconde, presque
d'emblée, il nous apparaît armé au complet, puissamment et pleinement éloquent. Dans sa troisième ma-

nière, qui date de l'Oraison funèbre de la reine d'Angleterre (1660), ce sont les sujets qui sont plus en vue et plus glorieux.; mais, lui, il ne fera qu'y appliquer les puissances qu'il possédait déjà, et les magnificences dont bien souvent jusqu'alors il ne savait que faire.

Cependant, entre tous les miracles oratoires de Bossuet, il n'en est aucun qui surpasse le Panégyrique de saint Paul, prêché par lui en juin 1657 (il avait trente ans) dans l'intérêt de l'Hôpital général, la Salpêtrière, qui venait d'être fondé et qui avait besoin d'être soutenu par la charité publique.

Bossuet avait déjà traité ce sujet de saint Paul ailleurs et dans un tout autre ton, si l'on en juge par ce mot du texte qui est resté, et qui avait servi à désigner ce premier panégyrique : *Surrexit Saulus* ou *Paulus*... On disait, en parlant de ce sermon, le *Surrexit Paulus* de l'abbé Bossuet. Ici dans ce lieu nouveau et d'une destination toute spéciale, devant cet auditoire, cette *audience* (comme il dit) toute de souffrance et de charité, en présence ou dans le voisinage de ces 5000 indigents, il prend un texte et un point de vue appropriés : il veut non-seulement consoler, mais glorifier, exalter l'infirmité dans saint Paul lui-même, et, de toutes ces infirmités de l'apôtre, il va tirer précisément et déduire toutes ses forces invincibles et ses grandeurs. Les *glorieuses bassesses* du Christianisme, tel est son sujet; il est, en parlant ainsi, dans le plus vrai sens et dans le plus vif du Christianisme; il nous en dit le secret, il nous en fait toucher du doigt la *clef de voûte* au moral, au sens divin. Jamais Bossuet n'a été plus

tendre, plus persuasif, plus invitant à entrer, jamais
plus facile et plus large dans l'explication d'une parole
qui est un scandale pour la nature, jamais d'une expan-
sion plus charitable, ni d'une plus belle et plus désirable
catholicité de doctrine.

On a peine, malgré tout, à croire que ce Panégyrique
de saint Paul, tel que nous l'avons, soit précisément
celui qu'il a prononcé dès 1657 à l'âge de trente ans,
et qu'il ne l'ait pas retouché plus tard : dans ce cas il
aurait été dès cet âge le grand orateur qu'il a paru
depuis, et il n'aurait fait dans la suite que s'égaler,
sans jamais se surpasser.

Chose étonnante que toute cette première période
de la carrière oratoire de Bossuet ait été éclipsée tout
entière et comme éteinte aux yeux de la postérité par
l'éclat de la seconde période, et que des historiens de
Bossuet eux-mêmes, tels que M. de Bausset, se soient
figuré qu'elle avait été peu comprise, peu appréciée
par les contemporains de la jeunesse du grand orateur!
Il a fallu que de nos jours M. Floquet, dans son zèle
si méritoire, la *redécouvrît* en quelque sorte, l'exhu
mât laborieusement avec les preuves, les témoignages
sans nombre, et de manière à nous prouver sans
réplique que Bossuet avait précédé les autres grands
prédicateurs de son siècle par le talent comme par la
renommée, et qu'il s'était précédé lui-même, à ne con
sidérer que la portion restée la plus glorieuse de sa
carrière. L'abbé Maury l'avait dit, mais, selon son
habitude, il l'avait affirmé plus qu'il ne l'avait su ; il
ne l'avait nullement démontré.

On a même poussé un peu loin la revendication, je l'avoue, et l'esprit de conquête dans un autre sens, lorsqu'on est allé, pour quelque ressemblance de pènsée entre Pascal et Bossuet, jusqu'à prétendre que Bossuet avait pu et dû avoir Pascal pour auditeur de tel ou tel de ses sermons. Ce serait Bossuet alors, et non Pascal, qui aurait la priorité en effet pour des passages remarquables et souvent cités. C'est trop de soin vraiment : je crois qu'aucun de ces deux génies, pour trouver sa pensée ou son expression, n'avait besoin de l'autre, et j'aime mieux m'en remettre à l'adage vulgaire : les beaux génies se rencontrent.

La restitution de Bossuet grand sermonnaire, et l'un des plus célèbres, le plus célèbre même, dans les chaires de Paris avant Bourdaloue, est assez considérable en soi ; c'est une assez belle conquête de la critique historique : qu'elle sache s'en contenter et se tenir pour satisfaite sans trop exiger.

Ignorant en partie ces choses et ne songeant qu'aux tout premiers sermons de Bossuet à Metz, Chateaubriand disait en 1819 :

« Bossuet fut, dans sa jeunesse, un des beaux esprits de l'hôtel de Rambouillet. Les premiers sermons de ce premier des orateurs sont pleins d'antithèses, d'images incohérentes, de battologie, d'exagération, d'enflure de style. Ici il s'écrie : *Vive l'Éternel !* là il appelle les enfants *la recrue continuelle du genre humain ;* il dit que Dieu nous donne (par la mort) un *appartement* dans son palais, *en attendant la réparation de notre ancien édifice ;* tantôt cette mort est un *souffle lan-*

guissant ; tantôt une *rature* qui doit tout effacer, etc., etc. (1). Si la critique, trop choquée de ces phrases bizarres, eût harcelé un homme aussi ardent que l'évêque de Meaux, croit-on qu'elle l'eût corrigé? Non, sans doute. Mais ce génie impétueux, ne trouvant d'abord que bienveillance et admiration, se soumit comme de lui-même à cette raison qu'amènent les années. Il s'épura par degrés et ne tarda pas à paraître dans toute sa magnificence : semblable à un fleuve qui, en s'éloignant de sa source, dépose peu à peu le limon qui troublait son eau, et devient aussi limpide vers le milieu de son cours qu'il est profond et majestueux. »

Chateaubriand, dans ce jugement, d'ailleurs si bien exprimé, a trop pensé d'abord à lui, selon son usage, et aux critiques qu'on avait faites d'*Atala ;* et aussi il n'a pas assez regardé les sermons de Bossuet en eux-mêmes, tels qu'on les avait dans les éditions d'alors, très-suffisantes. S'il les avait lus, il les aurait appréciés plus largement. Il n'en parlait guère en cet endroit que d'après le timide Dussault.

Que si maintenant nous nous transportons brusquement à l'autre extrémité de la carrière de Bossuet, après qu'il a renoncé si solennellement à l'oraison funèbre et qu'il a déclaré réserver pour son peuple de Meaux « les restes d'une voix qui tombe, et d'une ardeur qui s'éteint, » on peut se poser une question, et je la soumets par avance à M. Floquet qui n'a pas encore traité cette partie dernière de la vie du grand

---

(1) Toutes les expressions soulignées sont tirées du sermon de Bossuet *sur la Mort,* prêché à un carême devant le roi ; ce sermon est l'un des plus éloquents de Bossuet. Venir s'y attaquer comme à l'un de ceux qui offrent le plus d'exemples de mauvais goût, c'est mal tomber vraiment et c'est avoir la main malheureuse.

Évêque. Est-il vrai que Bossuet, qui n'eut presque point
d'aurore comme orateur, n'eut point non plus de déclin ;
qu'il continua jusqu'à la fin d'édifier et de charmer son
peuple dans des homélies presque improvisées, et qui
n'en étaient pas moins touchantes ? On le croirait
volontiers en lisant les Mémoires de l'abbé Ledieu. Et
pourtant voici un témoignage assez différent qui nous
a été transmis :

« Bossuet, nous dit l'abbé de Vauxcelles, avait soixante ans
quand il prononça l'oraison funèbre du grand Condé, et ce fut
son dernier discours de ce genre. Il se dévoua tout entier à
l'instruction de ses diocésains, prêchant fréquemment dans sa
cathédrale, où j'ai été étonné d'apprendre que son peuple finit
par négliger de l'entendre, soit que son admirable talent eût
diminué, ou que l'habitude trop répétée en eût affaibli l'impression; soit, ce qui est plus probable, que Bossuet ayant
pris celle des considérations les plus élevées, et traitant des
matières au-dessus de la portée du vulgaire, ses auditeurs
fussent dans le cas de lui adresser le reproche que faisait à
saint Chrysostome une bonne femme d'Antioche : *Père, nous
t'admirons, mais nous ne te comprenons pas.* C'est à M. le
cardinal de Luynes que l'on a entendu plusieurs fois attester
ce fait : il l'avait appris à Meaux des contemporains de ce
grand homme, tandis qu'il était grand vicaire de son successeur. Bossuet, déserté dans sa chaire, me paraît une des plus
grandes injures qu'on ait faites à l'éloquence. »

Je ne crois pas que Bossuet ait jamais oublié de se
représenter devant qui il parlait, ce qui est la première condition et, pour ainsi dire, le premier tact de
l'orateur. Qu'il y ait eu des jours où Bossuet ait paru
fatigué en voulant prêcher; que les gens de Meaux,
accoutumés à leur évêque, n'aient pas assez senti le

prix de chacune de ses paroles, c'est possible, c'est
même probable, et je croirais volontiers qu'il y a
quelque chose de vrai dans le dire du cardinal de
Luynes. Mais ce Bossuet *déserté* dans sa ch ire est une
invention, une exagération du commentateur, l'abbé
de Vauxcelles ; et voici, au contraire, comment l'abbé
Ledieu nous montre Bossuet en chaire, une des dernières fois qu'il prêcha dans sa cathédrale :

« Le 2 d'avril (1702), dimanche de la Passion, M. de Meaux
a assisté à la grand'messe pour commencer le jubilé, et sur
les deux heures il a fait un grand sermon dans sa cathédrale,
qui n'a été que l'abrégé de la doctrine de ses deux Médita-
tions, et il a tout réduit à ce principe : *Cui minus dimittitur
minus diligit;* que plus l'Église etait indulgente, plus on
devait s'exciter à l'amour pour mériter ses grâces et parvenir
à la vraie conversion. Ce discours était très-tendre et tres-
édifiant, et M. de Meaux l'a prononcé avec toutes ses grâces,
et aussi avec une voix nette, forte, sans tousser ni cracher
d'un bout à l'autre du sermon : en sorte qu'on l'a très-aisé-
ment entendu jusqu'aux portes de l'église, chacun se réjouis-
sant de lui voir reprendre sa première vigueur. Il est en effet
sorti de chaire sans aucune fatigue, et néanmoins, par précaution, il s'est mis au lit jusqu'au soir pour se reposer, et
chacun l'est venu voir dans son lit. »

Voilà Bossuet au naturel deux ans avant sa mort et à
l'âge de soixante-quinze ans, édifiant encore ses diocésains et visité d'eux sans façon dans son lit après sa
journée dominicale et pastorale. Telle était cette grande
domination oratoire à son couchant.

Lundi 26 mai 1862.

JOURNAL DE LA SANTÉ DU ROI LOUIS XIV,

ÉCRIT PAR

VALLOT, D'AQUIN ET FAGON,

tous trois ses premiers médecins;

PUBLIÉ AVEC INTRODUCTION, NOTES, ETC.

PAR M. LE ROI (1).

> Au reste, une chose étrange,
> Le prince Bourbon
> Tout comme nous, quand il mange,
> Branle le menton,
> Branle le menton, Brunette,
> Branle le menton.
>
> (*Noëls* DE LA MONNOYE.)

En voilà bien d'une autre! Ce n'est plus cette fois, ni un Saint-Simon qui nous fait assister à tous les ressorts cachés, à tous les dessous de cartes, dans cet immense jeu d'une Cour à laquelle il laisse du moins, au milieu d'un fouillis sans pareil, son mouvement imposant et sa grandeur; ce n'est plus un Dangeau nous

(1) Librairie d'Auguste Durand, rue des Grès, 7.

annotant jour par jour les allées et venues, les entrées
et les sorties, les mille détails et incidents du cérémo-
nial ; ce n'est plus une princesse Palatine, duchesse
d'Orléans, nous écrivant de Versailles des crudités à
faire frémir, sur les princesses du sang qui boivent et
fument dans les corps de garde, sur les gênes, les cuis-
sons et les tortures, intestines de l'étiquette, et nous
donnant le gros menu d'un dîner du Roi ; ce n'est plus
même un homme de l'art racontant les détails de la
grande opération faite à Sa Majesté en 1686 : ceci est
un Journal de la santé, des maladies et des incommo-
dités de Louis XIV, dressé dès son enfance et allant
jusqu'en 1711, c'est-à-dire quatre ans avant sa mort.
On y voit tout, on y sait tout, on y dit tout ; on assiste
aux consultations et à leur résultat ; on y a la formule
des purgatifs divers, des pommades, emplâtres, lave-
ments, etc. Ce n'est pas d'un pareil livre qu'on dira
qu'il n'y a ni sel ni sauge. Oh ! la misère pourtant que
d'être ainsi exposé des pieds jusqu'à la tête à la postérité ! et qui pourrait résister à une publication pareille ?
Imaginez-vous le médecin d'Alexandre, celui qui le
sauva après l'imprudence du bain trop froid pris dans
le Cydnus, ce Philippe, nous ayant laissé la suite des
ordonnances faites par lui à chaque étape au conquérant de l'Asie ! Imaginez-vous Antonius Musa, ce médecin d'Auguste, qui le sauva en une maladie grave et
qui obtint les honneurs d'une statue, nous ayant transmis les observations les plus précises, les plus intimes,
sur les misères de santé que ne cessa d'éprouver dans
sa longue vie ce grand empereur valétudinaire ! Eh

bien ! on a fait tout cela pour Louis XIV ; nous savons maintenant jour par jour le compte de ses maladies, de ses indispositions, la nature de ses fièvres, le sujet et la matière de ses indigestions ; on ne nous fait grâce de rien. Il faudrait, pour parler dignement de ce livre, un critique qui eût pris d'avance une potion de Rabelais ou de Molière ; le génie qui a inspiré la cérémonie du *Malade imaginaire* semble, à première vue, le seul esprit dans lequel il conviendrait de deviser d'un pareil Journal. Quoi ! se peut-il, ô le plus majestueux, et plus demi-dieu des monarques, le plus Apollon et le plus Jupiter des rois ! fallait-il donc que l'écho de vos borborygmes eux-mêmes arrivât jusqu'à la postérité ?

Cependant je ne puis rire longtemps, je suis un critique sérieux ; M. Le Roi, l'excellent bibliothécaire de Versailles, qui a publié ce document, est lui-même un sérieux autant que sagace érudit, et certes il n'a pas voulu faire œuvre comique ni acte de révolutionnaire au sujet de Louis XIV, dont il a si bien étudié le règne et la royale demeure. M. Le Roi est l'homme que les érudits auraient choisi pour bibliothécaire de la ville de Versailles s'ils avaient été consultés ; toutes ses publications sont consacrées à repeupler de ses souvenirs cette belle résidence un peu déserte. Il en est presque de Versailles comme Cicéron le disait d'Athènes : à chaque pas on y marche sur une histoire. M. Le Roi sait toutes ces histoires, celle des rues (1), celle des maisons : ici La Bruyère a logé ; ici

(1) Voir l'*Histoire des rues de Versailles et de ses places et ave-*

André Chénier a passé une saison; là le bon Ducis a longtemps vieilli. M. Le Roi sait toutes les historiettes de Louis XV, ce qu'il en faut croire et ce qu'il en faut rabattre; il nous montre le *Parc-aux-Cerfs* réduit à ses justes et presque modestes proportions; il nous dit l'emploi que Mme de Pompadour faisait de sa fortune en amie des arts; il nous livre les comptes de dépenses de Mme Du Barry au luxe effréné. Cet investigateur curieux et fin, et qui de plus est, je le crois, docteur en médecine, n'a pu résister au désir de produire un Journal aussi instructif en son genre que celui dont la Bibliothèque de Versailles avait une copie; mais il a bien entendu être sérieux, rester historique, ne pas nuire à la mémoire d'un roi glorieux et national. Louis XIV, en effet, s'en tire, et l'histoire en définitive y gagnera.

Mais il faut en prendre son parti : si l'*art* était la forme la plus haute sous laquelle l'Antiquité aimait à concevoir et à composer l'histoire, la *vérité* au contraire est la seule loi, décidément, que les modernes aient à suivre et à consulter. La vérité, toute la vérité donc ! passons-en par là puisqu'il le faut, et allons jusqu'au bout tant qu'elle nous conduit.

Chaque jour nous fait faire un pas de plus dans cette voie. Je me rappelle que, sur la fin du règne de Louis-Philippe, en 1846, un ministre littéraire et bienveillant, mais enthousiate à contre-temps du principe et du prestige monarchique, s'opposait encore à ce

_____

nues, par J.-A. Le Roi; un vol. in-8°, à Versailles, chez Auguste Montalant, avenue de Sceaux, 6.

qu'on publiât une *Relation de la dernière maladie de Louis XV,* laquelle était pourtant du grand-maître de la garde-robe, le duc de La Rochefoucauld-Liancourt. Sous prétexte que la copie de cette Relation était tirée d'une bibliothèque publique, M. de Salvandy (car c'est lui) fit défense qu'on l'insérât dans une Revue en vogue; on était à la veille du numéro, le morceau était composé; il fallut céder et y renoncer. Si l'on avait passé outre, il y avait, de la part du ministre, menace de procès, et pour le pauvre bibliothécaire qui avait copié la pièce, M. Varin, promesse formelle de destitution. Je l'ai entendu de mes oreilles : tant ce ministre, d'ailleurs excellent homme, mais archi-monarchique d'esprit et d'affiche, tenait *mordicus* pour ce qu'il croyait de l'honneur de Louis XV!

Ces sortes de pièces, en effet, qui n'ont ni montre ni bouffissure, et qui sont l'envers de tout faste, ne sont pas faites pour les esprits de la nature de M. de Salvandy, mais tout au plus pour les observateurs de l'étoffe de Montaigne : deux races bien opposées!

Trois médecins ont dressé ce Journal de la santé de Louis XIV, qui nous apprend aujourd'hui tant de choses imprévues, et qui nous montre le dessous de la draperie. Ces trois premiers médecins qui se succèdent sont fort inégaux en mérite. Le premier, Vallot (1652-1671), est savant, droit, honnête, un peu antique; le second, d'Aquin (1672-1693), est courtisan, hautain, avide, d'une véracité suspecte; le troisième, Fagon, est excellent, habile, discret, spirituel : il faut qu'un premier médecin soit homme d'esprit. Corvisart,

de docte et piquante mémoire, l'était avant tout ; Fagon
de même. Mme de Maintenon le citait pour modèle
comme l'opposé du pédant et de ceux qui affectent les
termes de science : « On loue souvent, disait-elle,
M. Fagon de ce qu'il parle de médecine d'une manière
si simple et si intelligible qu'on croit voir les choses
qu'il explique : un médecin de village veut parler
grec. » Fontenelle a fait de Fagon un Éloge charmant
et fin, comme tous ses Éloges. Je regrette pourtant
qu'il ne s'y soit pas donné un peu plus d'espace,
comme dans l'Éloge de d'Argenson. A l'occasion de ce
dernier, il nous a offert une définition complète de
tout ce que comprend et qu'exige la charge de lieu-
tenant de police, de préfet de police, comme nous dirions ; de même Cuvier, en louant Daru, a rassemblé,
sous un point de vue exact, toutes les conditions et les
qualités nécessaires à un intendant en chef des armées.
J'aurais aimé à voir Fontenelle nous énumérer tout ce
qu'il faut pour être en perfection un premier médecin
du roi ; mais il n'a fait qu'y toucher en passant, et ce
n'est pas moi qui me chargerai de le suppléer.

Ces trois médecins, Vallot, d'Aquin, Fagon, écrivent
donc successivement le Journal de l'auguste santé qui
leur est confiée. On a d'abord à se fixer sur la constitution et le tempérament du roi. Ceux qui cherchent
en tout les traces physiques et qui sont attentifs aux
signes de l'hérédité pouvaient être étonnés que
Louis XIV, qui passait pour avoir eu une santé robuste, fût fils, et fils tardif de Louis XIII, un roi si
maladif et si infirme : on peut se rassurer. Louis XIV

n'avait nullement une santé robuste et, selon une expression heureuse, il n'avait de la santé elle-même
que la *représentation*. Jamais roi qui passa pour se bien
porter ne fut plus souvent malade ou près de l'être,
plus fréquemment indisposé et plus sujet à des incom-
modités diverses. Son tempérament, sur lequel d'Aquin
se méprit en le disant *bilieux*, était, il paraît bien,
lymphatique et avait besoin d'un entretien et d'un ra-
vitaillement continuel. Vallot a très-bien remarqué tout
d'abord que l'apparence de force et de vigueur de
Louis XIV en sa jeunesse tenait à ce que la bonté du
tempérament *héroïque* de sa mère avait rectifié et corrigé en partie les mauvaises impressions qu'avait dû
laisser dans l'enfant le tempérament affaibli d'un père
valétudinaire; mais cette force et cette vigueur n'étaient
qu'à la condition d'éviter les excès et d'observer bien
des précautions pour se soutenir.

Le Journal commence par la petite vérole du roi en
1647; il n'avait alors que neuf ans; Vallot n'était pas
encore premier médecin, mais, appelé en consultation
par Vaultier, il fut très-utile, prépondérant même par
ses avis, et gagna la confiance de la reine et du cardinal Mazarin. Le jeune Louis XIV donne, durant cette
maladie, des marques de son courage et de sa constance, ce qu'on ne cessa de voir en lui à tous les âges.
C'est ce côté qui ennoblit le Journal de la santé du roi,
et que le lecteur ne doit jamais négliger.

Je ne sais si l'on a assez noté que ce roi, réputé le
plus beau de sa Cour et de son temps, était assez fort
gravé de la petite vérole. Voici un portrait peu connu

de Louis XIV jeune, qui, au milieu de tout ce qu'il contient de flatteur, nous atteste la vérité en passant :

« Le roi est grand, les épaules un peu larges, la jambe belle, danse bien, fort adroit à tous les exercices. Il a l'air et le port d'un monarque, les cheveux presque noirs, taché de petite vérole, les yeux brillants et doux, la bouche rouge ; et avec tout cela, il est parfaitement beau. Il a infiniment de l'esprit et très-agréable. Son geste est admirable avec ceux qu'il aime, et l'on dirait qu'il le réserve tout entier pour ceux-là. Ce qui aide à persuader de la délicatesse de son esprit, c'est qu'il n'a jamais donné son cœur qu'à des personnes qui en eussent infiniment. Il avoue que, dans la vie, rien ne le touche si sensiblement que les plaisirs que l'amour donne. C'est son penchant naturel. Il est un peu dur, l'humeur dédaigneuse et méprisante avec les hommes, un peu de vanité, un peu d'envie, et fort (peu) commode s'il n'était roi : gardant sa parole avec une fidélité extrême, reconnaissant, plein de probité, haïssant ceux qui en manquent, ferme en tout ce qu'il entreprend (1). »

Dès l'âge de quinze ans, Louis XIV, qui fait les campagnes de 1653, 1654, 1655, montre une grande ardeur à se distinguer, à faire exactement son métier de roi, dût-il manquer aux prescriptions de son médecin. En 1653, atteint d'un assez grave dérangement d'estomac

(1) Tiré d'un manuscrit de la Bibliothèque impériale de Saint-Pétersbourg, et cité dans le volume intitulé : *Études sur la Russie et le Nord de l'Europe*, par M. Léouzon-Leduc. — Le même portrait du roi se retrouve presque identique dans le *Palais-Royal ou les Amours de Madame de La Vallière*, l'un des pamphlets qui sont imprimés d'ordinaire à la suite de l'*Histoire amoureuse des Gaules* de Bussy-Rabutin. Les variantes cependant sont assez notables pour mériter qu'on les discute, si l'on était éditeur.

et d'intestins, il remet la plupart des remèdes après la
campagne, pour le moment où il sera de retour à Paris :

« ... Sa Majesté m'ayant dit plusieurs fois (c'est Vallot qui
parle), après la remontrance que je lui faisais de la conséquence de son mal, qu'elle aimait mieux mourir que de manquer la moindre occasion où il y allait de sa gloire et du
rétablissement de son État. En quoi l'on a sujet d'admirer la
grandeur de son âme et la patience extraordinaire de ce
prince, accompagnée d'une volonté admirable... »

Tel il sera jusqu'au dernier jour. — (Ne jamais
perdre de vue ce point-là, en lisant le Journal.)

La puberté se déclare : le roi est incommodé, dès
1653, d'un engorgement glandulaire au sein droit, et,
cette première dureté résolue par l'application d'un em-
plâtre fondant dont on a l'ordonnance, il lui en survient
une autre l'année d'après au sein gauche. Les suites
et conséquences de la puberté se font bientôt sentir à
leur tour. On a beau être roi, on est homme, on est
jeune homme et sujet à tous les maux et à toutes les
disgrâces des jeunes fils d'Adam. Le bon Vallot paraît
tout épouvanté, au mois de mai 1655, de découvrir une
incommodité du jeune roi qui lui paraît singulière,
presque surnaturelle, et que la description qu'il en fait
nous montre fort commune au contraire et des plus
simples dans son genre. Passons.

Survient la grande maladie de Calais (juin-juillet
1658) qui mit les jours du roi en si grand danger.
Louis XIV a vingt ans; il s'est fatigué nuit et jour à
Mardik, tant pour le siége de Dunkerque que pour celui
de Bergues. Il a gagné une fièvre intermittente de ma-

rais avec cachet typhoïde. La description de Vallot est très-bonne ; le traitement n'est bon qu'à demi (je ne parle que d'après de plus autorisés que moi) ; on saigne beaucoup trop le malade ; mais, somme toute, les purgations aidées des vésicatoires, un vomi-purgatif surtout donné à propos en dernier lieu, réussissent et suffisent pour le guérir, malgré les saignées et nonobstant l'omission des anti-périodiques. On ne s'avisa d'administrer le quinquina à Louis XIV que très-tard, en 1686 pour la première fois. Mais il faut voir comme Vallot, qui a si bien et si vigoureusement traité cette maladie mortelle, s'applaudit, comme d'un *coup de maître,* de l'effet de son généreux remède (le vomi-purgatif dont il nous indique le composé), de cette « généreuse purgation » dernière qui sauve le roi, le laissant bien faible, il est vrai, ayant du coup été purgé vingt-deux fois et n'ayant vomi qu'à deux reprises. Les médecins liront avec intérêt toute cette description mémorable en son genre, et même, quand on est à demi profane, on partage presque l'enthousiasme du savant et pieux Vallot qui dit en finissant :

« Cette évacuation (une très-abondante sécrétion finale par les voies urinaires) continua neuf jours de cette même force, et fut tellement avantageuse qu'elle acheva ladite guérison de Sa Majesté, sans aucun accident et sans aucune rechute, et même sans aucun ressentiment de la moindre incommodité du monde ; de manière qu'après cette parfaite guérison, le roi s'est trouvé beaucoup plus fort, beaucoup plus vigoureux et plus libre de toutes ses actions, tant du corps que de l'esprit, et l'on peut dire avec vérité que Dieu a conduit cet ouvrage par des voies si extraordinaires et par des secours

et des grâces si particulières, s'étant servi des causes
secondes en une conjoncture qui semblait devoir être plutôt
destinée au miracle qu'à l'industrie et l'expérience des
médecins. »

Vallot ne fait là que délayer le mot d'Ambroise Paré:
« *Je le traitai, Dieu le guarit.* »

Je dois dire qu'il n'est nullement question, dans sa
Relation si développée, du médecin d'Abbeville, Du
Saussoi, dont parle le président Hénault et à qui l'on
voulut faire honneur du traitement qui sauva le roi.
Vallot, comme tous les gens en place, avait des enne-
mis et des jaloux.

Je glisse sur les années favorisées et *mieux portantes*.
Bientôt se déclare la première atteinte d'un mal singulier qui tourmenta Louis XIV toute sa vie, le tint per-
pétuellement en échec, et qu'il ne parvint à dissimuler
qu'à force de bonne contenance et d'empire sur lui-
même, devant sa Cour et aux yeux de son entourage:
ce sont des vapeurs, « une douleur de tête sourde et
pesante, avec quelques ressentiments de vertiges, maux
de cœur, faiblesse et abattement. » C'est en 1662 que
les premiers signes de cette indisposition inquiétante
apparaissent. M. Le Roi fait observer que Louis XIV
était alors dans le fort de sa passion pour Mlle de La
Vallière. Je ne sais s'il y a un rapport exact à établir
entre ces deux ordres de faits dont l'un survécut si
fort à l'autre. La cause reste inconnue; il ne faut la
chercher ni dans l'exercice d'une *glissoire,* espèce de
montagne russe, que le jeune roi avait fait établir
exprès dans le parc de Versailles, et où il se livrait au

plaisir d'entraîner et d'émouvoir Mlle de La Vallière :
il dut bientôt y renoncer d'ailleurs, par défense du
médecin. Plus de quarante ans après (1705), s'étant
mis un jour à remuer et à feuilleter un grand nombre
d'anciennes lettres d'amour et d'anciens papiers *très-
parfumés,* il sentit redoubler ses vapeurs; mais ce sont
là des incidents et non des causes : elles nous échappent. Quoi qu'il en soit, l'histoire, aujourd'hui qu'elle
en a les moyens, est désormais tenue à une chose, à
noter si, pour certains actes peu expliqués de la conduite de Louis XIV, par exemple de brusques retours de
l'armée, des revirements de détermination dans les
campagnes, il n'y a pas coïncidence d'un de ces accidents, — de ces menaces d'accidents si soigneusement
relatées par les médecins du roi.

Je conçois maintenant un chapitre ainsi intitulé :
Effets et reflets de la politique de Louis XIV sur sa
santé, et de sa santé sur sa politique. M. Le Roi, en
notant au bas des pages quelques synchronismes qui
donnent à penser, en fournit les premiers éléments et
le premier dessin.

Une rougeole de la plus mauvaise nature, que le roi
âgé de vint-cinq ans contracta en soignant la reine
(1663), mit encore une fois ses jours en danger, et
même, en se guérissant heureusement, n'emporta point
ces *tournoiements de tête* et ces *mouvements vertigineux*
qui avaient précédé et qui se renouvelèrent bientôt.

Qu'était-ce donc que cette *tyrannie de vertiges,* sous
laquelle vécut Louis XIV et dont il se plaignait à de certains intervalles, qu'on croyait à jamais dissipée, puis

qui reparaissait tout à coup, et particulièrement sous l'influence du travail et de la contention d'esprit, ou des contrariétés et des chagrins, quand arriva l'heure des chagrins et des mécomptes? Qu'était-ce que cet hôte incommode auquel il fallut s'accommoder et s'abonner, ne pouvant l'exterminer et le détruire? Était-ce mouvement du sang à la tête et menace de congestion, d'apoplexie? N'était-ce pas plutôt ébranlement nerveux et menace d'épilepsie, comme semblerait l'indiquer la description suivante, qui fait type en quelque sorte :

« Le roi (c'est d'Aquin qui parle) fut assez fortement attaqué d'étourdissement le premier jour de janvier (1674), et fut contraint de chercher où se prendre et où s'appuyer un moment pour laisser dissiper cette fumée qui se portait à sa vue et affaiblissait les jarrets, par sympathie, en attaquant le principe des nerfs. Cet accident ne dura qu'un moment, et son ventre s'ouvrit favorablement sur l'heure même, etc. »

Il y a là tout un sujet de discussion ouvert pour les médecins savants qui ont du loisir. Quoi qu'il en soit du nom, un degré de plus dans le mal, on avait ou épilepsie ou apoplexie (1).

(1) Un savant médecin, plus théoricien toutefois que praticien, M. Ch. Daremberg, dans un artice des *Débats* sur le *Journal de la santé de Louis XIV* (6 décembre 1862), a exprimé la conviction que ce vertige auquel était sujet le grand roi n'avait de rapport ni avec l'apoplexie ni avec aucune menace d'épilepsie, mais que c'était purement et simplement un vertige *stomacal*, c'est-à-dire tenant aux surcharges de l'estomac, un vertige nerveux analogue à celui que produit le mouvement d'un bateau sur mer, le tournoiement de la valse, etc.; en un mot, un malaise plus incommode que menaçant.

Et à ceux qui ne sont pas médecins (quoique tout le monde, dans une bonne éducation, dût l'être plus ou moins), je dirai : Laissez le désagrément léger de ces explications techniques, de ces termes médicinaux; voyons, n'admirez-vous pas maintenant un peu plus que vous ne faisiez auparavant ce roi qui, toute sa vie, sujet à une pareille infirmité et inquiétude, travaille assidûment, ne ralentit en rien son application, garde devant tous son égalité d'humeur, reste doux, ferme, et en apparence tranquille? Un historien d'une hardiesse piquante et spirituelle a essayé de couper la carrière de Louis XIV en deux, de la diviser selon la physique, et de dire qu'il y avait un Louis XIV d'avant la grande opération de 1686, — ne marchandons pas les mots, puisqu'aujourd'hui nous sommes dans la médecine, — un Louis XIV d'avant la fistule et d'après. Eh bien! non, la grande opération n'est plus qu'un incident; cela ressort du Journal qui est sous nos yeux; mais vous avez un Louis XIV perpétuel, sans cesse menacé d'accidents nerveux ou sanguins au cerveau, assujetti à mille précautions, et toujours calme, ferme, égal; n'est-ce pas plus singulier encore, n'est-ce pas mieux? La vérité sue à fond est plus piquante et plus imprévue ici que la conjecture.

Pauvre nous-même, cependant, et que la grandeur n'est qu'apparence! Ce roi le plus beau, le plus majestueux, le plus glorieux d'aspect et d'appareil, voyez-le dans le tous-les-jours et dans le déshabillé comme font ses médecins : il ne résiste pas en détail et ne supporte l'examen presque en aucune de ses parties. La petite

vérole l'a sinon grêlé, du moins sensiblement gravé
dans son beau visage. Il a les dents « naturellement
fort mauvaises, » et les fluxions ne l'épargnent pas. A
quarante-sept ans, il avait perdu toutes les dents du
côté gauche de la mâchoire supérieure, et on les lui
avait même si mal arrachées qu'il y avait une fistule,
un trou pratiqué entre la bouche et la cavité nasale, à
quoi l'on dut remédier par le feu. D'où lui vient ce
frisson fréquent, ce mouvement irrégulier du pouls?
C'est qu'il a une de ces fièvres à accès qui reprennent
sans cesse, qui déroutent les médecins, et il l'a gagnée
à faire remuer les magnifiques terrasses de ses jardins
de Versailles ou de Marly. Ses perruques si amples, qui
font comme partie de sa personne, ne le protégent qu'à
demi contre le froid de ses fastueux et incommodes
appartements; pour peu qu'il passe dans son *Cabinet
des perruques* pour en changer, et qu'il en essaye quelques-unes, il court risque, chauve ou rasé qu'il est là-
dessous, de se *morfondre* et de s'enrhumer du cerveau.
Il est homme et faible, vulnérable par tous les endroits.
L'hygiène mauvaise ou incomplète du temps contribuait
à ses indispositions et à ses gênes. Dans ce lit à ciel pom-
peux, ce sont quelques punaises qui l'ont, cette nuit,
éveillé plus tôt qu'à l'ordinaire, à moins que ce ne soit
quelque accident de gravelle, — le *grain de sable* de
Cromwell, — logé en lieu douloureux, qui ait causé
l'insomnie. Les bains, les demi-bains, cette idée, ce
semble, toute naturelle et de bon sens, cette chose si
salutaire et si adoucissante, ne lui en parlez pas : on en
prenait peu alors, et lui moins que personne. Une fois,

une seule fois dans sa vie, on a noté qu'il s'était soumis aux bains de chambre; mais hors cette seule occasion (1665), jamais plus. O classe moyenne et aisée de
nos jours, n'enviez pas l'hygiène ni le régime du grand
roi dans ce qu'on appelle le plus poli des siècles. Un
simple bourgeois aujourd'hui vit mieux, se soigne
mieux, s'entend mieux au bien-être que Louis XIV
dans toute sa pompe. Si bien qu'on soit, il reste cependant à penser au peuple.

La grande opération, celle de la fistule, vient à son
rang dans le Journal, mais seulement à son rang et
sans prendre une importance disproportionnée. D'Aquin
était premier médecin encore; il différa avec Fagon sur
la nécessité d'opérer, et son peu de sincérité dans
l'exposé des faits est mis à nu par celui-ci, lorsque,
lui succédant dans sa charge, il prend en main la ré-
daction du Journal.

On sait qu'après l'opération, si bien faite par le chirurgien Félix, et couronnée d'un plein succès, l'infirmité royale était devenue à la mode parmi les courtisans:

« Plusieurs de ceux qui la cachaient avec soin avant ce
temps, nous dit le chirurgien Dionis, n'ont plus eu honte de
la rendre publique; il y a eu même des courtisans qui ont
choisi Versailles pour se soumettre à cette opération, parce
que le roi s'informait de toutes les circonstances de cette
maladie... J'en ai vu plus de trente qui voulaient qu'on leur
fît l'opération, et dont la folie était si grande, qu'ils paraissaient fâchés lorsqu'on les assurait qu'il n'y avait point
nécessité de la faire. »

La platitude humaine est alerte à prendre toutes les

formes et toutes les postures. De même, lorsque Fagon fut devenu premier médecin, Fontenelle remarque « que toutes les maladies de Versailles lui passaient par les mains : on croyait faire sa cour de s'adresser au premier médecin, on s'en faisait même une espèce de loi; mais, heureusement pour les courtisans, ce premier médecin était aussi un grand médecin. »

Fagon, qui était depuis quelques années dans la confiance de Mme de Maintenon, supplanta d'Aquin en 1693. Le Journal, une fois rédigé par lui, prend un intérêt médical tout particulier. Fagon, comme tous les vrais disciples d'Hippocrate, triomphe des théories préconçues et des mauvaises doctrines, tour à tour régnantes, par l'observation pratique et le *tact*. Il discerne d'abord et rétablit, dans une page médicalement fort belle, la qualité du tempérament du roi que d'Aquin avait méconnue; il change son régime. Louis XIV mangeait extrêmement, mais buvait peu. On l'avait mis au vin de Champagne; ce n'était pas le vin qui lui convenait. On corrigeait en partie ce mauvais effet par l'usage de ce qu'on appelait le *Rossolis du roi,* breuvage composé d'eau-de-vie faite avec du vin d'Espagne, dans laquelle on faisait infuser des semences d'anis, de fenouil, d'anet, de chervis, de carotte et de coriandre, à quoi l'on ajoutait du sucre candi, dissous dans l'eau de camomille et cuit en consistance de sirop. C'était, en résumé, un cordial et un tonique, même un dépuratif, qui, à la condition d'être pris à petite dose, pouvait utilement corriger l'effet du vin de Champagne, purement excitant. Ce changement du régime royal, qui souleva bien des propos en sens contraire parmi les courtisans, « habitués à décider avec autant de témérité que d'ignorance sur les choses les plus importantes de la médecine, » fit ensuite émeute et quasi révolution dans les provinces vignobles intéressées. Il s'ensuivit, depuis 1700, une guerre déclarée, une querelle par thèses et pamphlets virulents entre les défenseurs des deux sortes de vins : la querelle des Anciens et des Modernes n'était pas plus vive. M. Le Roi en a fait le sujet d'un agréable Appendice.

Louis XIV mangeait beaucoup; ce lui était une nécessité sans doute pour se soutenir; c'était aussi, pour l'appeler de son vrai nom, une gourmandise et une intempérance. Madame, la Palatine, duchesse d'Orléans, nous a laissé le menu d'un de ses dîners :

« J'ai vu souvent, nous dit-elle, le roi manger quatre assiettées de soupes diverses, un faisan entier, une perdrix, une grande assiettée de salade, du mouton au jus et à l'ail, deux bonnes tranches de jambon, une assiettée de pâtisserie, et puis encore du fruit et des confitures. Le roi et feu Monsieur aimaient beaucoup les œufs durs. »

Fagon nous donne l'aperçu d'un souper du roi déjà vieux (1709), qui répond bien à un tel dîner; il est vrai que cela avait toutes les peines du monde à passer :

« La variété, dit-il, des différentes choses qu'il mêle le soir à son souper avec beaucoup de viandes et de potages, et entre autres les salades de concombres, celles de laitues, celles de petites herbes, toutes ensemble assaisonnées comme elles le sont de poivre, sel, et très-fort vinaigre en quantité, et beaucoup de fromage par-dessus, font une fermentation dans son estomac, etc. »

Si tel était un souper ou un dîner ordinaire de Louis XIV, il est curieux de voir quelles étaient ses diètes, quand on le mettait au régime ; par exemple (1708) :

« Le roi, fatigué et abattu, fut contraint de manger gras le vendredi, et voulut bien qu'on ne lui servît à dîner que des croûtes, un potage aux pigeons, et trois poulets rôtis ; le soir, du bouillon pour y mettre du pain, et point de viandes... Le lendemain, il fut servi comme le jour précédent, les croûtes, un potage avec une volaille, et trois poulets rôtis, dont il mangea, comme le vendredi, quatre ailes, les blancs et une cuisse ! »

Et cette diète lui réussit. Mais un autre jour, il en est tout autrement : les choses se sont passées, il est vrai, avec un peu moins de sobriété :

« Le cours de cette médecine, dit à un endroit Fagon (fin de cette même année 1708), fut brusquement arrêté par le dîner du roi, qui mangea beaucoup, et entre autres choses, outre les croûtes, le pain mitonné en potage et les viandes fort solides, combla la mesure à son dessert avec des vents faits avec du blanc d'œuf et du sucre, cuits et séchés au four, force confitures et des biscuits bien secs ; ce qui joint à quatre grands verres en dînant et trois d'eau sortie de la glace, après dîner, donna sujet au roi de se plaindre, après avoir travaillé trois heures avec M. de Pontchartrain, qu'il se sentait faible et qu'il avait de la peine à marcher. »

Notez cependant que, s'il a trop dîné, il n'en a pas moins travaillé ses trois heures.

Que Louis XIV, d'un tempérament lymphatique
comme il était, eût besoin pour se substanter, d'un
fort régime, il n'y a nul doute ; mais l'excès était nuisible, surtout chez un vieillard affecté de gravelle, qui
avait la goutte aux pieds et des vapeurs au cerveau. Aussi
Fagon, nonobstant les murmures des courtisans *goulus,*
tint ferme, et s'appliqua de tout son pouvoir à combattre l'intempérance chez le maître. Il avait fort à
faire dans la saison des primeurs, ou les jours de
Marly et de Trianon ; Louis XIV lui échappait alors et
courait risque de se déranger. Mᵐᵉ de Maintenon, de
moitié dans la surveillance et toute en Fagon, était très-
appliquée aussi de son côté à empêcher le roi de trop
manger de ces *petits pois verts* qui étaient son dédom-
magement et son danger les jours maigres. On sourit à
lire ce Journal qui est vraiment de morale autant que
de médecine : quelquefois le roi tient bon contre les
tentations, contre celle des beaux muscats, par exemple,
qu'on lui présente un jour sans qu'il veuille en goûter ;
d'autres fois, et le plus souvent, il fait comme nous, il
cède. Il a résisté pour les muscats, il cède pour les petits
pois, c'est-à-dire pour ce qu'il préfère. Les grands caractères, eux aussi, ont leurs faiblesses. Charles-Quint,
près d'abdiquer, et « qui savait commander à ses passions, ne savait pas contenir ses appétits (1). » Infirme
et avec une santé détruite, il se gorgeait d'huîtres, de
poissons, de boissons glacées les plus nuisibles. Le
grand Frédéric, malgré ses médecins et son bon sens,

---

(1) Voir *Charles-Quint, son abdication ,* par M. Mignet, au chapitre premier.

se faisait mal en mangeant tout le long du jour des
compotes posées exprès sur les tablettes de cheminée
et les diverses consoles de ses appartements. Ceux qui,
il y a cinquante ans, avaient l'honneur de visiter le
matin le prince Cambacérès et de l'entendre sur le chapitre de sa santé, n'étaient pas plus au fait de toutes
les conséquences laborieuses de ses digestions, que nous
ne le sommes aujourd'hui des suites des copieux sou-
pers de Louis XIV. N'abusons de rien, et que ceux qui
sont sans aucun reste d'intempérance et sans un seul
petit vice à soixante ans, lui jettent la première pierre.

Le Journal de Fagon s'interrompt malheureusement
à la fin de 1711, et l'on n'a pas l'histoire de la santé
des quatre dernières années de Louis XIV. Fagon s'est
lassé, et la plume lui est tombée des mains ; lui-même,
ce médecin si probe, si exact à ses devoirs, si attentif,
il était un malade en effet ; il avait été taillé autrefois
de la pierre ; il était sujet à un asthme violent, et il le
fallait voir la nuit dans l'antichambre royale, sur un
fauteuil, appuyé sur sa canne, ni plus ni moins que
dans sa chambre à coucher ; car il ne se déshabillait
jamais et ne dormait que sur son séant : « Sa santé ou
plutôt sa vie, dit Fontenelle, ne se soutenait que par
une extrême sobriété, par un régime presque superstitieux ; et il pouvait donner pour preuve de son habileté,
qu'il vivait. »

J'ai besoin d'une conclusion sérieuse, et je la réitère.
Je n'irai pas tout à fait jusqu'à dire avec M. Le Roi
qu'après cette lecture le Louis XIV, tel qu'il sort pour
nous des mains de ses premiers médecins, « n'est plus

le brillant héros que l'histoire nous a dépeint, mais bien un *jeune homme valétudinaire,* atteint successivement de maladies fort graves, puis un homme toujours souffrant, condamné à un régime sévère, obligé de supporter de graves opérations, et enfin, un vieillard podagre, continuellement tourmenté par la gravelle, dont la gangrène vient enfin terminer l'existence. » Ce portrait est trop noir ; cette suite de maladies et d'indispositions présentées en détail et à la file fait un tableau trop sombre ; nous ne voyons pas assez les intervalles, les saisons de bonne santé, les *mortes-saisons* du médecin ; et puis il y a dans tout cela maint malaise qui, dans une vie ordinaire et où l'on n'aurait pas le temps de s'écouter, ne compterait pas. Louis XIV jeune n'était pas un valétudinaire, mais il avait une santé qui, en taillant sans ménager dans le plein de la vie, était avertie bientôt et punie des excès, et qui acquérait peu à peu des infirmités durables. L'effet général, pourtant, qu'à la réflexion je tire de cette lecture, la dernière impression qui pour moi subsiste et surnage à l'égard du prince si travaillé au dedans, si distrait par ses maux corporels, qui a dû prendre si souvent sur lui, et qui a su faire si constamment, si également, si noblement son personnage public, c'est, — toutes misères tant royales qu'humaines mises en compte, — c'est encore le respect.

Chez Louis XIV, si l'homme en réalité était si souvent malade, le roi parut toujours bien portant.

M. ERNEST RENAN.

Essais de morale et de critique. — *Études d'histoire religieuse.*
— *Cantique des Cantiques.* — *Le livre de Job.* — *De l'origine
du langage.* — *Histoire générale des langues sémitiques.* —
Averroës, etc. (1).

On se plaint, et depuis assez de temps, qu'il ne
s'élève point dans le champ de l'imagination et de l'invention proprement dite d'œuvre nouvelle, de talent
nouveau du premier ordre, qui prenne aussitôt son
rang et se fasse reconnaître à des signes éclatants, in-
contestables ; on ne saurait faire entendre cette plainte
dans le monde de l'érudition et de la critique; elle
serait injuste, et l'on aurait à l'instant à vous répondre
en vous citant des noms qui se sont produits depuis ces
dix ou douze dernières années et qui ont acquis dès
leur début une célébrité véritable. Au premier rang de
cette génération forte et brillante est M. Ernest Renan.

(1) Chez Michel Lévy, rue Vivienne, 2 bis.

Quoique le point de départ et le sujet principal de ses études semblassent devoir circonscrire d'abord le cercle de son public et de ses lecteurs, il a su l'étendre, dès son entrée dans la carrière, par la supériorité et la variété de son coup d'œil, sa manière neuve d'envisager et de présenter chaque question, et la rare distinction de sa forme. Ses travaux de revue en particulier, ou même ses simples articles de journal, qui sortaient des formes usitées, et dont chacun offrait un tout, le désignèrent d'emblée à l'attention comme un maître d'un genre nouveau. Il y en a qui rétrécissent et diminuent tous les sujets qu'ils traitent, il y en a qui les dessèchent ; lui, il les élève et les ennoblit, il les transforme sans les dénaturer ; il les revêt d'un mélange heureux de gravité et d'élégance ; il les fixe surtout et les situe en leur lieu et à leur point précis, dans leurs rapports avec les autres régions, sur la carte du monde intellectuel. L'estime donc, du premier jour, lui était acquise ; il avait un attrait sérieux. Chacun de ses savants écrits, ses Études d'histoire religieuse, ses Essais philosophiques et littéraires s'enlevaient rapidement, et il avait atteint, auprès du public lettré, à ce degré le plus désirable de considération et d'intérêt soutenu, au delà duquel il n'y a plus que la vogue avec ses inconstances. Des incidents récents et fort imprévus sont venus la lui donner et l'ont jeté, pour ainsi dire, dans le flot d'une popularité pour laquelle il ne semblait pas fait, et que certainement il n'ambitionnait pas. Dans tout pays où la science serait appréciée pour elle-même, où le caractère des hommes serait honoré pour ce qu'il vaut, où l'on aimerait mieux entrer en controverse, s'il y avait lieu, avec l'homme de mérite que de l'apostropher et de l'injurier, où l'on ne procéderait point en idées comme en tout par accès et par fougues, par sauts et par bonds, il n'y aurait pas eu tout ce bruit, et nous irions entendre M. Renan, grave, mesuré, élégant, respectueux toujours, sauf à le discuter en sortant.

Je voudrais raconter nettement, et sans trop de conjectures, l'histoire de cette intelligence élevée qui tranche avec celle de nos autres contemporains, et qui doit une partie de son caractère et de son originalité à ses origines mêmes. M. Ernest Renan, qui n'a pas quarante ans encore, est né en 1823 en Bretagne, — dans la Basse-Bretagne, ne l'oublions pas, — à Tréguier. Il sortait d'une famille de marins; par son père, il appartient à la race bretonne pure, à cette race triste, douce, inflexible, dont il a si bien parlé dans son Étude sur Lamennais. Il y plonge par ses racines, il en a gardé le fond; et parmi ceux qui sont habitués à reconnaître et à démêler ce qui subsiste d'essentiel à travers les transformations morales, je n'étonnerai personne en disant que, sous sa forme philosophique la plus consommée, il a encore de sa race première certains traits que lui-même a notés comme les plus profonds et les plus durables, « la foi, le sérieux, l'antipathie pour ce qui est vulgaire, le mépris de la légèreté; » — oui, la foi, — une sorte de foi, non au surnaturel, mais au *divin;* et l'on peut dire en effet que, dans sa manière d'envisager la nature, l'histoire et l'humanité,

M. Renan dissout et dissémine le *divin*, mais qu'il ne le détruit pas.

Né le dernier de la famille, douze ans après les autres, après une sœur qui l'assista dans sa jeunesse, qui lui fut comme une seconde mère, qui ne voulut jamais le quitter, et qu'il a eu tout récemment le malheur de perdre pendant ce pèlerinage scientifique en Orient où elle l'accompagnait encore, il reçut et il a nourri en lui, sans les dissiper, les affections et les vertus domestiques. Sa digne mère, dont il est le portrait, continue de vivre pour jouir d'un tel fils, et il suffit d'avoir eu l'honneur de la voir une fois pour sentir tout ce qui a dû présider de pieux, de tendre et d'antique à cette première éducation du foyer. Placé dans une école de sa ville natale, un petit collége tenu par des ecclésiastiques, il y fit avec succès ses études jusqu'à l'âge de seize ans : les maîtres de ce collége étaient des prêtres du pays, de la vieille roche, graves, instruits, enseignant les belles-lettres avec solidité et bon sens, et antérieurs à toute invasion de ce qu'on peut appeler le romantisme clérical ou le néo-catholicisme. M. Renan est resté profondément reconnaissant envers leur mémoire.

Venu à Paris, recruté et appelé en vertu de ses succès de province dans le petit séminaire que dirigeait alors un abbé déjà célèbre, M. Dupanloup, homme d'éloquence et de zèle, mais d'un zèle qui n'est pas toujours sûr, il lui sembla tomber dans un monde tout nouveau : au sortir d'une nourriture chrétienne classique, sévère et sobre, il était mis à un régime bien

différent ; il avait affaire pour la première fois à ce
catholicisme parisien et mondain, d'une espèce assez
singulière, que nous avons vu, dans ses diverses variétés, naître, croître chaque jour et embellir ; catholicisme agité et agitant, superficiel et matériel, fiévreux,
ardent à profiter de tous les bruits, de toutes les vogues
et de toutes les modes du siècle, de tous les trains de
plaisir ou de guerre qui passent, qui vous met à tout
propos le feu sous le ventre et vous allume des char-
bons dans la tête : il en est sorti la belle jeunesse
qu'on sait et qu'on voit à l'œuvre. Après trois ans de
séjour au petit séminaire, M. Renan entra à Saint-
Sulpice, et d'abord à la maison d'Issy pour y faire sa
philosophie pendant deux ans. A son arrivée dans ce
monde sulpicien, il lui semblait, au contraire, se retrouver de nouveau dans son milieu de Bretagne ; entouré
d'hommes graves, paisibles, de maîtres instruits (l'abbé
Gosselin), quelques-uns profonds et très-originaux
(l'abbé Pinault, par exemple), il commença à développer lui-même sa propre originalité :

« L'éducation ecclésiastique, a-t-il dit, qui a de graves inconvénients quand il s'agit de former le citoyen et l'homme
pratique, a d'excellents effets pour réveiller et développer
l'originalité de l'esprit. L'enseignement de l'Université, qui
est certainement plus régulier, plus solide, plus discipliné, a
l'inconvénient d'être trop uniforme et de laisser trop peu de
place au goût individuel soit du professeur, soit de l'élève.
L'Église, en littérature, est somme toute moins dogmatique
que l'Université. Le goût y est moins pur, les méthodes y sont
moins sévères ; mais la superstition littéraire du XVIIe siècle
y est moindre. Le fond y est peut-être moins sacrifié à la

formé ; on y troùve plus de déclamation, mais moins de rhétorique. Cela est vrai surtout de l'enseignement supérieur.
Soustrait à toute inspection, à tout contrôle officiel, le régime
intellectuel des grands séminaires est celui de la liberté la
plus complète : rien ou presque rien n'étant demandé à
l'élève comme devoir rigoureux, il reste en pleine possession
de lui-même ; qu'on joigne à cela une solitude absolue, de
longues heures de méditation et de silence, la constante préoccupation d'un but supérieur à toutes les considérations personnelles, et on comprendra quel admirable milieu de pareilles maisons doivent former pour développer les facultés
réfléchies. Un tel genre de vie anéantit l'esprit faible, mais
donne une singulière énergie à l'esprit capable de penser par
lui-même »

Ses premiers doutes lui vinrent à Issy, et ils lui arrivèrent par les études naturelles, par les sciences, pour
lesquelles il se sentait du goût, et qu'il commençait à
cultiver. Cependant ces doutes naissants laissaient jour
encore à bien des modes d'explication, et le jeune sulpicien en voie de transition se trouvait, j'imagine, dans
une de ces phases de philosophie chrétienne, à l'une de
ces stations intermédiaires que Malebranche, qu'il lisait
alors, avait connues, et où le grand oratorien avait su
en son temps s'arrêter comme à mi-côte, y dressant
ses tentes légères et ses magnifiques pavillons.

Mais notre siècle, mal abrité et ouvert à tous les
vents, ne permet plus cès établissements éphémères :
les beaux nuages d'un Malebranche seraient de nos
jours bien vite balayés par les tempêtes ou les moindres
souffles qui partent chaque matin de tous les points de
l'horizon. M. Renan, après ces deux années d'Issy, vint,

pour son cours de théologie, au séminaire de Paris, et c'est là qu'en voyant se dérouler crûment et carrément devant lui la théologie scolastique, cette vieille doctrine de saint Thomas « remaniée et triturée par vingt générations sorboniques, » son sens critique, déjà éveillé, se révolta : il n'y put tenir ; tant d'objections imprudemment posées, et qu'une logique robuste ou subtile se flattait à tout coup d'abattre, tant et de si rudes entorses données à la vérité historique le venaient relancer, malgré sa prudence, et le forcèrent enfin à sortir de derrière ses retranchements. « Combien d'esprits, a-t-il dit quelque part, n'ont été initiés à l'hétérodoxie que par les *Solvuntur objecta* des traités de théologie ! » Cependant il étudiait l'hébreu sous M. Lehir, à l'enseignement solide duquel il a rendu hommage ; il était même chargé, quoique élève, et dès la seconde année, de faire aux autres élèves le cours élémentaire. Par une licence unique, on lui permettait d'aller au Collége de France entendre M. Quatremère, et dans le trajet de nombreux échos lui arrivaient du dehors. Cette seconde année de Saint-Sulpice était de 1844—1845.

Il s'était mis cependant à l'étude de l'Allemagne, et par l'Allemagne il s'était vu initié à ces sciences de formation moderne qui ont tant de peine à pénétrer chez nous et à y prendre pied, même après trente et quarante ans d'existence constatée et régulière. Je ne sais, en vérité, ce que notre légèreté routinière attend pour s'en informer et les reconnaître dans leur puissance de méthode et leurs résultats. M. Renan avait

reçu notamment une très-vive impression des idées et
des vues de Herder ; cette espèce de christianisme ou
de fonds religieux supérieur, qui admet toutes les recherches, toutes les conséquences de la critique et de
l'examen, et qui, avec cela, laisse subsister le respect,
même l'enthousiasme ; qui le conserve et le sauve en le
transférant en quelque sorte du dogme à l'histoire, à la
production complexe et vivante, le rasséréna et le tran-
quillisa beaucoup ; il sentait que, s'il eût vécu en Allemagne, il eût pu trouver des stations propices à une
étude indépendante et respectueuse, sans devoir rompre
absolument avec des choses ou des noms vénérables, et
à l'aide d'une sorte de confusion heureuse de la poésie
avec la religion du passé.

Mais la netteté de notre esprit, comme la sécheresse
de nos formes et le cassant de notre règle, ne permet
pas ces indécisions souvent nourricières et fécondes ; il
faut choisir par *oui* ou par *non*. Ce fut pendant les va-
cances de 1845 en Bretagne que M. Renan fit ses dernières réflexions ; toutes les études historiques et critiques de l'année précédente avaient donné une forme
précise et arrêtée aux objections qui flottaient auparavant dans son esprit. Il résolut de quitter Saint-Sulpice
sans y commencer sa troisième année, et annonça sa
détermination à ses maîtres. On essaya d'abord de
quelque biais comme dans une séparation à l'amiable.
M. Renan fut envoyé au collége Stanislas et y passa
une quinzaine en compagnie de l'abbé Gratry, cet
homme d'esprit et de talent, mais dont les méthodes
ne pouvaient avoir sur lui aucune prise. Il préféra

bientôt se retirer dans une pension du quartier Saint-
Jacques, où il donnait des répétitions. Sa tendre sœur,
dans cette crise pénible, vint à son aide et lui épargna
les soucis de la vie matérielle : il put être tout entier
du moins à ses idées et aux nobles soins de progrès et
d'avancement intérieur auxquels il s'était voué.

Le caractère de cette émancipation intellectuelle de
M. Renan mérite d'être bien compris et défini. Ce ne
fut pas, en un certain sens, une lutte, un violent orage,
un déchirement : il n'y eut point un jour, une heure,
un moment solennel pour lui, où le voile du temple se
déchira de devant ses yeux : ce ne fut pas la contre-
partie de saint Paul qui se vit abattu, renversé sur le
chemin de Damas, et du même coup converti. La philosophie ne lui apparut point un matin ou un soir comme
une Minerve tout armée; elle ne s'annonça point par un
coup de tonnerre, comme cela arriva, je me le figure,
pour Lamennais, et un peu pour Jouffroy. Il n'eut point
sa sueur de combat, comme Jacob contre l'Ange, ni sa
veille solitaire d'agonie. Rien de tel ; si le déchirement
exista en effet, ce fut dans un autre ordre, dans celui
des relations personnelles; il lui fut pénible et douloureux, sans doute, d'avoir à se séparer des hommes res-
pectables auxquels il était attaché par des sentiments
d'affection et de reconnaissance; il souffrit de devoir les
affliger en leur annonçant une résolution irrévocable. Il
était timide, il était neuf de manières; cet homme que
nous entendons aujourd'hui s'exprimer avec tant de
fermeté, de vigueur, de finesse, et sans jamais hésiter
dans la nuance de son expression, avait alors à sur-

monter bien des hésitations de forme et des pudeurs;
il avait le front tendre, comme on le disait de Nicole.
Et puis son cœur de Breton était tendre aussi et ne
pouvait rester tout à fait insensible dans ce divorce
lentement amené, mais décisif et sans retour, avec des
croyances du berceau et de l'enfance qui lui échappaient. Il lui en coûta de se séparer des choses comme
des hommes. Mais, cela dit, il n'avait eu d'autre effort
à faire, dans sa vie de l'esprit, que de se laisser croître
et mûrir; il avait eu son évolution, non sa révolution.
L'esprit scientifique moderne l'avait pris peu à peu et
gagné, comme la lumière qui se lève à l'horizon et qui
ne tarde pas à remplir tout l'espace. Le vieil édifice
provisoire s'écroula en lui pierre par pierre ; mais, au
moment où il acheva de tomber, il était déjà remplacé
par un autre de substruction profonde et solide. En un
mot, M. Renan, en passant du dogme à la science, offre
avec Lamennais le plus notable contraste : c'est un
Lamennais jeune, graduel, éclairé à temps, et sans
ouragan ni tempête, un Lamennais progressif et non
volcanique. Voyez-le au moment où il sort et où il
paraît : il n'a rien à renverser, à bouleverser autour de
lui, comme quand on se produit après coup; il n'éclate
point à tort et à travers ; il ne rompt pas, il se détache
avant tout engagement. Aussi sa sérénité d'homme
d'étude et de savant, même en son plus grand redoublement de labeur, ne fut-elle jamais troublée. Il ne se
sentait aucune irritation contre ce qu'il venait de quitter; à peine un léger mouvement de réaction, bientôt
apaisé, marque-t-il ses premiers écrits. Sa gravité, sa

dignité, et, si je puis dire, sa démarche d'intelligence
n'eurent en rien à souffrir ni à se déranger d'un changement sincère, naturel, produit en la saison voulue,
selon le cours des choses, en vertu d'une crise nécessaire et généreuse, et avant que rien de contraire ni
d'irrévocable eût sonné.

Livré à lui-même désormais, il dut essayer d'une
autre carrière; l'Université le tenta : il se fit recevoir
agrégé de philosophie vers 1848. Mais cet enseignement philosophique ne lui allait pas ; et dans son morceau sur l'*Avenir de la métaphysique,* à l'occasion d'un
livre de M. Vacherot, il a assez expliqué le pourquoi. Il
n'a aucun goût pour l'étude abstraite, pour l'idée en
elle-même, séparée comme un fruit de sa tige et consi-
dérée isolément; il n'a de confiance qu'en l'histoire,
en l'histoire vue dans sa suite, dans son étendue, une
véritable histoire humaine comparée. Et puis, nous
dit-il encore : « Si j'étais né pour être chef d'école,
j'aurais eu un travers singulier : je n'aurais aimé que
ceux de mes disciples qui se seraient détachés de
moi. » L'enseignement philosophique, en effet, s'il n'est
pas la démonstration obligée d'une sorte de catéchisme
philosophique dont les articles, posés à l'avance, sont
réputés irréfutables, ne saurait être qu'une provocation
et une excitation à une recherche incessante, qui, dès
lors, amène avec elle ce qu'elle peut et n'exclut rien
de ce qu'elle trouve. Or, c'est non-seulement ce que
l'État en France n'a jamais admis, c'est aussi ce que
notre esprit public semble ne pas comporter. On s'in-
surge aussitôt contre toute opinion professée qui n'est

pas nôtre. Je sais des gens qui, par esprit d'opposition, après avoir passé leur vie à combattre la philosophie de M. Cousin comme dangereuse tant qu'elle était dominante, demandent aujourd'hui qu'on la rétablisse au complet, même dans les colléges, et qui cependant ne veulent d'aucune des conséquences qu'elle a autrefois amenées et qu'elle peut amener encore. Jeune homme, vous vous contenterez de ce raisonnement, de cette démonstration, vous parût-elle insuffisante ; vous irez jusqu'ici en ces hautes matières, mais vous n'irez pas plus loin. Voilà une singulière manière d'être conséquent et de pousser aux idées ! Je ne demande pas mieux qu'on soit philosophe, Messieurs, mais soyons-le sérieusement et tout de bon, coûte que coûte. Très-peu d'esprits, dans ce cas, sont appelés à l'être. La philosophie est une vocation et une originalité comme la poésie (1).

M. Renan, qui n'était homme à s'emprisonner dans aucun sens, se tourna du côté des Académies, et il fit bien. Tandis qu'il persévérait dans sa direction philologique d'hébraïsant et d'arabisant, et qu'il y faisait des pas assurés, en profitant, pour le positif des langues, de M. Quatremère, tout spécial et borné, et en s'inspirant de M. Eugène Burnouf, esprit supérieur, pour la méthode et le tact scientifique, il concourut par de

---

(1) On vient de rétablir l'enseignement de la philosophie dans nos lycées (1863), et cette restauration a été saluée comme un progrès ou comme un retour au bien. Un tel enseignement n'est bon qu'en tant qu'il produit des contradicteurs : et encore vaudrait-il bien mieux se passer de certaines questions que de les poser.

savants Mémoires pour des prix proposés par l'Institut:
Telle fut l'origine de l'un de ses Mémoires, qui a servi
de fond à l'*Histoire générale des Langues sémitiques*, et
qui obtint le prix Volney (1847). Un autre Mémoire,
couronné l'année suivante, sur l'*Étude du grec dans
l'Occident au Moyen Age*, n'a pas encore été publié.
En 1850, M. Renan était désigné par l'Académie des
Inscriptions pour une mission érudite en Italie; il y
prépara son livre d'*Averroës* et de l'*Averroïsme* (1852),
qui fut d'abord son sujet de thèse pour le doctorat.
Après avoir donné à la revue qui paraissait sous le titre
de *La liberté de penser* un morceau très-remarqué entre
autres, *De l'Origine du langage* (1848), il signala bientôt son entrée à la *Revue des Deux Mondes* (1851), et
presque en même temps au *Journal des Débats* (1852),
par une suite d'essais ou d'articles, parfaits, excellents,
où se produisait sur maint sujet d'histoire, de littérature ou d'art, et sous une forme également grave et
piquante, cet esprit savant, profond, délicat, fin, fier
et un peu dédaigneux.

Le jeune écrivain n'avait rien d'un débutant; dans
la pensée ni dans l'expression, rien n'était laissé au
hasard. A travers la diversité des matières, on sentait
une vocation prononcée et une unité. La vocation,
c'était évidemment, quant au but, l'histoire religieuse;
quant à la méthode, c'était d'étudier chaque forme,
chaque production du génie humain, historiquement,
non dogmatiquement; et, dans cette étude historique,
de ne pas s'en tenir au fait en lui-même, ni à la série
et au recueil des faits, mais d'envisager le tout sous

l'aspect de production et de végétation vivante continue, depuis la racine, depuis la germination sourde, et
à travers tous les développements, jusqu'à la fleur.
Doué non pas simplement d'une extrême ardeur personnelle de connaître et de savoir, mais de l'amour du
vrai et de « cette grande curiosité » qui porte avec elle
son idée dominante, et qui se règle aussi sur le besoin
actuel et précis de l'œuvre humaine à chaque époque,
il s'est dit de bonne heure que ce qu'il désirait le plus
de savoir, d'autres le désiraient également ; et il s'est
assigné, pour rendez-vous et pour terme éloigné, mais
certain, au milieu même de la variété et de la disper-
sion apparente de ses travaux, l'Histoire des origines
lu Christianisme. Il méditait de l'entreprendre, cette
histoire critique et vivante à la fois, avec toutes les
ressources de l'érudition moderne, « en dehors et bien
au-dessus de toute intention de polémique comme d'apo-
logétique ; » c'était son rêve constant, — le plus beau, le
plus élevé, le plus compliqué des rêves. Il préludait en
attendant, et ne voulait aborder ce grand sujet qu'après
s'être fait une autorité et s'être gagné la faveur du
public par des œuvres d'un caractère purement scientifique ou littéraire, et où sa préoccupation, son arrière-
pensée religieuse, ne pût pas être trop soupçonnée.

Il y réussit jusqu'à un certain point, et donna preuve
de sa science et de son art dans une quantité d'essais
ingénieux et neufs, hautement et finement pensés, sur
tout sujet. Partout où il avait passé, les choses paraissaient autres après qu'auparavant ; il vous apprenait à
voir le pays comme du haut d'une colline. Mais il eut

beau faire, la préoccupation religieuse perçait ; on sentait venir un témoin, un observateur d'un ordre à part, armé d'instruments à lui et suspect de curiosité pure, sous la forme du respect. On s'écria, on dénonça : lui, il resta calme, il se déroba à la polémique comme à un exercice inférieur, et il remonta d'un degré plus haut dans son point de vue, jusqu'à ne pas craindre même de rencontrer un léger nuage, — le nuage d'or de la poésie. Il semble avoir voulu s'en envelopper quelquefois.

En général, le procédé de critique qu'il applique en toute branche d'étude, et qu'il a élevé jusqu'à l'art, est celui-ci :

Il s'attache à tirer la formule, l'idée, l'image abrégée de chaque pays, de chaque race, de chaque groupe historique, de chaque individu marquant, pour l'admettre à son rang, à son point, dans cette *représentation idéale* que porte avec elle l'élite successive de l'humanité. C'est ce qu'il appelle la *conscience du genre humain,* — une sorte de miroir supérieur et mobile où se réfléchissent et se concentrent les principaux rayons, les principaux traits du passé, et qu'à chaque époque le nombre plus ou moins grand des hommes qui pensent promène avec soi et transmet à ceux qui suivent. L'humanité ainsi conçue et réduite à son élite ne peut cependant tout emporter avec elle : il faut à tout instant choisir, élaguer, généraliser. Les événements, d'ordinaire, se chargent de cette simplification ; l'humanité elle-même y pourvoit, au besoin, par des sacrifices. « Sur les monuments de Persépolis, nous dit

« M. Renan, on voit les différentes nations tributaires
« du roi de Perse représentées par un personnage qui
« porte le costume de son pays et tient entre les mains
« les productions de sa province pour en faire hom-
« mage au souverain. Telle est l'humanité : chaque
« nation, chaque forme intellectuelle, religieuse, mo-
« rale, laisse après elle une courte expression qui en
« est comme le type abrégé et expressif, et qui de-
« meure pour représenter les millions d'hommes à
« jamais oubliés qui ont vécu et qui sont morts groupés
« autour d'elle. » Cette conscience, cette mémoire du
genre humain, c'est donc comme une Arche de Noë
perpétuelle dans laquelle il ne peut entrer que les chefs
de file de chaque race, de chaque série. Je me figure
encore cette humanité symbolique de M. Renan comme
ce grand aigle de Dante (dans *le Paradis*), ce merveilleux oiseau qui est tout composé de lumières,
d'âmes et d'yeux. C'est à la science de relever et de
trier en chaque branche ce qui est digne d'y entrer et
d'y figurer. On a, d'après cette manière de voir, une
sorte d'équivalent de l'immortalité, dont l'idée ne ferait
ainsi que se déplacer et se traduire. Car que peut désirer de plus beau une grande âme, une haute intelligence, si par malheur la vie et la conscience individuelle ne persistent pas à tout jamais et s'évanouissent
après cette vie mortelle ? Elle doit désirer que son
œuvre du moins subsiste, que cette meilleure part
d'elle-même où elle a mis le plus vif de sa pensée et
toute sa flamme, entre dorénavant dans l'héritage commun, dans le résultat général du travail humain, dans

la. conscience de l'humanité : c'est par là qu'elle se.
rachète et qu'elle peut vivre. « Les œuvres de chacun,
« dit M. Renan, voilà sa. partie immortelle. La gloire
« n'est. pas un vain. mot, et. nous autres critiques et.
« historiens, nous. rendons. en un. sens un vrai juge-
« ment de Dieu. Ce jugement n'est pas tout sans doute;
« l'humanité n'est. qu'un interprète souvent. inexact de
« la justice. absolue. Mais ce qui. me. paraît résulter du.
« spectacle: général du monde, c'est qu'il se bâtit une.
« œuvre infinie, où chacun insère son action comme.
« un. atome. Cette action une fois posée est un fait
« éternel... ». Ce sont. quelques-unes de ses paroles.
mêmes..

Certes l'homme qui s'exprime ainsi n'est pas irréli-
gieux : il me paraîtrait même conserver et introduire
dans. sa. conclusion. dernière une légère part de mysticisme ou d'indéterminé sous le nom d'idéal; et je serais plutôt. tenté, quand je. considère l'histoire du.
monde, la vanité de notre. expérience, la variété et le
recommencement perpétuel de nos sottises; quand je.
viens à me représenter combien de lacunes en. effet
dans ce cabinet des types et échantillons qu'il appelle
magnifiquement la *conscience du genre humain*, combien de pertes. irréparables et que de hasard dans ce
qui a péri et ce qui s'est conservé, combien d'arbi-
traire et de caprice dans le. classement de ce qui reste,
et que ce restant dont nous sommes si fiers, si l'on
excepte les tout derniers siècles qui nous encombrent.
et dont nous regorgeons, n'est, en définitive, qu'un
trésor composé d'épaves comme après un naufrage; —

quand je me représente toutes ces interruptions, ces
oublis, ces brusqueries et ces croquis de souvenirs, ces
ignorances complètes ou ces à-peu-près, et à vrai dire,
ces quiproquos qui ne sauraient pourtant revenir tout
à fait au même, — je serais, je l'avoue, plutôt tenté
de trouver que M. Renan porte un bien grand respect
et une bien haute révérence à sa majesté l'esprit
humain.

Mais dans un pays comme la France, il importe qu'il
vienne de temps en temps des intelligences élevées et
sérieuses qui fassent contre-poids à l'esprit malin,
moqueur, sceptique, incrédule, du fonds de la race; et
M. Renan est une de ces intelligences, s'il en fut. Cela
peut sembler singulier à ceux qui le prennent pour un
incrédule de voir que je le classe plus volontiers parmi
les contraires. J'y reviendrai.

Lundi 29 juin 1862.

M. ERNEST RENAN.

Essais de morale et de critique. — Études d'histoire religieuse. — Cantique des Cantiques. — Le livre de Job. — De l'origine du langage. — Histoire générale des langues sémitiques. — Averroës, etc.

SUITE ET FIN.

J'applique à M. Renan sa méthode, et, sans louer ni blâmer, sans exprimer de préférence, sans prétendre conclure (me souvenant que la marque d'un esprit fin est peut-être « de ne pas conclure »), j'établis ainsi la famille d'esprits dont il est et à laquelle il appartient, en regard de celle qu'il repousse, dont il se sépare, ou qu'il ne rejoint que pour lui apporter un complément et un correctif bien nécessaire.

De tout temps le génie français a penché vers la gaieté, la légèreté, le bon sens prompt, mais pétulant, imprudent, frondeur et railleur, la satire, la malice et, j'ajouterai, la gaudriole; si cet élément unique dominait et l'emportait, que deviendrait le caractère de notre

langue, de notre littérature? Elle aurait tout son esprit;
aurait-elle ses grandeurs, sa noblesse, sa force, son
éclat et, pour tout dire, sa trempe? Ce qu'on appelle la
trempe ne résulte que d'éléments ou de qualités opposées et combinées, qui se tiennent en échec l'une
l'autre.

Considérez notre littérature depuis le Moyen-Age,
rappelez-vous l'esprit et la licence des fabliaux, l'audace
satirique et cynique du *Roman de Renart,* du *Roman
de la Rose* dans sa seconde partie, la poésie si mêlée de
cet enfant des ruisseaux de Paris, Villon, la farce fri-
ponne de *Patelin,* les gausseries de Louis XI, les saletés
splendides de Rabelais, les aveux effrontément naïfs de
Régnier; écoutez dans le déshabillé Henri IV, ce roi si
français (et vous aurez bientôt un Journal de médecin
domestique, qui vous le rendra tout entier, ce diable à
quatre, dans son libertinage habituel); lisez La Fontaine dans une moitié de son œuvre : à tout cela je dis
qu'il a fallu pour pendant et contre-poids, pour former
au complet la langue, le génie et la littérature que nous
savons, l'héroïsme trop tôt perdu de certains grands
poëmes chevaleresques, Villehardouin, le premier historien épique, la veine et l'orgueil du sang français qui
court et se transmet en vaillants récits de Roland à Du
Guesclin, la grandeur de cœur qui a inspiré *le Combat
des Trente;* il a fallu bien plus tard que Malherbe con-
tre-balançât par la noblesse et la fierté de ses odes sa
propre gaudriole à lui-même et le grivois de ses propos
journaliers, que Corneille nous apprît la magnanimité
romaine et l'emphase espagnole et les naturalisàt dans

son siècle, que Bossuet nous donnât dans son œuvre
épiscopale majestueuse, et pourtant si française, la
contre-partie de La Fontaine; et si nous descendons le
fleuve au siècle suivant, le même parallélisme, le même
antagonisme nécessaire s'y dessine dans toute la longueur de son cours : nous opposons, nous avons besoin
d'opposer à Chaulieu Montesquieu, à Piron Buffon, à
Voltaire Jean-Jacques; si nous osions fouiller jusque
dans la Terreur, nous aurions en face de Camille Des-
moulins, qui badine et gambade jusque sous la lanterne et sous le couteau, Saint-Just, lui, qui ne rit jamais; nous avons contre Béranger Lamartine et Royer-
Collard, deux contre un; et croyez que ce n'est pas
trop, à tout instant, de tous ces contre-poids pour corriger en France et pour tempérer l'esprit gaulois dont
tout le monde est si aisément complice; sans quoi nous
verserions, nous aborderions dans un seul sens, nous
nous abandonnerions à cœur-joie, nous nous gaudi-
rions; nous serions, selon les temps et les moments,
selon les degrés et les qualités des esprits (car il y a
des degrés), nous serions tour à tour, — et ne l'avons-
nous pas été en effet? — tout Musset ou tout Mürger.

Il faut absolument, pour rétablir l'équilibre, pour
maintenir la composition de l'esprit français, considéré
dans son expression la plus haute, non-seulement des
esprits sérieux, mais des esprits dignes, des poëtes hé-
roïques dans les âges d'héroïsme, de grands évêques
éloquents dans le siècle monarchique religieux, des tra-
giques capables de sublime, des écrivains porte-sceptre,
des autorités. M. Renan est de cette race des hautes

intelligences; c'est une intelligence aristocratique,
royale au sens de Platon, et même qui est restée un
peu sacerdotale et sacrée de tour et d'intention jusque
dans son entière émancipation philosophique. Oh ! que
je comprends qu'il ait éclaté un jour contre Béranger
et son influence ! Il est allé droit contre une de ses antipathies. Et c'était moins encore à Béranger person-
nellement qu'il s'en prenait ce jour-là qu'à la veine de
l'esprit français qu'on vient de voir, à cette littérature,
« essentiellement roturière, narquoise, spirituelle, »
qu'il avait déjà qualifiée d'immorale à propos de la
farce de *Patelin* et qu'il n'accepte pas même dans les
masques grimaçants, si chauds et colorés, de notre
grand Molière; il faisait le procès à cet esprit de go-
guette et de malice du bon vieux temps, un peu frelaté
et sophistiqué du nôtre, mais survivant encore, et qui
n'est jamais près de finir ; au bon sens grivois qui profane tout, qui réduit tout à sa moindre valeur, et qui
ne se sauve de tous les fanatismes, de tous les doctri-
narismes comme de toutes les préciosités, qu'aux dépens du respect et de l'idéal, et en préconisant la bonne
loi naturelle, comprise en trois mots, le vin, les femmes
et la chanson. Son réquisitoire contre Béranger, contre
tout ce que ce nom recouvre et signifie à ses yeux est
formel, merveilleusement dressé et motivé sur tous les
points; M. Renan a exprimé les griefs de tous les esprits
de son ordre. Chose étonnante ! en lisant son article,
je lui donnais raison presque à chaque phrase, et pourtant je résistais dans l'ensemble ; je ne suis certes qu'un
demi-gaulois, mais ce demi-gaulois trouvait de quoi

répondre, même à cette intelligence d'une élévation constante et qui sait y allier tant de sagacité et de finesse. L'article lu, je me disais : C'est égal, après tous les grands efforts et tous les grands systèmes en France, il n'est, pour voir clair et juste et remettre tout à sa place, que de se dérider et de se déroidir un peu; donnez-moi de temps en temps des gens qui sachent rire à propos et égayer le bon sens. L'élément trop austère, trop sérieux, s'il n'est corrigé par la grâce, court risque chez nous d'être évincé, — tôt ou tard évincé comme un corps étranger. M. Renan le sait aussi bien que nous, et lui, si sérieux, mais si fin, il connaît la grâce, celle qui est la compagne de l'ironie, et il en use à propos.

Mais aujourd'hui, je ne plaide pour aucun des éléments contraires en présence, je ne fais que les exposer, et si je plaidais pour l'un d'eux exclusivement, ce serait pour celui que M. Renan représente et qu'il est venu réintroduire à son heure dans notre courant français un peu appauvri.

C'est donc, je le maintiens, indépendamment des résultats particuliers auxquels il a pu arriver dans son examen critique, c'est par nature un esprit religieux que M. Renan; ses instruments sont analytiques, sa forme et son fond sont pour l'idéal et pour l'infini; c'est un brahme armé jusqu'aux dents de la science moderne et qui en use, mais qui a gardé sur son front et dans son *processus* quelque chose de l'empreinte originelle. « L'homme qui prend la vie au sérieux, a-t-il dit, et emploie son activité à la poursuite d'une fin généreuse, voilà l'homme religieux; l'homme frivole, superficiel, sans haute moralité, voilà l'impie. » — « L'humanité est de nature transcendante, a-t-il dit encore ; *quis Deus incertum est, habitat Deus* (quel Dieu habite en elle? je ne sais, mais il y habite un Dieu). » Il lui est échappé un jour, dans un article sur Feuerbach, de se prononcer sur le sens du mot *Dieu,* et il l'a fait cette fois d'une manière un peu légère et du ton un peu trop protecteur d'un raffiné en matière de philosophie : il est revenu depuis sur la chose et sur le mot; il a rétracté, c'est-à-dire retouché sa première parole. Le mot *Dieu* est toujours pour lui le signe représentatif de toutes les belles et suprêmes idées que l'humanité conçoit, pour lesquelles elle s'exalte et qu'elle adore; mais il semble que ce soit quelque chose de plus encore à ses yeux qu'une expression; il semble prêter décidément à l'intelligence, à la justice indéfectible et sans bornes, une existence indéfinissable, inconnue, mais réelle. A la fin de l'article sur M. Vacherot, il a adressé au *Père céleste* une invocation, une véritable prière. Que veut-on de plus? Il va jusqu'à dire que ce n'est pas seulement dans la mémoire et la conscience de l'humanité que subsiste, selon lui, l'œuvre de quiconque est digne de vivre, car il y en a, et des meilleurs, qui sont restés obscurs; il ajoute que « c'est aux yeux de Dieu seul que l'homme est immortel. » Il peut y avoir dans tout ceci, je le sais, la part à faire à un certain langage poétique, métaphorique, dont l'écrivain distingué se prive malaisément. Mais là où M. Renan me paraît le plus certainement atteint et convaincu de déisme

latent, quoi qu'on en dise, c'est qu'il conçoit l'œuvre de
l'humanité comme sainte et sacrée, qu'il y admire et y
respecte, dans la suite des développements historiques,
un ordre excellent, — non pas cet ordre tel quel, qui
résulte nécessairement, fût-ce après coup, des rapports
et de la nature des événements en cours et des éléments en présence, mais un ordre préétabli, et qui a
tout l'air d'avoir été conçu quelque part dans un dessein supérieur et suprême. Du moment qu'on déclare
que l'humanité, dans ses diverses manifestations historiques, a tout fait, mais en même temps a *tout bien
fait*, et qu'on se révolte, comme si c'était un sacrilége,
à l'idée qu'elle a pu commettre en masse quelque
grosse sottise, il est difficile de ne pas admettre un
plan auquel, même à son insu, elle obéit : il y a un
Dieu là-dessous.

De même qu'il estime que l'humanité a son œuvre
à accomplir, M. Renan croit fermement que l'homme
individuel a un but, « une perfection morale et intellectuelle à atteindre. » Il professe avec énergie ces
hautes doctrines ; et, si on le presse, si on le chicane,
si on lui oppose ses propres recherches, sa propre méthode, ce qu'il y a d'inexorable dans les résultats ou les
inductions de l'analyse positive, il n'hésite pas à s'arrêter, à réserver l'avenir, à poser au terme de tout
examen critique, et en présence du grand inconnu, ce
qu'il appelle un *doute inébranlable*, mais un doute qui
est tout en faveur des plus nobles suppositions et des
hypothèses les plus conformes à la dignité du genre
humain.

M. Renan, qui a le sentiment de toutes les époques,
a une intelligence très-profonde et très-vive du Moyen-
Age entre autres. Il porte même à cette période de
formation ingrate et d'aspect si rude une affection particulière; le Moyen-Age lui est sympathique. Il lui
semble que cette aberration laborieuse de l'esprit humain, qu'on a pu comparer à un cauchemar pesant, a
été fructueuse et féconde : «Le sentiment de l'infini a
été, pense-t-il, la grande acquisition faite par l'humanité durant ce sommeil apparent de mille années. » Il
lui est arrivé, à certains jours, en même temps qu'il
jugeait sans grande estime ce que nous appelons notre
ère immortelle de 89, et où il ne voyait, en haine des
badauds, qu'un fait purement français de vulgarisation
égalitaire, de regretter, tout à l'opposite, je ne sais
quelle époque du haut Moyen-Age où, derrière les mille
entraves et sous leur abri peut-être, l'intelligence des
forts s'exerçait et se développait avec plus de vigueur
et d'élévation solitaire. Je ne crois pas que, si on le
poussait, il insistât sur ces caprices de sa philosophie
en ses heures de rêve; il m'est difficile notamment de
concevoir quelle époque précise du haut Moyen-Age a
pu être si favorable au développement vigoureux de
l'intelligence individuelle, à moins que ce ne soit dans
le même sens qu'une prison avec ses barreaux est favorable à l'exercice de la force du prisonnier, s'il parvient à en sortir. Mais je parle là de ce que j'ai le tort
peut-être de ne pas assez aimer et surtout de ne pas
assez connaître. Laissons plutôt M. Renan s'exprimer
lui-même en l'une de ses effusions poétiques les plus

touchantes. A la fin de la préface d'un de ses recueils, à propos d'un travail sur la *Poésie des races celtiques*, qu'il y a inséré, il se plaît à revenir en arrière, à repasser sur les souvenirs, les piétés et même les mystiques superstitions de ses pères; il se met tout à coup à regretter que les humbles marins, ses aïeux, n'aient pas tourné leur gouvernail, n'aient pas laissé dériver leur barque vers d'autres rivages; il se suppose un moment enfant attardé, fidèle, de la pauvre et poétique Irlande; écoutez! les mots les plus secrets de son cœur, les notes qui donnent la clef de sa nature morale, lui sont échappés dans cette page mouillée d'une larme :

« Nous autres Bretons, ceux surtout d'entre nous qui tiennent de près à la terre et ne sont éloignés de la vie cachée en la nature que d'une ou deux générations, nous croyons que l'homme doit plus à son sang qu'à lui-même, et notre premier culte est pour nos pères. J'ai voulu une fois dans ma vie dire ce que je pense d'une race que je crois bonne, quoique je la sache capable, quand on exploite sa droiture, de commettre bien des naïvetés. Les vieux souvenirs de cette race sont pour moi plus qu'un curieux sujet d'étude; c'est la région où mon imagination s'est toujours plu à errer, et où j'aime à me réfugier comme dans une idéale patrie...

« O pères de la tribu obscure au foyer de laquelle je puisai la foi à l'invisible, humble clan de laboureurs et de marins à qui je dois d'avoir conservé la vigueur de mon âme en un pays éteint, en un siècle sans espérance, vous errâtes sans doute sur ces mers enchantées où notre père Brandan chercha la terre de promission; vous contemplâtes les vertes îles dont les herbes se baignaient dans les flots; vous parcourûtes avec saint Patrice les cercles de ce monde que nos yeux ne savent plus voir. Quelquefois je regrette que votre

barque, en quittant l'Irlande ou la Cambrie, n'ait point obéi à
d'autres vents. Je les vois dans mes rêves, ces cités pacifiques de Clonfert et de Lismore, où j'aurais dû vivre, pauvre
Irlande, nourri du son de tes cloches, au récit de tes mysté-
rieuses odyssées. Inutiles tous deux en ce monde, qui ne
comprend que ce qui le dompte ou le sert, fuyons ensemble
vers l'Éden splendide des joies de l'âme, celui-là même que
nos saints virent dans leurs songes. Consolons-nous par nos
chimères, par notre noblesse, par notre dédain. Qui sait si
nos rêves, à nous, ne sont pas plus vrais que la réalité? Dieu
m'est témoin, vieux pères, que ma seule joie, c'est que parfois je songe que je suis votre conscience, et que, par moi,
vous arrivez à la vie et à la voix. »

Et voilà l'homme qu'une partie de la jeunesse française refuserait d'écouter avec respect, parlant dans sa
chaire des études et des lettres religieuses et sacrées,
sous prétexte qu'il a, comme critique, des opinions particulières! Oh! que M. Renan a bien raison de sourire
en 1862 de ce qu'on appelle les conquêtes de 89!

M. Renan n'est pas seulement un critique, c'est un
artiste: on ne saurait assez soigneusement démêler en
lui cette association délicate ou ce mélange. Un critique
pur est entièrement à la merci de son examen, du moment qu'il y a apporté toutes les conditions d'exactitude
et toutes les précautions nécessaires; il trouve ce qu'il
trouve, et il le dit tout net: le chimiste nous montre le
résultat de son expérience, il n'y peut rien changer:
Letronne, dans ses leçons, appliquait son esprit d'analyse à une question archéologique, biblique, et quand
il avait bien prouvé l'impossibilité de telle ou telle solution qu'il combattait, quand il avait mis l'opinion de

—son adversaire en pièces et en morceaux, — en tout petits morceaux comme avec un canif, — il n'en demandait pas davantage, il se frottait les mains d'aise et il s'en allait content. M. Renan ne se satisfait point à si peu de frais ; il comprend trop d'idées et de manières de voir différentes pour s'en tenir à une seule exclusivement ; le négatif surtout lui répugne, et il se résigne difficilement à nier une chose dans un sens, sans la reconnaître presque en même temps et l'admettre dans un autre sens, par un autre aspect. C'est même pour lui une des conditions de la critique complexe et nuancée telle qu'il l'entend : « L'esprit délicat et dégagé de passion, critique pour lui-même, voit, dit-il, les côtés faibles de sa propre cause et est tenté par moments d'être de l'avis de ses adversaires. » Le contraire lui paraît presque de la grossièreté, de la violence à l'usage seulement des hommes d'action, des chefs de secte ou de parti, non des penseurs. Il n'y a rien de si brutal qu'un fait, a-t-on dit : aussi ne s'en tient-il presque jamais à un fait comme conclusion et dernier mot. Vous croyez tenir sa pensée, sa formule définitive, vous vous en emparez soit pour l'adopter, soit pour la combattre ; prenez garde, il va vous la reprendre, la traduire de nouveau, y introduire précisément ce que vous n'y aviez pas vu. C'est ainsi qu'il parvient à concilier quantité de propositions qu'on est accoutumé à opposer et qui semblent devoir se combattre. Par exemple, il se refuse absolument au *surnaturel*; mais ne vous hâtez pas de vous féliciter, esprits positifs ! car, au même instant, il va accueillir formellement le *divin*. — Autre exemple : si

les diverses races humaines se sont produites sur ce
globe successivement et par des générations distinctes
comme la science peut être amenée à le reconnaître et
comme il incline à le penser, comment alors sauver le
grand dogme sacré de l'*unité humaine,* cette croyance
« que tous les hommes sont enfants de Dieu et frères? »
Cela semble impossible. Eh bien! M. Renan ne voit pas
de contradiction nécessaire dans ces deux faits, et il
nous l'explique; il nous indique une voie moyenne.
J'avoue pourtant mon infirmité et mon impuissance
toute française à concilier, dans plus d'un cas, des difficultés de ce genre. Mon cerveau est trop mince, trop
tranchant, que vous dirai-je? n'a pas assez d'ouverture
pour loger et équilibrer ces contraires. Si ce n'était
chez M. Renan que des précautions de politesse et de
prudence, des formes de circonspection respectueuse,
je ne m'en inquiéterais pas autrement; mais c'est un
procédé devenu chez lui habituel et constant, qui tient
d'une part à l'élévation, à l'étendue, à l'impartialité du
critique, aux yeux duquel « la vérité est toute dans les
nuances; » et aussi le dilettante et l'artiste y ont leur
action et leur jeu.

L'incrédulité, la négation sous forme directe ont de
bonne heure choqué M. Renan. Dans son beau livre sur
Averroès, sur ce philosophe arabe dont le nom signifiait et représentait, bien qu'à tort, le matérialisme au
Moyen-Age, il a parlé excellemment de Pétrarque, de ce
prince des poëtes et des lettrés de son temps, qu'il pro-
clame le premier des hommes modernes en ce qu'il a
ressaisi et inauguré le premier le sentiment de l'antique

culture, et « retrouvé le secret de cette façon noble,
généreuse, libérale, de comprendre la vie, qui avait
disparu du monde depuis le triomphe des barbares. »
Il nous explique l'aversion que Pétrarque se sentait
pour l'incrédulité matérielle des Averroïstes, comme qui
dirait des d'Holbach et des Lamettrie de son temps :
« Pour moi, écrivait Pétrarque cité par M. Renan, plus
« j'entends décrier la foi du Christ, plus j'aime le
« Christ, plus je me raffermis dans sa doctrine. Il m'ar-
« rive comme à un fils dont la tendresse filiale se serait
« refroidie, et qui, entendant attaquer l'honneur de son
« père, sent se rallumer dans son cœur l'amour qui
« paraissait éteint. J'en atteste le Christ, souvent les
« blasphèmes des hérétiques, de chrétien m'ont fait
« très-chrétien. » Et M. Renan ajoute, pour expliquer
les vivacités et les impatiences de Pétrarque sur cet
article : « Ce Toscan, plein de tact et de finesse, ne pou-
« vait souffrir le ton dur et pédantesque du matéria-
« lisme vénitien. Beaucoup d'esprits délicats aiment
« mieux être croyants qu'incrédules de mauvais goût. »
Qui n'aimerait mieux, en effet, parmi les délicats,
être croyant comme M. Joubert qu'incrédule avec Pi-
gault-Lebrun ? Et lui-même, M. Renan, a dit à propos de
Béranger : « Nous sommes tentés de nous faire athées
« pour échapper à son déisme, et dévots pour n'être
« pas complices de sa platitude. » Voilà des aveux significatifs qui compliquent chez M. Renan le rôle du critique, et qui nous attestent en même temps l'exquise
et rare qualité de son esprit. L'épiderme de cet esprit,
si l'on peut dire, est extrêmement fin et répugne à de

certains contacts. L'impression parfois l'emporte en lui
sur l'idée même. Il est sensitif comme un artiste. Il
aime certainement la vérité, il déteste encore plus ce
qui est vulgaire. Il est des erreurs délicates et distinguées qui pourraient lui paraître préférables à des vérités triviales.

Cette aversion du vulgaire, du trop simple et du trop
facile même dans l'honnête, de ce qui n'a ni nouveauté,
ni originalité, ni profondeur, l'a conduit, dans son remarquable travail sur Channing, à tracer sous forme
d'éloge le plus spirituel et le plus ironique des portraits.
On y voit tout ce qui a dû manquer à Channing pour
qu'il ait été amené à avoir l'idée de son rôle populaire,
tel qu'il le conçut, et pour y joindre, comme il l'a fait,
la force et le moyen d'y réussir. Je me suis demandé
quelquefois combien il fallait de défauts joints à un
talent pour former un grand orateur : il semble que
M. Renan se soit fait une question analogue, et qu'il se
soit demandé de combien de qualités et de dons supérieurs il fallait être dépourvu pour faire un grand pré-
dicateur unitairien. L'éloge de Channing se compose
d'une quantité de : *Il n'avait pas... Il ne comprenait
pas... S'il n'était pas ceci, il n'était pas non plus cela...* Ce
qui ne laisse pas de devenir fort piquant à la longue.
C'est ainsi, j'imagine, que Platon aurait fait un essai de
littérature critique religieuse, s'il était venu de nos
jours. Et pour parler convenablement de M. Renan
lui-même, si complexe et si fuyant quand on le presse
et qu'on veut l'embrasser tout entier, ce serait moins
un article de critique qu'il conviendrait de faire sur lui

comme en ce moment, qu'un petit dialogue à la manière de Platon. Mais qui l'écrirait?

Ce que je dis de l'artiste en M. Renan pourrait être
contredit par plus d'un passage de ses écrits, sans être
réfuté pour cela et sans rester moins vrai. Il lui est
échappé un jour de dire à M. de Sacy, au risque de
scandaliser ce fidèle et religieux admirateur des belles
œuvres d'autrefois, que s'il lui était permis par faveur
singulière de choisir entre les notes que Tite-Live avait
eues à sa disposition, et l'histoire elle-même de Tite-
Live, il donnerait toute cette magnifique composition et
cette prose des *Décades* pour les simples notes. Ici c'est
le critique seul et le curieux des origines qui a l'air de
s'insurger contre la rhétorique, fût-elle de l'étoffe la
plus éclatante ; mais n'allez pas croire pourtant que ces
notes que M. Renan voudrait avoir en main, ces matériaux primitifs et originaux, ce fût pour les publier tels
quels, en les interprétant : non, s'il les avait en sa possession, et après sa première soif de curiosité apaisée,
sa seconde ambition, j'imagine, serait de refaire lui-
même un monument historique, un monument cimenté
à neuf et supérieur de qualité et de construction à l'ancien. Le critique chez lui prépare les voies à l'artiste.

Il y a des cas où celui-ci l'emporte victorieusement,
lorsque, par exemple, dans son Étude sur les *Révolutions d'Italie* de M. Ferrari, s'arrêtant sur le rôle et la
fonction historique de la Rome moderne, et cherchant
en vain à se la représenter sous une figure nouvelle
digne de son passé, il va jusqu'à la vouer à jamais à la
destinée mélancolique et pittoresque de *gardienne des*

tombeaux; il est poëte et peintre à outrance ce jour-là,
ni plus ni moins que Chateaubriand :

« Pour moi, s'écrie-t-il, je ne puis envisager sans terreur
le jour où la vie pénétrerait de nouveau ce sublime tas de
décombres. Je ne puis concevoir Rome que telle qu'elle est,
musée de toutes les grandeurs déchues, rendez-vous de tous
les meurtris de ce monde, souverains détrônés, politiques
déçus, penseurs sceptiques, malades et dégoûtés de toute
espèce; et si jamais le fatal niveau de la banalité moderne
menaçait de percer cette masse compacte de ruines sacrées,
je voudrais que l'on payât des prêtres et des moines pour la
conserver, pour maintenir au dedans la tristesse et la misère,
à l'entour la fièvre et le désert. »

Un des plus avancés d'entre les esprits modernes, et
des plus voués à l'idée du progrès *quand même,* M. Émile
de Girardin, à qui l'on demandait, au retour d'un voyage
d'Italie, comment il avait trouvé Rome, répondait : « Je
n'aime pas Rome, *ça sent le mort.* » C'est le point de
vue le plus opposé.

Je relis le passage de M. Renan. Toujours la peur de
la *banalité,* remarquez-le. M. Royer-Collard n'était pas
plus jaloux de penser à part et avec un petit nombre
que ne l'est d'instinct M. Renan.

Je ne lui donne ni tort ni raison ; je poursuis chez
lui une intime et délicate nuance, je la saisis dans sa
ligne originelle et dans son pli, et je me demande si
elle gagne ou si elle diminue avec les années.

Il est cependant des cas où il y a excès évident, et,
si je l'ose dire en parlant d'un tel esprit, où il y a
superstition légère. Une fois, écrivant sur l'Académie

française à propos d'une publication de M. Livet, il
cherche et trouve des raisons subtiles et profondes à
une institution et à une durée mémorable dont il ne
me convient pas assurément de vouloir amoindrir le
prestige; mais il semble croire qu'il en est de l'Académie comme de Rome, qu'elle est vouée à l'éternité :
« Qu'on essaye, dit-il, de se figurer un pouvoir, quelque
« autorisé à tout faire qu'on le suppose, qui ose porter
« atteinte à ce chiffre de *quarante,* devenu sacramentel
« en littérature ; on n'y réussira pas. » Grâce à Dieu,
l'Académie n'est pas et n'a jamais été bien menacée de
nos jours ; mais pour cela je ne crois pas que ce chiffre
de *quarante* ait une telle vertu historique. L'article est
très-spirituel, le sujet était beau, mais, si beau qu'il
fût, la méthode de M. Renan est un peu plus grande
que lui, et dans ce cadre limité, sur cet échiquier que
je possède à fond, j'aperçois quelques-uns des défauts
de la méthode employée et de cette interprétation trop
idéale des faits.

C'est dans cet article sur l'Académie que M. Renan a
rendu hommage à l'élévation de cœur et de pensée de
M. de Montalembert, lequel, de son côté, n'a pas été
en reste de bonne grâce envers un adversaire généreux. Ces deux talents, ces deux intelligences diversement aristocratiques, d'une hauteur à l'autre, se sont
saluées.

M. Renan, dans ses diversions vers l'Art, n'a rien
écrit de plus fin, de plus pénétrant, de plus touchant,
que ce qu'il a donné sur la *Tentation du Christ,* d'Ary
Scheffer ; c'est dans ce morceau d'une parfaite élégance

et d'un exquis raffinement moral qu'il nous a peut-être
livré le plus à nu le secret de son procédé, la nature et
la qualité de son âme, et la visée de son aspiration dernière : « Toute philosophie, dit-il, est nécessairement
« imparfaite, puisqu'elle aspire à renfermer l'infini
« dans un cadre limité... L'Art seul est infini... C'est
« ainsi que l'Art nous apparaît comme le plus haut de-
« gré de la critique ; on y arrive le jour où, convaincu
« de l'insuffisance de tous les systèmes, on arrive à la
« sagesse... » Ceux qui craignaient d'abord que, malgré
les précautions sincères de M. Renan, il n'entrât quelque chose d'hostile dans son Histoire du Christianisme,
peuvent se rassurer. Sous une forme ou sous une autre,
il est conquis à Jésus ; il l'est surtout depuis qu'il a
visité cette Palestine, objet et terme désiré de son
voyage, ce riant pays de Génézareth, qui ressemble à
un jardin, et où le Fils de l'Homme a passé le meilleur
temps de sa mission à prêcher les petits et les pauvres,
les pêcheurs et les femmes au bord du lac de Tibériade ;
il faut entendre comme il parle à ravir et avec charme
de ce cadre frais et de ce paysage naturel des Évan-
giles. Non, l'Histoire de Jésus, quel que soit le degré,
quels que soient la nuance et le sens de l'*adoration*
(car il accepte le mot), n'est pas en de mauvaises
mains.

De tous les côtés j'aboutis à la même conclusion : à
un certain moment, au bout de chaque allée, au sommet de chaque étude, avec M. Renan le critique se
transforme, se termine visiblement, — s'émousse un
peu, diront quelques-uns, — s'épanouit certainement

et se couronne en artiste, diront les autres ; et ils s'en applaudiront.

Je suis arrivé au terme de l'espace que je me suis accordé, et je n'ai rien dit des divers ouvrages de M. Renan, de ces sept ou huit volumes rangés devant moi et dont chacun mériterait un examen à part ; il est vrai que je ne suis juge de presque aucun. J'aurais aimé, du moins, au sujet des *Essais*, là où je me sens un peu plus sur mon terrain, à indiquer ceux qui me paraissent dans leur genre des morceaux accomplis ou charmants (le Lamennais, les Souvenirs d'un vieux professeur allemand, sur l'Art italien catholique, sur l'auteur de l'*Imitation de Jésus-Christ*, etc.) ; mais je me hâte et ne crains pas d'aborder un seul et dernier point, celui qui intéresse le plus vivement, à l'heure qu'il est, le public et la jeunesse.

A la mort de M. Quatremère, professeur d'hébreu au Collége de France, il y a cinq ans environ, M. Renan, que l'opinion des compagnies savantes désignait pour son successeur, était tout prêt à déclarer sa candidature : des difficultés pressenties l'arrêtèrent. La chaire pourtant ne fut point donnée ; un très-estimable chargé de cours (1), tint l'intérim en quelque sorte. Sur ces entrefaites et pendant qu'il était en mission dans le Liban, M. Renan, ayant su qu'on voulait bien penser à lui pour une chaire, répondit qu'il ne pourrait en accepter d'autre que celle de M. Quatremère. C'est sa voie directe en effet, c'est sa vocation principale ; il ne

(1) M. Dubeux.

se croit pas libre en conscience de l'éluder ; il s'obstine
à cet enseignement, à ce but de toute sa vie scientifique, comme à un devoir. Il tient à honneur d'instituer
et de restaurer en France une haute étude que Bossuet
a fait proscrire et a étouffée à sa naissance dans la personne de Richard Simon. Les temps ont marché ; les
mots de tolérance et de liberté ont retenti : ne sont-ce
que des mots ? Pour moi (et j'ai le droit, ayant souffert
à mon heure et vu ma faible voix étouffée, d'avoir un
avis sur ces questions de la parole publique), il me
semble que devant des générations vraiment libérales
dans le sens le plus large et le plus civilisé, devant une
jeunesse en qui le sentiment religieux sincère ne serait
pas redevenu un fanatisme, il ne devrait y avoir nulle
difficulté après réflexion, et que le malentendu entre
M. Renan et une fraction de son auditoire ne saurait
durer. Quoi ! un professeur savant, respectueux, éloquent, mais d'une éloquence appropriée, qui ne fait
en rien appel aux passions et qui ne s'adresse qu'à
l'entendement, ne pourrait obtenir, même de ceux qui
se portent comme futurs contradicteurs, cette patience
d'une heure entière d'horloge, ce silence indispensable
pour être bien compris ! Et ce serait au nom des doctrines qui ont leur racine dans la parole de vie prêchée
en tous lieux, qu'un examen, non des doctrines mêmes,
mais des monuments et des textes, ne pourrait être
scientifiquement entrepris et traité par la parole ! Je sais
la part qu'il faut faire à une première émotion, à la
fougue et à l'entraînement naturels à toute jeunesse ;
mais les chefs de cette jeunesse, car elle en a, ils réflé-

chissent plus qu'elle, et ils peuvent la conseiller. J'aime
quelquefois à rêver, et je me suis représenté, — en me
reportant, il est vrai, dans mon rêve à quelques années
en arrière, — l'ouverture du Cours de M. Renan. Le
professeur est dans sa chaire, il commence, il promène
ses regards autour de lui. A côté des maîtres, ses confrères et ses amis, à côté des lumières de l'Université,
desquelles toutefois il se distingue, que voit-il au premier rang? Les plus connus, les plus célèbres de ses
adversaires eux-mêmes, ceux qu'il accepterait le plus
volontiers comme rivaux publics et antagonistes régu-
liers. C'est Lacordaire, c'est Ozanam, c'est M. de
Montalembert, qui sont là en personne, au pied de la
chaire, rendant hommage par leur présence à la liberté
de l'enseignement, et d'un geste, d'un regard, s'il en
était besoin, sachant calmer et contenir ceux de leurs
amis plus jeunes qui se pressent derrière sur les gra-
dins. A peine, aux moments douteux, un frémissement
léger (car toute foule est vivante) a-t-il averti le professeur qu'il vient d'effleurer une partie délicate et
tendre de la conscience humaine et qu'il a à redoubler
de délicatesse : et il est homme plus que personne à le
sentir et à en tenir compte. Mais on écoute sur tous les
bancs, on se tait avec avidité, on admire même la
finesse de pensée et de parole qui, pour la première
fois, s'applique dans une telle méthode à ces graves et
difficiles questions. Et lorsque le professeur s'est levé
en terminant, on se lève avec lui en foule, on sort plein
d'instruction, de vues neuves, de désirs d'explication,
de besoins de réponse, de controverses animées et

bruyantes qui se prolongent longtemps, mais en se félicitant tous que la liberté du haut enseignement, en tant qu'elle dépend de l'équité d'un auditoire, soit consacrée chez nous par un rare exemple et dans une de ses branches les plus élevées.

Lundi 16 juin 1862.

HISTOIRE DU ROMAN DANS L'ANTIQUITÉ

PAR M. A. CHASSANG (1).

ŒUVRES D'APULÉE,

TRADUITES PAR M. V. BÉTOLAUD (2).

I.

Il y a des genres qui sont à l'état d'arbustes dans l'Antiquité et qui ne sont devenus des arbres que dans les temps modernes. Mais est-ce bien du roman qu'on peut dire pareille chose? Le plus ancien des poëmes après l'*Iliade*, l'*Odyssée*, n'est-elle pas aussi le plus intéressant et le plus pathétique des romans? J'abuse un peu du mot, je le sais, mais je ne m'abuse pas sur le fait. Le

(1) Un volume in-8°, chez Didier, quai des Augustins, 35.
(2) Deux volumes in-18, chez Garnier frères, rue des Saints-Pères, 6.

romàn, qui n'a été ainsi désigné qu'au Moyen-Age et d'un
nom qui sent la décadence ; que les Grecs avaient oublié
de nommer, et qui ne faisait pas d'abord un genre bien
à part, était partout chez eux. Il envahissait l'histoire,
il augmentait et agrandissait la religion, il égayait et
ornait la philosophie. La Grèce était naturellement ro-
mancière et menteuse, et elle ne devait laisser échapper
aucune occasion de le prouver. M. Chassang, dans le
Mémoire devenu tout un livre qu'il a composé à ce sujet
et que l'Académie des inscriptions a couronné, s'attache,
avec sa sûreté de critique, avec la science dont il use et
dispose en maître, à suivre, à démêler et à démasquer
le roman sous toutes les formes mythiques, historiques,
allégoriques, morales, sous lesquelles il se glissait : la
Cyropédie de Xénophon était déjà un roman qui tenait
du *Télémaque*; l'*Atlantide* de Platon n'était qu'une fiction
de Salente, plus idéale et plus grandiose. Pourtant le
génie attique, avec son goût net et simple, répugnait au
roman proprement dit et à ce qu'il a de capricieux ; il
apportait son correctif précis au génie fabuleux de la
Grèce, et tant qu'il eut le dessus, il l'empêcha de trop
s'égayer et de se donner toute carrière. Ce ne fut qu'a-
près Alexandre, au contact de la Grèce et de l'Orient,
que la disposition fabuleuse et mensongère, singulièrement excitée, se produisit dans des œuvres fantastiques
et s'accorda toute licence. L'imagination humaine avait
reçu un ébranlement profond, et elle était avide d'ali-
ments nouveaux, de légendes de toute sorte, qu'elle
accepterait désormais de toutes mains sans les bien
discerner. Le goût attique avait été, lui aussi, vaincu à

Chéronée : la critique instituée par Aristote n'était pas
suffisamment armée contre les influences de l'Asie, et
elle allait se trouver au dépourvu devant ce débordement
du merveilleux dans l'époque alexandrine. Les sophistes,
les rhéteurs, les dévots de toute secte, les magiciens,
s'en mêlèrent bientôt chacun à leur manière : la crédulité accueillait avidement et répétait, en les grossissant,
les fables que la supercherie inventait et propageait ; la
rhétorique fabriquait pour l'histoire elle-même des morceaux et des suppléments plus ou moins spécieux et
vraisemblables, auxquels les contemporains couraient
risque de se prendre plus encore que la postérité. Que
de lettres historiques, par exemple, prêtées en ces siècles
alexandrins, à des anciens, à des hommes célèbres qui
ne les ont jamais écrites ! Était-ce un calcul, était-ce un
pur exercice d'école et un jeu ? tantôt l'un et tantôt
l'autre. Quand l'esprit d'un temps n'est pas très-sévère
en matière de critique et qu'il n'en a pas pris l'habitude,
il n'est pas non plus très-rigoureux moralement sur ce
chapitre des fabrications plus ou moins ingénieuses : il
ne les appelle pas des falsifications (1). On a fait, dans
un temps voisin du nôtre, presque un crime à Macpher-
son et surtout à Chatterton de quelques supercheries
littéraires qui ne leur auraient valu que des compliments
et des éloges en un autre temps. Parmi ces lettres attribuées après coup à de grands hommes, et qui ne sont
pas indignes d'eux par le talent et l'art, je n'ose compter
les lettres fort nobles de Brutus à Cicéron ; elles méritent

_____

(1) Cette remarque est de M. Scherer, et elle lui a été suggérée
par le livre même de M. Chassang.

trop d'être vraies, et s'il y a moyen de continuer à les croire telles, tenons-nous-y. Mais il est en grec un recueil de dix-sept lettres supposées, mises sous le nom de Chion d'Héraclée, contemporain de Xénophon, et que je voudrais voir traduites. Ce Chion était un disciple de Platon que l'étude de la vertu enflamma jusqu'au fanatisme, et qui se porta à tuer le tyran de sa patrie ; c'est une espèce de *Jacopo Ortis,* et ce que j'ai lu de lui et qui se rapporte à Xénophon même, est d'un ton qui simule à merveille l'atticisme. Appellerai-je l'homme de talent qui a composé ce recueil un *faussaire?* Certainement non ; mais je voudrais bien avoir de ces lettres une traduction élégante et fidèle, avec un travail critique qui m'y introduirait et qui traiterait à fond du genre.

Quoique M. Chassang nous ait beaucoup donné dans son savant livre, on voit qu'averti et mis en goût par lui je lui demande plus encore. Il vient lui-même, d'ailleurs, d'ajouter tout un volume au précédent : il nous donne la Vie d'Apollonius de Tyane par Philostrate, cette histoire toute remplie de pérégrinations lointaines, de guérisons miraculeuses, de prodiges, prédictions, divinations de songes, apparitions, et qui nous représente comme en un tableau de choix tout le merveilleux de l'Antiquité (1). L'esprit humain, dans son tour en rond ou en spirale, est si sujet à rencontrer les mêmes cou-

---

(1) *Apollonius de Tyane,* sa *Vie,* ses *Voyages,* ses *Prodiges,* par Philostrate, et ses *Lettres,* ouvrages traduits du grec, avec introduction, notes et éclaircissements, par M. Chassang, maître de conférences à l'École normale; 1 vol. in-8°, Didier et C⁰, quai des Augustins, 35.

rants d'influences malignes, que cette Vie du plus grand
faiseur de miracles qu'ait produit le monde païen peut
presque paraître encore aujourd'hui un livre de circonstance :

> L'homme est de glace aux vérités,
> Il est de feu pour les mensonges.

Mais ce sont là des aberrations, des déviations de la
biographie et de l'histoire : allons au roman pur. Il a
ses sources dans les *Fables milésiennes,* ces contes gracieux de la molle Ionie, qui malheureusement ne nous
sont pas arrivés dans un recueil à part, et dont quelques-uns seulement, à travers Pétrone ou Apulée, ont
filtré jusqu'à nous. Je viens de relire *l'Ane d'or* d'Apulée
dans la traduction élégante qu'en a donnée, après une
seconde et complète révision, M. Bétolaud, un huma-
niste de la vieille école et de la bonne tradition. Qu'on
me laisse un moment parler de ce roman ancien, le seul
ou presque le seul que nous ait légué la littérature latine
(car le livre de Pétrone n'est pas un roman proprement
dit), qu'on m'en laisse parler comme je le ferais de tel
ou tel de nos romans modernes : il les vaut bien.

II.

Il est naturel par le fond des choses et dans le courant du récit, sinon dans le détail de l'expression ; il est
facile désormais, grâce à son traducteur ; il est agréable,
excepté dans le dernier livre ; il est instructif partout
sur le chapitre des mœurs et usages. Tout le monde

parmi les érudits ne rend pas assez de justice à Apulée,
à ce Romain d'Afrique né sous Trajan, et qui nous a
conservé tant de bons contes que l'on chercherait en
vain autre part que chez lui, qui nous les a cousus et
enchâssés dans un tissu de style recherché et perlé,
étincelant de manière et de grâce. Il n'a pas inventé
son sujet, on le sait bien, et il a hâte de le dire; il ne
prétend qu'enfiler à la suite l'une de l'autre un certain
nombre de fables dans le genre milésien. Acceptons-le
donc pour ce qu'il est, pour un imitateur, un arrangeur,
un auteur de paraphrases; on sait bien gré au Florentin
Firenzuola de lui avoir emprunté cet *Ane d'or* et d'avoir
réuni ou substitué bon nombre de ses propres aventures
à celles du Lucius d'autrefois : ceux qui font tant de cas
de la version de Firenzuola devraient au moins avoir
obligation à l'Apulée d'Afrique de ce qu'il a fourni le
prétexte à cet Apulée toscan.

C'est sous le nom de Lucius, qui était celui d'un précédent narrateur, qu'Apulée commence son récit, et il
confondra plus d'une fois, en avançant, son propre personnage avec l'original qu'il revêt. Courier, qui a traduit
le Lucius primitif ou ce qu'il estime tel, s'est montré singulièrement sévère et méprisant pour Apulée. Selon lui,
tout ce que l'imitateur latin a ajouté au premier récit du
Lucius grec n'est qu'un insipide développement, « une
pitoyable amplification; » ce ne sont que hors-d'œuvre,
inepties et sottises. Ces esprits attiques sont parfois
terribles dans leurs jugements : quoi! la fable de *Psyché*,
entre autres, ne serait qu'une sottise! Certes je prise et
goûte fort le joli récit traduit par Courier : il est net,

proportionné, piquant, épigrammatique; mais les additions d'Apulée ne me déplaisent pas tant; elles m'apprennent bien des choses sur les mœurs tant publiques
que privées, sur la police des villes dans les provinces,
sur les travers éternels et les maladies de l'esprit humain : « Ce sont des tableaux de pure imagination, où
« néanmoins chaque trait est d'après nature, des fables
« vraies dans les détails, qui non-seulement divertissent
« par la grâce de l'invention et la naïveté du langage,
« mais instruisent en même temps par les remarques
« qu'on y fait et les réflexions qui en naissent. » Tout
cet éloge (sauf le point de la naïveté du langage), que
Courier donne à son Lucius, je l'accorde à plus forte
raison et je l'étends à notre Lucius latin, à notre Apulée,
pour ses additions nombreuses; lu à côté, le premier
Lucius me paraît, je l'avoue, un peu sec. Ce n'est pas
nécessairement un mérite aux yeux de la postérité que
de se serrer et de se retrancher toujours. Scribe, quand
il faisait une coupure dans ses pièces de théâtre, et pour
s'y encourager, disait : « Tout ce qu'on coupe, il n'y a
pas de danger qu'on le siffle. » Mais on ne l'applaudit
pas non plus. Bref, Apulée avec ses inconvénients nous
est un témoin de bien des choses particulières, qui sans
lui seraient restées ignorées et inconnues; c'est un
témoin indiscret et un peu bavard : tant mieux!

Lucius est un beau jeune homme et de bonne famille;
il a des affaires qui le conduisent en Thessalie : voyage
redouté et désiré! La Thessalie est célèbre par ses histoires de sorcières : c'est la patrie par excellence de la
magie et des enchantements. Quelle bonne fortune

qu'une telle excursion, pour un jeune homme curieux et avide de merveilles comme on l'est en tout temps, comme on l'était surtout alors !

Au second siècle de notre ère, l'humanité était dans un triste état mental ; pour vous en faire idée, vous n'avez qu'à lire Philostrate ou Apulée. Ce n'est pas que la disposition de beaucoup d'esprits ne soit encore la même de nos jours ; l'infirmité existe : çà et là, et de temps à autre, bien des reprises et des symptômes non méconnaissables le prouvent assez ; la *varioloïde* superstitieuse se remet parfois à courir et à régner. Mais que de garanties, que de préservatifs et de vaccins qui l'arrêtent à temps, qui l'empêchent de s'étendre outre mesure, de redevenir cette épidémie immense et profonde qui allait couvrir l'univers et qui ne devait s'affaiblir et s'épuiser qu'en se saturant ! Que de garde-fous à chaque pas autour de nous pour l'imagination humaine, et dont on n'avait pas l'idée dans l'Antiquité, L'atmosphère générale des esprits est, en quelque sorte, assainie dans ses grands courants, tandis qu'en ce temps-là les foyers de contagion étaient partout existants, rapprochés, échauffés, et l'on ne faisait guère que passer de l'un à l'autre. Les Anciens n'avaient aucune méthode régulière scientifique, aucun procédé à la Descartes, à la Galilée, à la Bacon, institué et transmis par une élite éclairée, incorruptible : les Académies des sciences n'existaient pas. Aristote tout seul n'y pouvait suffire. Il ne suffisait pas non plus d'être un homme instruit, *ornatus,* comme on disait alors, pour échapper à bien des crédulités ; cela n'en garantit pas même au-

jourd'hui (1). Les gens d'esprit comme Lucien s'en
tiraient par des moqueries et des plaisanteries fines,
mais ne faisaient pas école.

Lucius est donc malade de la maladie de son temps :
à peine a-t-il mis le pied en Thessalie qu'il ne rêve
qu'enchantements et que métamorphoses; les discours
qu'il entend de ses compagnons de route, et qu'il se fait
répéter le long du chemin, exaltent sa curiosité et lui
donnent encore plus de désir que de crainte. Arrivé sur
le soir à Hypate, la première ville qu'il rencontre, et
descendu chez le vieil avare auquel on l'a assez mala-
droitement adressé, il se couche sans souper; mais le
lendemain matin, éveillé avec le jour, il ne songe plus
qu'à satisfaire sa soif d'aventures. Laissons-le parler :

« Quoi ! pensais-je en moi-même, je suis donc au milieu de
« cette Thessalie, terre classique des enchantements et célèbre
« à ce titre dans l'univers entier! C'est donc au sein de cette
« ville même que s'est passé l'événement que nous racontait,
« chemin faisant, le brave Aristomène! » Et néanmoins, ne
sachant où diriger mes désirs et ma curiosité, je considérais
chaque chose avec une sorte d'inquiétude. De tout ce que
j'apercevais dans la ville, je me figurais que rien n'était tel
que mes yeux me le montraient. Il me semblait que, par la
puissance infernale de certains murmures, tout devait avoir
été métamorphosé. Si je rencontrais une pierre, mon imagination en faisait un homme pétrifié; si j'entendais quelques
oiseaux, c'étaient des hommes couverts de plumes; les arbres
du boulevard, c'étaient encore des hommes chargés de feuilles;
les fontaines, en coulant, s'échappaient de quelque corps hu-

(1) L'étude des sciences naturelles et physiques est la seule ga-
rantie efficace contre la crédulité.

main; je croyais que les images et les statues allaient marcher, les murailles parler, les bœufs et les autres animaux
du même genre rendre des présages, que du ciel, du ciel
lui-même, et de l'orbite enflammée du soleil descendraient
soudain quelques oracles. Cet ébahissement me rendait stu-
pide, et ma curiosité était une véritable maladie. J'allais, je
venais de tous côtés, sans trouver trace, ou commencement
de trace, de quelque chose qui pût me satisfaire. Cependant,
tout en errant de porte en porte avec l'air d'abandon d'un
mauvais sujet et la démarche incertaine d'un homme ivre, je
me retrouvai tout à coup, sans le savoir, dans le marché aux
comestibles... »

Et quand, errant ainsi à travers la ville, il est venu à
rencontrer une dame de qualité, Byrrhène, qui se trouve
être une amie de sa famille; quand cette dame, l'ayant
conduit jusque chez elle et le voulant retenir pour hôte,
essaye du moins de le mettre en garde contre l'hospitalité du vieux ladre chez qui il est descendu et dont la
femme, lui dit-elle, est une magicienne du premier
ordre et de la pire espèce, Lucius, à cette nouvelle inattendue, qu'il se trouve logé chez une magicienne, est
saisi d'un plus violent désir de chercher précisément ce
qu'on lui recommande de fuir; il ne sait que prendre,
comme on dit, ses jambes à son cou pour courir de
toutes ses forces au danger. Tout cela n'est-il pas bien
naturel?

« Puissance de la curiosité! dès que j'eus entendu prononcer ce nom de magicienne qui m'avait toujours séduit,
loin de songer à me précautionner contre Pamphile (l'hôtesse
elle-même), je me sentis au contraire l'envie d'aller de ce pas
la prier de m'initier à son art, quoi qu'il pût m'en coûter, et

il me tardait de me jeter à corps perdu dans cet abîme. Mon
empressement tenait du délire, à tel point que, me dégageant
des mains de Byrrhène comme d'une chaîne importune et lui
disant brusquement adieu, je me mis à voler promptement
au logis de Milon. Tout en courant comme un fou : « Allons!
« Lucius, me disais-je, de la vigilance et de l'attention! La
« voilà, cette occasion tant souhaitée, tes vœux constants se
« réalisent; tu vas te rassasier le cœur de tous ces récits
« merveilleux. Bannis des craintes puériles, aborde franche-
« ment cette affaire et serre-la de près... »

Mais, par un reste de bon sens et de raison, il se dit
d'éviter soigneusement toute intrigue d'amour avec sa
vieille hôtesse; c'est avec la jeune servante Fotis qu'il
compte bien s'acquitter de ce premier vœu de toute
jeunesse en voyage, et c'est par elle aussi qu'il espère
s'initier bientôt dans les secrets de la maîtresse. Il ne
tarde pas à engager l'affaire qui marche vivement; et
ici se trouvent des scènes d'amour telles que les Anciens
osaient les peindre : les savants et les critiques érudits
modernes qui ont à en parler font d'ordinaire les dégoûtés en public, et ils s'en donnent à lèche-doigt dans
le cabinet. Voilà que je parle comme Bayle qui, lui,
n'était pas si prude, et qui nous a entretenus à fond
d'Apulée comme d'un de ses régals favoris.

Apulée cependant, ne le surfaisons pas, est surtout
un écrivain de style et à qui il n'est pas indifférent de
faire montre de son talent. C'est ainsi qu'à propos de la
gentillesse et des charmes de Fotis, il a placé un *Éloge
de la Chevelure*, qui est un morceau à effet et qui pourrait se détacher. Quelque coiffeur de ce temps-là, ami
de la littérature comme il y en a toujours, aurait pu

vraiment le faire copier en lettres d'or et l'exposer ensuite encadré dans sa boutique pour l'honneur du métier et l'édification des chalands.

Une jolie aventure qui arrive au Lucius-Apulée avant
sa métamorphose, c'est celle qui termine le joyeux
souper qu'il est allé faire chez Byrrhène : rentrant de
nuit et la tête troublée de vin, il s'imagine voir devant
la porte de son hôte trois terribles brigands contre
lesquels il dégaine et qu'il transperce à coups d'épée.
Au réveil, le lendemain, et se croyant tout de bon homicide, il se voit recherché en effet, mené en cérémonie
sur la place publique, solennellement accusé par une
espèce d'avocat général qui fait un réquisitoire dans les
règles : la parodie est parfaite. Tout cela est bien conduit; un air d'hilarité mal contenue qu'il remarque de
temps en temps sur les visages de la foule tempère à
peine l'effroi croissant de l'accusé; mais lorsque, invité
par le magistrat à soulever le manteau qui recouvre le
cadavre des victimes, il se trouve n'avoir transpercé que
des outres pleines de vin, — des outres qui étaient, il
est vrai, enchantées ce soir-là, — un rire frénétique,
inextinguible, éclate et monte jusqu'aux cieux. Gloire
et honneur à Lucius qui s'était cru homicide, et qui
n'est qu'un *outricide !* On a assisté à une scène très-gaie
de carnaval, et qu'Alexandre Dumas n'aurait pas mieux
racontée. La ville d'Hypate célébrait tous les ans, par
quelque farce ou mystification pareille, la fête du dieu
du Rire.

Cependant le grand jour de la métamorphose arrive.
Lucius a obtenu de la petite Fotis de voir après minuit,

dans son belvédère, par la fente de la porte, la magicienne à l'œuvre et en plein exercice de ses incantations.
Après les formules et les cérémonies d'usage, elle se
frotte le corps d'une certaine pommade et se change à
vue d'œil en oiseau. A peine est-elle envolée qu'il supplie
Fotis de lui donner un peu de ce même onguent pour
en essayer à son tour l'effet sur lui-même. Elle résiste
d'abord, puis elle cède de guerre lasse à ses instances.
Mais, ô malheur ! ô quiproquo ! dans sa précipitation
elle s'est trompée de boîte, et le bel amoureux, au lieu
de devenir oiseau, se voit instantanément changé en
âne, — le plus bel âne de Thessalie, *l'Ane d'or,* si vous
voulez l'appeler ainsi, comme on dit *l'Age d'or,* — un
véritable âne pourtant, sauf qu'il garde sous ce poil et
sous cette peau l'entendement d'un homme.

Il ne cessera de l'être, cet âne d'épaisse et malencon-
treuse encolure, et ne reprendra sa première forme que
lorsqu'il aura mangé des roses; c'est le seul remède. Ne
sommes-nous pas tous ainsi? ne restons-nous pas plus
ou moins des ânes jusqu'à ce que nous ayons mangé
des roses? — Mais, au milieu de la nuit, Fotis n'a pas
là des roses sous la main, et force est d'attendre au lendemain matin pour opérer la transmutation et réinté-
grer le beau Lucius dans sa première figure.

Le retard est fatal : des voleurs surviennent cette
nuit même, pillent la maison et, trouvant les bêtes à
l'écurie, les emmènent chargées du butin volé. Voilà
Lucius, à l'état d'âne, enrôlé malgré lui dans une bande
de voleurs. Il les observe, il les écoute, tout comme
fera plus tard en pareil cas Gil Blas, cette fine mouche;

— et, en général, il est âne à fort observer et fort
écouter les différentes sortes de maîtres au service
desquels il va successivement passer ; si, en sa qualité
d'âne, il n'est pas toujours au salon, à la cuisine ou
dans l'alcôve, en cette même qualité il a l'oreille longue
et fine, et il entend de loin.

D'abord révolté, récalcitrant, ruant et fort roué de
coups, voulant parler et crier à tous ce qu'il est, ce qu'il
a sur le cœur, et ne parvenant qu'à braire, puis soumis
et résigné, il n'a pas tardé à s'apercevoir que le plus
sage pour lui est encore de faire son métier d'âne en
conscience ; peu à peu, la curiosité aidant, il y prend
presque plaisir et trouve çà et là, pour prix de sa patience, de petits dédommagements, jusqu'à ce qu'à la
fin son mérite singulier le tire du pair et qu'il devienne
un âne savant et tout à fait célèbre, un âne à la mode,
un âne à bonnes fortunes. Mais j'anticipe ; nous n'en
sommes qu'à la première étape de ses nombreuses pérégrinations.

Dès qu'on est arrivé au repaire dans la montagne, au
quartier général de tous les Mandrins de la contrée, les
histoires de voleurs se succèdent et ne tarissent pas ;
chaque bande qui arrive raconte la sienne, ses prouesses,
ses pertes : il y a de fameux voleurs qui viennent de
périr et qu'on exalte ni plus ni moins que des héros,
Lamachus, Thrasyléon ; il faut entendre comme leurs
compagnons en parlent, comme ils en sont fiers et en
quels termes ils les déplorent : c'est à donner envie de
se faire brigand, si l'on a du cœur. Mais Apulée n'y met
pas tant d'intention et se contente d'une malice géné-

rale qui circule, et que le lecteur sent ou néglige selon qu'il lui plaît : lui, il ne songe qu'à bien conter avant tout, à donner du mouvement à ses récits et à être plaisant.

Pendant qu'on est dans ce repaire, à ce rendez-vous central du brigandage dans le pays, une des bandes revient, amenant pour tout butin une jeune fille en pleurs, en habits de mariée, qu'on a arrachée à ses parents au moment où elle se préparait à marcher à l'autel. On peut juger de son désespoir; les brigands ont beau la rassurer et lui promettre tous les égards possibles, ne désirant tirer de leur capture qu'une bonne rançon, elle ne cesse de gémir et de crier. On ordonne alors à la vieille qui est l'hôtesse habituelle de tout semblable repaire, de tâcher un peu de la distraire et de la consoler. La vieille obéit et commence à raconter à la jeune fille une jolie histoire, un vrai conte de fées; et ce conte, c'est la fable de *Psyché*.

III.

On ne relit pas assez cette charmante fable chez Apulée, qui est le seul et unique auteur de l'Antiquité qui nous l'ait transmise; et c'est parce qu'on ne la relit pas chez lui, c'est parce qu'on la prend à des sources de seconde et de troisième main, que l'on s'en fait une fausse idée et qu'on s'en exagère la portée, le sens, en même temps qu'on s'en gâte le plaisir et que l'on en corrompt l'amusement.

On y arrive d'ordinaire avec sa prévention, avec son

symbole tout fait; on se préoccupe, à l'exemple des commentateurs, de ce mot *Psyché* qui veut dire *âme;* on cherche des sens profonds et mystérieux dans un conte de vieille qui n'a été fait et mis en ce lieu-là que pour divertir et empêcher une belle enfant de pleurer; on y voit une allégorie, un mythe, quelque chose de pareil à ce que de graves et pieux commentateurs ont cherché dans les fables de l'*Odyssée.* M. Bétolaud, le traducteur habile d'Apulée et rapproché de la source, n'a point donné dans ces explications tourmentées et forgées après coup; mais lui-même il n'a pu s'abstenir de sa supposition gratuite quand il a dit: « Sans doute ce « mythe avait originairement, dans la tradition païenne, « un sens bien certain et bien complet; mais il avait été « amplifié par différents auteurs, et insensiblement, la « forme ayant prévalu sur le fond, ce ne fut plus qu'une « espèce de conte fantastique... »

Je ne crois pas que les choses se passent ainsi à l'égard de ces charmantes fleurs qu'on appelle les contes populaires ou les contes de fées. Celui qui les invente et qui les débite d'abord n'y met pas tant de façon, pas tant de malice ni de profondeur. Il est un âge pour ces fleurs d'or de l'imagination, pour ces productions spontanées du génie humain enfant ou adolescent. Si l'on pouvait voir dans une sorte d'*aquarium* la formation et le progrès de la fable de *Psyché* à ses divers états d'éclosion et de croissance, je me persuade que l'on reconnaîtrait que cela a commencé bien simplement, par un conte qui s'est grossi peu à peu, mais que ni la philosophie ni la théologie n'ont présidé à

l'heureuse venue du germe; ç'a été, si j'ose ainsi parler
en naturaliste, un globule, une cellule qui a prêté au
développement et qui a réussi. *Vénus jalouse* ou *Cupidon
amoureux*, c'était le premier motif, le premier thème,
la donnée féconde. Quelque conteur de belle imagination y aura passé, y aura soufflé la vie et la couleur,
aura rejoint les divers anneaux du récit, mais un conteur amusé et amusant, un vrai Milésien encore, sou-
cieux avant tout de plaire, un digne habitant de cette
cité qui avait pour devise : « Défense à personne céans
d'être sage et sobre : sinon, qu'on le bannisse! » Je vous
demande si un tel conteur s'est allé aviser de haute morale et de métaphysique. Le philosophe à besicles, qui
ne s'en tient pas à la première vue, et qui se mire dans
ses abstractions, n'est venu que bien tard. En un mot,
cela a peut-être commencé par être plus naïf, mais n'a
pas commencé par être plus raisonnable qu'on ne le
voit chez Apulée. Ne demandez pas la raison à ces récits et à ces jeux de l'enfance et du caprice. Non que le
sens y soit tout à fait absent : il y en a un d'ordinaire,
mais vague, flottant, fuyant; on l'a à peine saisi et en-
trevu, qu'aussitôt on le perd; le fil se brise entre vos
doigts. Oui, sans doute, dans *Psyché*, il y a cette idée
vaguement répandue que, quand on est heureux, il
n'est rien de plus sage que de cacher son bonheur; que,
dès qu'on a trop bien vu ce que c'est que l'amour, on
court risque de le perdre :

> Tout est mystère dans l'amour,
> Ses flèches, son carquois, son flambeau, son enfance.

Mais ne pressons même pas trop cette moralité dans la *Psyché* première, dans celle d'Apulée qui nous la représente ; car tout l'ensemble de la fable ne s'y accorde pas, et le conte finit par le plus grand bonheur et l'apothéose de celle même qui a manqué de prudence, et . qui a désobéi à bien des reprises aux plus tendres conseils.

Cette petite Psyché, simple, crédule, naïve, curieuse, un peu menteuse, un peu désobéissante, et qui l'est jusqu'à la fin, intéressante pourtant et touchante par sa beauté, par ses pleurs, est bien femme.

Elle ne rappelle nullement, d'ailleurs, le sens et l'intention métaphysique qu'on lui prête : c'est un joli nom de femme que *Psyché,* comme qui dirait mon *cœur,* mon *âme,* mon *amour.* Elle aurait pu être nommée tout autrement et rester la même.

Quelle moralité philosophique prétendrez-vous tirer d'histoires comme celle-ci? Psyché a désobéi à l'Amour, elle a cédé aux conseils perfides de ses deux méchantes sœurs jalouses ; elle a voulu voir de ses yeux le *monstre* qui était son époux; elle l'a vu, elle l'aime de ce moment plus que jamais, mais au même instant elle l'éveille par la goutte d'huile brûlante qui tombe de sa lampe, et elle le perd. Vénus, furieuse et jalouse elle-même de la beauté de Psyché qui usurpait tous les hommages, plus furieuse encore d'apprendre que son libertin de fils lui a désobéi en épousant cette belle mortelle, et humiliée à l'idée qu'elle est à la veille de se voir grand'mère, Vénus, à qui Psyché s'est rendue à merci, va lui faire subir les plus dures épreuves, telles

dans leur genre que celles qu'Eurysthée imposa à Hercule. Et pour première épreuve des plus singulières, elle
se fait apporter du froment, de l'orge, du millet, de la
graine de pavot, des pois, des lentilles et des fèves; elle
mêle, elle confond le tout ensemble, de manière à n'en
faire qu'un monceau ; puis elle ordonne à Psyché de
faire œuvre de servante et de séparer cet amas de semences qu'elle a confondues, de les mettre de côté une
à une en des tas séparés. Que le tout soit prêt le soir, à
son retour ! Et elle sort pour aller à un repas de noces.

« Psyché, nous dit la fable ingénieuse et naïve, et qui
prend un certain air oriental à cet endroit, Psyché ne songe
pas même à porter les mains à ce monceau confus et inextri-
cable; mais consternée de la barbarie d'un tel ordre, elle garde
un silence de stupeur. Alors la fourmi, ce petit insecte qui
habite la campagne, appréciant une difficulté si grande, prit
en pitié les malheurs de l'épouse d'un dieu puissant. La cruauté
d'une semblable belle-mère l'indigne. Elle court de côté et
d'autre avec activité, elle convoque et réunit toute la classe
des fourmis ses voisines : « C'est à votre compassion, filles
« agiles de la terre féconde, c'est à votre compassion que j'en
« appelle. Venez, pleines de zèle et d'empressement, secourir
« une jeune beauté, épouse de l'Amour. » A l'instant, comme
des vagues, s'agitent en se précipitant les unes à la suite des
autres ces peuplades à six pieds. D'une ardeur sans égale,
elles démêlent grain à grain tout le monceau ; et, après avoir
fait des tas distincts, avoir séparé les espèces, elles se dérobent
promptement aux regards. Mais, au commencement de la
nuit, Vénus revient du repas de noces, abreuvée de rasades,
répandant une odeur de baume, et le corps entier ceint de
roses éblouissantes. Quand elle a vu la diligence apportée à
ce merveilleux travail : « Ce n'est pas toi, coquine ! s'écrie-
« t-elle, ce ne sont pas tes mains qui ont accompli cet

« ouvrage; c'est le perfide à qui, pour son malheur comme
« pour le tien, tu t'es avisée de plaire. » Et lui jetant un
morceau de pain grossier, elle va se mettre au lit. »

Et le lendemain elle lui ordonnera une nouvelle
épreuve, pour laquelle aussi quelque autre créature
compatissante comme la fourmi, et même des êtres
insensibles ou inanimés, le *roseau,* une *tour,* viendront
en aide à la malheureuse persécutée, jusqu'à ce qu'elle
ait fléchi la colère de Vénus.

Ne raisonnons donc point à perte de vue sur des
fables d'invention si légère. Apulée, qui s'est piqué de
nous transmettre celle-ci dans toute sa grâce, a semblé
vouloir nous garder de toute illusion, en la mettant
dans la bouche d'une vieille en enfance ou peu s'en
faut, à qui le vin a délié la langue, et en la faisant
conter dans une caverne de brigands, tandis que celui
qui l'écoute est lui-même censé réduit à l'état d'âne.

Cet âne, ce jour-là, n'a pas mangé la rose ; mais il
nous l'a soigneusement apportée en en respectant
chaque feuille. *Psyché* est devenue pour les modernes
un de ces thèmes à éternelles variations, où se sont joués
et complu bien des talents, bien des pinceaux. « Cette
fable, disait La Motte, eût pu faire inventer l'Opéra,
tant elle y est propre ! » Elle a inspiré ou tenté au grand
siècle Quinault, Molière, Corneille et La Fontaine. Mais,
à part quelques ravissants passages de La Fontaine et
son Hymne final *à la Volupté,* à part le couplet charmant de Corneille où l'Amour déclare avec passion
comme quoi il est jaloux de tous et de chacun :

Je le suis, ma Psyché, de toute la nature...,

aucune de ces imitations, d'ailleurs, ne vaut le récit primitif; elles sont froides par quelque endroit; un peu de langueur et d'ennui s'y glisse. La narration d'Apulée reste tout agréable et vive; sachons-lui-en gré, et de ce qu'il n'est pas l'inventeur, n'allons pas en profiter pour dire, comme ce critique moderne (1), qu'on s'en aperçoit bien, et que cette fable est « trop délicate et trop gracieuse pour qu'on puisse l'attribuer à une plume aussi malhabile. » Singulière manière de remercier celui qui nous apporte un présent sur lequel on ne comptait pas !

La plume d'Apulée n'est point malhabile; elle est curieuse, elle est coquette même, fertile en diminutifs à la Catulle; elle va reprendre des expressions antiques, elle sème les expressions neuves pour nous et inusitées. Avec lui, on est loin de Quintilien sans doute. Me trompé-je? le style d'Apulée est un de ceux qui nous acheminent le plus en droite ligne vers la langue de saint Augustin.

IV.

L'âne Lucius a bien d'autres aventures encore et passe par bien d'autres conditions que le service des voleurs. C'est une suite de tableaux de genre que ce roman à *tiroir*. Les intendants infidèles, les prêtres de la bonne déesse, les charlatans de toute sorte, les

(1) M. Zevort, dans l'introduction qu'il a mise en tête d'un choix, d'ailleurs fort soigné, de romans grecs traduits en français (Édition Charpentier).

belles-mères amoureuses qui se vengent, les rusées commères qui trompent leurs maris, y trouvent tour à tour leur compte. L'auteur ne perd aucune occasion ni aucun prétexte d'insérer une historiette, une tragédie domestique, une jolie nouvelle. C'est ainsi qu'on trouve chez lui la première version du conte du *Cuvier,* imité par La Fontaine. M. Bétolaud, qui ne laisse pas de mordre à ces friandises comme il sied à un érudit du bon temps, nous indique encore le sujet d'un autre joli conte, *les Pantoufles de Philésiétère,* que le Bonhomme aurait pu prendre et qu'il a oublié de dérober.

Le dénoûment de la métamorphose d'Apulée ne répond pas tout à fait à ce qui précède. Au lieu de finir par une plaisanterie et par une épigramme sanglante contre les femmes comme dans le Lucius grec, nous avons ici une conclusion sérieuse et même sacerdotale. Apulée avait l'esprit fortement atteint de superstition ; il avait du goût pour les Chaldéens, les Égyptiens, et leurs liturgies secrètes ; il était initié à des mystères et associé à quelque confrérie religieuse du temps. C'est dans une fête, dans une cérémonie solennelle, au milieu d'une procession en l'honneur d'Isis, que l'âne, prévenu à l'avance dans un songe, saisit de ses dents la couronne de roses tant désirée, et redevient Lucius comme devant. Mais, au lieu de rire et de secouer gaiement sa grossière enveloppe, il est pris dans un autre réseau plus subtil ; il se laisse conduire à des initiations redoutables, à la suite desquelles il est admis dans le collége des Pastophores, se faisant gloire désormais de montrer à tous sa tête rasée à large tonsure : circonstance curieuse à titre de témoignage! mais ce n'est plus là l'Apulée qu'il nous faut.

Tel est, avec Pétrone, le seul romancier latin que nous possédions. — Le genre du roman a donc son passé, et un assez beau passé sans doute, si surtout on le fait remonter jusqu'à l'*Odyssée*; il a encore plus d'avenir. Il a eu, de tout temps, la bonne fortune d'échapper aux classifications et aux règles des Aristote, des Horace, des Despréaux. Il n'a jamais été emprisonné et n'a connu d'autre discipline que la naturelle; on peut dire qu'il a grandi la bride sur le cou. Ceux qui aiment les genres tranchés ne le rencontrent pas et font semblant parfois de ne pas le voir. Dans l'Antiquité, malgré ce beau début de l'*Odyssée,* malgré cette floraison trop peu appréciable et trop disparue des *Fables milésiennes,* il n'a jamais dépassé une certaine hauteur. Chez les Grecs il a produit cette ravissante histoire pastorale, *Daphnis et Chloé,* mais de forme purement gracieuse. Chez les modernes, il s'est développé avec ampleur et puissance dès la première formation d'une société polie; il a été l'un des grands instruments de l'éducation au Moyen-Age : qu'on se rappelle les longs romans si célébrés et si lus de la Table-Ronde. A la Renaissance, il a été également l'un des grands et puissants moyens de l'émancipation des esprits. Rabelais et Cervantes ont créé de forme et de fond des œuvres immortelles dont l'action réjouissante, et à certains égards libératrice, s'est prolongée et dure encore. Plus tard, on a eu par le roman des tableaux complets de la vie humaine, à la manière de *Gil Blas,* ou des tableaux limités, tels que *Manon Lescaut* ou *Paul et Virginie,* qui surpassent en valeur *Daphnis et Chloé,* la perle antique elle-même. Quant à cette classe de romans si nombreux dont on ne peut dire que ce soient des chefs-d'œuvre, et en y faisant la part des faiblesses, des défauts, même des remplissages, il est encore pour eux une manière honorable et fort agréable de s'en tirer, c'est quand ils offrent des scènes vraies, vives, naturelles, monuments et témoins des mœurs d'un temps, ou quelque épisode mémorable qui se détache et qui, à lui seul, paye pour tout le reste. C'est le cas d'Apulée, qui a de l'un et de l'autre, qui a l'épisode et qui a aussi des scènes. Quand un romancier nous a donné une telle histoire que *Psyché,* on n'est guère en droit de lui faire de querelle ; on lui passe beaucoup et on le remercie, surtout quand il y a joint tout auprès tant d'historiettes familières et piquantes qui n'ont nullement besoin qu'on leur pardonne. Heureux le roman, fût-il inégal, où il y a de la vérité et qu'a visité la grâce !

TABLE DES MATIÈRES

F. Aureau. — Imprimerie de Lagny

Lightning Source UK Ltd.
Milton Keynes UK
UKHW02f0656230118
316670UK00004B/258/P